좋은 전쟁이라는 신화

좋은 전쟁이라는 신화

초판 1쇄 펴낸날 2017년 4월 14일
초판 6쇄 펴낸날 2023년 11월 6일
지은이 자크 파월
옮긴이 윤태준
펴낸이 박재영
편집 이정신·임세현·한의영
마케팅 신연경
디자인 조하늘
제작 제이오
펴낸곳 도서출판 오월의봄
주소 경기도 파주시 회동길 363-15 201호
등록 제406-2010-000111호
전화 070-7704-5240
팩스 0505-300-0518
이메일 maybook05@naver.com
트위터 @oohbom
블로그 blog.naver.com/maybook05
페이스북 facebook.com/maybook05
인스타그램 instagram.com/maybooks_05

ISBN 979-11-87373-17-9 03900

만든 사람들
디자인 스튜디오 모브

좋은
전쟁이라는
신화

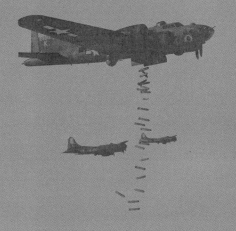

미국의 제2차 세계대전, 전쟁의 추악한 진실
THE MYTH OF THE GOOD WAR

자크 파월 지음 | 윤태준 옮김

오월의봄

차례

개정 영문판 서문

이 책은 원래 네덜란드어, 더 정확하게 말하면 벨기에에서 사용되는 네덜란드어의 한 종류인 플라망어로 쓰였으며, 2000년 벨기에에서 처음 출판되었다. 영문판은 2년 후인 2002년에 출판되었다. 2001년 9월 11일에 벌어진 비극과 그 사건이 불러일으킨 소위 '테러와의 전쟁' 때문에, 우리는 21세기 초반부터 세상을 다른 시각으로 바라보지 않을 수 없게 되었다. '9·11 테러'는 제2의 진주만 사태로 선언되었고, 미국 본토 내에서 정부 당국과 주요 언론은 (그때나 지금이나) '테러와의 전쟁'을 제2차 세계대전과 같은 또 하나의 '좋은 전쟁'으로 선포했다.

　그러나 미국 안팎에서 셀 수도 없이 많은 사람들이 '테러와의 전쟁'의 공식적인 명분에 대해 의문을 제기해왔으며, 그것이 실제로는 조지 W. 부시 전 대통령과 밀접히 관련된 석유 회사들에 막대한 이익이 되는 상품인 석유와 같은 자원을 위한 전쟁, 그리고 딕 체니 전 부통령과 밀접하게 관련된 에너지 회사 핼리버턴Halliburton으로 대표되는 '군산복합체military-industrial complex'의 이익을 위한 전쟁이 분명하다고 확신하고 있다. 이런 맥락에서 보면 이 책이 제안하는 견해, 즉 미국의 전형적인 '좋은 전쟁'인 제2차 세계대전 때도 정부 당국이 생각해내고 언론과 학교와 대학과 역사책, 그리고 할리우드 기획사들이 지금까지도 여전히 되풀이하고 있는 그 이상주의적인 동기보다 미국의 거대기업과 금융회사들이 미국의 역할을 훨씬 더 크게 좌우했다는 견해를 받아들이기가 조금 더 쉬워진다. 이른바 미국의 '역사상 최고의 전쟁The Best War Ever'(마이클 C. C. 애덤스Michael C. C. Adams)이라는 제2차 세계대전은 약 12년 전까지 그랬던 것과 달리 더 이상 역사적으로 '신성불가침한' 존재가 아니다.

또한 2002년 이후로 나치 독일의 경제사와 미국 경제가 유럽, 특히 독일에 침투한 역사와 관련된 주제들을 다루는 수많은 책과 기사들이 쏟아져 나왔다. 예를 들어 애덤 투즈Adam Tooze의 《파멸의 대가: 독일 경제의 형성과 몰락The Wages of Destruction: The Making and Breaking of the Nazi Economy》(2006)을 들 수 있다. 독일의 나치 집권기 이전과 전쟁 중 미국 회사들의 부역을 다룬 새로운 출판물들이 우리 목적에는 가장 잘 들어맞았다. 헨리 애쉬비 터너Henry Ashby Turner가 《제너럴모터스와 나치: 유럽 최대 자동차 회사 오펠을 통제하기 위한 분투General Motors and the Nazis: The Struggle for Control of Opel, Europe's Biggest Carmaker》(2005)라는 제목으로 제너럴모터스의 독일 자회사 오펠에 대하여 연구한 것이 좋은 예이다. 마찬가지로 에드윈 블랙Edwin Black의 《나치 넥서스: 미국 기업과 히틀러의 홀로코스트의 연관성Nazi Nexus: America's Corporate Connections to Hitler's Holocaust》(2009)도 빼놓을 수 없다.

이제는 (미국뿐만 아니라 독일, 프랑스, 스위스 등의) 주요 기업과 은행들이 파시즘 운동과 그들의 집권, 특히 나치에 협력했다는 사실이 10년 전에 비해 훨씬 많이 알려져 있다. (나는 이런 연관성들을 2013년 프랑스에서 출판된 책 《히틀러와의 거대한 거래Big Business avec Hitler》에서 자세히 검토했다. 빠른 시일 내에 영문판이 나오길 희망한다.) 이렇게 새로운 사실과 통찰들이 《좋은 전쟁이라는 신화》의 첫 번째 영문판에서 제시했던 해석을 사실로 확인해주었으며, 이 책 초판에서 제기했던 많은 논점들을 강화하고 강조할 수 있게 해주었다. 그 내용들이 이 개정판에 포함된 것은 당연한 일이다.

반면 몇몇 새로운 정보들은 이 책의 일부를 다시 써야만 하거나 최소한 다시 쓰는 게 나아 보이게 만들기도 했다. 그래서 이 개정판은 1942년 8월에 있었던 프랑스 디에프 기습작전에 관하여 더 설득력 있는 설명과 정교한 논의를 담고 있다. 그 비극적인 작전에서 주로 캐나다 군대가 도살되었던 것은 우연이 아니었다. 그리고 이번 개정판에서는 저 악명 높은 드레스덴 폭격이라는 제2차 세계대전의 또 하나의 '수수께끼'에 대하여 더 길고 상세하게 다루었다. 그 챕터는 특히 프레더릭 테일러Frederick Taylor가 끔찍하지만 무의미해 보이는 공습을 '복원'할 목적으로 저술하여 2004년 영국과 독일에서 출판해 성공을 거둔 《드레스덴: 1945년 2월 13일 화요일Dresden: Tuesday, February 13, 1945》 덕분에 다시 쓰게 되었다. 노르망디 상륙작전이나 치열했던 스탈린그라드 전투가 아닌, 제2차 세계대전의 진정한 전환점이었던 1941년 가을의 모스크바 전투를 다루고자 챕터 하나를 통째로 추가하는 것도 좋겠다고 생각했다. 상대적으로 잘 알려지지 않은 이 전투와 1941년 12월 5일에 시작된 공산군의 역공으로 그때까지 대단히 성공적이었던 독일의 기습blitzkrieg 또는 '전격lightning-war' 전략이 끝을 고했기 때문이다. 히틀러와 그의 측근들뿐만 아니라 (바티칸과 스위스 첩보기관을 비롯하여) 사정에 밝은 몇몇 외국인들은 나치 독일이 전쟁에 패할 것임을 그때 이미 알아차렸다.

이 '조수의 변화'가 미국이 나치 독일을 상대로 전쟁에 뛰어든 1941년 12월 11일보다 며칠 일찍 일어났다는 사실에 주목해야 한다. 그리고 그 조류가 나치 독일의 종말의 시작이라는 완전히 잘못된 칭송을 너무나도 자주 받는 1944년 6월 노르망디 상륙보다 몇 년 전에 일어났다는 점 또한 주목할 만하다. 러시아 군대가 홀로 나치 독일을 격파하고, 유럽을 해방하고, 그 성공의 열매를 거둔 것이 아님을 확실히 하기 위해 미국과 그 동맹국이었던 영국과 캐나다가 노르망디에 상륙했다는 주장을 검토할 필요가 있으며, 이 책에서 그렇게 할 것이다.

주목해야 할 또 한 가지는 미국이 냉정한 머리와 혜안을 가지고 나치 독일과의 전쟁에 뛰어든 것이 아니라는 사실이다. 저명하고 인기 있는 미국의 역사학자 스티븐 앰브로즈Stephen Ambrose가 말했듯이, 일본이 진주만을 공습한 뒤 며칠 후에 히틀러가 쓸데없이 미국에 선전포고하는 바람에 의도와 달리 뜻밖에 전쟁에 '끌려들어간' 것이다. 이 개정판에서는 일본의 진주만 공습을 둘러싼 배경과 그 사건으로 인해 미국이 독일과의 전쟁에 휘말리게 된 복잡하고 우연한 과정을 명쾌하게 설명하고자 노력했다. 이 책은 여전히 독일에 대항하여 '유럽을 무대로' 펼쳐진 전쟁에 초점을 맞추지만, 이 개정판에서는 일본을 상대로 한 미국의 전쟁이라는 측면에 대해서도 더 많은 관심을 기울였다. 독일과의 전쟁과 달리, 미국 정부는 엄청난 이익을 기대할 수 있는 일본과의 전쟁을 굉장히 원했다. 로버트 스티넷Robert B. Stinnett이 그의 저서 《기만의 날: 루스벨트와 진주만의 진실Day of Deceit: The Truth about FDR and Pearl Harbor》(2000)에서 설득력 있게 주장한 이유들 때문에 루스벨트 정부가 여러 가지 방법으로 유발한 사태였다.

마지막으로 이 개정판은 저자가 지난 10여 년 동안 역사학자와 철학자들을 비롯한 많은 이탈리아 학자들의 대단히 통찰력 있는 저작들을 접하는 기회를 얻음으로써 큰 도움을 받았다는 사실을 밝힌다. 이제는 고인이 된 필립포 가자Filippo Gaja의 《짧은 세기: 폭격의 철학, 쓰여야 할 역사Il Secolo Corto: La Filosofia del Bombardamento, La Storia da Riscrivere》 (1994, '짧은 세기'는 20세기 역사 중 1914년 제1차 세계대전과 1991년 소련 붕괴 사이의 기간을 지칭하는 용어 - 옮긴이), 루치아노 칸포라Luciano Canfora의 《민주주의: 이데올로기의 역사La Democrazia: Storia di un'Ideologia》(2008), 그리고 무엇보다도 도메니코 로수르도Domenico Losurdo의 《제국의 언어: 미국의 이데올로기 어휘 사전Il Linguaggio dell'Impero: Lessico dell'Ideologia Americana》 (2008)은 우리 목적에 가장 잘 맞는 인상적인 작품들이었다. 이 책 《좋은 전쟁이라는 신화》를 단테의 언어로 번역했으며 이 학자들을 나에게 소개해준 내 친구 실비오 칼자바리니Silvio Calzavarini에게 "대단히 고맙다molto grazie!"는 말을 전한다.

서문: 목적과 방법론

이 책은 워싱턴의 기념비적인 국가기록원이나 다른 인상적인 문서들에 근거하여 수행된 고된 연구의 결과물이 아니다. 이 책을 쓰는 데는 역사학자들이 '일차적 출처primary sources'라고 부르는 자료가 거의 또는 전혀 이용되지 않았다. 게다가 앞으로 이어질 내용들에는 극적인 폭로나 지금까지 알려지지 않았던 사실들도 전혀 없다. 그러나 바라건대 이 간결한 연구는 어떤 가치 있는 것을, 즉 우리들 대부분에게 이미 익숙한 역사적 사실들에 대한 새롭고 놀랄 만한 해석을 가져다줄 것이다.

주로 일차적 자료에 의존하는 연구들은 거의 언제나 논문, 다시 말해서 어떤 역사적 주제에 대한 세밀한 분석이며, 그것은 제2차 세계대전과 같은 복잡한 역사적 사건의 거대한 퍼즐에서 작은 조각들만을 조명하는 경향이 있다. 역사 전문가들이 일반 대중을 위해 평범하게 쓰지 않고 동료 연구자들을 대상으로 써서 대중은 종종 제대로 이해할 수도 없게 된 학술서와 논문이 이러한 분석 유형의 예이다. 혹자는 이런 연구논문들이 역사적 지식의 개척자들을 발전시키는 데 공헌한다고 존경심을 담아 이야기하기도 한다. 그런 논문들은 실제로 대단히 유용할 수도 있지만, 복잡하고 중요한 역사적 문제에 관하여 어느 정도 설득력 있는 해석이나 포괄적인 개관을 제공하지는 못한다. 설사 그런 일이 있다고 하더라도 그것은 극히 드문 경우이다. 그들은 퍼즐 자체가 아니라 일부분만을 보여줄 뿐이다.

따라서 분석뿐만 아니라 역사 연구의 또 다른 유형인 종합도 필요하다. 종합은 세부적인 사항보다는 역사적 드라마의 총체에 훨씬 더 관심을 기울인다. 분석과 달리 종합은 전체적인 시각과 해석을 제공한다. 종합은 일차적 자료 대신 이차적 자료에, 기존의 분석들과 사회과학자들이 '패러다임'이라고 부르는 것, 즉 해석에 영감을 주는 일반적인 이론에 근거를 둔다.

이 연구는 분석이 아니라 종합을 목표로 한다. 이것은 제2차 세계대전에서 미국이 수행한 역할에 관한 하나의 정합적인 해석과 함께 비교적 간단한 스케치를 제시하려는 시도이다. 대단히 흥미롭고 중요한 이 주제에 대해서는 지난 수십 년 동안 미국 자신이 이미 수도 없이 종합적인 연구의 주제로 삼은 바가 있다. 그러나 이 연구는 제2차 세계대전사 및 그 충돌 속에서의 미국의 역할에 관한 정통적인 개관과는 여러 가지 중요한 차이가 있다. 일례로 여기서는 미국의 역할, 더 정확하게 말하면 미국의 정치 및 경제 권력이 전시에 수행했던 역할은 흔히 전제하는 것과 달리 기본적으로 순수하게 이상적인 동기에 따른 것이 아니었다고 주장한다. 제2차 세계대전에서 미국이 수행한 역할을 다루는 종래의 종합적 연구는 절대다수가 소위 '기분 좋은 역사'의 전형적인 예이다. '기분 좋은 역사'라는 말은 평범한 미국인이 처음 학교에서 배운 이후로 그 나라 언론에서 계속해서 반복적으로 듣게 되는 이야기를 확인해주려는 훈훈한 역사적 문학을 의미한다.

제2차 세계대전에서 이상주의적인 미국이 독재에 대항하여 민주주의를 구하는 십자군의 맹주가 되어 사실상 혼자 힘으로 그 성전을 승리로 이끌었다는 이야기 말이다. 이 연구는 그런 범주에 들지 않는다. 이것은 영국 역사학자 니콜라이 톨스토이Nikolai Tolstoy가 군사역사학의 '북과 나팔drum-and-trumphet' 학파라 부르는 곳에 속하지 않는다. 이 연구는 만족스럽고 편안한 현실에 안주하는 대신, 곤란한 질문들을 던지고 미국의 정치학자 마이클 퍼렌티Michael Parenti가 '더러운 진실'[1]이라고 지칭한 것을 이야기한다. 이런 종류의 해석이 불편할 사람도 있겠지만, 이것을 인정하고 자유로워질 사람도 있을 것이다. 이 연구의 목적은 독자들을 자극하여 깊이 생각해보도록 하는 데 있다.

또한 그 전쟁을 국제 관계의 문제이자 거의 전적으로 군사적인 사건이었던 것으로 다루는 경향이 있는 전통적인 설명과 대조적으로 이 연구는 일종의 정치경제학을 제시한다. 경제적, 사회적, 정치적 기회와 난관과 포부라는 관점에서 미국이 제2차 세계대전에서 수행했던 엄청나게 중요한 역할을 설명하고자 한다. 그 결과, 예를 들면 미국 내부의 사회적 경제적 문제들과 워싱턴의 외교 정책과 군사전략 사이의 상호 관계 같은 것에 상당히 주의를 기울일 것이다.

그 어마어마했던 20세기의 아마겟돈 속에서 미국이 수행한 역할에 관한 전통적인 연구들과 이 책 사이에는 더 많은 차이점들이 있다. 우리는 전쟁 자체만이 아니라 전쟁 전의 중요한 점들과 전쟁 이후의 국면에도 주목한다. 다시 말해서 이 책은 상호 관계들을 연대기적으로 다룬다는 이야기이다. 1920년대, 1930년대, 전쟁 중, 그리고 독일의 재통일과 같은 최근의 사건들까지 포함한 전쟁 이후의 시대 사이의 연속성을 강조한다. 이 책은 다음과 같은 질문들에 대한 대답을 구한다. 왜 그렇게도 많은 미국의 유력자들이 전쟁 전에는 파시즘에 호의적이었을까? 미국이 나치 독일에 대항하여 민주주의를 지지하기로 결심하고 나서기까지 왜 그렇게 오래 걸렸던 걸까? 미국이 자의로 나치 독일과의 전쟁에 뛰어드는 대신 의도치 않게 끌려들어가는 데 일본의 미국령 하와이 공격이 필수적이었던 이유는 무엇일까? 사실 독일이 미국에 전쟁을 선포했지 미국이 독일에 전쟁을 선포한 것도 아니었다. 미국의 정책 결정권자들은 1945년 이후 전후 시기에 독일을 비롯한 여러 곳에서 왜 모든 종류의 파시즘적 형식을 완전히 제거하지 않은 걸까? 왜 오히려 반파시스트에 반대하기로 한 걸까?

거기에 더하여 이 연구는 그 전쟁이 미국 사회에 끼친 엄청난 영향, 전후 세계 전반에서 미국이 맡은 역할, 특히 독일과 소련이 미국과 맺은 관계에도 초점을 맞출 것이다. 예를 들어 어떤 점에서 미국의 전쟁 목적은 냉전이 끝났을 때에야 완전히 달성되었음이 드러날 것이다. 독일이 두 개의 적대적인 국가로 분단되었다가 마침내 다시 통일된 것도 이런 맥락에서 이야기할 것이다. 워싱턴의 국내 및 대외 정책이 전쟁 이전, 전시, 전쟁 이후에 걸쳐 연속적이고 일관적이었다는 사실에 독자들은 분명 큰 충격을 받게 될 것이다. 그것은 근본적으로 자유와 정의와 민주주의의 이상이 아니라 미국의 산업과 '대기업(자본)', 즉 미국 파워엘리트들의 이익을 위한 정책이었다.

이 연구는 어떤 분석, 어떤 패러다임에 기초할까? 어떠한 종합적인 연구도 이 복잡한 주제에 관해 발표된 모든 분석적 연구를 다 고려할 수는 없다. 모든 종합은 필연적으로 이용 가능한 분석들을 제한적으로 선택하여 그것에 근거할 수밖에 없으며, 이 책도 마찬가지이다. 또한 이런 설명을 제시하기 위해 순수하게 역사적인 분석들뿐 아니라 경제학과 정치학, 그리고 북미와 영국은 물론 독일과 프랑스 등 다른 국가들에서 출판된 여러 다학제 간inter- and multidisciplinary 연구를 선별적으로 이용했다.

이 비정통적인 종합적 연구는 1960년대에 처음으로 이루어지기 시작하여 많은 논란을 불러일으킨 일련의 역사 연구들에서 주로 영감을 받았으며 그중에는 최근에 이루어진 연구들도 있었다. 일부는 2차 세계대전에서 미국이 수행한 역할에 관한 (내용이 상당히 축약되더라도) 일관적인 개괄을 구성하기 위하여 이용하지 않았다. 이 이질적인 연구들 중에서도 가장 먼저 눈에 띄는 것은 베트남 전쟁 중 미국에서 악명을 떨친 소위 수정주의 역사학자들의 연구 결과들이다. 윌리엄 애플먼 윌리엄스William Appleman Williams와 가브리엘 콜코Gabriel Kolko 같은 수정주의자들은 제2차 세계대전 이전과 전쟁 중, 전쟁 이후, 냉전 초기, 그리고 베트남 전쟁 중 미국의 외교 정책에 대한 비판적 관점으로 주목을 끌었다. 또 한 명의 저명한 수정주의자 가르 알페로비츠Gar Alperovitz는 1945년 미국의 '원자외교atomic diplomacy'에 관한 철두철미한 연구로 1995년 히로시마 참사 50주년에 미국에서 큰 소동을 일으키기도 했다.[3]

수정주의라는 용어는 종종 혼란을 일으킨다. 이 용어가 홀로코스트가 역사적으로 실재했음을 부정하는 쪽으로 제2차 세계대전과 나치 독일의 역사를 '수정'하려는 사람들을 지칭하는 말로도 쓰이기 때문이다. 그러나 미국의 수정주의 역사학자들은 홀로코스트를 부정하고 히틀러를 부활시키고자 하는 자들과는 비슷한 점도 없는 사람들이다. 이 연구에 뛰어든 역사학자들을 수정주의자라고 부르는 이유는 그들이 미국의 역사적 역할, 특히 2차 세계대전에서의 역할에 대하여 비판적으로 검증해왔기 때문이다. 이러한 수정주의자들은 미국 밖에서도 찾아볼 수 있다. 예를 들어 독일에서도 전쟁이 끝난 다음 독일을 점령하고 분단하는 과정에서 미국이 수행했던, 그동안 잘 알려지지 않았던 역할에 관한 대단히 흥미로운 비판적 연구들이 1990년대에 발표되고 있다.[4]

코카콜라, IBM, 포드, 제너럴모터스, 그리고 ITT와 같은 미국의 거대기업들이 제2차 세계대전 이전에 히틀러 치하 독일에서 자신의 자회사들이나 독일의 협력 회사들과 사적이지만 대단히 수익성이 큰 관계를 유지해왔으며, 그 관계가 전시와 종전 이후에도 계속해서 중요한 역할을 했음에도 주류 역사학자들은 그 점에 그다지 주의를 기울이지 않았다. 이 학문적 침묵이 나치와 사업을 벌인 유력한 기업들이 그 판도라의 상자를 열지 않는 쪽을 선호한다는 사실과 깊은 관계가 있음에는 의심의 여지가 없다. 그럼에도 많은 학자들이 이 민감한 주제에 관하여 매우 주목할 만한 연구들을 내놓았다. 찰스 하이엄Charles Higham의 《적과의 거래Trading with the Enemy》, 에드 크레이Ed Cray의 《크롬 거상Chrome Colossus》, 그리고 지난 몇 년간 라인홀트 빌스타인Reinhold Billstein, 캐롤라 핑스Karola Fings, 아니타 쿠글러Anita Kugler, 니콜라스 레비스Nicholas Levis 등 독일과 미국의 학자들이 공저한 《적을 위한 일Working for the Enemy》, 그리고 에드윈 블랙의 《IBM과 홀로코스트IBM and the Holocaust》 등이 그 예이다. 그들의 연구도 이 책에서 다룰 것이다. 미국 기업들이 나치 독일과 연루되었다는 사실은 (비록 충분한 정도에는 아직 한참 못 미치지만 그래도) 이미 많이 알려졌는데, 이 연구는 그들이 손을 잡은 이유와 그 결과가 워싱턴의 외교 정책에 어떤 영향을 미쳤는지 탐구할 것이다.

이 종합적 연구는 앞에서 언급한 연구들에서 영감을 받았으며, 미국의 권력자들이 평화 시에나 전쟁 시에나 한결같이 추구하는 정책에 대한 그들의 비판적인 견해를 공유할 뿐만 아니라, 그들의 방법론 또한 일면 차용한다. 예를 들어 복잡하고 때로는 논란이 되기도 하는 역사적 사건들에 대한 설명을 찾고자 할 때는 형사들이 수사 중에 자주 던지는 질문, 즉 누가 이익을 얻었느냐고 묻는 것이 특히 효과적인 방법이다. Cui bono(그 범행으로 누가 이익을 얻는가)?

역사학자들뿐 아니라 비판적인 미국 정치학자들도 이 종합적 연구에 크나큰 영향을 미쳤다. 미국의 정치, 사회, 경제, 그리고 군사 특권층에 관한 고전적인 연구서를 저술한 찰스 라이트 밀스C. Wright Mills와, 저서 《소수를 위한 민주주의Democracy for the Few》에서 미국 정치와 수많은 신화들을 타파한 캘리포니아 출신의 독립적이고 개성이 강한 정치학자로 유명한 마이클 퍼렌티를 대표적인 두 예로 들 수 있다. 노엄 촘스키Noam Chomsky도 당연히 빼놓을 수 없다. 그는 여러 학문 분야를 넘나들며 미국이 현대세계의 경제 발전에, 특히 제2차 세계대전이 엄청나게 중요한 요인으로 작용하던 시기의 경제 발전에 역사적으로 어떤 공헌을 했는지 주의 깊게 살펴보았다. 촘스키는 우리에게 제3세계 국민의 입장에 서도록 요구한다. 그들에게는 그 세계대전이 산적들끼리 서로 자신들이 강탈한 영토, 즉 식민권력들이 제3자들로부터 강탈한 홍콩과 진주만과 같은 영토를 두고 싸우는 피비린내 나는 결산처럼 보였을 것이다.[5] 이 책의 종합적인 연구는 촘스키, 윌리엄스, 콜코, 그리고 무엇보다도 퍼렌티의 아이디어들의 총합으로 구성된 패러다임, 또는 일반적 이론에 뿌리를 둔다. 즉 미국 자본주의 경제 발전이 미국의 사회경제적 엘리트계층과 그에 따른 정치 엘리트들이 국내와 국외에서 조력자가 민주주의자이건 독재자이건 관계없이, 평화적인 방법이건 폭력적인 수단을 통해서건 간에 상관없이, 그리고 미국이 위대한 기치로 내걸었던 자유와 정의와 민주주의라는 가치에는 그다지 신경도 쓰지 않고 일관되게 자신들 계급의 이익만을 추구한 결과라는 것이다.

이 연구는 완벽하게 객관적이지 않으며 어쩔 수 없이 어느 정도 편향되어 있다. 이 연구의 주제는 태양 주위를 도는 행성의 운동과 같이 객관적인 현상이 아니라, 그 자체로부터 거리를 두기가 쉽지 않고 냉정하게 객관성을 유지하며 접근하기가 불가능한 역사적 드라마이다. 전적으로 객관적인 역사적 해석이란 사실 존재하지도 않는다. 그러나 객관성이라는 점에서 이 연구는 약간의 장점도 가지고 있다. 첫째, 객관성을 가장하는 것들은 상당수가 (퍼렌티의 표현대로) 통설의 "익숙함과 만장일치의 편향" "객관적인 것으로 통하는 지배적인 견해"에 지나지 않는다. 이 책은 이렇게 겉으로만 그럴듯해 보이는 가짜 객관성으로부터 완전히 자유롭다는 것을 보증한다.[6] 그리고 독자들은 어떤 내용들은 단순히 말할 수조차 없었던 냉전 시기의 주류 역사학 대부분에서 전형적으로 볼 수 있는 뻔뻔스러운 주관성이 이 책에는 없다는 점에 틀림없이 만족할 것이다. 이제는 소련이 나치 독일을 물리치고 승리를 거두는 데 가장 큰 공헌을 한 동맹이었다는 반박할 수 없는 역사적 사실을 말해도 모스크바의 꼭두각시로 부당하게 낙인찍히지 않을 수 있다. 냉전이 끝난 후로 제2차 세계대전의 역사를 훨씬 더 객관적으로 바라보는 것이 가능해졌으며, 이렇게 더 높은 정도로 확보된 객관성이 이 책에도 반영되었기를 바란다.

그러나 객관성에 대한 이야기는 이 정도면 됐다. 종합적 연구가 갖추어야 할 중요한 덕목들이 있다. 첫째, 해석은 가능한 한 모순이 없어야 한다는 것이다. 해석은 반드시 일관적이어야 한다. 둘째, 우리는 새로운 해석이 다른 종합적 설명과 해석들에 비추어서는 이해하기가 불가능하거나 어려웠던 사안들을 설명해주기를 기대할 권리가 있다. 다시 말해서, 어떤 종합적 설명의 가치는 다른 설명들에 비해 (사실상 경쟁적으로) 더 큰 설명력을 지니는 데 있다는 것이다. 이 책의 해석이 다른 해석들과 비교할 때 얼마나 설명력이 있고 일관적인지 독자들 스스로 판단해야 할 것이다.

마지막으로 이 연구는 상당 부분 북미 대학들의 여러 교수 및 학생들, 친구들, 술집이나 비행기에서 만난 낯선 사람들, 그리고 몬테카시노에서 출발해 노르망디를 거쳐 진주만에 이르는 여러 격전지와 국립묘지, 부헨발트와 같은 강제수용소 등 제2차 세계대전의 다양한 유적들을 함께 방문했던 (참전용사들을 포함한) 여행 동료들과 나눈 수많은 대화의 결과이기도 하다는 사실을 이야기해두어야겠다. 제2차 세계대전 전반과 미국의 역할이라는 특정한 이미지가 서서히 바뀌어가고, 사소한 변주가 있기는 하지만 관습적인 관점에서 반복적으로 제시되는 전통적인 해석으로부터 서서히 벗어나기 시작한 것 또한 그런 토론과 대화들 덕분이었다. 그리하여 이 책에서는 제2차 세계대전을 파시즘과 군국주의에 대항한 미국의 위대한 성전, '좋은 전쟁'이라는 전통적인 방식이 아니라, 돈과 사업 관계, 그리고 이윤에 따른 충돌로서 기술한다.

1장

서론:
미국과 '위대한 십자군'이라는
신화

연합군이 독일의 나치즘을 비롯한 유럽 전반의 파시즘과 일본의 군국주의를 상대로 승리를 거두는 데 미국이 어마어마한 공을 세웠다는 사실은 누구나 알고 있다. 미국이 직접 유럽의 상당 부분을 해방시켰다는 점도 마찬가지로 잘 알려진 사실이다. 따라서 전쟁이 끝난 후 그들이 유럽에서 누릴 수 있었던 감사와 호의는 지나친 것이 아니었다. 그러나 미국은 왜 전쟁에 뛰어들었을까? 유럽인의 대다수는 아닐지라도 상당수가 초등학교나 중학교에서 그 질문에 대한 대답을 배우지 못했다. 학교에서 가르치는 역사는 우리가 살아온 20세기에 세상을 뒤흔든 충격적인 사건을 다루는 대신, 카이사르나 콜럼버스 등 멀리 떨어져 있어서 안전한 과거의 영웅들의 영광스러운 업적에 초점을 맞추는 쪽을 선호했다. 어쨌건 유럽의 어린 학생들은 누구나 중요성은 인정하지만 거리상으로 먼 카우보이와 인디언의 땅, 갱스터와 영화 스타들의 나라, 그리고 흔히 (완전히 잘못된 이야기이지만 단정적으로) 역사가 그리 많지 않은 나라라고들 이야기하는 미국의 역사에 대해서 그다지 많은 것을 배우지 못한다.

우리가 제2차 세계대전에서 미국이 수행한 역할이라고 알고 있는 (어쩌면 가정하고 있다고 해야 더 정확할지도 모르는) 내용은 기본적으로 할리우드, 즉 미국의 영화산업에서 배운 것들이다. D-Day를 다룬 영화 〈지상 최대의 작전〉을 비롯하여 1950~1960년대에 그 번쩍이는 도시가 쏟아낸 수많은 영화들은 섬세함과는 거리가 멀지만 대단히 효과적인 방식으로 이상주의적인 미국이 유럽과 전 세계의 자유와 정의를 회복하기 위해 전쟁에 뛰어들었다는 생각을 널리 퍼뜨렸다.[1] 이것은 미국 정부 당국이 전쟁 중에 이미 자국과 전 세계 국민들을 향해 참전 동기로서 천명한 바이기도 하다. 유럽 서방 연합군 총사령관이었던 아이젠하워Dwight Eisenhower(1890~1969) 장군은 자기 나라의 제2차 세계대전 참전을 '위대한 십자군the great crusade'이라고 표현하길 좋아했고, 프랭클린 D. 루스벨트Franklin D. Roosevelt(1882~1945) 대통령도 미국이 이 전쟁에서 (대단히 진지한 어조로) '우리 종교'의 자유와 정의와 평등이라는 가치를 지키기 위해 싸운다고 말했다.[2]

루스벨트 대통령과 윈스턴 처칠Winston Churchill(1874~1965) 영국 수상이 1941년 8월 14일 뉴펀들랜드 연안의 전함에서 만나 함께 작성한 〈대서양헌장〉에 미국과 대서양 건너편의 동업자 영국의 전쟁 목적이 가장 잘 요약되어 있다는 것은 널리 받아들여지고 있는 사실이다. 워싱턴은 영국의 적극적인 지원 덕분에 이미 사실상 영국의 동맹으로 기능하고 있었지만, 여전히 공식적으로 참전한 것은 아니었다. 이 '헌장'에서 두 동업자는 자신들이 모든 국가의 자기 결정권과 '네 가지 자유'라 불리는 언론의 자유, 종교의 자유, 궁핍으로부터의 자유, 공포로부터의 자유를 지키기 위해 나치 독일에 대항한다고 선언했다.

그러나 그 아름다운 (그리고 대단히 모호한) 말들을 그대로 믿어서는 안 된다. 워싱턴과 런던은 영국령 인도나 미국이 지배하는 필리핀 제도 등 자신들의 식민지 또는 보호국 국민들이 그 네 가지 자유를 누리게 해줄 생각이 없었다는 건 분명한 일이다. 어쨌거나 〈대서양헌장〉의 선언은 미국과 동맹국 영국이 자유와 평등을 위해 싸운다는 개념을 출범시켰고, 그 개념은 동맹국 정상이 뉴펀들랜드 앞바다에서 만난 이후 몇 달, 몇 년에 걸쳐 활발하게 퍼져나갔다. 포스터는 모두 미국의 인기 화가 노먼 록웰Norman Rockwell(1894~1978)이 그렸다. 그는 이 신화 창조 과정의 중요한 도구였다. '네 가지 자유'를 감상적으로 표현해 낸 록웰의 삽화는 인기 잡지 《새터데이 이브닝 포스트The Saturday Evening Post》에 처음 실린 이후 곧 수백만 부가 미국 전역은 물론 전 세계에 포스터 형태로 배포되었으며 대단히 중요한 정치적 선전수단이 되었다. 그리하여 미국인을 포함한 수없이 많은 사람들이, 철학자 이사야 벌린Isaiah Berlin(1909~1997)의 표현대로 미국이 '세계를 구원하는 신성한 임무'에 응했다고 믿게 되었으며, 당시 워싱턴 주재 외교관도 런던에 그렇게 보고했다.[3] 그렇게 공식적인 담론이 공식적인 진실을, 아니 그보다는 공식적인 신화를 낳았다. 제2차 세계대전에서 미국의 행동을 결정한 것이 위대한 이상주의적 동기였다는 신화를.

이런 신화가 전쟁 중과 전쟁 후에 전 세계로 퍼져나간 것이 전적으로 록웰의 포스터, 할리우드 전쟁영화, 제2차 세계대전에 관한 미국의 수많은 다큐멘터리, 그리고 《새터데이 이브닝 포스트》《라이프Life》《리더스 다이제스트Reader's Digest》 등 미국의 정기 간행물들의 공만은 아니다. 미국이 실제로 해방시킨 나라들, 예를 들어 벨기에 아르덴 같은 곳의 미국 전쟁 기념비 앞에서 열리는 연례 기념행사에서 연설하는 고위관료들은 루스벨트와 아이젠하워가 자유와 평화에 관해 극적으로 표현했던 말들을 열렬히 지지하곤 한다. 이러한 담론은 또한 그런 기념행사들에 충직하게 참석하는 헌신적인 어린 학생들과 환희에 찬 수많은 시민들의 마음속에 편안한 공식적인 진실을 확인시켜주는 데도 공언한다.

그런 행사에 참석한 미국 (그리고 영국과 캐나다) 참전용사들에게는 보통 이런 공식적인 찬양이 아첨으로 느껴진다. 참전용사들이 비공식적으로, 때로는 냉소적으로 이야기하는 바는 그들이 이상주의적인 충동으로 전쟁에 뛰어든 건 결코 아니었음을 보여준다. 미국 작가 스터즈 터켈Studs Terkel(1912년~2008) 등이 전하는 구술 역사와 전쟁 중 미국 군인들의 행동과 동기에 관한 몇몇 뛰어난 연구들도, 평범한 미군 병사GI들이 온갖 이유로 무기를 들고 일어섰지만 그것이 공식적인 신화가 말하는 것처럼 파시즘과 군국주의를 파괴하여 유럽의 민주주의와 정의를 회복하겠다는 열망 때문은 아니었음을 분명하게 보여준다.

제2차 세계대전 전야, 대부분의 미국인들은 단순히 파시즘 전반과 그것의 독일식 변형이라고 할 수 있는 히틀러의 국가사회주의(나치즘)에 대항하는 성전에 임하는 분위기에 젖어 있지 않았다. 그들은 유럽의 이 '이념들'에 대해서 거의 혹은 전혀 모르고 있었으며, 그들 자신이 이 파시즘에 직접 위협받고 있지도 않았다. 독일이나 일본의 군국주의를 크게 신경 쓰지도 않았다. 무엇보다도 미국 자신이 군국주의와 폭력을 비난하기보다 영광스럽게 생각하는 전통 속에 있었다. 군인들은 훗날 그들이 처음으로 경험한 파시즘(또는 적어도 유사 파시즘)은 아군들 사이에서 당한 사소한 일상적인 혹사와 '겁쟁이chickenshit'로 소문나는 굴욕 등이었다고 불평할 것이다.[4] 또 병사 대부분은 그들이 해방시킨 나라와 국민들에 대해 아는 것도 거의 없었고 관심도 없었다. 능력 있는 군 지휘관이지만 엄청난 겁쟁이 짓으로 자기 부하들을 공포에 떨게 한 과대망상증 환자이기도 했던 그 유명한 패튼 장군이 난민 수용소의 굶주리고 병들고 더럽고 망신창이가 된 인간들보다 독일 시민과 군인들에게 더욱 연민을 느낀 유일한 미국인은 분명 아니었다.[5]

이전 세대의 미국인들에게 제1차 세계대전은 '모든 전쟁을 끝내기 위한 전쟁'으로, 또는 윌슨 대통령의 표현으로 '민주주의를 위한 전쟁'으로 제시되었다. 그러나 결과는 끔찍한 대학살로 돌아와 그 아름다운 표현이 거짓이었음을 보여주었고, 이에 환멸을 느낀 1920~1930년대의 미국은 단호하게 전쟁에 반대하고 있었다.[6] 두 번째 '위대한 전쟁'에서 싸우도록 운명지어졌던 미국의 그 세대는 이제 더 이상 아이젠하워와 루스벨트의 입에서 분출되는 윌슨식의 이상주의적 미사여구에 혹할 사람들이 아니었다.

이 세대는 자신들이 왜 싸우고 있는지 정말이지 알 수가 없었다. 미국의 역사학자(이자 참전용사이기도 한) 폴 푸셀Paul Fussell이 말했듯이 이데올로기적인 차원에서 각 진영의 대표자들이 "외부와 단절된 채 홀로" 싸우고 있었다. 푸셀은 또 "전장의 군인들은 특별히 고상하거나 천박한 마음을 지니고 있지 않았다. 그들에게는 마음 자체가 없었다"고 말한다. 미군 병사들은 이 전쟁을 원하지 않았으며, 자유와 평등과 민주주의라는 아름다운 이상을 위해 싸우지도 않았다. 그들은 살아남기 위해, 전쟁에 이겨서 끝을 내기 위해, 군대를 떠나기 위해, 그래서 집으로 돌아가기 위해 싸웠다. 전쟁을 이상주의적으로 합리화하는 말을 들었을 때 그들이 보통 내놓는 대답은 "헛소리bullshit!"라는 짧은 한마디였다. 병사들은 푸셀의 표현으로 "집에 돌아가려면 전쟁을 끝내야만 한다. 전쟁을 끝내는 것이 네가 싸우는 이유이다. 그것이 유일한 이유이다"라는 어처구니없지만 강력한 논리에 따라 싸웠다. '집에 돌아갈 권리'를 위해 싸웠다는 취지의 발언을 하는 미군 병사가 등장하는 영화 〈라이언 일병 구하기〉에 깊이 스며들어 있는 모티프도 이와 같은 것이다.[7]

미국 시민들 역시 대다수가 이 전쟁이 무엇을 의미하는지 분명히 알지 못했다. 1942년 9월 갤럽의 조사에서는 미국인의 40퍼센트가 그들의 나라가 전쟁에 휘말리는 이유를 전혀 이해하지 못하고 있으며, 국민의 4분의 1은 〈대서양헌장〉을 들어보지도 못했다는 사실이 드러났다. 고작 7퍼센트만이 '네 가지 자유' 중 한 가지를 말할 수 있었다. 미국 국민에게 그 전쟁은 자유와 민주주의를 위한 성전이 아니라, 그저 《포천Fortune》지에서 말했듯 "괴롭지만 필요한 일", 개탄스럽지만 피할 수 없는 불행이었을 뿐이다.[8]

미군 병사나 시민들이 무슨 생각을 했는지는 중요하지 않았다. 자신들의 나라를 제2차 세계대전에 뛰어들게 하는 의사결정 과정에서 그들의 견해는 아무런 역할도 하지 못했기 때문이다. 미국은 미국인 남녀가 가끔 공화당이나 민주당 후보를 대통령과 국회의원으로 선출할 수 있다는 의미에서만 민주주의 국가이다. 만일 그들이 때로는 아주 미묘한 두 정당 사이의 차이를 소중하게 여긴다면 이 권리를 실제로 이용하는 셈이지만, 아주 높은 비율의 미국인에게 해당되지 않는 이야기임은 분명하다. 어쨌건 선거 절차가 존재한다고 해서 평범한 미국 시민이 백악관, 국회의사당, 펜타곤과 같은 워싱턴 이곳저곳의 권력의 회랑에 큰 영향을 미칠 수 있다는 뜻은 아니라는 얘기다. 국내 및 외교 정책에 관한 미국 정부의 결정은 평범한 미국인의 견해와 이익을 아주 조금밖에 반영하지 않는 경향이 있다.

다른 한편, 비록 미국 대통령이 세계에서 가장 막강한 인간으로 널리 여겨지고 있기는 하지만, 그가 전능한 독재자처럼 결정 과정을 홀로 독점한다고 믿는 것도 틀린 생각이다. 실제로 미국 대통령이 누리는 권력은 흔히 생각하는 것보다 훨씬 더 적다. 대통령은 심지어 자기가 속한 정당의 상하원 의원들이 당연히 자신을 지지해주리라 기대하지도 못한다. 펜타곤의 장군들, 내각의 유력자들, 고위관료들, 언론, 그리고 모든 종류의 유력한 로비스트들의 의견도 고려해야 한다. 거기에 더하여, FBI와 CIA가 때로는 백악관 입주자에게 알리지도 않고 공식적이거나 비공식적인 미국의 국내외 정책을 추진하곤 한다는 사실도 이제는 더 이상 비밀이 아니다. 따라서 여전히 '위대한 인물들'이 역사의 방향을 결정한다고 믿는 19세기식 관념에 사로잡힌 많은 역사가들이 흔히 기술하는 것처럼 전쟁 기간 동안 미국의 정책을 결정한 주된 동인이 루스벨트 대통령 개인의 동기와 목적이었다고 설명해서는 안 된다.[9] 이런 식의 역사학은 특정 개인들, 즉 나폴레옹, 히틀러, 처칠, 또는 루스벨트와 같은 '위대한 인물들'이 어떠어떠한 때에 벌어지는 역사의 드라마 속에서 주도적인 역할을 할 수 있게 해준 익명의 경제적 사회적 요인들을 충분히 고려하지 않는다. 그렇게 되면 역사는 너무나 자주 위인전으로 전락하고 만다. 반면 이 연구는 위대한 인물이 역사의 방향을 결정한다기보다 역사가 위대한 인물을 결정한다는 전제에서 출발하여 논의를 전개한다. 그렇게 함으로써 루스벨트처럼 중요한 대통령으로 인정받는 사람보다도 훨씬 더 중요한 미국 사회의 여러 세력들을 고려하여 제2차 세계대전 속에서의 미국의 역할을 이해하고자 한다.

미국의 중요한 공공 정책은 대통령 혼자 결정하는 것도 아니고 국민들이 스스로 정하는 것도 아니다. 마이클 퍼렌티가 지적했듯이, 미 연방은 여러 가지 면에서 민주주의 국가로 보이기는 하지만 아주 부유한 극소수의 집단이 배후에서 조종하는 국가라는 의미에서 '소수를 위한 민주주의'로 정의되어야 할지도 모른다.

워싱턴에서 하거나 하지 않는 모든 일들은 그 나라의 정치, 사회, 경제, 군사 엘리트들, 즉 뉴욕의 컬럼비아대학에서 가르쳤던 저명한 사회학자 라이트 밀스가 자신의 저서 제목에서 파워엘리트라는 말로 표현한 기득권층의 이익을 반영하고 증진시키는 경향이 있다. 밀스는 이 파워엘리트 집단의 구성원들이 "현대 사회조직과 지배계층을 마음대로 움직인다"며 "그들이 진정한 권력의 피라미드triangle of power(꼭대기에 군과 기업의 리더가 있고, 가운데에 정치 지도자가 있으며, 맨 아래에 일반 대중이 존재하는 형태로, 밀스가 파워엘리트를 설명하기 위해 도입한 개념 – 옮긴이)를 지배한다"고 말한다. 그러나 밀스가 '군 지도자' '국가 정치부' '기업 자본가' 등 파워엘리트가 모든 부분의 권력과 중요성을 거의 똑같이 나누어 갖는 것으로 다루고자 했던 반면, 이 연구에서는 경제적 이익을 근본적인 것으로 조명하는 만큼 경제 엘리트들을 강조하려고 한다. 이러한 관점에서 보면, 미국의 파워엘리트는 다른 무엇보다도 경제적 이익과 사업적 이해관계에 따라 움직이며, 그 진정한 신경중추는 포드,

제너럴모터스, ITT, IBM과 같은 미국의 초거대 기업들임을 알 수 있다. 이 거대기업들은 워싱턴에 막대한 영향력을 마음껏 행사한다. 미국 정부의 주된 기능은 여러 가지 방법으로 그들의 요구를 들어주고 그들의 이익을 증대시키는 것이라고 말해도 과언이 아니다. 미국의 파워엘리트가 무엇보다도 미국 기업의 이익을 위해 헌신하므로 미 연방은 마이클 퍼렌티의 표현대로 사실상 '기업국가'라고 할 수 있다. 이것은 제2차 세계대전 훨씬 전에, 캘빈 쿨리지Calvin Coolidge(1872~1933) 대통령이 단호하고 신념에 찬 목소리로 "미국이 할 일은 비즈니스the business of America is business"라고 말하던 1920년대부터 이미 벌어지던 일들이다.

무엇이 미국의 산업, 사업, 그리고 기업들에 이익이 되는가? 그것을 보호하고 증진시키기 위해 국가는 무엇을 해야 하는가? 미국의 기업가들은 예나 지금이나 나라의 국내외 정책이 사업활동을 제약하는 규제를 없애고, 노동자들을 가능한 한 온순한 채로 유지하고, 임금을 최대한 낮추고, 상품이 유통되는 시장과 원재료를 안전하게 확보하고, 국내외 경쟁의 리스크를 최소화함으로써 미국 기업들(그리고 경영자 각각)이 최대한의 이윤을 얻길 기대한다. 대규모 사업은 다른 나라들에서도 마찬가지로 정치 지도자의 도움을 바라며, 그들이 돈을 벌 수단을 만들어주는 데 헌신하기를 기대한다. 그리고 정부로부터 전부는 아니더라도 많은 필수 기능들을 인계받은, 어느 정도 민주적으로 선출되어 기업의 관점에서는 전적으로 신뢰할 수는 없는 유럽공동체 같은 초국가적 관료 조직에도 같은 것을 기대한다. 그러나 단언컨대 전 세계 주요 국가 중 어떤 나라도 미국만큼 경제가 정부에 큰 영향을 끼치고, '기업'에 완전한 '자유'를 주고 자본주의가 진정으로 어떠한 제한도 받지 않게 해달라는 요구를 충족시켜주고자 정부가 열심히 노력하는 나라는 또 없다. 그런데도 미국 재계의 대변인들은 워싱턴이 기업의 기대에 충분히 민감하게 반응하지 못한다고 끊임없이 통탄한다.

1930~1940년대에 그랬듯이 기업의 목표를 어떻게 달성할 것인지, 그리고 국가가 어떻게 하면 최대한으로 돈을 벌 계기를 만들어줄 수 있을 것인지에 관한 견해는 파워엘리트들끼리도 자연히 갈리게 마련이다. 전 세계 어디서나 그렇듯 미국 경제계 또한 하나의 단체가 아니다. 단순히 수없이 많은 크고 작은 기업들로 이루어져 있을 뿐 아니라, 이해관계가 서로 상충하는 파벌들로 나뉘어 있다는 점이 더욱 중요하다. 따라서 모든 종류의 국내외 정책에 대한 견해가 크게 갈릴 수밖에 없다. (이 점을 '엘리트 다원주의'라 일컫는 사람들도 있다.) 1939년 미국의 몇몇 기업 파벌은 중립주의를 유지하는 것이 이익이라고 믿었던 반면, 다른 파벌들은 영국과 동맹을 맺는 게 유리하다고 생각했다. 전통적으로 경쟁 관계인 공화당과 민주당은 각각 대체로 자유방임주의 원칙의 일관된 적용을 기대하는 사람들과, 공공 정책이 사회지향적이고 더 간섭주의적인 방향으로 나아가야 한다고 믿는 사람들 사이의 중대한 차이를 반영한다.

미국 재계의 이러한 분열, 노동조합과 언론 등 다양한 방향에서 공공 정책 입안자들에게 가하는 압력, 그리고 그에 따른 양보와 타협으로 워싱턴의 국내외 정책은 어떤 경제 파벌로부터 열렬한 환영을 받지 못했으며 온갖 비판에 지속적으로 시달렸다. 미국 정부는 아무리 열심히 일해도 결코 재계를 만족시킬 수 없었다. 그러나 바로 이 점

때문에 공화당의 정책이건 민주당의 정책이건 간에 워싱턴의 정책들이 언제나 기업의 이익을 위한 것임을 일반 대중이 알아차리기가 어렵다. 또한 그래서 미국 국민들이 자국의 정치체제가 재계, 노동조합, 농민 등 모든 이익집단이 공공 정책 과정에 대체로 동등하게 참여하는 다원적인 체제라는 신화에, 권력이 일부 파워엘리트들의 손에 집중되지 않고 광범위하게 분산되어 있다는 공인된 신화에 더 쉽게 감명받는 것이기도 하다.[10]

이 연구는 1939년 유럽에 전쟁이 발발하자 처음에는 중립을 지키는 것이 미국 파워엘리트들에게 이익이 되었다가 나중에는 미국이 참전하는 것이 더 큰 이익이 된 이유와 과정을 설명하려는 목적으로 이루어졌다. 그래서 1930~1940년대에 미국이 직면했던 이슈, 파워엘리트들이 희망을 가진 만큼 공포도 느꼈던 이슈, 워싱턴의 국내외 정책을 결정하고 결국에는 일본과 독일을 상대로 한 전쟁에 뛰어들게 했던 중대한 경제적 사회적 이슈들에 초점을 맞출 것이다. 가장 중요한 군사적 발전도 이런 틀에서 이야기하고 설명하겠지만 상세하게 다루지는 않을 것이다. 거의 철저하게 제2차 세계대전의 군사적 양상만을 다루며 미국의 관점에서 접근하는 책들이 (풍부한 삽화와 함께) 이미 수도 없이 출판되어 있으니 세부적인 싸움 내용에 열광하는 군사 마니아들은 그곳에서 원하는 내용을 찾을 수 있을 것이다.

《리더스 다이제스트》와 할리우드에서 제작한 교훈적인 자료로 제2차 세계대전의 역사를 배운 사람들이라면 이 연구가 반미국적이라고 인식할 수도 있겠지만 그것은 사실이 아니다. 첫째, 이 종합적 설명은 (전적으로는 아니지만) 주로 미국의 자료들을 근거로 한다. 이 책의 기저를 이루는 패러다임, 영감, 거의 모든 데이터, 그리고 많은 구체적인 통찰들을 미국의 저자들에게서 얻었다. 게다가 이 책은 결코 미국에 대한 공격이 아니며, 유난히 사악했던 적을 상대로 힘겨운 싸움을 승리로 이끌기 위해 꼭 필요했던 희생을 아끼지 않은 미국의 시민과 군인들, 착하고 관대한 미국 국민들을 비난하려는 것은 더더욱 아니다. 반대로 그 찬양받지 못한 영웅들을 향한 공감이 이 책의 중요한 중심 사상이다. 이 연구는 제2차 세계대전 이전, 전쟁기, 그리고 종전이 된 이후에도 미국 정부가 추진했던 정책들과 파워엘리트의 역할에 대하여 대단히 비판적인 견해를 제시한다. 이것 역시 반미국인 정서와는 거리가 멀다. 미국인들 스스로가 그들 정부의 행동과 그 행동에 너무나도 큰 영향을 끼치는 그 나라의 정치, 사회, 경제 엘리트들의 역할에 대해 지치지 않고 비판해오고 있기 때문이다. 여기서 비판적으로 고찰하게 될 또 한 가지는 전쟁에서 미국이 수행한 역할에 관한 신화이다. 세상을 뒤흔든 끔찍한 전쟁이 끝나고 50년이 넘게 지나도록 미국뿐만 아니라 유럽을 포함한 전 세계에서 계속해서 공식적인 진실로 유포되고 있는 신화 말이다. 이 공식적인 진실은 일부 미국인들의 주전론적인 자아에 아첨하기에는 좋을지 몰라도 진정으로 미국에 보답하는 길은 절대로 아니며, 따라서 친미국적인 태도도 되지 못한다. 신화와 환상이 아닌 그들의 진짜 현대사를 비판적이고 사실적인 시각으로 바라보는 것이 미국에 더 좋은 일이기 때문이다. 이 점은 제2차 세계대전과 관련하여 비판적인 역사적 성찰을 꺼린다는 이유로 (특히 미국의 관리, 학자, 그리고 언론인들에게) 종종 핀잔을 듣는 독일과 일본도 마찬가지이다. 이 전쟁은 결단코 선과 악 사이의 단순한 흑백 대결이 아니었으며,

어떤 배우도 결백하지 않은 복잡하고 소름끼치는 역사적 드라마였다. 비록 나치가 저지른 미증유의 범죄에 비하면 그 적대자들의 악행은 사소한 범죄로 여겨지기는 하지만. 자신들의 전시 역사를 비판적으로 직시하는 것은 결과적으로 패배자들뿐 아니라 미국을 포함한 승리자들에게도 이익이다. 제2차 세계대전에서 미국의 역할을 비판적으로 검토하는 것은 그 자체로 반미라고 비난하는 것은 '기분 좋은' 견해를 무조건 무비판적으로 수용하는 것이 친미라고 말하는 것만큼이나 틀린 생각이다. 이 책에서 그 기원을 제2차 세계대전에서 찾게 될 이 세계화의 시대에는 우리 모두가 이 세계의 유일무이한 초강대국의 정책에 깊은 영향을 받는다. 역으로 우리가 취하는 태도도 그 정책들에 다소간 영향을 미칠 것이다. 그러므로 현대 세계사의 무대에서 워싱턴이 수행해온 역할을 주의 깊게 면밀히 검토하는 것은 단순히 우리의 권리일 뿐만 아니라 의무이기도 하다.

2장

**미국의
파워엘리트와
파시즘**

옳건 그르건 간에 미국은 오랜 세월 자타가 공인하는 자유와 민주주의의 요람으로 여겨져왔다. 그러므로 정통 역사학계가 비록 미국이 제2차 세계대전의 위기가 절정에 달했을 때 곧바로 참전하지 못하고 때가 무르익을 때까지 기다려야만 했지만 처음부터 파시스트 독재자에 대항하여 자유와 평등과 민주주의 진영에 공감했다고 상정하는 것도 이해가 된다. 대서양 양쪽의 수많은 사람들이 단지 이 견해를 마음이 편안해진다는 이유만으로 받아들이고 있지만, 꼼꼼히 조사해보면 실제 역사는 이런 견해와 맞아떨어지지 않는다는 사실이 드러난다.

첫째, 미국 정부는 항상 자신들이 원칙적으로 민주주의를 사랑한다고 천명하지만, 실제로 그들은 종종 독재를 선호하는 모습을 보인다. 제2차 세계대전이 일어나기 한참 전에 중남미에만 트루히요Trujillo(도미니카공화국) 소모자Somoza(니카과라) 같은 여러 독재자들이 엉클 샘Uncle Sam(미국 정부─옮긴이)으로부터 받는 적극적인 지원 덕분에 장기 집권을 시작할 수 있었다. 심지어 워싱턴은 제2차 세계대전에서 히틀러와 무솔리니 같은 파시스트들을 상대로 지긋지긋한 경험을 한 이후에도, 자랑스럽게 '자유 진영'을 자처하는 국제 공동체의 리더로서 스페인, 포르투갈, 그리스, 터키, 이란, 대만, 인도네시아, 필리핀, 아르헨티나, 칠레 등 공동체 내의 군사독재 및 비참한 상태의 시민사회 들의 존재를 그냥 용인했다. 사실 미국 정부와 대게릴라전 전문가들 의 적극적인 지원이 없었다면 이들 독재정권들은 그렇게 오랫동안 살 아남지도 못했을 것이다.[1]

우리 목적에 더 잘 부합하는 1930년대 독일과 이탈리아의 파시스 트 독재정권의 경우로 돌아가보자. 슬픈 이야기이지만, 이 독재정권 들은 흔히 생각하는 것보다 미국으로부터 훨씬 더 많은 공감과 존경 을 얻었다. 1930년대에만 그랬던 것이 아니라 1941년 말 히틀러가 미 국을 상대로 전쟁을 선포하는 그 순간까지도 그랬다. 수많은 독일계, 이탈리아계 미국인들이 퓌러Führer(총통을 뜻하는 히틀러의 칭호 - 옮긴이)와 일 두체Il Duce(당수를 뜻하는 무솔로니의 칭호 - 옮긴이)를 흠모했다는 것은 공 공연한 비밀이다. 하지만 파시즘이 가톨릭, 그리고 (이 점이 더 중요한데) 미국 상류층의 마음을 사로잡았다는 사실은 훨씬 더 잘 알려지지 않 았다.

바티칸은 1920년대에 이미 무솔리니 정권을 열정적으로 지지 했으며, 상당수가 아일랜드계, 폴란드계, 그리고 이탈리아계로 이루 어진 수백만의 미국 가톨릭 신자들이 로마의 영향을 받았다는 점에 는 의심의 여지가 없다. 사실상 위장에 불과했던 요란스런 '로마 진 군March on Rome'(1922년 무솔리니가 파시스트 당원을 이끌고 로마 시내를 행진하 여 성공시킨 무혈 쿠데타 - 옮긴이)의 결과로 일 두체가 권력을 손에 넣은 것 이 아니라, 교황을 비롯해 이탈리아 국왕, 군대, 대지주, 그리고 그 밖 의 수많은 이탈리아 파워엘리트들의 적극적인 지원으로 집권한 것이 다. 파시즘에 대한 바티칸의 호의적인 견해는 히틀러가 정권을 잡은

지 겨우 반년이 지난 1933년 7월 20일에 나치 독일과 맺은 협약에서도 극적으로 드러난다. 이것은 교황 사절로 독일에 파견되었다가 훗날 교황 비오 12세가 되었으며, 최근에는 '히틀러의 교황'으로 전기에 기록되는 에우제니오 파첼리Eugenio Pacelli(1876~1958) 추기경이 계획한 것이다. 이 협약은 히틀러가 거둔 최초의 중대한 외교적 승리로 여겨지며, 독일 가톨릭 신자들의 눈에는 이것이 히틀러 집권을 정당화해주는 것으로 보였다. 미국의 가톨릭 신자들 또한 이것을 국가사회주의와 파시즘에 대한 일종의 공적 승인nihil obstat(교회 도서 검열관의 심사를 통한 출판 허가 – 옮긴이)으로 올바르게 인식했다. 나아가 영향력 있는 미국 성직자들도 바티칸의 전례를 따라 공개적으로 무솔리니와 히틀러에 대한 지지를 선언했다. 시카고 대주교 조지 먼델라인George Mundelein(1872~1939)과 1932년부터 보스턴 교구 보좌주교였다가 훗날 뉴욕 교구 대주교가 된 프랜시스 스펠먼Francis Spellman(1889~1967)이 그런 경우이다. 만일 미국의 가톨릭 신자들이 파시스트 독재자들을 호의적으로 바라보는 경향이 있었다면 이것은 말할 것도 없이 가톨릭교회 엘리트가 파시즘을 지지했기 때문이다. 그러나 더욱 중요한 것은 미국의 사회, 경제, 정치 엘리트들 또한 무솔리니와 심지어 히틀러에게도 애정을 보였다는 사실이다.[2]

부유하고 보수적인 미국인들도 처음에는 비슷한 계층의 독일인들처럼 히틀러를 의심스러워했다. 히틀러는 스스로 노동당을 표방하고, 국가사회주의라는 이념을 주창하며, 불온하게도 '혁명적' 변화를 가져오겠다고 말하는 벼락출세한 평민이었다. 그러나 독일의 동료들이 그랬던 것처럼 미국의 상류층도 히틀러의 게르만 민족판 파시즘이 다른 모든 유형의 파시즘과 마찬가지로 혁명적이지 않고 보수적이며 심지어는 변화에 반동적이라는 사실, 따라서 잠재적으로 그들의 목적에 대단히 유용하다는 사실을 금세 알아차렸다. 독일 정부의 막대한 자금 및 정치적 지원으로 히틀러가 정권을 잡은[3] 다음에는 미국을 비롯한 전 세계 상류층이 히틀러가 실제로 사회경제적 측면에서 극도로 보수적이라는 점을 확인하고 대단히 만족했다. 나치가 말하는 혁명이라는 것은 독일 상류층의 사회경제적 특권을 전혀 위협하지 않았으며, 정치권력을 잃는 대가로 노동조합과 모든 좌파 정당들이 무자비하게 제거되는 등 훨씬 더 큰 보상을 얻었다. 자신이 독일 정부에 얼마나 유용한 존재인지 드러나기 전까지 힌덴부르크 독일 대통령에게 '보헤미아 상병 놈Bohemian Corporal'이라 불리며 무시당하던 히틀러는 자본주의 체제의 주춧돌인 사적재산권의 원칙에 아무런 해도 되지 않았다. 수감자들에게 국가사회주의 강령의 본질을 재교육하기로 되어 있던 부헨발트 강제수용소 정문 위에 커다란 글씨로 "Jedem das Seine(각자에게 각자의 것을)"이라고 새겨놓은 것도 우연이 아니다.

그런 슬로건은 지주들, 주주들, 그리고 수없이 많은 미국의 크고 작은 사업체 경영자들에게 깊은 인상을 주었다. 1930년대 대부분의 미국 기업체들은 역사에 대공황이라고 기록된 극심한 경제 위기를 겪으며 매우 힘든 시간을 보냈다. 이 힘든 시기의 책임은 탐욕스러운 노동조합, 미국인 동료들로부터 일자리를 훔친 흑인들, 또는 '욕심 많은' 유대인들에게 묻곤 했다. 상황을 그런 식으로 바라본 미국인들은 그들과 유사하게 독일에 닥친 불행의 책임을 희생양들에게 돌리는 히틀러를 영혼이 통하는 친구로 여겼고, 그를 혜안을 지닌 사람이자 과감하게 진실을 말하는 정치인, 그리고 현 상황이 어쩔 수 없이 요구하는 어려운 정책을 주저 없이 추진하는 지도자로 칭송했다. 미국 사업가들은 히틀러의 두 가지 업적에 특히 깊은 감명을 받았다. 첫째, 1933년 초 정권을 잡자 그 즉시 사회주의 정당과 공산주의 정당을 없애버리고 노동조합을 해체한 것이다. 둘째는 이후 몇 년에 걸쳐 고속도로 건설을 비롯한 다양한 공공사업과 재무장 등 정통적이지는 않지만 매우 효과적으로 보이는 방법으로 독일을 대공황의 사막에서 빠져나오게 했다는 점이다.

독일의 독재자와 그의 파시즘 사상을 특히 좋아하고 칭송했던 것은 1920년대에 독일 기업들과 전략적으로 제휴했거나 합작회사를 세웠거나 독일에 이미 상당히 많이 투자한 미국 기업들의 주주와 경영자와 소유주들이었다. 에센에 건설된 코카콜라의 대규모 병입 시설, 마인츠 인근 뤼셀스하임의 제너럴모터스 오펠 자동차 공장, 쾰른에 자리한 포드의 포드-베르케Ford-Werke, 베를린의 IBM 공장, 또는 스탠더드오일의 악명 높은 독일 협력사 이게파르벤IG Farben 등 미국 기업들의 독일 자회사들과 협력사들은 노동조합을 쓸어버리고 재무장 계획으로 주문이 빗발치게 만든 히틀러 집권기에 크게 번영했다. 헤르만 괴링Hermann Goring(1887~1936) 같은 부패한 나치 주요 인물들과 악명 높은 얄마르 샤흐트Hjalmar Schacht(1877~1970) 같은 부도덕한 은행가, 그리고 독일과 스위스의 금융기관들 덕분에 온갖 종류의 수익성 높은 사업이 가능한 시기였다.[4]

일례로 코카콜라의 독일 자회사는 1934년 24만 3,000상자에 불과했던 판매량이 1939년에는 450만 상자로 증가했다. 히틀러를 존경하고 흉내 낸 코카콜라 독일 지사장 막스 카이트Max Keith가 설명했듯이, 이런 성공은 "더 열심히 〔그리고〕 더 빨리" 일하도록 내몰린 독일 노동자들에게 카페인이 들어간 청량음료를 맥주를 기능적으로 대체하는 가벼운 음료수로 제시한 사실과 깊은 관련이 있다. 노동자계급을 대변하는 정당과 노동조합이 금지된 히틀러의 제3제국에서 노동자들은 "파업뿐만 아니라 직업을 바꾸는 것조차 금지된 농노에 불과"했고 임금은 "계획적으로 상당히 낮게 책정"되었다. 마크 팬더그라스트Mark Pendergrast에 따르면, 이것이 매출액 증가와 결합하여 코카콜라를 비롯한 독일에서 활동하던 모든 기업들의 수익률을 크게 강화했다.[5]

1930년대에 심각한 적자를 기록했던 포드의 독일 자회사 포드-베르케는 히틀러 정권의 후원하에 1935년 6만 3,000라이히스마르크(1925~1948년 사이에 독일에서 사용하던 마르크화 - 옮긴이)였던 연간소득이 1939년에는 무려 128만 7,800라이히스마르크로 눈에 띄게 증가했다. 이러한 성공은 단순히 독일의 재무장 체제 추진에 따른 수익성 좋은 정부 계약 때문만이 아니라, 히틀러가 노동조합과 노동당을 제거함으로써 1933년 거래액의 15퍼센트였던 인건비를 1938년에는 11퍼센트로 삭감했기에 가능한 것이었다. 포드-베르케의 총 자산 또한 1933년에서 1939년 사이에 2,580만 라이히스마르크에서 6,040만 라이히스마르크로 급격히 증가했다. (그 당시 공식적인 환율은 1달러에 2.5라이히스마르크였으며, 1930년대 말 달러 가치는 거의 지금의 7배에 달했다.)

제너럴모터스의 오펠 공장은 제3제국에서 그보다 더 큰 발전을 이루었다. 1933년 35퍼센트이던 오펠의 독일 자동차 시장점유율이 1935년에는 50퍼센트 이상으로 증가했고, 1930년대 초반 적자에 헤

매던 제너럴모터스의 독일 자회사는 히틀러의 재무장 정책으로 인한 경제 활성화 덕분에 엄청나게 수익성 있는 회사가 되었다. 1938년에는 3,500만 라이히스마르크(약 1,400만 달러)의 수익을 기록했다. 1년 후 오펠의 총 가치는 8,670만 달러로 추정되었는데, 이는 제너럴모터스가 그 회사에 투자했던 10년 전(3,330만 달러)보다 2배 이상 증가한 수치이다.[6]

제3제국 시대 자사의 독일 지사의 역사에 관해 써달라는 제너럴모터스의 요청을 받고 이 주제에 관한 책을 저술한 미국의 저명한 역사학자 헨리 애쉬비 터너는 "불과 몇 년 전까지만 해도 제대로 걷지도 못하던 오리lame-duck나 다름없었던 미국 기업의 자회사가 결국에는 황금알을 낳는 거위였음이 드러났다"고 기록했다.[7] 1939년 전쟁 전야, 제너럴모터스 회장 알프레드 P. 슬론Alfred P. Sloan(1875~1966)은 제3제국에서 제너럴모터스의 사업이 대단히 큰 수익을 올리고 있음을 지적하며 히틀러의 독일에서 사업하는 것을 공개적으로 옹호했다. 같은 해에 제너럴모터스와 포드는 독일 자동차 시장의 70퍼센트를 장악했으며, 다가오는 전쟁에 필요한 모든 종류의 장비를 독일 군대에 공급할 만반의 준비가 되어 있었다.[8]

그러나 히틀러의 제3제국에서 최고의 호황을 누린 미국 기업은 IBM이었다. IBM의 독일 자회사 데호마그Dehomag는 독일의 생산을 자동화, 즉 기차가 제 시간에 운행되도록 하는 것에서부터 유대인의 사유재산을 압류하고 결국 몰살시키는 일에 이르기까지 모든 일을 해낸 펀치 카드 기술(컴퓨터의 전신 – 옮긴이)을 제공했다. 에드윈 블랙은 미국 기업의 이 유감스러운 대하소설을 자신의 저서《IBM과 홀로코스트》에 매우 상세하게 기록했다. 그러나 IBM에게 중요했던 것은 독일에서 돈을, 아주 많은 돈을 번다는 사실뿐이었다. 데호마그는 히틀러가 집권한 1933년에 벌써 100만 달러의 수익을 올렸고, 히틀러 정권 초기에 독일 자회사 공장은 미국 IBM에 배당금으로 약 450만 달러를 송금했다. 블랙은 미국이 여전히 극심한 대공황 속에 있던 1938년 말까지 "그 회사〔데호마그〕의 순자산은 기본적으로 1934년 총 투자액 770만 라이히스마르크의 2배 가까운 1,400만 라이히스마르크가 되었고, 연간 순자산수익율 16퍼센트에 해당하는 230만 라이히스마르크의 수익을 올렸다"고 말한다. 데호마그의 수익은 1939년에 다시 한 번 눈에 띄게 증가하여 400만 라이히스마르크에 이르게 된다.[9] 만일 IBM 설립자이자 회장인 토머스 왓슨Thomas Watson(1911~1956)이 미국의 다른 수많은 재계 거물들과 마찬가지로 독일에 자산이 있고 히틀러를 존경하며 경애했다면, 그것은 총통이 전해지는 것처럼 거부할 수 없는 매력이나 카리스마를 지녔기 때문이 아니라 히틀러와 사업을 할 수 있었다는 아주 단순한 이유 때문이며, 그저 히틀러와 함께 일을 하는 것이 엄청나게 이익이 되었기 때문일 뿐이다.

많은 미국 기업들이 처음 독일에 투자했을 때는 그 나라가 아직 바이마르 공화국이라는 의회민주주의 국가이던 때였다. 그러나 미국의 투자자본은 1933년 히틀러가 집권하여 바이마르 공화국을 제3제국이라는 파시스트 독재정권으로 탈바꿈시킨 이후에 눈에 띄게 증가했다. 미국 투자자본이 이렇게 급격하게 증가한 한 가지 이유로는 외국 기업이 거둔 수익이 최소한 이론적으로는 더 이상 본국으로 송환될 수 없게 되었다는 점을 들 수 있다. 앞으로 살펴보겠지만, 실제로는 독일 자회사에 '로열티'를 비롯한 온갖 종류의 '수수료'를 청구하는 책략을 통해 이 금수조치를 피해갈 수 있었다. 어쨌건 그런 규제는 기존 공장들을 현대화하고, 새 공장을 건설하거나 구매하고, 제국의 채권을 사고 부동산을 취득하는 등의 방식으로 수익이 주로 독일에 재투자된다는 것을 의미했다. 예를 들어 IBM은 베를린-리히터펠데에 새 공장을 건설하고, 슈트트가르트 인근 진델핑엔에 있는 공장을 확장하고, 제국 전체에 수없이 많은 지점을 설치하고, 베를린의 임대 자산과 부동산 등 유형자산을 구입하는 방식으로 수익의 상당 부분을 재투자했다.[10] 그리하여 독일과 관련된 미국 기업들은 히틀러 치하에도 계속해서 확장했으며, 진주만 공습 전까지 미국이 히틀러의 제3제국에 투자한 전체 규모는 약 4억 7,500만 달러로 추산된다.[11]

약 20개 정도의 유력한 미국 거대기업이 1930년대에 독일과 연관되어 혜택을 받았다. 포드, 제너럴모터스, (찰스 하이엄의 표현대로 록펠러 제국의 왕관 한가운데에 박힌 보석이며, 지금은 엑손Exxon이라는 이름으로 알려진) 뉴저지 스탠더드오일Standard Oil of New Jersey, 듀퐁Du Pont, 유니언카바이드Union Carbide, 웨스팅하우스Westinghouse, 제너럴일렉트릭General Electric, 굿리치Goodrich, 싱거Singer, 이스트먼 코닥Eastman Kodak, 코카콜라, IBM, 그리고 마지막으로 언급하지만 결코 중요성이 덜하지는 않은 ITT 등이 이 특권층에 속한다. 또한 미국 기업들은 이탈리아 파시스트 정권에도 수억 달러를 투자했다. 마지막으로 상당수의 미국 로펌, 투자 회사, 그리고 은행들도 이 파시스트 국가들에 대한 미국의 공격적인 투자에 적극적으로 연루되어 수익을 올렸다. 그들 중에는 제이피모건J. P. Morgan과 '딜론, 리드 앤드 컴퍼니Dillon, Read and Company', 그리고 유명한 월스트리트 로펌 설리번 앤드 크롬웰Sullivan & Cromwell도 포함된다. 설리번 앤드 크롬웰에는 나중에 더 자세히 다루게 될 존 포스터 덜레스John Foster Dulles(1888~1959, 1953~1959년 미국 국무부 장관으로 있었음 - 옮긴이)와 앨런 덜레스Allen Dulles(1893~1969, 1953~1961년 동안 CIA 국장으로 있었음 - 옮긴이) 형제라는 두 명의 '스타'가 있었다. 독일에 대한 미국의(그리고 미국에 대한 독일의) 투자라는 이 수익성 높은 '게임'의 또 다른 참가자는 뉴욕 유니온 은행Union Bank of New York이라는 상대적으로 작고 잘 알려지지 않은 은행이었다. 그의 막대한 재정 지원이 없었다면 아마 히틀러는 정권을 잡지 못했을 거라는 독일의 철강왕 티센Fritz Thyssen(1873~1951)의 금융 및 산업 왕국과 밀접한 관계를 맺고 있던 은행이다. 이 은행의 경영자는 조지 부시 전 대통령의 아버지이자 조지 W. 부시 전 대통령의 할아버지인 프레스코트 부시Prescott Bush(1895~1972)였다. 히틀러의 열렬한 지지자이기도 했던 프레스코트 부시가 티센을 통해 자금을 보냈고, 그 보상으로 나치 독일과 거래할 수 있게 되었다는 주장도 있다. 부시는 그 과정에서 많은 돈을 벌었고, 그 더러운 돈의 일부를 자기 아들 조지 부시가 텍사스에서 석유 회사를 시작하는 데 썼다.[12]

제너럴모터스의 재정적 모체인 거대 트러스트 듀퐁은 독일 재무장 사업에 막대한 투자를 퍼부었다. 네덜란드를 경유해 무기와 탄약을 밀반입하기도 했으니, 아마 미국의 다른 어떤 기업보다 히틀러의 공격적인 정책들과 재무장 계획으로부터 더 많은 이익을 챙겼을 것이다. 이런 맥락에서 보면 듀퐁 회장이 히틀러를 경애한 것도 전혀 놀랄 일이 아니다. 그러나 포드와 록펠러와 마찬가지로 그 또한 1933년 히틀러가 집권하기 훨씬 전부터 나치 운동에 상당한 자금을 지원했다.

ITT는 나치 정권과 밀접한 관계를 유지한 또 하나의 미국 기업이다. 창립자이자 회장인 소스신스 벤Sosthenes Behn(1884~1957)은 자신이 히틀러를 지지한다는 사실을 숨기려고도 하지 않았다. (ITT는 벤이 현장을 떠난 뒤에도 오랫동안 파시스트 독재자들을 매우 좋아했다. 칠레의 피노체트Augusto Pinochet (1915~2006) 정권과의 관계는 아주 잘 알려진 사실이다.) 석유업계의 거인 텍사코의 우두머리 토킬드 리베르Torkild Rieber(1882~1968)도 히틀러를 흠모한 유력한 미국 기업가였다. 그는 개인적으로 괴링의 친구이기도 했다. 텍사코는 그의 인도하에 나치 독일과 온갖 종류의 사업을 벌여 이익을 얻었을 뿐 아니라, 스페인내전 때 미국의 중립법을 어기고 석유를 배달하여 프랑코Francisco Franco Bahamonde(1892~1975)의 파시스트 세력이 승리하도록 도와주었다.[13] 어떤 독일 정보국 요원은 리베르가 "철저하게 친독일적"이며 "진정으로 총통을 찬미하는 사람"이라고 보고하기도 했다.[14]

히틀러와 나치 정권을 향한 미국 기업가들의 사랑에도 물론 한계는 있었다. 예를 들어 자유기업 체제의 전통적인 옹호자로서, 나치가 미국의 자회사들을 포함한 독일 기업들의 활동을 (수익을 본국으로 소환하지 못하게 제한하는 등) 엄격하게 통제하는 것과 미국을 비롯한 외국 기업들과의 경쟁에서 자주 독일 기업의 편을 드는 것에 원칙적으로 반대했다. 그러나 이런 것들은 사소한 골칫거리였다. 거의 모든 미국 경제계 대표들의 눈에 비친 히틀러의 가장 중요한 가치는, 재무장 붐 덕분에 그들의 독일 자산이 공황에 시달리는 미국에서는 꿈에서나 그릴 수 있었던 부를 축적하고 있다는 사실, 그리고 제3제국에서는 미국에서와 달리 노동조합에 시달리지 않는다는 점이었다. 독일에서 미국 자회사의 파업은 1936년 6월 뤼셀스하임의 오펠 공장에서 그랬듯이 그 즉시 게슈타포의 무력진압을 불러일으켜 체포와 해고라는 결과를 낳았다.[15] (튀링겐 지방의 교사이자 반파시스트 레지스탕스의 일원이었던 오토 옌센Otto Jenssen은 전쟁이 끝난 후 독일의 기업 경영자들은 "강제수용소의 공포가 독일 노동자들을 무릎 위의 강아지lap-dogs처럼 온순하게 만들어주는" 것에 만족했다고 기록했다.)[16]

그러므로 제너럴모터스 회장 윌리엄 너드센William Knudsen(1879~1948)이 1933년 독일을 방문한 후 나치 독일을 '20세기의 기적'이라고 묘사한 이유, 미국의 파워엘리트를 대표하는 사람들이 히틀러와 그의 나치 국가를 극찬한 이유를 이해할 수 있다. 심지어 그들 중 상당수는 대서양 이쪽 편에도 비슷한 파시스트 구원자가 도래하기를 공공연하게, 또는 은밀하게 꿈꾸었다.[17] 듀폰을 비롯한 많은 기업들이 저 악명 높은 '검은 군단Black Legion'과 같은 미국 내 파시스트 조직들에 재정 지원을 아끼지 않았다.[18]

히틀러가 퍼뜨린 인종 간의 증오는 지금이라면 상당한 반감을 불러왔을 테지만 1920~1930년대에는 미국인의 감정을 상하게 하지 않았다. 남북전쟁으로 노예제도가 폐지된 이후에도 많은 사람들이 흑인을 열등한 인간으로 여기고 그렇게 대우했다. 인종차별은 보편적으로 비난받는 것이 전혀 아니었고 여전히 사회적으로 용인되는 것이었다.

1920~1930년대 남부에서는 아주 사소한 범죄에 대해서도 교수형이 일상적이었으며, 온건한 교수형 반대 법안 신청은 매번 의회에서 거부당했다. 엄격한 흑백 분리정책은 메이슨-딕슨 선(메릴랜드 주와 펜실베니아 주 경계선으로 남부와 북부의 경계 - 옮긴이) 남쪽뿐 아니라 워싱턴 DC에서도 시행되었으며, 제2차 세계대전 때까지도 여전히 유효했다. 전

쟁 기간 동안 남부의 흑인들은 시내 전차와 극장에서 뒷좌석에 앉아야 했고, 때로는 독일 전쟁포로들보다도 못한 대우를 받았다. 군대에도 인종차별이 만연했다. 군병원에서는 '백인'과 '흑인'의 혈장血漿을 구분했으며, 아이젠하워와 마셜과 패튼을 포함한 장군들 상당수는 나치와 마찬가지로 백인의 우월성을 확신했다. 전쟁이 끝난 다음에는 다른 인종 간의 결혼과 출산을 금지하는 법이 여전히 유지되고 있던 미국의 여러 주들에서 유럽의 백인과 결혼한 흑인 참전용사들과 아시아인과 결혼한 백인들의 정착을 허용하지 않았다. 불임수술과 안락사를 포함하여 나치 독일에서 이루어진 '인종위생학'의 온갖 잔혹한 실험들을 이끌었던 극도의 인종차별적 우생학의 열렬한 메아리를, 이민법이 '비유럽'계 사람들을 공식적으로 차별하던 1930년대 미국에서 발견할 수 있다.[19] 미국의 저명한 역사학자 스티븐 앰브로즈Stephen Ambrose(1936~2002)는 "고국에서 법적으로든 관습적으로든 인종분리 체제를 유지한 채로, 인종분리 정책을 시행하는 군대가 세계 최악의 인종주의자에 대항하여 가장 위대한 전쟁을 치렀다"며 이것을 "역사의 아이러니"라고 말한다.[20]

'독일과 미국의 인종 계층 관념의 유사성을 보여주는 여론조사'를 통해서 드러났듯이, 1930년대에는 수많은 미국인들이 나치의 인종주의에 반대하지 않았다.[21] 히틀러의 반유대주의와 그의 파시스트 동지들도 미국에서 큰 문제가 되지 못했다. 1920~1930년대에는 반유대주의가 독일뿐만 아니라 미국을 포함한 많은 나라들에서 상당히 유행했다. 그들 자신도 반유대주의자였기 때문에, 많은 미국인들이 나치의 반유대주의 조치들을 지지하지는 않더라도 그것에 관대했다.[22]

기업가와 은행가들을 비롯한 미국의 권력층도 이런 일반적인 규칙의 예외는 되지 못한다. 일례로 유대인은 대개 상류계급이 애용하는 회원제 클럽과 고급 호텔에 출입이 금지되었다. 기업인 헨리 포드Henry Ford(1863~1947)는 히틀러를 경애하고 재정적으로 지원했으며, 1920년대 초《국제 유대인The International Jew》이라는 반유대주의 책을 출판해 히틀러에게 영감을 준 미국에서 가장 악명 높은 반유대주의자다. 둘은 서로를 존경했다. 총통은 집무실에 포드의 초상화를 걸어놓고 그를 반유대주의라는 영감의 근원으로 인정했으며, 1938년에는 나치 독일이 외국인에게 줄 수 있는 최고훈장을 수여했다. 포드 또한 괴링의 친구이자 유명한 비행사인 찰스 린드버그가 미국 전역에서 활발하게 진행하던 친나치 선전 캠페인에 자금을 지원했다.

미시건 출신의 가톨릭 신부 찰스 E. 카글린Charles E. Coughlin(1891~1979) 또한 열렬하고 영향력 있는 미국인 반유대주의자였다. 그는 매일 라디오 방송에 출연해 히틀러가 했던 그대로 유대교를 볼셰비키와 동일시하며 수백만 청취들로 하여금 유대교에 반대하도록 선동했다. 상당히 많은, 어쩌면 대다수일지도 모르는 미국의 사업가들은 루스벨트 대통령의 뉴딜정책을 국가 경제에 '사회주의적'으로 개입하는 것이라고 비난하며 경멸했다. 반유대주의는 그것이 유대인이 꾸민 음모의 일부라고 결론짓고, 뉴딜New Deal을 '쥬딜Jew Deal'이라 부르며 폄하했다. 그와 유사하게 대통령을 공산당 비밀 당원이며 유대인 비밀결탁자crypto-Jew이자 유대인의 대리인으로 여기며, 그를 '로젠펠드Rosenfeld'라고 부르곤 했다.[23] 1934년 6월에 독일을 방문한 미국 은행가들은 베를린에 있는 자기 나라 대사에게 루스벨트 정부가 "유대인으로 가득

하다"고 불평했다.[24]

　일반적으로 말해서, 미국의 사업가와 은행가들이 대체로 나치즘이나 파시즘의 반유대주의를 비난하지 않은 것은 분명한 사실이다. 반대로 그들은 바로 그 반유대주의 때문에 파시스트, 특히 히틀러에게 공감했다. 직접적으로든 간접적으로든 그런 사람들이 이끌던 미국은 히틀러의 반유대주의를 이유로 유럽 십자군 계획에 착수할 준비가 되어 있지 않았다. 자유의 여신상에 새겨진 문구는 지구상의 모든 "자유를 갈망하는 지치고, 가난하고, 겁에 질린 사람들을" 초대하고 있지만, 그리고 미국 정부가 가끔 히틀러의 반유대주의 정책들에 대한 불만을 표시하기도 했지만, 독일에서 미국으로 망명해온 유대인이 이민을 허가받은 경우는 대단히 적었다.[25] 1939년 봄, 독일에서 도망친 피난민을 가득 태운 배 세인트루이스호의 승객들은 미국에 상륙하도록 허가받지 못했으며, 그때까지만 해도 사실상 미국의 지배를 받고 있던 쿠바에서도 마찬가지였다. 배는 독일로 돌아가도록 강요받았으나 '위기의 순간에' 앤트워프로 진로를 잡도록 허락받아 유대인 승객들이 벨기에, 네덜란드, 프랑스, 그리고 영국에 망명할 수 있었다.[26] 또한 워싱턴은 전쟁 중에 독일과 독일이 점령한 곳의 유대인들의 운명에 대해서는 거의 신경 쓰지 않았다. 체계적인 집단학살이 자행되고 있다는 사실이 점점 더 명백해지고 있음에도 그랬다. 1945년 미국이 독일을 정복하고 독일이 항복한 바로 직후, 미국 정부 당국은 홀로코스트의 수많은 생존자들을 계속 강제수용소에 남겨두었으며, 생존자들은 그곳에 조직적으로 방치된 채 심지어 학대당하기까지 했다. 이 개탄스러운 상황은 1946년 9월 트루먼 대통령이 "듣자 하니 우리는 유대인들을 죽이지 않는다는 점만 빼면 나치가 했던 것과 똑같은 방식으로 그들을 대하고 있다"고 시인하며 아이젠하워 장군에게 개입을 지시할 수밖에 없게 된 다음에야 끝이 났다.[27] 유대인들이 미국에서 제대로 존중받기 시작한 것은 전쟁이 끝나고 몇 년이 더 지난 다음, 즉 원래는 그리 달갑지 않은 사회주의적 실험의 형태로 나타났던 키부츠(이스라엘 집단농장의 한 형태 - 옮긴이)와 새로운 국가 이스라엘이 중동 지역의 벌집에서 매우 유용한 미국의 동맹이 될 수 있음을 증명한 다음부터였다.[28]

히틀러가 1939년 9월 1일 폴란드를 침공하며 전쟁의 참화를 불러일으켰을 때, 또는 1940년 5월 그의 군사조직이 네덜란드, 벨기에, 룩셈부르크, 그리고 프랑스를 침범했을 때 그가 미국 상류사회로부터 받고 있던 막대한 지지 자금을 갑자기 몰수당한 것도 아니라는 사실 또한 지적할 필요가 있다. 1940년 6월 26일, 독일 상업의 대표가 독일군이 서유럽에서 거둔 승리를 축하하기 위해 뉴욕에 있는 월도프 아스토리아 호텔에서 만찬을 열자 제너럴모터스의 고위 관부 제임스 D. 무니James D. Mooney를 비롯한 주요 사업가들이 참석했다. 무니는 이미 제너럴모터스가 나치 독일에 기여한 공로로 포드가 히틀러에게 받은 것과 같은 훈장을 수여받은 바 있었다. (IBM의 토머스 왓슨도 제3제국에 큰 공헌을 하고 1937년 독일을 방문해 히틀러로부터 훈장을 받은 또 한 사람의 미국인 거물이다.) 그로부터 닷새 후, 이번에는 앞서 언급한 친파시스트 인사인 텍사코의 리베르가 뉴욕에서 파티를 열어 독일의 승리를 한 번 더 축하했다. 이 행사에는 헨리 포드의 아들 에드셀과 제임스 D. 무니 등 미국 재계의 주요 인사들이 참석했다. 리베르는 또 히틀러가 정점에 이르렀던 그해 여름, 제3제국의 대의를 알리는 선전활동을 위해 미국을 방문한 독일 특사에게 유형무형의 지원을 아끼지 않았다.[29]

미국의 자동차 생산 회사와 석유 재벌들이 독일의 승리를 함께 나눈 데는 그만한 이유가 있었다. 포드와 제너럴모터스의 독일 자회사들이 제공한 트럭, 탱크, 비행기 등의 장비들이 없었다면, 그리고 텍사코와 스탠더드오일이 스페인 항구를 통해 실어 나른 고무, 경유, 윤활유, 그리고 다양한 종류의 연료 등 막대한 양의 전략적 원자재가 없었다면, 독일 공군과 육군은 1939년과 1940년에 그렇게 쉽게 적들을 무찌르지 못했을 것이다. 히틀러의 주임 건축가이자 전시에는 군수장관을 맡았던 알베르트 슈피어Albert Speer(1905~1981)는 훗날 미국 기업 덕분에 이용할 수 있었던 특정 종류의 합성연료가 없었다면 히틀러는 "폴란드를 침공할 생각을 하지 못했을 것"이라고 말했다. 미국의 역사학자 브래드포드 스넬Bradford Snell도 그에 동의한다. 그는 전쟁 중 스위스 은행들의 논란이 많은 행동들을 넌지시 언급하면서, "스위스 은행이 없었어도 나치는 폴란드와 러시아를 침공할 수 있었겠지만 제너럴모터스 없이는 불가능했을 것"이라고 말했다. 히틀러의 군사적 성공은 공군과 육군이 훌륭하게 연동하여 극도로 신속한 공격을 감행하는 새로운 형태의 전투, 전격전blitzkrieg에 기반을 두었다. 그러나 앞에서 언급한 미국의 지원, 그리고 IBM과 ITT가 제공한 최첨단 통신 및 정보기술이 없었다면 총통은 전격전과 그에 따른 신속한 승리blitzsiege를 그저 꿈에서나 상상해볼 수 있었을 것이다.[30]

모든 미국인이 다 히틀러를 좋아한 것은 결코 아니다. 독일 자신을 포함한 다른 여러 나라들의 경우에 그랬듯이, 히틀러에 관한 견해와 파시즘 일반에 대한 견해는 서로 분리된다. 미국에서도 수없이 많은 사람들이 독일의 독재자를 경멸했고, 어떤 사람들은 그의 특정한 면을 좋아하는 대신 다른 면들을 싫어하기도 했으며, 지금도 그렇듯이 많은 미국인들은 다른 나라들과의 국제 관계에 대해서는 거의 혹은 전혀 관심이 없어서 총통과 그의 파시스트 동료들에 대해서는 특별한 의견조차 없었다. 게다가 히틀러에 대한 견해는 그의 흥망에 따라 크게 변했다. 예를 들어 폴란드를 침공한 다음에는 시카고처럼 폴란드계 혈통을 자랑스러워하는 사람들이 많은 미국의 도시들에서 그의 명망이 크게 사그라졌다. 그러나 중요한 것은 유럽에서 전쟁이 발발하기 전이나 심지어 그 이후에도 히틀러와 그의 국가사회주의, 그리고 파시즘 일반은 미국의 파워엘리트 사이에서 필요 이상으로 공감을 얻었다는 사실이다.

3장

미국과
공산주의의
위협

미국의 파워엘리트는 전체적으로 유럽의 파시즘, 특히 히틀러의 나치즘을 좋아했다. 파시스트 정권이 대기업(그리고 금융 재벌)들의 이익을 보호하고 증진해주었기 때문에, 다시 말해서 그들 스스로 '사업에 좋다'는 사실을 증명했기 때문이다. 마찬가지로 중요한 또 한 가지 이유는 그 시대 극우주의의 전형이었던 파시즘이 극좌주의적 대안이었던 공산주의, 또는 그 당시 유행하던 표현으로 '볼셰비즘Bolshevism'보다 훨씬 덜 불쾌했다는 점이다. 미국의 기업 경영자들의 눈에는 공산주의가 파시즘보다 훨씬 더 위험했다. 게다가 파시즘은 소위 말하는 공산주의의 위협에 대한 효과적인 해법처럼 보였다. 유럽의 사회경제적 특권층도 상황을 같은 방식으로 바라보았다. 그들은 볼셰비즘이라는 사악한 악령을 쫓고자 하는 희망으로 파시즘에 지나치게 몰두했다. 파시즘에 대한 미국의 태도는 유럽의 태도와 마찬가지로 공산주의에 대한 태도에 비춰봐야만 제대로 이해할 수 있다.

1917년 러시아의 혁명 소식이 대서양 너머로 전해지자, 제1차 세계대전이 그 살인적인 행보에 들어가기 전부터 미국의 여론은 양쪽으로 갈라졌다. 미국의 자본주의 체제를 이루어내고 그로부터 이익을 얻고 있던 정치적 경제적 특권층들은 너무나 당연하게도 러시아뿐만 아니라 전 세계에서 자본주의를 전복시키려 하는 그 운동을 진심으로 거부했다.[1] 반면 미국의 하층계급은 물론이고 중산층마저도 자본주의 체제를 대신하여 새롭고 평등주의적인 사회경제적 대안을 추구하는 혁명적 운동에 상당히 열광했다. 당시만 해도 수가 많았던 미국의 사회주의자와 무정부주의자들, 그리고 상대적으로 급진적인 미국 노동운동, 특히 혁명적 노동조합 세계산업노동자동맹IWW: Internatioanl Workers of the World은 볼셰비키의 이상에 크게 공감하며 지지했다. 그러나 그들뿐 아니라 평화주의적인 시민, 지식인, 그리고 점잖은 중산층도 역시 러시아의 '붉은' 혁명 소식에 긍정적으로 반응했다. 일례로 저명한 저널리스트 존 리드John Reed(1887~1920)는 러시아에서 쓴 보고서들과 베스트셀러가 된 저서 《세계를 뒤흔든 열흘Ten Days That Shook the World》을 통해 레닌과 그의 동지들에게 호의적인 방향으로 미국 여론에 영향을 끼치려 했다.[2]

볼셰비즘을 혐오하며, 그것이 미국 사회에서 비슷한 혁명적 운동을 촉발하거나 최소한 무언가 근본적인 변화를 요구하게 할까봐 두려워하던 미국 정부와 지배층의 입장에서는 리드와 세계산업노동자동맹 조합원들 같은 공산주의자들이 눈엣가시였다. (유럽 여러 나라의 파워엘리트들도 그와 유사한 공포에 떨고 있었다.) 그 결과 볼셰비즘에 공감하거나 지지하는 모든 사람들이 무자비하게 박해받았다. 세계산업노동자동맹은 파괴되었으며, 정부는 미디어의 도움으로 미국 국민들에게 '사악한 볼셰비즘'의 위험성을 설득시키기 위한 캠페인을 조직했다. 오손 웰스의 유명한 영화 〈시민 케인〉에 영감을 주었던 신문왕 윌리엄 랜돌프 허스트William Randolph Hearst(1863~1951)가 주로 적색공포Red scare의 불길에 부채질을 했다.[3] 이상주의적이고 민주주의적이었다는 우드로 윌슨Thomas Woodrow Wilson(1856~1924) 대통령의 법무부 장관이자 여러 가지 면에서 인종주의적이고 반민주적인 사람이었던 A. 미첼 파머A. Mitchell Palmer(1872~1936)는 1919~1920년 소위 '파머 습격Palmer raids'을 통해 수천 명의 공산주의자와 진짜 또는 가상의 급진주의자들을 고발하고 즉석에서 추방했다.[4] 거기에 더하여, 미국은 1918~1920년 영국과 프랑스를 비롯한 여러 나라들과 함께 러시아에 군대를 보내, 볼셰비키와 무자비한 싸움을 치르던 차르의 '백색파'를 지원했다.[5]

파머를 특히 열성적으로 도왔던 에드거 후버J. Edgar Hoover(1895~1972)는 공산주의의 위험성에 병적으로 집착했다. 그는 훗날 FBI 국장으로 오랫동안 재직하며 알 카포네 같은 범죄자들과 싸우는 것보다 실재의 혹은 가상의 공산주의를 사냥하는 데 훨씬 더 적극적인 모습을 보여주었다.[6] FBI의 역사를 연구한 윌리엄 W. 터너William W. Turner는 후버를 "반공 이데올로기의 하느님 아버지"이자 공산주의자를 찾으려고 "모든 침대 밑을" 뒤진 사람이라고 묘사했다.[7] 적색공포가 처음 등장한 지 반세기가 지났어도 후버는 국내는 물론 외국에서까지 공산주의자 사냥을 계속했다. 1970년대 FBI는 후버가 '엉큼한 공산주의자closet communist'라고 의심한 피에르 트뤼도Pierre Trudeau(1919~2000) 캐나다 총리에 관한 방대한 파일도 가지고 있었다.[8]

유럽에서 제1차 세계대전이 막바지로 치닫는 동안, 미국 정부는 국내에서는 탄압하고 러시아에는 군사적으로 개입함으로써 공산주의의 위협에 맞서 싸웠다. 그럼에도 러시아에서는 볼셰비키가 승리하여 소련USSR: Union of Socialist Soviet Republics이라는 새로운 국가를 건설했다. 미국 내에서도 공산주의자가 줄어들기는 했지만 완전히 사라지지는 않았다. 적색공포로부터 살아남아 새로운 공산주의 정당으로 축소되어 있었다. 공산주의는 미국의 노동자계급 사이에서 상당한 공감을 얻고 그들에게 영향을 끼쳤으며, 노동조합운동에 가장 역동적인 운동가들을 배출했다.[9] 그러다보니 미국의 기득권층은 계속해서 볼셰비즘의 망령에 시달려야 했다. 공산주의 혁명에 대한 공포는 대공황이라는 이름의 전 세계적인 경제 위기의 시작을 알린 1929년의 저 악명 높은 '검은 목요일Wall Street Crash' (뉴욕 증권시장에서 일어난 일련의 주가 대폭락 사건 - 옮긴이)에도 다시금 타올랐다. 이 경제적 재앙은 미증유의 실업 사태와 전대미문의 빈곤을 가져왔다. 이것은 또한 볼셰비키 혁명에 영감을 주었던 그 분석, 자본주의 체제의 발전과 필연적인 종말에 관한 마르크스의 이론을 입증하는 것으로 보였다. 어쨌거나 대공황은 미국과 전 세계 자본주의의 약점을 극적으로 드러내 보여주었다. 스탈린 치하에서 급격히 산업화되고 있던 볼셰비즘의 고향이 경제 위기나 대규모 실업 사태를 경험하지 않았기에 더욱 그랬다. 반대로 소련은 1930년대에 진정한 산업혁명을 겪었다. 미국의 역사학자 존 H. 백커 John H. Backer는 소비에트 경제의 이 급격한 발전을, '경제적 기적'이라고 널리 칭송받는 제2차 세계대전 이후 서독의 경제 붐에 비교하기까지 한다.[10] 처음에는 소련 인민의 엄청난 희생이 필요했다. 그러나 최근 1930년대 러시아에 관해 연구한 로버트 W. 서스턴 Robert W. Thurston은 많은 미국인들이 점점 더 절망적인 상황으로 치닫고 있을 때, 러시아의 생활수준은 1933년 이후 "느리지만 확실하게" 향상되었으며, "보편적인 복지를 향한 뚜렷한 진보가 이루어졌다"고 말한다. 넘치는 에너지와 단일한 목적으로 건설되어 겉에서 보기에 성공적으로 보였던 소련의 새로운 대안적 사회의 공산주의 모델과 사회주의에 미국의 노동자, 실업자, 지식인, 그리고 예술가들이 더 깊은 관심을 갖게 된 것은 놀랄 일이 아니다.[11] 미국의 젊은 작가 맬컴 카울리Malcolm Cowley(1898~1989)는 그런 감정을 다음과 같이 표현했다.

> 1930년대 내내 소련은 나를 포함한 수백만의 다른 나라 사람들에게 제2의 조국이었다. 그곳은 러시아가 아니라 전 세계를 위해 새로운 문명을 건설하고자 서로 희생하는 나라였다. 서양의 급진주의자들이 보기에 그것은 국가라기보다 하나의 이상이자 신념이자 전 세계적인 구원의 소망이었다.[12]

미국에서 1930년대를 종종 '붉은 30년대Red Thirties'라고 부르는 데는 그만한 이유가 있다. 소련이 미국과 전 세계에서 온갖 종류의 반자본주의 계획들의 모델 역할을 했다고 말한다면 그건 다소 낭만적으로 묘사한 것이다. 소련의 급속한 산업화와 그에 수반된 사회주의의 건설에는 의문의 여지 없이 가혹한 통제가 동반되었고, 인간적 생태학적 비용을 엄청나게 지불해야 했기 때문이다. 반면에 소련의 존재 자체, 그곳에서 이루어지는 상당한 사회경제적 진보, 그리고 볼셰비키 실험이 미래에 성공을 거둘 매우 큰 가능성은 미국의 사회적, 경제적, 정치적 권력층들에게 현실적인 위협으로 인식되었다. 무엇보다도 소비에트는 그것이 완벽하건 완벽하지 않건 간에 미국의 노동자, 실업자, 그리고 지식인들에게 영감의 원천과 함께 비자본주의적 사회의 실질적인 모델을 제공해주었다. 그 분야의 미국인 전문가 제임스 R. 밀러James R. Millar(1936~2008)는 1980년대에 "제2차 세계대전 이전에 소련의 군사력은 일류로 간주되지 않았고, [따라서 군사적인 위협도 아니었다]"고 지적하며 다음과 같이 말한다.

> [소련]이 위협으로 간주되었다면 그것은 이데올로기적 위협이었다. 그 두려움은 [미국의] 노동자와 특히 실업자들이 볼셰비키 러시아를 자본주의보다 더 나은 대안으로 바라보는 것이었다.[13]

1930년대 미국의 파워엘리트는 나치의 파시즘보다 볼셰비즘을 훨씬 더 염려했다. 언어는 혁명적이었지만 그 극우적인 움직임은 자본주의 체제를 전복하고자 하지 않았고, "자유와 개인주의라는 미국의 토템폴totem-poles과 쉽게 조화를 이룰 수 있을 것"[14]으로 보였다. 대부분의 미국 특권층들의 눈에 볼셰비즘은 위험해 보인 반면, 히틀러의 나치즘을 포함한 파시즘은 그렇지 않았다. 게다가 파시즘, 특히 독일의 파시즘은 공산주의의 위협이라는 문제에 대한 해결책을 제공해주었다. 무솔리니와 히틀러는 정권을 잡자마자 자기 나라에서 정치적으로, 때로는 물리적으로 (사회주의자와 노동조합 지도자들과 함께) 공산주의자들을 제거한 노골적인 반볼셰비키주의자였다. 그들은 공산주의와 노동운동 일반의 위협을 어떻게 제거하면 되는지 몸소 보여줌으로써, 미국뿐만 아니라 영국과 프랑스 등 공산주의의 위협에 두려움을 느끼거나 노동자들에게 압력을 받던 모든 나라의 특권층들로부터 사랑받았다. 이탈리아와 독일의 전통적인 특권층들도 바로 이러한 점들을

고려하여 지체 없이 무솔리니와 히틀러의 '조력자'가 된 것이다.[15]

또한 히틀러는 자신이 조만간 공산주의의 조국을 청산할 계획인데, 그것은 독일에 필요한 레벤스라움Lebensraum(생활권)을 제공하기 위해서가 아니라 전 세계 공산주의자들의 원천으로 작용하는 그 나라를 지구에서 완전히 제거하기 위한 것이라고 전 세계에 방송했다. 볼셰비즘을 유대인의 음모로 정의하는 반볼셰비즘은《나의 투쟁Mein Kampf》의 반복적인 주제였다. 히틀러는 소련의 파괴를 신의 섭리로부터 직접 부여받은 자기 일생의 위대한 사명으로 여겼다고 해도 과언이 아니다.[16] 독일의 역사학자 베른트 마르틴Bernd Martin은 "히틀러의 근본적인 정치적 신념, 즉 그가 정치를 시작하는 순간부터 자신에게 부여한 임무는 볼셰비즘의 근절"이었다고 강조한다.[17]

1930년대에 총통은 독일이 제1차 세계대전에서 패배한 결과로 잃어버린 막강한 군사력을 회복하는 데 집중했다. 그리하여 그는 점점 소련과 전 세계 공산주의라는 용의 머리를 단순히 부숴버리고 싶어 할 뿐만 아니라 실제로도 그렇게 할 수 있는 영웅 지그프리트Siegfried(게르만 신화의 최고 영웅 – 옮긴이)처럼 보이기 시작했다. 산업화된 모든 나라라면 어디에든지 그의 위대한 반소비에트 야망을 실현하도록 공개적으로나 남들 모르게 격려해주는 정치인, 사업가, 언론 재벌, 그리고 다른 여러 영향력 있는 유명인들이 있었다.[18] 미국에서 나치 독일은 공산주의에 대항하는 방어벽 또는 보험으로서 칭송받았다. 예를 들어 헨리 루스Henry Luce(1898~1967)가 간행한《타임》지는 "나치즘은 ……볼셰비즘에 대한 해독제"라고 표현했다.[19] 그리고 루스벨트의 전임자였던 허버트 후버Herbert Hoover(1874~1964) 대통령 같은 사람들은 독일의 힘을 소련을 파괴하는 데 사용하라고 히틀러를 부추겼다. (찰스 하이엄에 따르면 후버는 "공산주의 혁명이 이루어지는 동안 러시아의 광활한 유전을 잃어버렸으며, 그래서 그는 소련에 대해 "어떻게든 부숴버려야만 한다"는 입장이었다.)[20]

히틀러는 자신이 반공산주의의 "위대한 백인의 희망"임을 날카롭게 인지했고, 이런 호의를 솜씨 좋게 이용하여 아무 처벌도 받지 않고 베르사유조약을 깨뜨렸다. 그렇게 국제협정을 어기고 먼저 재무장을 시작했고, 인접국인 오스트리아와 체코슬로바키아를 합병했다. 그들의 영토와 인적 자원, 그리고 물적 자원이 동쪽의 커다란 야망을 실현하기 위해 필수불가결하지는 않다고 하더라도 큰 도움이 될 것이었다. 히틀러에게 이루 가치를 말할 수 없는 봉사를 기대하고 있던 영국과 프랑스, 그리고 미국의 지도자들은 그 약탈을 못마땅하게 여기지 않았다. 히틀러도 그러리라고 생각해서 한 일이었고, 그의 생각은 옳았다.

히틀러에게 반소비에트적인 위대한 업적을 기대했던 사회적 정치적 특권층은 주로 유럽인들 자신이었다. 예를 들어 영국에서는 로이드 조지Lloyd George, 핼리팩스 경Lord Halifax, 애스터 경Lord Astor과 '클라이브덴 세트Cliveden Set'라 불린 그의 모임, 잉글랜드 은행의 몬태규 노먼Montagu Norman, 그리고 심지어는 왕실 인사들까지 포함한 여러 존경받고 영향력 있는 정치인들이 동쪽을 향한 총통의 야망에 초창기부터 찬성했다. 1936년 에드워드 8세라는 이름으로 잠시 왕위에 올랐던 윈저 공작The Duke of Windsor과 그의 미국인 아내 월리스 심슨Wallis Simpson은 히틀러가 바이에른 산으로 후퇴했을 때 베르히테스가덴(히틀러의 은신처가 있던 바이에른 남동부의 도시)으로 여행 가서 히틀러와 차를 마시며 러시아 침공이라는 그의 야망을 독려했다.[21] 그로부터 한참이 지난 1966년, 공작은 다음과 같이 시인했다.

> [히틀러는] 붉은 러시아Red Russia[공작의 표현 그대로]가 유일한 적임을 깨닫게 해주었고, 대영제국을 비롯한 유럽 전체가 독일을 독려하여 동쪽으로 진군해 공산주의를 완전히 박살내도록 하는 데 관심이 쏠려 있었다. …… 나는 우리가 나치와 공산주의자들이 서로 싸우는 광경을 구경할 수 있을 줄로만 알았다.[22]

사실상 서양의 다른 모든 지도자들과 마찬가지로, 다가올 이 거대한 투쟁에서 윈저 공작은 명백히 독일이 승리를 거두는 모습을 보기를 희망하고 있었다.

이것은 클레멘트 레이보비츠Clement Leibowitz와 앨빈 핀켈Alvin Finkel이라는 캐나다의 두 역사학자가 1997년에 발표한 뛰어난 연구의 주제이기도 한 저 악명 높은 '유화' 정책으로 이어진다. 이 정책은 한마디로, 영국과 프랑스가 히틀러에 대항하는 스탈린의 국제협력 제안을 무시하고, 다양한 외교 수단과 양보를 통해 히틀러의 반소비에트 야심을 자극하며 그것이 실현되도록 도와줄 방법을 찾았다는 것이다. 이 정책은 체코슬로바키아를 희생하여 모스크바로 향하는 군사적 침략을 위한 일종의 발판으로 삼은 1938년 뮌헨조약에서 최악으로 치달았다. 그러나 히틀러는 결국 영국과 프랑스가 준비한 것보다 더 큰 대가를 요구했으며, 그것은 1939년 여름 폴란드를 덮친 위기로 이어졌다. 유화 정책의 진짜 목적을 이해한 스탈린은 그 기회를 이용해 독일의 독재자와 거래를 맺었다. 귀중한 시간을 벌기 위해서인 동시에, 그것이 없었다면 소련이 1941년 나치의 맹공에서 거의 틀림없이 살아남지 못했을 동유럽의 방위권을 확보하기 위한 것이었다. 히틀러도 자기 최대의 적과 거래할 준비가 되어 있었다. 폴란드를 넘겨주기를 거절한 런던과 파리에 속았다고 느꼈기 때문이다. 그렇게 영국과 프랑스의 유화 정책은 형편없이 실패하고 말았다. 첫째는 소련이 지구상에서 사라지지 않았기 때문이고, 둘째는 짧은 전격전으로 폴란드를 차지한 나치 독일이 이제는 그를 조종해 공산주의를 제거할 희망을 품고 있던 자들을 공격할 것이기 때문이었다. 역사의 아이러니라는 것은 정말이지 끔찍하게 고통스러울 수 있다.[23]

미국의 역사서가 유화 정책의 실패에 대해 언급할 때는 대개 그 손가락이 런던과 파리를 가리킨다. 그리고 실제로도 체임벌린Arthur Neville Chamberlain(1869~1940, 당시 영국 총리 – 옮긴이)과 달라디에Edouard Daladier(1884~1970, 당시 프랑스 수상 – 옮긴이) 등 영국과 프랑스의 정치인들이 그 끔찍한 정책의 주된 설계자였다. 반면 1930년대의 미국 외교 정책은 히틀러를 유럽과 같은 정도로 유화하려 했다고 말할 수 없는데, 여기에는 몇 가지 이유가 있다. 예를 들어 공산주의의 모국에 대항하는 독일의 십자군이라는 아이디어는 영국과 프랑스에 더 매력적이었다. 그 나라들이 거기에서 두 배의 이익을 이끌어낼 수 있다고 믿었기 때문이다. 히틀러를 이용해 소련을 지구에서 없애버릴 수 있을 뿐만 아니라, 게르만 민족이 동유럽을 향해 새로운 모험을 떠나면 독일이 서유럽을 향해 옛 영토를 되찾기 위한 정책을 펼칠 위험도 간편하게 제거할 수 있다고 믿은 것이다. 그러나 대서양 건너에서는 독일의 수복 정책에 대한 공포가 소련의 몰락을 보고 싶다는 욕망에 비하면 큰 요인이 될 수 없었다. 런던과 파리에 더 많은 것이 걸려 있었기 때문에, 워싱턴은 이 유화 정책이라는 불명예스러운 작업을 유럽의 동료들에게 맡긴 채 한발 물러설 수 있었다. 그래서 미국 지도층은 그 정책이 대실패로 돌아간 다음에 쉽게 손을 씻을 수 있었다. 게다가 미국에는 일관적인 유화 정책이 있지도 않았다. 미국 지도층의 몇몇 파벌들이 소련과 좋은 관계를 발전시키며 이익을 얻기 시작했기 때문이다.

1930년대에 볼셰비키의 조국은 단지 경제 위기의 희생자가 되지 않았을 뿐만 아니라 경제가 매우 빠르게 성장했으며, 불황에 빠진 미국의 제조업 또는 적어도 특정 분야나 회사들이 간절히 공급하고 싶어 하는 생산품들에 대한 수요를 창출했다. 많은 미국 기업들이 독일과의 관계에 의지하는 동안, 또 다른 기업들은 소련에 수출한다는 대단히 촉망되는 대안적인 전략을 감지한 것이다. 그 결과 미국의 파워엘리트 사이에서 서로 다른 정책을 선호하는 세력들 간에 의견충돌이 일어났다. 대부분은 앞서 이야기한 유화 정책을 따라 친독일, 친파시스트, 반소비에트 정책을 계속해야 한다고 주장했지만, 일부는 소련과 관계를 정상화하고 나치 독일에 대해 덜 관대한 태도를 취해야 한다고 선전하기 시작했다.[24]

루스벨트 대통령은 잠깐 동안 두 번째 정책에 기울었다. 1933년 11월 그가 대통령에 당선되자마자 미국은 지금까지 워싱턴이 그 존재 자체를 인식하지 않았던 소련과 사실상 정상적인 외교 관계에 들어갔다. 그러나 친파시스트적이고 친독일파인 권력층은 국무부 내에 대단히 강력한 세력을 구축하고 있었다. 국무부는 반볼셰비키파 외교관과 관료들이 장악했고, 그들 중 상당수가 나치 독일에 투자한 회사들과 밀접한 관계를 맺고 있었다. 이 관리들은 유화 정책에 따라 친독일적이자 반소비에트적인 방향으로 나아가도록 매우 열심히 일했다.[25] 게다가 여론도 어느 정도 유화 정책을 지지했다. 많은 미국인들이 자기 나라가 공식적으로 인정한 적도 없는 베르사유조약을 대수롭지 않게 여겨서 히틀러의 영토 요구를 충분히 이해했고, 심지어는 그에 공감하기까지 했다.[26] 따라서 우리는 영국과 프랑스의 유화 정책이 작동하기 시작했을 때 개인적으로 불안한 마음을 가지고 있었다는 루스벨트 대통령이 왜 자기 행정부가 그 정책을 따르도록 허용했는지 이제 이해할 수 있다. 워싱턴은 결국에는 인정하게 될 히틀러의 공격성을 무시하거나 합리화했다. 예를 들어 미국 외교관과 정치가들은 자기 나라에는 하등 중요치 않았던 오스트리아 합병을 자연스럽고, 따라서 필연적인 과정으로 인정했다. 이후로 워싱턴은 런던과 파리가 시행한 유화 정책을 신중하게 지원했고, 영국과 프랑스가 히틀러에게 양보한 내용들도 루스벨트의 승인을 받았다.[27]

미국의 역사학자 가브리엘 콜코Gabriel Kolko(1932~2014)는 미국의 정책이 "처음에는 눈에 띄지 않게, 그리고 나중에는 분명하게 영국과 프랑스의 유화 정책에 뒤처졌다"고 기록한다. 루스벨트 대통령은 체코슬로바키아를 히틀러에게 희생한다는 내용의 뮌헨협정 이후에야 유화 정책의 선두주자인 체임벌린을 크게 칭찬하는 것이 좋겠다고 생각했을 정도였다.[28]

유화 정책은 1939년 늦여름 폴란드의 위기로 무너져 내렸다. 유화는 이제 공식적으로 폐기되었지만, 그 망령은 여전히 남아서 대서양 양쪽 권력의 회랑에 출몰했다. 체임벌린 같은 유화 정책 옹호자들이 여전히 런던과 파리의 권좌에 있었고, 그들은 이 불명예스러운 정책의 목표 달성을 계속해서 은밀하게 추구했다. 여론이 나치 독일에 전쟁을 선포하도록 강요했지만, 그것은 영국과 프랑스가 손을 놓고 폴란드가 무너지는 모습을 보고만 있는 사실상의 '가짜 전쟁phoney war', 프랑스식 표현으로는 '기묘한 전쟁Drôle de guerre', 또는 독일인들이 말하는 '교착전Sitzkrieg'이었다. 런던과 파리는 히틀러가 결국에는 소련을 향하리라는 희망을 확실히 품고 있었고, 이 모든 것이 그의 사명을 돕기 위한 준비였다. 프랑스와 영국의 정부와 군사령부는 1939년에서 1940년으로 넘어가는 겨울 내내 온갖 종류의 공격 계획을 짜내느라 분주했지만 그 대상은 독일이 아니라 소련이었다. 예를 들면 중동에서 바쿠 유전(아제르바이잔의 카스피해 서해안에 있는 유전. 제1·2차 세계대전의 격전지였다 — 옮긴이)을 공격하는 작전 같은 것들이었다.[29] 미국에서도 많은 지도층 인사들이 히틀러가 곧 영국과 프랑스와 합의에 도달하여 다른 데 신경 쓰지 않고 오직 소비에트에만 집중하게 되리라는 희망을 버리지 않고 있었다. 일례로 베를린의 미국 대사 휴 R. 윌슨Hugh R. Wilson(1885~1946)은 독일이 폴란드에서 승리를 거둔 후, 영국과 프랑스가 독일과 빚고 있는 불편한 갈등을 해소하여, 마침내 총통이 '서양 문명' 전체의 이익을 위해 소비에트의 볼셰비키 실험을 박살낼 기회를 가졌으면 좋겠다는 희망을 피력했다. 그로부터 몇 달이 지난 1940년 3월 4일, 앞에서 언급했던 제너럴모터스 부회장 제임스 무니가 루스벨트 대통령의 비공식 특사 자격으로 베를린의 히틀러를 찾아갔다. 그는 서유럽의 평화를 부탁했지만 "미국인들은 생활권이라는 문제의 측면에서 독일인의 입장을 이해한다"고, 다시 말해서 그들은 독일이 동쪽으로 영토를 확장하는 데 반대하지 않는다고 말했다. 동유럽에서 독일에 자유 재량권을 주어야 한다는 생각은 런던에 있는 윌슨의 동료이자 훗날 대통령이 될 JFK의 아버지였던 조지프 케네디Joseph P. Kennedy(1888~1969)도 주창한 바였다. 미국의 주류 언론도 모스크바를 본부로 하는 국제적 공산주의가 독일이나 이탈리아식 파시즘보다 자국에 훨씬 더 위험하다는 확신을 미국인들에게 심어주고자 열심히 노력했다. 개신교 정기 간행물뿐만 아니라 가톨릭에서도 "공산주의의 국가 전복"을 "국가의 큰 위협"으로 여겼고, 반대로 히틀러는 "볼셰비즘에서 구원해줄 구세주"로 찬양했다. 파시즘이 더 위험하다고 고집스럽게 주장한 사람들은 모스크바에 속은 얼간이로 낙인찍혔다. 반파시즘은 훗날 전쟁 때 인기를 끌게 되지만, 스페인내전에서 프랑코의 군대에 맞서 싸운 링컨 군단의 용사들로 대표되는 전쟁 전 미국의 반파시스트들은 미국 정부의 눈에 "미성숙한 반파시스트"가 되는 우를 범하는 것으로 보였다.[30]

유럽에서 드러난 파시스트의 공격성에도 불구하고, 미국은 거기에서 새로운 반공산주의(그리고 반소비에트) 적색공포 조직을 목격했다. '작은 적색공포little Red Scare'라 불린 이 두 번째 공포가 진행되는 동안 루스벨트 대통령은 자신이 '공격적인 반공주의자'라고 밝히는 게 낫다고 생각했다. 소련은 자신들의 국경선 변경 제안을 거절한 이웃 핀란드와 국경 전쟁을 전개해 이 새로운 적색공포라는 방앗간에 제분용 밀을 공급했다. 이 '겨울 전쟁'을 통해 핀란드로부터 힘겹게 얻어낸 국경 조정의 결과로, 소비에트는 탱크 공장을 포함한 매우 중요한 산업시설들이 있는 레닌그라드 시 주변의 방어체계를 강화할 수 있었다. 1941년 전쟁이 발발했을 때는 이것이 그 도시가 800일 동안이나 지속되었던 맹렬한 포위공격을 가까스로 견뎌낼 수 있었던 결정적인 요인이었음이 드러났다. 그러나 볼셰비키의 조국은 핀란드를 상대로 벌인 그 불명예스러운 작은 전쟁으로 국제적인 호의와 명망을 잃는 대단히 비싼 대가를 치렀다.[31]

4장

유럽의 전쟁과
미국의 경제적
이익

1939~1940년에는 전쟁에 관하여 미국의 파워엘리트와 국민 대다수의 견해가 둘로 나뉘었다. 그러나 미국의 권력층은 여전히 반파시스트이기보다 반공산주의자였고, 친파시스트적인 미국 유력인사들은 빠르건 늦건 간에 히틀러가 소련으로 선회하여 그들의 달콤한 환상을 충족시켜주리라는 희망을 버리지 않았다. 그래서 그들은 런던과 파리가 이미 동유럽을 희생시켰듯이, 반공산주의와 반소비에트주의의 제단에 서유럽을 희생시킬 준비도 되어 있었다. 공공연한 히틀러 지지자였던 헨리 포드와 찰스 린드버그Charles Lindbergh(1902~1974, 최초로 대서양 단독 비행에 성공한 비행사. 미국우선위원회 대변인으로 활동하며 친나치, 반유대주의 활동을 했다–옮긴이)는 유럽의 갈등에 대하여 어떤 방식으로도 개입하지 않을 것을 주장하는 '미국 우선America First' 운동의 풍토를 확립했다. 소위 고립주의자들이 다수를 차지하는 의회도 미국을 유럽의 전쟁에 말려들게 하려는 일체의 시도에 저항했다. 간섭주의자들은 고립주의자들과 반대되는 입장으로, 미국이 히틀러의 유일한 적으로 남은 영국의 편에 서서 개입할 것을 주장했다. 간섭주의자들의 동기가 된 것은 중요한 사업 관계 같은 요인들이었지만, 영국에 대한 문화적이고 인종적이고 지적인 그리고 순수하게 감성적인 유대와, 유럽 민주주의의

운명에 대한 진정한 우려, 그리고 빠르건 늦건 간에 미국 자신도 언젠가는 나치의 공격성의 희생자가 될 수 있다는 공포 또한 중요한 요인이었다.

미국 정부도 마찬가지로 분열되었다. 루스벨트 대통령은 영국 편에 서서 개입하는 쪽을 지지하는 것처럼 보였지만, 의회의 강력한 분리주의자 세력 때문에 의논해봐야 소용없는 일이었다. 그리하여 워싱턴은 (동의했건 체념하여 억지로 감수했건 간에) 나치가 유럽에 확립한 '새로운 질서'가 빨리 사라지지 않기를 기대했다. 이것은 외교 관계에서 미국 정부가 베를린에서 대사관을 철수할 이유가 없다고 보고, 프랑스의 페탱Philippe Petain(1856~1951) 원수가 이끈 부역 정권 비시Vichy 정부와 정상적인 외교 관계를 유지하는 것을 의미했다. 미국과 비시 정부의 외교 관계는 1941년 11월 미국과 영국의 (뒤에서 다시 다룰 예정인) 프랑스령 북아프리카 상륙작전으로 결국 단절되었다.[1] 그러나 유럽의 전쟁은 10년 가까이 심각한 경제 위기의 수렁에 빠져 있던 미국의 산업에 대단히 흥미로운 기회를 열어주었다. 미국만이 아니라, 소련이라는 눈에 띄는 단 하나의 예외를 제외한 1930년대의 모든 산업화된 국가들을 파괴했던 대공황의 원인은 자본주의 산업체제의 빠른 발전에서 찾을 수 있다. 상품의 공급이 수요를 앞지를 정도로 생산성이 증가했다. 만성적인 과잉생산의 결과로 이윤과 가격이 떨어지고, 팔리지 않은 상품의 재고가 산처럼 쌓이고, 공장은 노동자들을 해고하거나 아예 문을 닫아버림으로써 실업률이 증가했다. 그 결과 구매력이 약해지자 총수요는 더욱 줄어들었고, 이것은 과잉생산이라는 핵심 문제를 더욱 악화시켰다. 흔히들 주장하거나 암시하는 것과 달리, 1929년 가을의 저 악명 높은 검은 목요일이 대공황을 야기한 것이 아니라, 단지 그 치명적인 구조적 경향이 반영된 결과였다. 더 이상 산업 성장이 유지되어 투자를 회수하고 수익이 증가할 어떠한 전망도 보이지 않는다는 사실이 명백해졌을 때 주식시장의 주가가 곤두박질쳤을 뿐이다.

1932년 미국은 민주당 후보 프랭클린 D. 루스벨트를 대통령으로 선출했다. 경쟁자였던 공화당의 허버트 후버는 정부가 경제적 삶에 가능한 한 개입하지 않도록 요구하는 애덤 스미스의 정통적인 자유방임주의 원리에 충실하고자 한 반면, 루스벨트는 정부 주도하에 경제 위기와 맞서 싸우겠다고 선언했다. 실제로 루스벨트의 신정부는 테네시 계곡에 댐을 건설하는 등 거대한 정부 주도 사업계획 등을 포함한 새로운 정책 도구들을 동원하여 경제 위기에 맞서 싸웠다. 이 아이디어의 본질은 고용을 창출함으로써 수요를 자극한다는 것이었다. 그러나 (자유방임주의를 옹호하는 사람들이 사악한 사회주의 실험이라고 폄훼한) 이 정책과 관련된 막대한 지출은 국가부채의 급등을 가져왔다. 히틀러가 독일의 경제 위기와 싸우기 위해 사용한 도로 건설 및 재무장 정책과 크게 다르지 않은 루스벨트의 이 비정통적이며 일종의 인플레이션을 유발하는 경제 정책은 영국의 경제학자 존 메이너드 케인스John Maynard Keynes(1883~1946)의 이름이 붙은 새로운 경제이론에 영감을 주었다. 비록 루스벨트를 케인스주의자로 분류해서는 안 되며 그의 정책들도 케인스학파의 관점에서 볼 때 흠잡을 데 없는 것은 결코 아니었으나, 적어도 이런 의미에서 경제 위기에 대한 루스벨트의 새로운 접근은 케인스주의라고 할 수 있다. 어쨌건 루스벨트는 뉴딜이라 불리게 된 이 최신의 경제 정책으로 미국을 대공황의 수렁에서 이끌어내는 데 성공하지는 못했다.

반면 유럽의 갈등은 미국 경제에 극히 흥미로운 전망을 열어주었다. 제1차 세계대전 때 그랬던 것처럼, 적어도 그 전쟁이 이번에도 장기전으로 이어진다면 교전 국가들에게는 온갖 종류의 무기와 장비가 필요할 것으로 예상할 수 있었다.

만일 미국의 산업이 이 상품들을 공급할 수만 있다면 경제 위기와 실업 문제의 해법이 될 수 있을 터였다. 하지만 어떤 교전 국가가 샘 아저씨Uncle Sam(미국 정부 - 옮긴이)의 잠재적 고객이 될까? 어떤 나라가 미국 수출 상품의 시장이 될 것인가? 제1차 세계대전 초기에는 미국이 중립을 지키며 앙탕트Entente(1907년 영국, 프랑스, 러시아가 맺은 동맹 체제 - 옮긴이), 특히 영국과 거래했다. 1914년에서 1916년 사이에 미국이 독일과 오스트리아·헝가리 제국에 수출한 양은 겨우 100만 달러로 감소한 반면, 영국과 프랑스에 수출한 총액은 8억 2,400만 달러에서 33억 달러로 극적으로 증가했다. 이 통계는 미국이 앙탕트에 동조했음을 보여주는 것이 아니라, 단순히 영국의 해상 봉쇄가 독일로 상품을 공급하는 것을 불가능하게 만들어 독일의 군수산업을 고사시켰다는 단순한 사실의 결과일 뿐이다.[2]

제2차 세계대전이 시작되었을 때, 미국은 소위 캐시앤드캐리Cash and Carry라는 법칙으로 교전국가들에게 직접 미국에 와서 현금으로 물건을 사도록 요구했다. 소비자들은 상품을 최종 목적지로 가져갈 방법을 스스로 마련해야 했다. 대서양은 여전히 영국 해군이 지배하고 있었으므로, 독일은 미국으로부터 군수품을 구매할 수 없다는 뜻이었다. 서유럽에서 제1차 세계대전 때만큼의 군사행동이 이루어진 다음,

오직 영국만이 미국 산업의 잠재적인 시장으로 남았다.[3] 제1차 세계대전 때 얻은 교훈으로 현금 지불은 필수적이었다. 영국은 원래 신용구매가 허락된 나라였다. 1917년 영국과 프랑스가 전쟁에 패할 위험에 처했을 때, 미국은 자기 고객이자 채무자가 파산하는 것을 막기 위해 군사적으로 개입할 수밖에 없었다.[4] 따라서 제2차 세계대전이 진행 중일 때 중립국 미국이 더 신중해져서 현금 지불을 고집한 것도 이해할 수 있는 일이다. 그러나 빚에 쪼들리는 영국이 현금 부족에 시달리기 시작했을 때, 미국의 지도층은 대서양을 넘어 영국과 거래하는 이 수익성 높은 국가 사업을 중단할 가능성을 차마 받아들일 수가 없었다. 영국은 높은 관세에도 불구하고 전쟁 전 미국 수출의 40퍼센트 이상을 차지하고 있었고, 미국은 그렇게 중요한 파트너를 잃고 싶지가 않았다. 특히 이 전시 사업은 미국을 대공황이라는 슬럼프에서 꺼내줄 수 있었다. 어쨌거나 영국은 당장 현금을 지불할 준비가 되어 있지 않더라도, 전 세계에 걸쳐 속령을 보유한 거대한 지정학적 수도임을 과시하는 제국이었다는 점에서 신용할 수 있는 나라였다. 1940년 9월, 미국은 영국 해군에 구식 구축함 함대를 주고, 전쟁이 끝난 다음 1949년에 캐나다 땅이 된 뉴펀들랜드와 캐리비안의 영국령에 있던 해군과 공군 기지들을 인수했다. 루스벨트 대통령은 의회를 힘겹게 설득하여 영국이 렌드리스Lend-Lease라는 모호한 말로 불린 방법을 통해 할부로 지불할 수 있도록 승인하게 했다. 이 용어는 그것이 두 나라 사이의 순수하게 사업적이고 상호 합의된 것이라는 인상을 만들어냈다. 1941년 3월에 공식적으로 도입된 렌드리스는 런던이 미국산 무기와 탄약을 비롯하여 급히 필요한 군수품들을 구입할 수 있도록 사실상 무제한의 신용 거래를 제공했다. 그리하여 미국의 대對영국 수출량은 1939년 5억 500만 달러에서 1940년에는 10억 달러, 1941년 16억 달러, 1942년 25억 달러, 1943년 45억 달러, 그리고 1944년에는 52억 달러 이상으로 눈부시게 증가했다. 미국의 사업이라는 측면에서만 보면, 렌드리스는 미국 상품을 수출할 거대한 시장을 열어주었다는 점에서 꿈의 실현과도 같았다.[5]

렌드리스 무기 수송은 '보답the consideration'으로 알려진 영국의 중요한 양보와도 관계되어 있었다. 런던은 전쟁이 끝난 후 보호무역 체제인 '대영 제국 내 특혜관세' 제도를 폐지하겠다고 선언했다. 이 제도는 미국이 영국과 그 속령에 수출하는 것을 금지하지는 않지만 명백히 제한하는 것이었다. 미국의 역사학자 저스터스 D. 도우넥Justus D. Doenecke과 존 E. 윌즈John E. Wilz는 '렌드리스'에 대해 다음과 같이 기록한다.

> 오랫동안 믿어온 것처럼 관대한 법이 아니었다. …… 무기 수송은 지불이 연기되었을 뿐 언젠가는 내야만 하는 것이었으므로 사심 없는 선물이 아니었다. …… 최종적인 청구는 반드시 돈이나 무기 반환의 형태일 필요가 없었다. 지금까지 영국이 장악해왔던 많은 시장들에 장차 미국의 상품이 더 쉽게 진출할 수 있도록 대영제국 내 특혜관세 제도의 폐지가 기대되었다.[6]

렌드리스 덕분에 이제 앞으로는 미국의 수출 상품들이 상대적으로 폐쇄적인 영국 경제에 부딪히는 대신 개방의 혜택을 누릴 수 있을 터였다. 이것은 미국이 직면한 대공황이라는 위기의 해법, 즉 미국 상품이 영국 시장에, 그리고 궁극적으로는 전 세계 모든 시장에 자유롭게 진출하리라는 전망을 열어주었다. 그렇게 급성장하는 국제무역이 수요 부족이라는 핵심 문제를 제거해줄 것으로 기대되었다.[7]

렌드리스 시스템은 1930년대 경제 위기에 대한 고전적인 케인스학파식 처방이었다. 렌드리스의 대규모 주문량으로 국가가 경제의 "펌프에 마중물을 붓고", 이 계획에 필요한 자본은 빚을 내서 공급하는 것이다. 급격하게 증가하는 군비와 렌드리스의 결과로 국가부채는 1939년 약 30억 달러에서 1941년에는 거의 50억 달러로, 1942년 200억 달러로, 그리고 1945년에는 450억 달러로 심각하게 증가했다. 그러나 결국에는 높은 수익이 충분한 조세 수입을 만들어내 워싱턴이 빚을 청산할 수 있을 것으로 예상되었다. 이 모든 것은 단지 이론, 케인스학파의 이론일 뿐이었다. 실제로는 그 계획대로 되지 않았다. 국가가 렌드리스 사업과 군수품 생산을 사실상 독점했던 거대기업들이 청구한 비용을 지불하는 데 일반 세입을 써버린 것이다. 청구서는 대부분 전쟁 중에 (주로 '승리 세금'이라는 완곡한 표현으로 1942년 10월 도입된 역진세[과세 물건의 수량이나 금액이 많아질수록 세율이 낮아지는 조세 – 옮긴이] 세법 개정의 결과로) 일반 미국 시민이 부자들과 거대기업들 대신 점점 더 많이 부담한 직간접세로 지불되었다. 미국 국민들이 막대한 사적 이익을 축적하도록 자금을 댄 셈이다.[8] 미국의 역사학자 션 데니스 캐시먼Sean Dennis Cashman은 "전쟁 자금이라는 짐은 …… 더 가난한 사회계층의 어깨 위에 확고하게 지워졌다"고 말한다.[9]

4장. 유럽의 전쟁과 미국의 경제적 이익 | 77

적어도 단기적으로는 영국 또한 렌드리스의 수혜자였다. 미국 무기와 장비의 수입 덕분에 프랑스가 무너진 이후에도 계속해서 히틀러와 맞서 싸울 수 있었으며, 몇 년 후에는 시련을 딛고 승리를 거둘 수 있었기 때문이다. 그러나 장기적으로는 정치경제적으로 세계강국이라는 지위를 내주어야 했다. 렌드리스는 미국이 영국과 그 제국 전체에 경제적으로 침투하여 끝내는 완전히 장악하도록 허용하는 첫걸음이었다. 렌드리스는 미국과 영국 간의 대단히 친밀하지만 극도로 불균형한 경제적 협력 관계를 피할 수 없게 했다. 영국은 그 속에서 미국의 충실한 유럽인 조수, 부하의 역할을 맡을 수밖에 없었다. 제2차 세계대전이 끝나기 전부터 그렇게 되었고, 그 관계는 지금도 여전하다.[10]

(런던에 있던 벨기에 망명정부의 매우 유능한 재무부 장관이었던 카미유 구트Camille Gutt[1884~1971] 등의 당시 연합군 지도자들은 렌드리스 원조가 미국으로 하여금 전쟁이 끝난 후 미국과 상호 관계를 맺는 "나라들의 상업과 경제 상황을 좌우할 수 있게" 하고, 그 결과 미국에 대한 경제 의존도가 매우 높아질 것이므로, 렌드리스 카드는 최대한 아껴 쓰는 것이 현명하다는 사실을 너무나도 잘 이해하고 있었다. 그러나 벨기에는 콩고 식민지에서 채굴되는 구리, 코발트, 그리고 무엇보다도 미국이 핵폭탄을 만드는 데 사용했던 우라늄과 같은 중요 자원들로 미국 물자 대금을 지불할 수 있어서 영국에 비해 유리했다.)[11]

유럽에서 발발한 전쟁은 미국 경제에 전례가 없는 기회의 창을 열어주었다. 영국과의 이 수익성 높은 거래에서 이익을 얻을 기회에 몸을 던졌던 수많은 미국 기업들의 경영자와 소유주들이 처칠보다 히틀러에게, 민주주의보다 파시즘에 더 공감했다는 것은 의심의 여지가 없다. 그러나 캐시앤드캐리로 시작해 렌드리스로 변형된, 전적으로 사업적인 미국-영국 간 무역 관계는 가장 냉철한 미국 기업가들의 감정마저 흔들기 시작했다. 미국 산업이 영국과의 수익성 높은 거래로 계속해서 기울어감에 따라, 서서히 그 나라가 미국의 공감을 점점 더 많이 얻어갔다. 반대로 불과 얼마 전까지만 해도 히틀러를 응원했지만 이제는 급속히 발전하는 영국과의 거래로 상당한 돈을 벌어들이고 있던 사업가들 사이에서 나치 독일의 명분은 점점 이해를 잃어갔다.

　　나치 독일이 미국 파워엘리트 사이에서 공감을 잃기 시작한 데는 순수하게 경제적인 또 다른 이유들이 있었다. 역사학자 피터 N. 캐롤Peter N. Carroll과 데이비드 W. 노블David W. Noble이 루스벨트와 그의 조언자들에 관해 쓴 짧은 글에서 말하듯이, 미국의 정재계 지도자들은 "외국 무역이 미국의 번영에 필수적"이라는 신념을 공유하며 수출의 문을 열고자 했다.[12] 그러나 나치는 전쟁 준비의 일환으로 경제적 자급자족을 이루려 애썼고, 그렇게 함으로써 수입을 줄이고 독일을 미국 사업가들이 혐오하는 '폐쇄 경제' 체제로 전환하려 한다는 것이 점점 명백해졌다. 1930년대 미국의 독일 수출량은 처음에는 천천히, 그리고 나치의 자급자족 계획 실행에 탄력이 붙자 빠르게 감소했다. 1933년에서 1938년 사이에 미국의 수출에서 독일이 차지하는 비중은 8.4퍼센트에서 3.4퍼센트로 줄어들었다. 10년 전 20억 달러였던 미국의 독일 수출 총액이 1938년에는 4억 600만 달러밖에 되지 않았다. 독일에 생산공장을 보유한 미국 기업들에게는 이러한 발전이 심각한 문제로 다가오지 않았을 수도 있지만, 그런 특권을 지니지 못한 기업의 경영자들과 미국의 번영이 외국 무역에 달렸다고 확신하는 정치가들은 이런 추세에 크게 동요했다.[13] (자급자족을 추구하면서도 독일이 계속해서 수입에 의존했던 상품 한 가지는, 앞에서 이미 살펴보았듯이 미국 기업들이 중립국가들을 경유하여 막대한 양을 은밀하게 공급하던 석유였다.)

베를린이 남아메리카에서 추진한 공격적인 국제무역 정책의 성공은 미국의 사업가들과 정치가들 중 히틀러에게 호의적인 견해를 지녔던 사람들까지도 더욱 자극하는 일이었을 것이다. 19세기 초 먼로주의를 선언한 이후로, 미국은 중앙아메리카와 남아메리카가 상업적으로 자기들의 관할구역이라고 여겨왔다. 그러나 1930년대에 브라질과 칠레, 그리고 멕시코 같은 나라들의 수입량에서 독일 상품이 차지하는 비중이, 그때까지 위협받아본 적이 없었던 경쟁자 미국에 해를 입히고 불쾌감을 주면서 급속도로 성장했다.[14] 미국의 역사학자 패트릭 J. 히어든Patrick J. Hearden은 다음과 같이 이야기한다.

남아메리카에서 나치의 무역 공세는 미국을 희생시키며 큰 수익을 얻을 때까지 계속되었다. 라틴아메리카의 총 수입량 중 독일이 차지하는 비중이 1929년 9.5퍼센트에서 1938년 16.2퍼센트로 증가하는 동안, 미국이 차지하는 비중은 38.5퍼센트에서 33.9퍼센트로 감소했다. 미국 국무부는 불안해졌다. 1938년 5월에는 "경쟁이 지속적으로 치열해지고 있고, 미국 수출업자들이 점점 더 심하게 불평한다"고 [공식적으로] 보고되었다.[15]

멕시코 주재 독일 대사가 1938년 베를린에 보고한 대로, 이제 나치 독일은 그 지역에서 상업적으로 미국의 '가장 귀찮은 경쟁자'가 되었다.[16]

미국의 관점에서 볼 때, 독일의 '폐쇄 경제' 문제는 1938년, 1939

년, 그리고 1940년에 악화되었다. 처음에는 유화 정책 때문에, 그리고 나중에는 독일군이 승리를 거둔 탓이었다. 그것이 나치가 프랑스와 저지대(벨기에, 네덜란드, 룩셈부르크로 구성된 북해 연안 지역 - 옮긴이)에 더하여 동유럽 전반에서 경제적 주도권을 확립하게 해준 요인들이었다. 그 이후로 독일은 더 이상 하나의 나라가 아니라, 미국의 수출 상품이 들어올 문을 닫아버린 대륙의 '광역경제Grossraumwirtschaft' 전체였다. 나중에 다시 다룰 테지만, 독일에 자회사를 둔 미국 기업들은 사실상 비밀리에 수익을 관리했다. 그러나 미국 산업계 전반과 정치 지도자들로서는 그들이 그렇게 경애하던 나치 지도층에게 또 한 번 모욕을 당하는 셈이었다.

1940년 말과 1941년 초 영국과의 무역이라는 매혹적인 사업 기회(그리고 수출의 문을 연다는 측면에서 렌드리스가 지닌 잠재력)가 부각된 데는 이런 배경이 있었다. 유럽의 전쟁과 관련하여 미국 재계가 독일에서 영국으로 눈에 띄게 지지 방향을 바꾼 것은 당연한 일이었고, 곧이어 미디어가 히틀러에 대해 더 이상 어떠한 긍정적인 이야기도 하지 않음으로써 미국의 여론 또한 전반적으로 영국의 대의명분을 점점 지지하기 시작했다.

사업적으로 볼 때, 중요한 고객의 파산은 공급자에게 대단히 큰 손해를 입힐 수 있다. 따라서 미국은 영국이 전쟁에 패하는 모습을 보고 있을 형편이 되지 못했다. 다른 한편, 반드시 영국이 전쟁에 이겨야만 미국 산업에 이익이 되는 것은 아니었다. 그것은 프랑스의 함락 이후 전혀 불가능해 보이는 일이기도 했다. 미국에 가장 유리한 시나리오는 유럽의 전쟁이 최대한 오랫동안 이어져서 거대기업들이 영국에 상품을 무한정 공급하는 것이었다. 전기 작가 데이비드 라니에 루이스David Lanier Lewis에 따르면, 헨리 포드는 그래서 "연합군도 추축군도 〔전쟁에〕 이기지 못했으면 좋겠다는 희망을 피력"했으며, 어느 시점에서는 실제로 미국은 영국과 추축군 모두에게 "양쪽이 다 멸망할 때까지 계속해서 싸우도록 장비를" 공급해야 한다고 제안했다.[17] 포드는 실제로 자기가 주장한 그대로 행동하여, 그의 국내외 공장들이 영국과 독일 양쪽에 모든 종류의 군수품을 제공하도록 안배했다. 독일에 수익성 좋은 투자를 해온 또 하나의 거대기업 IBM의 토머스 왓슨도 나치가 유럽 대륙을 영구적으로 지배한다는 전망에 마찬가지로 태연했다. 에드윈 블랙은 "〔미국 재계의〕 다른 많은 사람들과 마찬가지로, 왓슨 또한 미국이 전쟁에 뛰어들지 않기를 기대했다"고 말한다. 독일이 유럽의 주인으로 남으면, (데호마그를 통해 제3제국에 이미 안전하게 자리 잡은) IBM이 "데이터의 영역을 〔지배〕"함으로써 수익을 올리게 될 터였다. 왓슨은 나치에 점령된 유럽이 오웰의 소설 《1984》를 상기시키는 악몽 같은 진영이 될 운명으로 보인다는 사실에도 전혀 동요하지 않았다. 오히려 그는 빅브라더에게 완전한 통제에 필요한 기술적 도구를 제공하여 그에 따른 수익을 올리기를 고대했다.[18] 이 모든 것을 고려하면, 미국의 지도층이 점점 더 영국을 지지하면서도 왜 그를 위해 적극적으로 전쟁에 가담할 계획은 하지 않았는지 이해할 수 있다. 프랑스가 함락되고 덩게르크에서 철수할 때는 영국이 잠시 위험해 보였다. 그러나 1940년 여름과 영국 공군이 빛나는 승리를 거둔 전설적인 브리튼 전투 이후, 작지만 강인한 앨비언Albion(영국을 가리키는 옛 이름-옮긴이)은 적어도 미국이 계속해서 싸움에 필요한 수단을 공급하는 한에는 굴복하지 않으리라는 것이 명백해졌다. 이제는 유럽의 전쟁이 길게 지속되리라 기대할 수 있었다. 만일 그러는 동안 나치가 유럽의 주인으로 남아 그들의 '신질서'를 확립하게 된다고 해도 워싱턴은 크게 걱정하지 않았다. 미국은 유럽의 갈등에 적극적으로 말려들 마음이 없었으며, 1940년 가을 대통령 선거에 즈음하여 루스벨트는 그의 다음 임기 재직 동안 "〔우리〕 젊은이들을 외국의 전쟁에 보내지 않을 것"이라고 미국 국민들에게 장담했다.[19] 영국행 화물선을 호위하던 미 해군 구축함과 독일 잠수함 사이에 일련의 사고가 발생하여 나치 독일과의 관계가 더욱 악화된 1941년 가을의 ('신고되지 않은 해전'으로 일컬어지는) 그 위기조차 미국을 유럽의 전쟁에 적극적으로 가담하게 하지는 못했다.[20] 미국의 파워엘리트는 나치 독일에 대항하는 십자군 같은 데에는 관심이 없었고, 1941년 6월 소련을 침공한 나치 독일은 미국에 전쟁을 선포하는 데 관심이 없었다. 결과적으로 미국은 1941년 12월에 전쟁에 적극적으로 가담하게 된다. 그러나 스티븐 앰브로즈가 지적했듯이, "가담[to] enter"이 어떤 적극적인 행동을 의미하는 능동형 동사라고 한다면 미국은 제2차 세계대전에 "가담"하지 않았다. 그는 미국이 전쟁에 "끌려들어간" 것이며 "미국 대통령의 조치 덕분이 아니라, 그의 조치에도 불구하고" 일어난 일이라고 정확하게 역설했다.[21] 그리고 거기에 대통령으로 대표되는 파워엘리트의 소망에도 불구하고 일어난 일이었다고 덧붙여야 할 것이다.

5장

1941년 가을: 모스크바에서 전세가 뒤집히다

소련과의 전쟁은 히틀러가 처음부터 원하던 것이었다. 그는 이 점을 1920년대 중반에 쓴 《나의 투쟁》에서 이미 분명히 밝혔다. 독일의 한 역사학자가 최근에 설득력 있게 보여준 것처럼[1], 히틀러가 1939년에 개시하고자 계획했던 전쟁 상대는 폴란드, 프랑스, 또는 영국이 아니라 소련이었다. 히틀러는 그해 8월 11일에 국제연맹의 임원이던 칼 J. 부르크하르트Carl J. Burckhardt(1891~1974)에게 "그가 수행하는 모든 일은 러시아에 대항하기 위한 것"이며, "만일 서유럽[즉, 프랑스와 영국]이 너무 어리석고 분별이 없어서 이것을 이해하지 못한다면 러시아와 합의하여 돌아서서 서유럽을 쳐부순 다음 다시 전력을 다해 소련과 맞서 싸우는 수밖에 없다"고 설명했다.[2] 이것이 실제로 일어난 일이다. 히틀러가 보았던 대로 서유럽은 그에게 동쪽에서의 "자유 재량권"을 주기에는 "너무나 어리석고 분별이 없는" 자들로 드러났으며, 그리하여 그는 모스크바와 (저 악명 높은 '히틀러-스탈린 조약'이라는) 거래(1939년에 맺은 독소불가침조약 – 옮긴이)를 하고 폴란드, 프랑스, 그리고 영국을 상대로 전쟁을 시작했던 것이다. 그러나 그의 궁극적인 목표는 변함없이 가능한 한 빨리 소련을 공격하여 파괴하는 것이었다.

히틀러와 독일군 장군들은 자신들이 제1차 세계대전에서 중요한 교훈을 얻었다고 확신했다. 석유와 고무 등 현대전에서 승리하기 위해 필요한 원자재 없이는 그들이 계획한 '제1차 세계대전'의 새 개정판에서 독일은 승리를 거둘 수 없었다. 그런 전쟁에서 승리하기 위해서는 독일이 빠르게, 아주 빠르게 승리를 거두어야 했다. 그것이 전격전blitzkrieg, 즉 번개Blitz처럼 빠른 전투Krieg라는 개념이 탄생한 배경이었다. 전격전은 동력설비를 갖춘 전쟁을 의미했으므로, 그런 전쟁을 준비하기 위해 독일은 1930년대에 군대를 실어 나를 트럭과 함께 탱크와 항공기를 엄청나게 많이 만들어냈다. 그리고 어마어마한 양의 석유와 고무를 수입하여 비축했다. 이미 살펴본 것처럼 이 석유의 상당량을 미국 회사들로부터 구입했으며, 그들 중 일부는 친절하게도 석탄으로 합성연료를 만드는 '비법'을 전해주기도 했다. 독일 육군과 공군은 1939년과 1940년 이 설비 덕분에 수천 대의 항공기와 탱크를 동원하여 폴란드, 네덜란드, 벨기에, 그리고 프랑스의 방어 수단을 단 몇 주 만에 제압할 수 있었다. '번개처럼 빠른 전쟁blitzkriege'에는 '번개처럼 빠른 승리blitzsiege'가 뒤따랐다.

폴란드와 프랑스 등을 상대로 거둔 승리는 깜짝 놀랄 만한 쾌거였지만, 그것은 독일에 가장 중요한 석유와 고무와 같은 형태의 전리품을 많이 제공해주지 못했다. 오히려 '전격전'이 전쟁 전에 쌓아놓은 비축량을 사실상 고갈시켜버렸다. 히틀러에게는 다행스럽게도 독일은 1940년과 1941년에 아직 중립을 지키던 미국으로부터 대부분 프랑코의 스페인과 같은 또 다른 중립국(이자 우호국)들을 통해 석유를 계속해서 수입할 수 있었다. 게다가 히틀러-스탈린 조약하에 소련 또한 너그럽게도 독일에 석유를 공급해주었다. 그러나 그 대가로 소련이 군대를 현대화하고 무기를 향상시키는 데 사용할 최신의 군사 기술과 품질 좋은 공산품을 제공해주어야 한다는 점은 히틀러에게 심각한 문제였다.[3] 거래 조항에는 소련이 폴란드 동부를 점령하도록 허용함으로써 국경선과 방어체계를 수백 킬로미터 서쪽으로 이동시키는 내용도 포함되어 있었다. 이는 모스크바로 진군할 계획인 독일 군대를 더 힘들게 했고 히틀러의 또 다른 두통거리로 작용했다. (1941년 말 독일군이 실제로 모스크바 외곽까지 전전했기 때문에, 만일 그들이 더 동쪽 지점에서 공격을 시작할 수 있었다면 그 도시를 점령할 수도 있었고 그래서 전쟁에 승리했으리라는 주장도 가능해진다.)

1939년 히틀러는 소련과 전쟁을 벌인다는 자신의 계획을 마지못해 보류한다. 그러나 그는 1940년 여름 프랑스를 무찌르자마자 곧바로 계획을 재개했다. 암호명 바르바로사 작전Unternehmen Barbarossa이라는 이름으로 불리게 될 공격 계획을 준비하라는 정식 명령은 몇 달 후인 1940년 12월 18일에 내려졌다.[4] 히틀러가 아는 한, 1940년까지 아무것도 변하지 않았다. "진정한 적은 동쪽에 있는 하나였다."[5] 히틀러는 단지 자기 일생의 위대한 야망을 실현하기까지, 즉 그가 《나의 투쟁》에서 대적大敵으로 정의한 그 나라를 파괴하기까지 오래 기다리기 싫었을 뿐이다. 그는 소비에트가 빠르건 늦건 언젠가는 반드시 닥칠 것을 너무나도 잘 알고 있는 독일의 공격에 대비하여 자신들의 방어체계를 미친 듯이 준비하고 있다는 사실을 알고 있었다. 1939년의 불가침조약으로 나치 독일과 소련이 우호적인 '동맹'이 되었다고 생각한다면 그건 형편없이 틀린 이야기이다. 소련은 하루하루 강해지고 있었으므로 시간은 명백히 히틀러의 편이 아니었다. 기회의 창문이 닫

히기 전까지 얼마나 더 오래 기다릴 수 있을까?

　더구나 소련을 상대로 전격전을 펼친다는 것은 그 거대한 나라의 사실상 무한정한 자원을 손에 넣는다는 뜻이었다. 전시의 물자 결핍을 겪고 있는 독일 국민에게 풍족한 음식을 제공할 우크라이나의 밀, 고무와 합성연료 등을 생산할 수 있는 석탄과 같은 광물, 그리고 마지막으로 연료를 많이 사용하는 기갑부대와 슈투카 폭격기의 연료탱크를 언제든지 넘치도록 가득 채워줄 수 있는 바쿠와 그로즈니의 풍부한 유전도 매우 중요했다. 이런 자산들을 빼앗으면 지브롤터 함락을 시작으로 영국을 청산하는 것이 히틀러에겐 간단한 문제가 될 터였다. 최종적으로 독일은 대서양에서 우랄산맥까지 뻗은 유럽의 '요새' 속에서 무한한 자원을 보유한, 누구도 침범할 수 없는 진정한 세계 최강대국이 될 것이며, 그럼으로써 히틀러의 열띤 상상 속에 떠오른 미래의 '대륙 간 전쟁'에서 미국을 포함한 어떠한 적을 맞아서도 길고 지루한 전쟁을 승리로 이끌 수 있게 될 터였다.

　히틀러와 그의 장군들은 그들이 소련을 상대로 준비한 전격전이 앞서 폴란드와 프랑스에서 그랬던 것처럼 성공을 거두리라고 확신했다. 그들은 일찍이 히틀러가 말했듯이 1930년대 스탈린이 자행한 숙청으로 아마도 군대의 목이 잘려 있을 소련을 "약점을 감춘 거인"으로 여기고 "장난거리에 불과"하다고 생각했다.[6] 물론 그 결정적인 전투에서 싸워 승리하기 위해서는 4~6주의 군사행동과 뒤이어 소비에트 군대의 잔당들을 "대륙 전역에서 패퇴하는 코사크 기병처럼 추적하는" 소탕작전이 필요했다.[7] 어쨌거나 히틀러는 자신감이 넘쳤고, 기습 전야에는 "이제 곧 그의 생애 가장 위대한 승리를 거두게 되었다며"

우쭐댔다.[8]

워싱턴과 런던의 군사 전문가들도 마찬가지로 지난 1939~1940
년 사이 무적이라는 명성을 얻게 한 공적을 자랑하는 나치의 파괴력
앞에 소련이 제대로 저항하지 못하리라고 믿었다. 영국 비밀정보국은
소련이 "8주에서 10주 사이에 정리"되리라고 확신했으며, 국방부 장
관은 독일군이 붉은 군대를 "따뜻한 나이프로 버터를 자르듯"이 썰어
버릴 것이며, 붉은 군대는 "소 떼처럼" 일망타진되리라고 단언했다.
워싱턴 전문가들도 히틀러가 "러시아를 달걀처럼 깨뜨릴 것"이라는
견해를 내놓았다.[9]

독일은 1941년 6월 22일 이른 아침에 공격을 개시했다. 독일군
300만 명과 거의 70만 명에 달하는 나치 독일 동맹군이 국경을 넘
었다. 차량 60만 대에 탱크 3,648대, 2,700대 이상의 항공기, 그리
고 7,000문이 넘는 대포가 동원되었다.[10] 처음에는 모든 것이 계획대
로 되었다. 소비에트는 방어망에 거대한 구멍이 뚫려 영토를 매우 빠
르게 점령당했고, 장관을 이루는 여러 '포위작전'으로 수없이 많은 붉
은 군대 병사들이 죽고 다치고 포로가 되었다. 모스크바로 가는 길은
활짝 열려 있는 것처럼 보였다. 그러나 어이없게도 동쪽에서의 전격
전은 기대했던 만큼 쉬운 일이 아니라는 사실이 곧 명백해졌다. 붉은
군대는 지구상에서 가장 강력한 군사조직을 맞아 예상대로 큰 타격
을 입었으나, 공보부 장관 요제프 괴벨스Paul Joseph Goebbels(1897~1945)
가 7월 2일 자 일기에서 벌써 고백했듯이, 끈질기게 저항하고 많은 경
우 강력한 반격을 하기도 했다. 여러 가지 면에서 바르바로사 작전 공
격 계획의 '대부'였던 프란츠 할더Franz Halder(1884~1972) 장군도 소비

에트의 저항이 독일이 서유럽에서 경험했던 그 어떤 것보다 강력했다고 시인했다. 독일군의 보고서는 '매서운hard' '거친tough', 심지어는 '사나운wild' 저항 탓에 독일이 막대한 인명과 장비의 손실을 입고 있다고 전했다. 소비에트 군대는 예상보다 더 자주 반격을 개시해 독일군의 전진을 늦추었다. 몇몇 소비에트 부대들은 광활한 프리퍄티 습지를 비롯한 어느 곳이든 숨어들어가 치명적인 게릴라전을 전개하여 독일의 길고 취약한 병참선에 위협을 가했다.[11] 또한 붉은 군대는 예상보다 훨씬 더 무장이 잘되어 있었다. 독일의 한 역사학자는 독일 장성들이 (일명 '스탈린의 오르간'으로 불리는) 카튜샤 다연장 로켓과 T-34 탱크와 같은 소비에트 무기들의 성능에 "깜짝 놀랐다"고 말한다. 히틀러도 그의 첩보기관이 이런 무기들의 존재를 알아차리지 못했다는 사실에 격분했다.[12]

독일에 걱정이 있다면 그 걱정의 가장 큰 원인은 히틀러와 그의 장군들이 칸나에(이탈리아 남부 도시)나 스당(프랑스 북동부의 도시)의 재현이기를 기대한 포위작전에서 붉은 군대의 대부분이 궤멸을 피하고 비교적 질서 있게 후퇴했다는 사실이었다. 소비에트는 1939년과 1940년 독일 전격전의 성공을 주의 깊게 관찰하고 분석하여 유용한 교훈을 얻었던 것으로 드러났다. 그들은 틀림없이 1940년 5월에 프랑스 군대의 대부분이 국경과 벨기에에 모여 있었던 탓에 독일 군대가 그들을 포위할 수 있었다는 사실에 주목했을 것이다. (영국 군대 또한 이 포위에 걸려들었으나 덩케르크를 통해 탈출했다.) 소비에트도 물론 국경에 군대를 일부 남겨두었고, 그들은 예상대로 바르바로사 작전 개전 초기에 소련의 가장 큰 손실로서 희생되었다. 그러나 리처드 오버리Richard Overy[13] 같은 역사학자들의 주장과 달리, 붉은 군대의 주력은 후방에 남아 포위를 피했다. 1939년 폴란드에서 지리적인 '숨 돌릴 틈', 즉 '방위권glacis' (강대국 주변의 위성국으로 이루어진 방어선 – 옮긴이)을 획득함으로써 가능해진 이 '심층 방어'가 붉은 군대를 완전히 파괴하겠다는 독일의 야심을 좌절시켰다. 추코프Georgy Zhukov 사령관은 자신의 회고록에 "만일 우리가 전 병력을 국경에 배치했다면 소련은 박살이 나고 말았을 것"이라고 기록했다.[14]

히틀러의 동쪽 전쟁이 전격Blitz이라는 특징을 잃어버리기 시작한 7월 중순에 이미 군인과 민간인, 상류층과 하층민, 심지어 히틀러 자신을 포함한 수많은 독일인들이 빠른 승리에 대한 자신들의 믿음을 잃어버렸다. 그리고 8월 말, 바르바로사 작전에서 서서히 힘을 빼야 할 시점이 되자 독일 국방군 최고사령부Oberkommando der Wehrmacht, OKW는 1941년 내에 전쟁에 승리하기란 불가능하다는 사실을 인정했다.[15] 가장 큰 문제는 6월 22일 바르바로사 작전을 시작할 때 준비되어 있던 연료, 타이어, 예비 부품 등이 겨우 두 달 분량에 불과했다는 사실이었다. 두 달이면 소련이 무릎을 꿇을 것이고 그들의 (원자재와 공산품 등의) 무한한 자원을 이용할 수 있으리라고 예상했기 때문에 그 정도 분량이면 충분하다고 여겼다.[16] 그러나 8월 말까지 독일의 창끝은 멀리 소련의 가장 귀중한 자원인 석유가 있는 지역 근처까지 다가가지 못했다. 비록 점점 속도가 느려지기는 했지만 그래도 독일 탱크들이 러시아와 우크라이나의 끝이 보이지 않는 광활한 영토로 계속 전진할 수 있었던 것은 상당 부분 스페인과 프랑스 점령지를 통해 미국으로부터 수입해온 연료와 고무 덕분이었다.

독일 군대가 키예프를 점령하고 더 북쪽으로 나아가 모스크바 쪽으로 진군한 9월에는 낙관론이 다시 한 번 불타올랐다. 히틀러는 소비에트의 종말이 다가왔다고 믿었다. 혹은 적어도 그렇게 믿는 척했다. 히틀러는 10월 3일 베를린 슈포르트파라스트 연설에서 동쪽의 전쟁이 사실상 끝났다고 선언했다. 그리고 독일군에 모스크바 점령을 목표로 하는 태풍 작전Unternehmen Taifun을 실행해 최후의 일격coup de grace을 날리라고 명령했다. 그러나 소련이 극동 지역에서 예비 전력을 부지런히 충원함에 따라 성공 가능성은 갈수록 빈약해지는 것 같았다. (도쿄에서 활동하던 최고의 첩보원 리하르트 조르게Richard Sorge(1895~1944)는 중국 북부에 주둔한 일본군이 더 이상 블라디보스토크 지역의 취약한 소련 국경을 공격할 생각을 하지 않는다고 보고해왔다.) 엎친 데 덮친 격으로 이제 독일은 제공권마저, 특히 모스크바 상공의 제공권을 잃어버렸다. 긴 병참선이 적의 게릴라 활동에 심각하게 방해받아서, 탄약과 음식이 후방에서 전방으로 충분히 공급되지도 않았다.[17] 마지막으로, 비록 예년보다 더 혹독한 건 아니었지만 소련은 갈수록 더 추워졌다. 그러나 동쪽의 전격전이 여름에 끝나리라 확신했던 독일 사령부는 러시아의 가을과 겨울의 비와, 진흙과, 눈과, 혹한의 기온 속에서 싸우는 데 필요한 장비를 군대에 공급하지 못했다.

히틀러와 그 장군들은 모스크바 점령을 극도로 중요한 목표로 여겼다. 비록 잘못된 믿음일지언정, 그들은 수도를 함락하는 것이 소련의 '목을 자르는 것'이므로 전체의 붕괴로 이어지리라고 믿었다. 1914년 여름의 시나리오가 반복되는 것을 피하는 길로 보이기도 했다. 당시 아무도 멈추게 하지 못할 것처럼 보였던 독일군의 프랑스 침공은 마른 전투Battle of the Marne 때 파리 동쪽 외곽 지역에서 벌어진 극한 상황에 막혀 저지되었다. 독일에 닥친 이 재앙은 제1차 세계대전 개전 초기 거의 확실히 독일의 것으로 보였던 승리를 앗아가 장기전으로 몰아넣었고, 독일은 영국 해군의 대륙 봉쇄와 자원 부족으로 고생하다가 결국 패배할 수밖에 없었다. 새로운 대적을 상대로 싸우는 이 새로운 대전大戰에서만큼은 '마른의 기적'이 일어나서는, 다시 말해서 수도 외곽에서 패배하여 독일이 자원 부족과 봉쇄 속에서 결국에는 패배할 운명의 길고 지루한 싸움에 빠져들어서는 안 될 일이었다. 모스크바는 파리와 달리 무너질 것이고, 역사는 반복되지 않을 것이며, 독일은 전쟁을 승리로 마무리할 터였다.[18] 히틀러의 지휘 본부는 그렇게 희망하고 있었다.

독일군은 느리게나마 계속해서 전진하여, 11월 중순에는 일부 부대가 수도에서 불과 30킬로미터 떨어진 지점까지 도달했다. 그러나 군대는 이미 완전히 지쳐 있었고 물자도 바닥이 난 채였다. 지휘관들은 늘 그랬듯이 감질나게 가까운 모스크바를 점령하기란 불가능하다는 걸 깨달았다. 설사 가능하더라도 그것이 승리로 이어지지는 않을 터였다. 12월 3일 몇몇 부대가 자발적으로 공격을 멈추었다. 그러나 그때는 이미 모스크바 앞의 독일군 전체가 방어에 전념해야 했다. 게다가 12월 5일 새벽 3시 눈이 내리는 추운 날씨에 붉은 군대가 갑자기 치밀하게 준비된 대대적인 반격을 해왔다. 독일군은 방어선 이곳저곳이 뚫려 막대한 장비와 인명 피해를 입은 채 100~280킬로미터나 후퇴했다. 그나마 파멸적인 포위를 가까스로 면한 결과였다. 히틀러는 12월 8일 전군에 공격을 포기하고 방어로 전환할 것을 명령했다. 그는 이 차질을 예상 외로 빨리 도래한 것으로 추정되는 겨울 탓으로 돌리며, 더 후방으로 철수하자는 몇몇 장군들의 제안을 거부하고 봄을 기다려 다시 공격을 시도하려 했다.[19]

이기기만 했더라면 소련을 멸망시킨다는 일생의 야망을 실현할 수도 있었을 히틀러의 전격전은 그렇게 막을 내렸다. 더 중요한 것은 거기서 승리했다면 나치 독일이 충분한 자원과 석유를 얻어 사실상 무적의 세계 최강국이 되었으리라는 점이다. 그랬다면 나치는 설사 미국이 자신의 앵글로색슨 사촌을 도우러 달려오더라도 끈질기게 버티던 영국마저 끝장낼 수 있었을 것이다. 미국은 실제로 1941년 12월 초에 참전했지만 당시만 해도 그럴 가능성은 없어 보였다. 즉 전격전을 통해 소련을 빠르게 무너뜨렸다면 독일을 상대로 승리하기란 불가능했을 것이고, 앞서 이야기한 모든 가능성들이 현실이 되었을 것이라는 뜻이다. (만일 나치가 1941년에 소련을 격파했다면 독일은 오늘날에도 여전히 유럽은 물론이고 어쩌면 중동과 북아프리카의 패권까지 쥐고 있었을 것이라고 말해야 할지도 모르겠다.) 그러나 1941년 12월 모스크바 전투의 패배는 히틀러의 전격전이 바라고 기다리던 번개 같은 승리를 가져오지 못했음을 의미했다. 모스크바 서쪽에서 벌어진 이 새로운 '마른 전투'에서 패한 나치는 단지 소련만이 아니라 영국을 비롯한 모든 적을 상대로 한 전쟁 전체에서 승리를 거두기가 불가능해지고 말았다. 미국은 이 시점까지도 독일과의 전쟁에 뛰어들지 않았다는 사실에 주목해야 한다.

제1차 세계대전의 교훈을 마음속 깊이 간직한 히틀러와 그의 장군들은 자신들이 일으킨 이 새로운 대전에서 승리를 거두기 위해서는 독일이 빠르게, 번개처럼 빠르게 이겨야 한다는 사실을 처음부터 알고 있었다. 그러나 1941년 12월 5일, 히틀러의 본부에 있던 모든 사람들이 소련을 상대로 빠른 승리를 거둘 수 없으며, 당장은 아니더라도 결국에는 독일이 전쟁에서 패배할 운명임을 분명히 알았다. 독일 국방군 최고사령부 작전부장 알프레트 요들Alfred Jodl(1890~1946) 장군에 따르면, 그때 히틀러는 이제 자신이 전쟁에서 이길 수 없음을 깨달았다.[20] 독소 전쟁 전문가인 독일의 한 역사학자가 주장한 바 있듯이, 모스크바에서 붉은 군대가 거둔 성공은 의심의 여지없이 세계대전 전체의 '중요한 휴식기Zäsur'였다고 할 수 있다.[21]

다시 말해서 제2차 세계대전은 1941년 12월 5일에 전황이 바뀌었다고 말할 수 있다. 그러나 조류란 갑자기 바뀌는 것이 아니라 서서히 어느 사이엔가 바뀌어 있는 것이어서, 전황이 하루아침에 뒤집어지지는 않았다. 며칠, 몇 주, 심지어 몇 개월이 지나, 1941년 늦은 여름에서 같은 해 12월 초 사이 거의 3개월에 가까운 시간이 경과해야 했다. 동쪽의 전황은 서서히 변했지만 알아차리지 못할 정도는 아니었다. 눈치 빠른 사람들은 1941년 8월에 이미 소련뿐만 아니라 전쟁 전반에서 독일의 승리가 여전히 가능한 일인지 의심하기 시작했다. 예를 들어 사정에 정통한 바티칸은 처음에는 "신을 믿지 않는" 볼셰비즘의 고향 소비에트에 대항하는 히틀러의 '십자군'에 대단히 열광적이었으나, 1941년 늦여름에는 동쪽에서 벌어지는 상황에 대하여 심각한 우려를 표하기 시작했고, 10월 중순에는 독일이 전쟁에 패할 것이라는 결론에 도달했다.[22] 스위스 첩보기관도 마찬가지로 10월 중순에 "이제 독일은 전쟁에서 이길 수 없다"고 보고했다.[23] 11월 말에는 나치당의 독일군 고위간부들 사이에 일종의 패배주의가 전파되기 시작했다. 병사들 앞에 서서 모스크바로 진군하라고 명령하면서도, 몇몇 장군들은 바르바로사 작전을 시작할 때는 매우 확실해 보였던 위대한 승리를 포기하고 평화교섭에 들어가 전쟁을 단계적으로 축소하는 것이 바람직하다는 의견을 밝혔다.[24]

붉은 군대가 대단히 파괴적인 역공을 시작한 12월 5일에는 히틀러 자신도 전쟁에 패할 것임을 깨달았다. 그러나 그는 독일 국민에게 그 사실을 알릴 준비가 되어 있지 않았다. 모스크바 근처 최전선에서 전해진 끔찍한 소식은 국민에게 일시적인 후퇴로 전달되었다. 그 책임은 예상 밖으로 빨리 찾아온 것으로 추정되는 겨울과 몇몇 지휘관들의 무능 또는 비겁함 탓으로 돌려졌다. (그로부터 1년 후인 1942~1943년 겨울 스탈린그라드 전투에서 비극적으로 패한 다음에야 독일 국민과 전 세계가 독일이 파멸했음을 깨달았다. 이것이 바로 많은 역사학자들이 오늘날까지도 전황이 스탈린그라드에서 바뀌었다고 믿는 이유이다.)

1941년 12월 7일 동프로이센 깊은 숲속의 본부에서 일본이 지구 반대편에서 미국의 진주만을 폭격했다는 소식을 들으며, 히틀러는 모스크바 코앞에서 시작된 소비에트의 역공이라는 불길한 소식을 아직 완전히 받아들이지 못했다. 미국을 전쟁으로 끌어들인 이 공습의 배경과 의미에 대해서는 뒤에서 다시 다루기로 하겠다. 여기서는 이 공습으로 미국이 독일이 아니라 일본에 전쟁을 선포했다는 점을 지적해야 한다. 독일은 이 공습에서 아무것도 하지 않았으며, 심지어 일본의 계획조차 알지 못했다. 미국의 역사학자들이 주장하듯, 일본의 지도층이 히틀러가 폴란드, 프랑스, 그리고 소련과 전쟁을 벌일 때 달려가 그의 편에 설 의무를 느끼지 않았던 것과 마찬가지로, 히틀러에게는 일본인 친구를 도우러 달려갈 의무가 없었다. 그러나 진주만 폭격 나흘 후인 1941년 12월 11일, 독일의 독재자는 갑자기 미국에 전쟁을 선포한다. 언뜻 비합리적으로 보이는 이 결정은 독일이 소련에서 처한 곤경에 비추어 이해해야만 한다. 히틀러는 이 완전히 불필요한 단결의 제스처가 멀리 동쪽의 동맹으로 하여금 마찬가지로 독일의 적인 소련에 전쟁을 선포하도록 유도하여, 소비에트를 전선이 두 개인 양면전쟁의 심각한 위험에 빠뜨릴 수 있으리라고 생각했던 게 틀림없다. (일본군 주력이 중국 북부에 주둔 중이었으므로 즉시 소련의 블라디보스토크 지역을 공격할 수 있었다.) 히틀러는 소련의 위태로운 시베리아 전선에 일본군이라는 일종의 데우스 엑스 마키나deus ex machina(극이나 소설에서 가망 없어 보이는 상황을 해결하기 위해 동원되는 힘이나 사건 – 옮긴이)를 소환함으로써, 소련과 전쟁 전반에서의 패배라는 악령을 몰아낼 수 있다고 믿었던 것으로 보인다. 독일의 역사학자 한스 W. 가츠케Hans W. Gatzke에 따르면, 총통은 "만일 독일이 [미국과 전쟁을 벌이는] 일본에 가담하지 못한다면 …… 소련과의 전쟁에서 일본의 도움을 얻을 수 있다는 희망도 완전히 끝나는 것"이라고 확신했다.[25] 그러나 일본은 히틀러의 미끼를 물지 않았다. 도쿄 역시 소비에트를 경멸했지만, 이제 미국과 전쟁에 들어간 해돋는 나라(일본)는 소비에트와 마찬가지로 양면전쟁이라는 사치를 부릴 여유가 없었다. 도쿄는 모든 자금을 '남쪽' 전략에 쏟아부어, 황량한 시베리아에서 모험에 뛰어드는 대신 석유가 풍부한 인도네시아와 고무가 풍부한 인도차이나를 포함한 동남아시아라는 큰 상품을 손에 넣고자 했다. 소련과 일본은 전쟁 막바지 나치 독일이 항복한 다음에야 서로 적대하기 시작했다.

이렇게 히틀러 자신의 실수로, 독일의 적들 진영에는 이제 영국과 소련뿐만 아니라 막강한 미국까지 가담하게 되었으며, 가까운 미래에 미국 군대가 독일 해안, 또는 적어도 독일이 점령 중인 유럽의 해안에 상륙할 것으로 예상할 수 있었다.

미국은 실제로 프랑스에 상륙했지만 그것은 1944년에 이르러서였다. 의심의 여지없이 중요한 이 사건은 여전히 제2차 세계대전의 전환점으로 제시되곤 한다. 그러나 만일 1941년 12월 11일 히틀러가 미국에 전쟁을 선포하지 않았어도 미국이 노르망디에 상륙했을지, 또는 적어도 나치 독일에 전쟁을 선포했을지 질문해봐야 한다. 그리고 만약 히틀러가 소련에서 절망적인 상황에 처하지 않았어도 미국에 전쟁을 선포하는 그 절박하고 심지어 자멸적이기까지 한 결정을 내렸을지도 물어야 한다. 1941년 12월 이전에는 여러 가지 이유로 참전할 가능성이 거의 없었던 미국이 독일을 상대로 한 전쟁에 말려든 것 또한 독일이 모스크바 코앞에서 후퇴한 결과였다.

나치 독일은 몰락했으나 전쟁은 여전히 지속되었다. 히틀러는 전쟁을 끝낼 외교적 방법을 찾아보자는 장군들의 강력한 조언을 무시하고, 어떻게든 마술처럼 승리를 만들어내려는 가느다란 희망에 기대어 싸움을 선택했다. 러시아의 반격이 약해지며 독일군이 1941~1942년 겨울을 버텨내자 히틀러는 1942년 봄에 남은 병력을 모두 긁어모아 코카서스 유전을 향해 암호명 '청색 작전Unternehmen Blau'을 시도했다. 히틀러도 "만일 마이코프(현 러시아 서부 아디게야공화국 수도 – 옮긴이)와 그로즈니(현 러시아 체첸공화국 수도 – 옮긴이)의 석유를 손에 넣지 못한다면 이 전쟁을 끝내야 한다"고 인정했다.[26] 그러나 이제는 적을 놀라게 할 만한 요소가 없었고, 소비에트는 1939년에서 1941년 사이 우랄산맥 뒤에 건설한 공장에서 생산된 훌륭한 장비들과 함께 엄청난 규모의 사람, 석유, 그리고 다양한 자원들을 배치해두고 있었다. 반면 독일군은 1941년의 막대한 손실을 보충할 수가 없었다. 1941년 6월 22일에서 1942년 1월 31일 사이에 독일은 항공기 6,000대와 3,200대 이상의 탱크 및 차량을 잃었다. 적어도 91만 8,000명 이상이 죽거나 다치거나 전투 중에 실종됐는데, 이는 평균 병력 320만 명의 28.7퍼센트에 달하는 수치였다.[27] (독일은 전쟁 전체에서 총 1,350만 명이 죽거나 다치거나 적에게 포로로 잡혔는데, 그중 소련에서 1,000만 명 이상을 잃었다. 제2차 세계대전에서 사망한 독일 병사의 90퍼센트가 붉은 군대와 싸우다가 죽었다.)[28] 코카서스의 유전 지대로 밀고 들어가는 데 동원할 수 있는 군대는 따라서 대단히 제한되어 있었다. 그런 상황이던 1942년 독일이 작전을 성공시킨 것은 상당히 놀랄 만한 일이다.

그러나 나치의 공격이 약해질 수밖에 없었던 같은 해 9월, 그들의 취약한 전선은 수백 킬로미터에 걸쳐 길게 늘어져서 소비에트의 반격에 완벽한 표적이 되어주었다. 반격이 시작되자 독일군 전체가 억눌렸고, 결국에는 스탈린그라드에서 격파되었다. 붉은 군대의 이 대승으로 제2차 세계대전에서 독일이 패배를 피할 수 없음을 모두가 분명하게 알게 되었다. 그러나 겉보기에는 사소하고 상대적으로 덜 알려진 1941년 말 모스크바의 패배가 확실히 더 장엄하고 눈에 띄는 스탈린그라드의 패배의 전제조건이었다.

전쟁의 전환점이 된 1941년 선전포고에는 몇 가지 이유가 더 있다. 소비에트의 반격은 독일군이 1939년 폴란드에서 성공을 거둔 이후로 늘 따라다니던 불패의 명성을 파괴하여, 모든 전선에서 적들의 사기를 올려주었다. 모스크바 전투는 또한 독일 주력군을 약 4,000킬로미터에 달하는 동쪽 전선에 기약 없이 묶어두어, 독일의 지브롤터 작전 등의 성공 가능성을 거의 없애버림으로써 영국에 엄청난 도움이 되어주었다. 반대로 전격전의 실패는 핀란드를 비롯한 독일 동맹군들의 사기를 떨어뜨렸다. 그리고 그 외에도 여러 가지 이유들이 있었다.

전황이 바뀐 곳은 1941년 12월의 모스크바 전선이었다. 전격전이 실패하여, 나치가 충분치 못한 자원을 가지고 히틀러와 여러 장군들이 자신들이 이길 수 없다는 사실을 알고 있었던 장기전에 돌입해야만 했던 것도 바로 그곳이었다. 미국은 바로 그 시점에 나치 독일과의 전쟁에 뛰어들었다.

6장

일본, 독일과 전쟁하는 미국

만일 히틀러가 혐오스러운 공산주의의 고향 소련을 1941년 6월이 아니라 10년, 5년, 아니 적어도 1년만 일찍 공격했다면 그는 의심의 여지없이 미국 언론의 떠들썩한 갈채를 받았을 것이다. 그러나 미국인들의 마음이 점점 영국으로 기울어가던 1941년에는 사정이 달랐다. 이 점은 그전까지는 파시즘에 동조했지만 이제는 히틀러의 적 영국에 무기를 배달하는 렌드리스가 사실상 미국 경제를 되살릴 유망한 사업임을 날카롭게 알아차린 파워엘리트들도 마찬가지였다. 소련에 대해서는 별로, 혹은 전혀 공감하지 않았지만, 독일의 이 새로운 적이 영국에 도움이 되었다는 점에는 크게 감사했다. 소비에트가 독일에 오랫동안 저항할수록 영국에는 더 좋았다. 그러나 많은 미국인들이 이전의 폴란드, 프랑스와 마찬가지로 소비에트도 독일군의 맹공격을 오랫동안 버텨내지는 못하리라고 확신했다. 루스벨트 대통령을 위시하여, 영국의 새 동맹 소비에트에 그리 반대하지 않는 사람들조차도 사실상 이런 비관적인 견해를 공유했다. 워싱턴은 독일의 승리를 확신하며, 시베리아 등 독일의 점령에서 벗어날 것 같은 소비에트 영토에서 비공산주의 정부가 집권하게 할 계획을 세우고 있었다. 1917년 볼셰비키에 전복된 러시아 정부에서 일하다가 망명한 알렉산

드르 케렌스키Alexander Kerensky(1881~1970)는 이런 신호를 받고 선수 대기석에서 몸을 풀고 있었다. 더욱 중요한 것은, 미국의 원조를 청하는 스탈린의 긴박한 요구에 긍정적인 대답이 돌아가지 않았다는 점이다. 어쨌든 미국은 파산 직전에 놓인 위태로운 고객과는 신용 거래를 하지 않는다. 소비에트 주재 미국 대사 로런스 스타인하트Laurence Steinhardt(1892~1950)도 소비에트의 파멸이 임박했다고 보고, 미국이 제공하는 물품은 결국 독일 손에 들어갈 것이라고 주장하며 원조를 결사반대했다.

1941년 늦은 가을, 소비에트가 "계란처럼 깨지지" 않을 것임이 점점 분명해지면서 상황이 변했다. 나치에 대한 소비에트의 거센 저항으로 이 대륙의 동맹이 영국에 대단히 유용하며, 미국의 렌드리스 사업에도 당연히 이익이 될 것이 분명해졌기 때문이다. 뉴욕 증권거래소는 이 피할 수 없는 현실을 반영하기 시작했다. 나치의 러시아 입성이 늦추어질수록 주가가 오른 것이다. 게다가 이제는 소련도 신용 거래를 할 수 있게 되었다. 이것은 미국 재계가 지금까지 그렇게 혐오하던 소비에트 '공산당'을 상대로 장사를 하기 시작했음을 의미한다. 워싱턴과 모스크바는 1941년 11월 렌드리스 협정에 합의했다.[1]

12월 초 붉은 군대가 독일군 기갑부대를 모스크바에서 후퇴시킨 것은 미국 재계에, 특히 그중에서도 렌드리스와 관련된 회사들에게 좋은 소식이었다. 그들은 모스크바 전투의 진정한 중요성을 이해하지 못했지만, 1940년의 역경을 딛고 어렵사리 살아남은 그들의 동지 영국이 이제 전쟁을 무기한 이어갈 수 있게 되어 미국이 직접 개입할 필요가 없게 된 것만은 분명했다. 소련은 미국의 최대 고객인 영국을 군사적으로나 경제적으로 살아남을 수 있도록 지대한 공헌을 함으로써 자신의 가치를 증명했다.[2] 그리고 1941년 12월 11일 히틀러가 미국에 전쟁을 선포하자, 소련은 미국의 적의 적으로서 자동으로 미국의 동지이자 동맹이자 일종의 (서로 사랑하지도 않고 일시적일 뿐이지만 어쨌거나) 친구가 되었다.

그렇게 미국은 예전에 워싱턴과 파워엘리트가 철저하게 경멸하던 나라와 밀접한 관계를 맺게 되었다. 1941년 12월 자신의 신임장을 제출하러 워싱턴에 도착한 소비에트 대사 막심 리트비노프Maxim Litvinov(1876~1951)와 맺은 협정은 새로운 상황의 징후였다. 저널리스트 데이비드 브링클리David Brinkley(1920~2003)는 리트비노프가 전임자와는 뚜렷이 대조되게 "이제 러시아가 동맹이자, 적의 적이므로 친구라고 생각하는" 사회의 특권층에게 환영받았다고 기록했다.[3] 미국의 파워엘리트 사이에서 이제 히틀러에게 경의를 표하는 건 유행이 지나버렸다. 미국의 지도층이 그렇게 오랫동안 기대하던 대로 독일의 독재자가 소련을 공격하고 있는데도 그랬다. 1941년 말에는 이제 더 이상 나치가 소련에 승리를 거두기를 바라지도 않았다. 독일이 갑자기 적이 되었기 때문만이 아니라 이제는 사업에 좋지 않은 일이 되어버렸기 때문이다. 나치의 승리는 렌드리스라는 풍요의 뿔에서 흘러나오는 수익을 위태롭게 할 수 있었다. 독일이 소련에 승리를 거두면 (허무맹랑한 이데올로기적 사고보다 냉철한 사업가의 마음에 훨씬 더 가까운) 모든 회계장부의 결산표에 재앙이 될 터였다.

미국의 권력층은 이제 반파시스트의 가면을 썼다. 그러나 그들 전부는 아니더라도 많은 사람들이 아직 마음 깊은 곳에서는 변함없는 반공산주의자로 남아 있었다. 일찍이 히틀러가 공산주의의 요람을 파괴해주기를 기대했던 사람들이 이제는 끝없이 펼쳐진 동부전선에서 벌어지는 거대한 싸움을 다른 시각으로 바라보았다. 그들은 어느 한쪽이 확실하게 승리를 거두지 않기를 바라며, 서로 가능한 한 오랫동안 전쟁에 매달려 양쪽 모두가 쇠약해지기를 기대했다. 베를린과 모스크바 사이의 갈등이 계속되기를 바라는 희망은, 나치가 소련에 공격을 개시한 지 불과 이틀이 지난 1941년 6월 24일에 해리 S. 트루먼Harry S. Truman(1884~1972) 당시 상원의원이 내놓은 "독일이 이길 것 같으면 우리는 러시아를 돕고, 러시아가 이길 것 같으면 독일을 도와 가능한 한 양쪽 모두가 피폐해지도록 해야 한다"는 널리 알려진 논평과 수많은 신문기사들에도 반영되어 있다. 미국의 역사학자 클레이튼 R. 코프스Clayton R. Koppes와 그레고리 D. 블랙Gregory D. Black의 표현으로 "미국을 영국과 러시아가 탄 반파시스트라는 배에 공식적으로 승선하게 한" 일본의 진주만 습격이 있기 이틀 전인 1941년 12월 5월까지도, 허스트가 경영하는 《시카고 트리뷴》에 실린 한 캐리커처는 "(나치와 소비에트라는) 두 마리의 위험한 야수들이 서로를 끝장내는 것이 문명에" 이상적이라고 제안했다. 만일 어떻게든 이 시나리오가 실현된다면 미국이 같은 편인 영국과 함께 유럽에 새로운 질서를 만들 수 있었을 것이다. 1941년 말에는 이 시나리오가 실제로 구현되는 것처럼 보였다.[4]

군사적으로든 정치적으로든 매사가 미국에 유리하게 진행되었고, 경제적으로는 미국 기업들이 동부전선의 전쟁과 렌드리스의 새로운 파트너가 열어준 시장에서 수익을 얻고 있었다. 미국은 (캐나다, 영국과 함께) 소련에 무기보다 스터드베이커Studebakers(미국 자동차 회사 - 옮긴이) 등의 트럭과 지프, 피복류, 그리고 캔 음식 등을 더 많이 공급했다. 렌드리스는 또 전쟁이 끝난 다음 저 거대한 소련을 미국 경제의 세력권 안으로 끌어들인다는, 예전에는 생각도 할 수 없었던 전망을 열어주었다. 이 주제에 대해서는 나중에 다시 다루기로 하겠다.

소련이 나치의 공격에서 살아남은 것은 순전히 미국의 렌드리스 원조 덕분이라는 주장이 종종 있지만, 그렇게 보기 아주 어려운 몇 가지 이유가 있다. 첫째, 우리가 이미 살펴본 대로 미국과 소련의 렌드리스 협정은 1941년 말에 체결되었다는 점이다. 미국 무기와 다른 군수품들이 처음 배달되었을 때는 소비에트가 대금을 현금으로 지불해야 했다. 그리고 이 첫 번째 군수품은 사소한 정도는 아니었다고 하더라도 대단히 간소한 수준이었다. 독일의 역사학자 베른트 마르틴Bernd Martin은 사실상 1941년 내내 소련에 대한 미국의 원조가 '허구'였다고 주장한다. 미국의 물질적 원조는 소비에트가 자기 혼자 힘으로 독일군의 진군을 저지하고 전황을 바꾸고 한참이 지난 1942년에야 의미 있는 수준이 되었다. 둘째, 위기 상황에서는 근소한 차이가 중대한 차이를 만들어낼 수 있다는 건 인정해야겠지만, 어쨌건 미국의 원조는 소비에트의 전시 총 생산량의 4~5퍼센트 정도를 넘은 적이 없었다. 셋째, 소비에트 자신이 (제2차 세계대전 최고의 탱크일지도 모르는 T-34 탱크를 비롯하여) 독일에 대항하여 성공을 거둘 수 있게 해준 모든 종류의 크고 작은 고성능 무기들을 직접 대량으로 생산해내고 있었다. 그리고 아마도 가장 중요한 네 번째 이유는, 널리 알려진 소련에 대한 렌드리스 원조는 미국 기업들이 소비에트의 적인 독일에 비공식적이고 은밀하게 제공한 매우 중대한 도움들로 대부분 상쇄되었다는 점이다. 1940년과 1941년에는 미국 산업이 주로 영국과 거래하며 수익을 올렸지만, 이것이 미국 석유 회사와 트러스트들이 나치 독일과의 떳떳하지 못하지만 수지맞는 장사를 그만두었다는 뜻은 아니다. 막대한 양의 석유가 스페인 같은 중립국들을 거쳐 나치 독일에 전달되었으며, 그 사실을 백악관도 알고 있었다. 독일에 지극히 중요한 정제석유 수입량에서 미국의 점유율이 빠르게 증가했다. 엔진오일의 경우 1941년 7월 44퍼센트였던 것이 1941년 9월에는 최소한 94퍼센트까지 치솟았다. 그 당시 독일의 석유 제품 비축량이 고갈되었으므로, 만일 미국의 석유 회사들이 연료를 공급하지 않았다면 독일 기갑부대는 아마도 모스크바 외곽까지 진군하지도 못했으리라고 해야 옳을 것이다.[5] 미국이 "총통에게 제공한 연료"라는 분야의 권위자인 독일의 역사학자 토비아스 예르사크Tobias Jersak에 따르면, 사실 미국의 연료 공급 없이는 소련 침공은 물론 1940년과 1941년에 있었던 독일의 다른 주요 군사작전들도 불가능했을 것이다.[6] 마지막으로, '역 렌드리스'를 통해 소련 또한 미국에 크롬과 망간 광석, 백금 등 중요한 원자재를 공급했다는 점 또한 계산에 넣어야 할 것이다. 어쩌면 미국은 이 자원 덕분에 소비에트와의 전시 거래에서 실질적인 수혜자가 되었을 수도 있다.[7]

유럽의 전쟁 덕분에 미국은 대공황이라는 악몽에서 벗어나고 있었다. 앞으로 영국과 소련을 미국 공산품의 시장으로 간주할 수 있었다. 그러나 호황을 맞은 미국 산업계에 더욱 필요해진 고무와 석유 등의 값싼 원자재와 잠재적 시장들은 전 세계 어디에나 있었다. 19세기 말 거대 산업국가가 된 미국은 영국과 프랑스 같은 제국주의 세력이 되어 전 세계의 자원과 시장을 차지하기 위한 엄청나게 치열한 쟁탈전에 뛰어들었다. 프랭클린 루스벨트의 사촌인 시어도어 루스벨트Theodore Roosevelt(1858~1919) 같은 대통령들이 추진한 공격적인 외교 정책을 통해, 그리고 존 헤이John Hay(1838~1905) 런던 주재 미국 대사가 '눈부신 작은 전쟁splendid little war'이라 부른 스페인과의 전쟁으로 미국은 스페인의 예전 식민지였던 푸에르토리코, 쿠바, 그리고 필리핀에 대한 통제권을 얻었으며, 그때까지 독립국이었던 섬나라 하와이마저 장악했다. 이제 엉클 샘은 태평양의 섬들과 그 건너편의 땅, 극동 지역에까지 많은 관심을 갖게 되었다. 바다 건너에서 특히 매혹적인 곳은 사업가의 눈으로 볼 때 무한한 잠재력을 지닌 '시장'이자, 충분한 힘과 야심을 지닌 제국주의 국가라면 누구나 당장이라도 경제적으로 침입할 수 있을 것처럼 보이는 거대하지만 약한 나라인 중국이었다.[8] 그럼에도 (그 자신이 한때 영국의 식민지이기도 했던) 미국은 어디에서나 스스로 식민주의의 반대자이자 자유주의 이상의 수호자, 억압받는 나라들의 권리를 위해 싸우는 투사를 자처했다. 미국의 역사학자 윌리엄 애플먼 윌리엄스가 신랄하게 지적하듯이, 미국식 제국주의는 유럽과 달리 "자유라는 미사여구로 제국주의적 실상을 가렸다". 미국의 이러한 제국주의적 확장의 가장 큰 수혜자는 미국 기업들이었다. 예를 들어 미국의 거대한 파인애플 캔 회사 돌Dole의 성공은 하와이의 (빼앗은) 땅과 오늘날 그들 자신의 땅에서 별로 쓸모가 없어진 토착민들의 (착취된) 노동력이 없었다면 불가능했을 것이다.

미국은 극동 지역, 특히 중국에서 호전적인 경쟁 세력과 경쟁해야 했다. 상대는 그 지역에서 제국주의적 야심을 실현하고자 하는 '해가

돋는 나라' 일본이었다. 워싱턴과 도쿄의 관계는 수십 년 동안 좋지 못
했지만, 불황이 닥쳐 자원과 시장을 차지하기 위한 경쟁이 점점 가열
되어가던 1930년대에는 더욱 나빠졌다. 일본은 공장을 가동하기 위한
석유와 다른 원자재들, 생산된 상품을 팔 시장, 그리고 투자 기회들을
훨씬 더 간절히 원했다. 도쿄는 중국과 전쟁을 벌이고, 이 거대하지만
약한 나라의 북부 지역을 떼어내 만주국을 세우기까지 했다. 미국을
괴롭힌 것은 일본이 그들의 이웃인 중국(그리고 한국)인을 '인간 이하' 혹
은 나치 용어로 '열등 인간Untermenschen'으로 취급했다는 점이 아니라,
그들이 중국을 비롯한 극동아시아의 나머지 지역과 자원이 풍부한 동
남아시아와 인도네시아까지 자기들이 '대동아 공영권'이라 부르는 그
들만의 '자급자족 경제'에, 미국이 경쟁에 뛰어들 여지도 없는 경제 관
할권에 편입시키려 한다는 점이었다.[9]

미국의 사업가들과 파워엘리트는 미국인들이 19세기부터 벌써 경
멸하기 시작한 이 열등해 보이는 '황인종' '일본 놈들Japs'에게 극동아
시아의 수지맞는 시장을 빼앗길 생각을 하니 극도로 화가 났다.[10] 이
러한 관점에서 보면 1930년대에 미군이 일본과 전쟁을 벌일 계획을
수립한 이유를 이해할 수 있다. (멕시코, 영국, 캐나다와 전쟁할 계획도 준비되어
있었지만 나치 독일과 싸울 계획은 없었다.)[11]

유럽에서 전쟁이 터짐으로써 새로운 요인이 작용하기 시작했다.
1940년 나치가 프랑스와 네덜란드를 손에 넣자, 그 나라들이 극동아
시아에 보유하고 있던 식민지들, 즉 고무가 풍부한 인도차이나와 석
유가 풍부한 인도네시아를 어떻게 하느냐는 문제가 떠오른 것이다.
종주국이 독일에 점령되었으므로, 강대국들 간의 무자비한 경쟁에서

아직 남아 있는 참가자들이 보기에 이 식민지들은 언제든지 따먹을 수 있는 잘 익은 과일이나 다름없었다. 하지만 누가? 만일 독일이 전쟁에 승리해 패배자들에게 베르사유조약 같은 합의를 요구한다면 식민지는 독일의 차지가 될 것이다. 그러나 독일 육군이 러시아에서 장기전을 치를 가능성이 점점 커지던 1941년 가을, 독일이 승리할 전망은 빠르게 어두워지고 있었다. 영국은 나치와 전쟁을 벌이느라 여전히 여유가 없었다. 같은 아시아인데다가, 고무와 석유에 대한 식욕이 왕성한 야심찬 강대국 일본이 매우 유력한 후보자였다. 중국 시장을 독점한 데 이어서 동남아시아로 확장하는 일본을 미국이 참을 수 있었을까? 그럴 리 없었다. 그것은 일본이 극동 지역을 장악하는 동시에 미국이 그 지역에서 품었던 꿈과 야망의 종말을 의미했기 때문이다. 그러나 1940년 프랑스의 부역 정권 비시 정부가 하노이와 사이공의 통제권을 일본에게 양도하고, 이듬해 일본이 인도차이나 전체를 차지하면서 바로 그 시나리오가 펼쳐지기 시작하는 것 같았다. 미국의 파워엘리트는 일본이 석유가 풍부한 인도네시아마저 손에 넣어 미국이 극동 전체를 잃어버리기 전에 시급한 조치가 필요하다고 느꼈다. 1930년대 내내 독일과의 전쟁에 반대하던 권력층 대부분이 일본과의 전쟁 가능성에 대해서는 점점 더 호의적인 태도를 보였다. 해가 돋는 나라는 오만하지만 기본적으로 빈약한 신흥국가이므로, 언젠가 프랭크 녹스Frank Knox(1874~1944) 해군부 장관이 말한 대로 막강한 미국이 "3개월 안에 지도에서 쓸어버릴 수 있는" 나라로 여겨졌다.[12] 앞서 말했듯이 일본과의 전쟁 계획은 오래전부터 준비되어 있었다. 1930년대에 항공모함과 전략폭격기가 개발되었음을 충분히 고려한 전쟁이기도 했다. 이 무기들은 엉클 샘에게 태평양 건너까지 닿을 만큼 충분히 긴 팔이 되어주었으며, 일본은 물론 중국, 인도차이나 그리고 인도네시아에 전략적으로 가깝게 위치해 있는 필리핀은 최고로 유용한 군사 작전 기지가 되어줄 수 있었다.

미국의 파워엘리트는 일본과의 전쟁을 원했고, 자기 집안이 적어도 부분적으로는 중국과의 아편 거래로 부를 쌓은 루스벨트 대통령도 상당히 적극적으로 그 전쟁을 추진하고자 했다. 그러나 워싱턴은 고립주의로 명성이 자자한 의회와 전쟁을 별로 원하지 않는 미국 국민들에게 방어전 외에는 납득시킬 수 없었기 때문에 전쟁을 시작하려는 모습을 보일 수가 없었다. 게다가 일본이 미국을 공격하는 경우에는 독일이 일본을 도울 필요가 없지만, 미국이 일본을 공격하면 나치는 두 나라 간의 협약에 따라 일본을 원조해야만 했다.[13] (게다가 독일은 이미 소련에서 곤경에 빠져 있었기 때문에 미국의 역량을 새로운 적으로 돌리고 싶어 할 리가 없을 것 같았다. 1941년 가을 대서양에서 독일 잠수함과 미국 함선들 간에 '선포되지 않은 전쟁'이라는 과장된 이름이 붙은 일련의 사고가 일어났을 때 베를린이 자제한 것도 이러한 믿음을 확인해주는 것처럼 보였다.) 그들이 원하는 종류의 전쟁, 즉 세기의 전환기에 스페인과 치렀던 '찬란한 작은 전쟁'의 최신판(상대적으로 약해 보이는 단 하나의 적과 싸우는 전쟁)을 일으키기 위해서는 일본이 먼저 침략 행위를 하도록 자극해야만 했다.

"일본이 먼저 명시적으로 움직인 것처럼 보여야 한다"고 결정한 루스벨트 대통령은 "일본이 명백한 전쟁 행위를 하도록 자극하는 것을 1941년 내내 일본에 대처하는 기본 정책"으로 삼았다. 사용된 책략 중에는 개전의 이유casus belli가 되어줄 사고를 유발하려는 뻔히 보이는 희망을 품고 전투함을 일본 영해 근처나 심지어 영해를 침범해서 배치하는 것도 있었다. 그러나 일본에 행사한 무자비한 경제적 압박이 더욱 효과적이었다. 원자재를 간절히 원하는 나라라면 그런 방법을 특히 도발적으로 받아들일 가능성이 컸다. 루스벨트 정부는 1941년 여름 미국 내에 있는 일본의 모든 자산을 동결하고 "일본이 석유 제품을 획득하지 못하도록 방해하는 전략"에 착수했다. 미국은 영국, 네덜란드와 협력하여 중요한 석유 제품의 수출을 금지하는 등 심각한 경제제재를 부과했는데, 이 정책은 석유가 풍부한 네덜란드의 인도네시아 식민지 통제권을 얻고자 하는 일본의 욕망을 더욱 커지게 하는 데 일조했다. 1941년 가을에는 상황이 더 악화되었다. 특히 워싱턴이 도쿄의 중국 독점 정책에 반발하여 미국 기업들에게 그 나라를 '개방'하라고 요구한 이후로 더욱 그랬다. 도쿄는 미국이 자기들 세력권인 라틴 아메리카에서 똑같은 조치를 한다면 중국에서 차별 없는 무역 관계의 원칙을 적용하겠다고 제안했다. 그러나 워싱턴은 다른 제국들의 세력권에서만 호혜주의를 원했고, 자기 집 마당에서는 그럴 생각이 없었다. 일본의 제안은 거부되었다.

　미국의 계속된 도발은 도쿄로 하여금 전쟁을 선포하도록 유도할 의도를 가지고 있었고, 그것이 성공할 가능성은 점점 더 커졌다. 루스벨트는 훗날 친구들에게 "방울뱀을 계속 핀으로 찔러서 결국 이 나라를 물게 했다"고 고백했다. 워싱턴이 일본에게 중국에서 즉각 철수할 것을 요구하는 〈10개 조항 문서Ten Point Note〉를 보낸 11월 26일, 도쿄의 '방울뱀'은 자신들이 이미 충분히 참았고 '물' 준비가 되었다고 결심했다.[14] 일본 함대는 루스벨트가 1940년에 자기들을 도발하고 유인하기 위해 주둔시켰다고 생각하는 인상적인 전투함대를 공격하기 위해 하와이로 떠났다. 중앙태평양 해군기지에 궤멸적인 피해를 입혀 미국이 가까운 미래에 극동 지역에 개입하지 못하게 하려는 희망을 품은 출정이었다. 이것은 필리핀 등을 손에 넣고 인도네시아까지 자신들의 전리품 목록에 포함시킴으로써, 일본이 극동 지역의 패권을 확고하게 세우기에 충분할 만큼 커다란 기회의 창을 열어줄 터였다. 이렇게 해서 진주만에 일격을 당한 충격에서 회복한 미국이 어쩔 수 없이, 특히 극동 지역의 교두보 필리핀을 빼앗긴 다음에는 도저히 상황을 되돌릴 수 없게 되어 전쟁에 임했다는 기정사실fait accompli이 만들어졌다. 미국 정부와 군 최고위층은 일본군의 암호를 해독하여 일본 함대가 무엇을 할지 정확하게 알고 있었음에도 하와이의 지휘관들에게 경고해주지 않고 1941년 12월 7일 일요일에 진주만 '기습공격'을 허용했다.[15] 다음날 루스벨트는 손쉽게 의회를 설득해 일본에 전쟁을 선포하게 했고, 자기들 정부가 이것을 기대하고 촉발했다는 사실을 모르는 미국 국민들은 일견 비겁해 보이는 이 공격에 충격을 받고 예상대로 전쟁의 깃발 아래 결집했다.[16] 미국은 일본과 전쟁을 치를 준비가 되어 있었고, 겉으로 보기에만 비극적일 뿐 사실 재앙과는 거리가 멀었던 진주만의 패배도 비교적 쉽게 승리하리라는 전망을 약화시키지 않았다. 침몰된 배들은 "거의 제1차 세계대전의 유물에 가까울 정도로" 낡아서 일본과의 전투에 꼭 필요한 존재가 전혀 아니었다. 반면 그 전쟁에서 핵심 역할을 수행할 항공모함 등의 신식 전함들은 아무 탈도 없었다. 그 전함들은 마침 워싱턴의 명령을 받고 일본의 기습 직전에 기지를 떠나 안전하게 바다로 나가 있었다.[17]

그러나 계획은 기대했던 대로 흘러가지 않았다. 진주만 공습 며칠 후인 12월 11일에 히틀러가 앞에서 이미 명확히 했던 이유들 때문에 예상을 깨고 미국에 전쟁을 선포한 것이다. 영국에 대한 미국의 렌드리스 원조와 1941년 가을의 선포되지 않은 해전 탓에 미국과 독일의 관계가 얼마 전부터 악화되어갔던 것은 사실이다. 그러나 히틀러는 영국과의 전쟁도 끝나지 않고 소련을 향한 십자군도 계획대로 되어가지 않는 상황에서 강력한 새 적을 원하지 않았다. 한편 비록 진정으로 사악한 '제3제국'을 처단하는 십자군 원정을 떠나야 할 강력한 인도주의적 이유들이 많았음에도, 미국의 파워엘리트 또한 독일에 전쟁을 선포하고 싶은 마음이 전혀 없었다. 미국 기업들이 나치 독일 내외에서 훌륭하게 사업을 이어가고 있었고, 히틀러가 벌인 전쟁에서도 렌드리스로 멋지게 수익을 올리고 있었다. 그리고 모스크바 전투의 중요성을 깨닫지 못한 미국의 일부 지도층은 여전히 히틀러가 결국에는 소련을 파괴해주리라고 기대하고 있었다. 독일과의 전쟁은 바라지도 않았고 계획되지도 않은 일이었다. 백악관으로서는 독일의 선전포고가 아주 난처했다.

미국은 그렇게 자신들의 의지에 반하여 유럽의 전쟁에 끌려들어 갔다. 그리고 여기서 흥미롭지만 대답할 수 없는 질문이 야기된다. 만일 히틀러가 1941년 12월 11일에 먼저 전쟁을 선포하지 않았다면 워싱턴은 언제 나치 독일과의 전쟁에 뛰어들었을까? 끝까지 안 뛰어들지 않았을까? 어쨌건 미국은 예기치 않게 하나가 아니라 두 개의 적과 대면해야 했다. 그리고 이제 그들은 또 하나의 찬란한 작은 전쟁 대신, 유럽과 아시아 두 개의 전선에서 예상보다 훨씬 큰 전쟁, 진정한 '세계대전'을 치러야만 했다.

미국의 몇몇 수정주의 역사학자들은 미국이 도쿄의 정당한 이유 없는 침략과 중국에서 벌인 끔찍한 범죄들 때문이 아니라, 미국의 식민국들에 대한 공격 때문에 일본에 전쟁을 선포했다는 분명하지만 불편한, 그래서 일반적으로 무시되는 사실에 주목했다. 미국의 급진적 역사학자들 중에서 아마도 가장 유명한 하워드 진은 냉정하게 다음과 같이 논평했다.

히틀러의 유대인 학대가 미국의 제2차 세계대전 참전을 불러왔던 게 아니다. …… 미국을 완전히 전쟁으로 끌어들인 것은 일본의 진주만 미 해군기지 공습이었다. …… 미국의 태평양 제국의 한 고리에 대한 일본의 공격이 그 일을 해낸 것이다.[18]

7장

미국에서
벌어진
계급투쟁

유럽에서 벌어진 그 전쟁이 좋은 전쟁이었다고 한다면, 그 세계대전이 증속 구동 기어를 넣어야만 했던 미국 경제에 아주 좋았다는 것 말고는 다른 의미를 찾을 수 없을 것이다. 그 결과 인상적으로 급상승한 수익과 고용 증가를 가져오며 경제 호황이 지속되었다. 미국의 전체 실업자 수는 1940년 800만 명 이상에서 1941년 550만 명, 1942년 260만 명, 1943년 100만 명, 그리고 1944년에는 67만 명으로 전쟁 기간 내내 감소했고, 그 결과 1940년 전체 노동인구의 15퍼센트에 달하던 실업률이 1940년에는 겨우 1.2퍼센트로 수직으로 떨어졌다. 군대도 달리 직업을 찾기 어려웠을 수백만 명의 남녀를 흡수했다. 적어도 1,600만 명 이상이 전쟁 기간 동안 군에 입대했다. 고용의 시계추가 사실상 한쪽 끝에서 반대쪽 끝으로 급선회했고, 항공기 제조와 같은 중요 부문에서는 곧 노동력이 부족해져서 점점 더 많은 여성들이 공장노동에 동원되었다. 어쨌거나 미국의 노동자들은 충분한 고용 기회와 (그만큼 상승한 물가와 함께) 더 높은 임금, 그리고 전례가 없는 번영을 누렸다. 국내의 처방전으로는 대공황을 결코 끝낼 수 없었다. '더러운 30년대'의 악몽을 끝장낸 것은 바다 건너의 다툼이었다.[1] 미국의 저널리스트 스터즈 터켈은 "그 전쟁은 불경기를 호경기로 바꾼 연금술사

와도 같았다"고 기록했다.[2]

평범한 미국인들도 괜찮았지만 전시 호황의 첫 번째 수혜자들은
전례가 없을 만큼 부를 축적한 기업과 기업가들이라는 점에는 의심
의 여지가 없다. 미국의 전시 이득을 연구한 역사학자 스튜어트 D. 브
란드스Stuart D. Brandes는 "1942~1945년 사이 4년 동안 미국의 가장 큰
회사 2,230개가 …… 벌어들인 세후 수입은 〔전쟁 전 1936~1939년
사이와 비교할 때〕 41퍼센트 증가한 144억 달러"였다고 말한다. 그는
"관대한 세금 분할 상환법" 때문에 이러한 수치가 "실제 수입보다 약
20퍼센트 정도 적게" 보고되었다고 덧붙였다. 상대적으로 낮은 세율
은 근본적으로 "전쟁 중 크게 증가한 판매량" 덕분에 일어난 전시 수익
의 급등을 극대화하는 데 일조했고, 전쟁 중의 판매량 증가는 국가의
아낌없는 방위비 지출 계획과 함께 부당이득 취득을 제한하는 어떠한
실질적 조치 및 물가통제 정책도 없었다는 사실이 결합한 결과였다.[3]
루스벨트의 육군성 장관 헨리 스팀슨Henry Stimson(1867~1950)은 "자본
주의 국가에서 …… 전쟁을 벌일 계획이라면 그 과정에서 돈을 벌게
해야만 하며, 그렇지 않으면 일이 제대로 돌아가지 않을 것"이라고 단
언했다.[4]

그러나 전쟁 중 기업의 (세후) 수익이 일부에서 70퍼센트 이상 증
가했다고 추정할 만큼 전반적으로 크게 늘어났음에도, 일반 기업과
대조되는 극소수 특권층이라고 할 수 있는 재벌기업들이야말로 이 호
황에서 가장 크게 이익을 얻은 자들이었다. 60개도 안 되는 기업들이
수익성 좋은 군대 및 정부 납품양의 75퍼센트를 차지했고, (브란드스에
따르면) 가장 큰 기업들은 당연히 국가의 전시 지출이라는 여물통에 접

근할 특권을 지닌 '멧돼지들warhogs'이었다. IBM도 이 기회의 창에서 수익을 올릴 방법을 아는 기업들 중 하나였다. 에드윈 블랙은 다음과 같이 기록했다.

전쟁은 언제나 IBM에게 유리했다. 미국에서는 전쟁 수입과 비교할 수 있는 게 없다. 진주만 습격 90일 안에 [IBM 회장] 왓슨은 IBM이 1억 5,000만 달러 이상의 군수품과 기타 방위비 계약을 맺었다고 언론에 발표했다. 전시 총 판매 및 대여 규모는 1940년 연간 약 4,600만 달러에서 1945년에는 연간 약 1억 4,000만 달러로 3배 이상 증가했다.[5]

제너럴모터스도 전쟁의 축복을 받은 기업으로, 총 발주금액이 134억 달러에 달하는 국가의 주문량 덕분에 6억 7,300만 달러의 수익을 기록했다.[6]

전쟁 기간 중 국가가 새로운 기술과 공장들에 자금을 지원하고, 민간투자에 아낌없이 보조금을 지원하고, 2,000개 이상의 공공 방위 사업에 170억 달러 이상을 지출함으로써 크고 작은 회사들이 혜택을 받았다. 브란드스는 민간 부문의 회사들이 아주 싼값에 공공 생산시설을 임대받았고, 전쟁 후에는 "원래 가격의 절반에서 3분의 1 정도 가격"으로 정부로부터 시설을 구입할 수 있었다고 말한다. 물론 "넘쳐나는 현금의 순풍을 탄" 대기업들이 주로 이런 식으로 수백만 달러를 벌어들였고, 해리 트루먼은 "이런 형태의 이익을 '합법적 부당이득'이라고 비난"했다.[7] 저널리스트 데이비드 브링클리도 전후의 이 호화로운 민영화 행사에 대해 언급하며 그것이 "'자유기업 제도'의 옹호자들이 좀처럼 인정하지 않는 대단한 횡재"였다고 표현했다. 사실 자유기업 제도를 옹호하는 사람들은 그들이 주장하는 신화, 즉 미국의 부가 설사 전부는 아닐지라도 거의 대부분이 민간 부문에서, 민간 부문에 의해 이루어졌다는 신화를 약화시키는 증거는 모두 무시해버리고 싶어 한다.[8]

미국 재계는 전쟁 중에 막대한 돈을 벌어들였지만, 전쟁에서 수익을 올린 또 다른 중요한 방법들이 있었다. 예를 들어 기업의 자유를 제한하는 소위 '반反트러스트법'이 사실상 폐지된 것이다. 미국 재계의 수많은 인사들이 워싱턴의 중요한 고위 관직들을 차지한 것도 전쟁 중이었다. 미국의 경제사학자 해럴드 G. 바터Harold G. Vatter는 "전쟁 중 정부에 대한 재계의 영향력이 급등"했다고 말하며, "월스트리트 파"와 "경영자 계층"이 공공 정책, 특히 국방부와 국무부 정책에 끼치는 영향력이 전반적으로 커졌다고 지적했다. 그렇게 큰 정부big government와 대기업big business 사이에 친밀한 동반자 관계가 형성되어, 대기업은 전쟁에서 승리한 다음에도 오랫동안 계속해서 이익을 올리게 되었다.[9] 미국 정부가 전쟁 수행 지원사업에 공급한 자금은 조세(약 45퍼센트)보다 차관(약 55퍼센트)이 많았다. 비교적 높은 이자를 지급한 워싱턴의 전쟁채권은 은행과 보험회사, 그리고 개인 자본가들에게 특히 흥미로운 투자 형태였다. 전쟁채권을 구입한 사람들 중에는 정부 납품으로 막대한 돈을 벌지 않았다면 이렇게 수익성 높은 투자 기회를 얻지도 못했을 거대기업의 주주와 경영자들도 눈에 띄었다. 전쟁 기간 동안 미국 정부는 보통 국가가 경제적 삶에 개입하는 것에 반대하고 자유기업 제도를 옹호하는 부유층의 수호자 역할을 해주었다. 어쨌거나 미국 정부가 선택한 전쟁 수행방식 덕분에 부유하고 권력을 지닌 사람들이 더 부유해지고 더 큰 권력을 손에 넣었다는 점에는 의심의 여지가 없다.[10] 이 점에 대하여 C. 라이트 밀스는 공공 보조금이 전반적으로 "미국의 민간 산업 발전에 상당히 도움을 주었지만, 전쟁이 부와 권력을 사적으로 전용할 수 있는 많은 기회를 제공했다"고 지적한다. 밀스는 계속해서 제2차 세계대전은 "국가의 생산수단을 통제하는 열쇠들을 사기업에 넘겨주어" "그 이전의 사적 전용들은 사소해 보이도록" 만들었다고 말했다.[11]

그러나 전시 호황의 빛에는 먹구름도 끼어 있었다. 실업이 해소되고 노동력이 부족해지면서 자유노동 시장이 노동의 가치, 즉 임금 수준과 노동환경을 결정하는 주도권 싸움에서 고용주보다 노동자들이 우위에 서게 된 것이다. 영국의 역사학자 아서 마윅Arthur Marwick이 지적하듯이, 처음으로 노동자들이 고용주들을 상대로 교섭 능력을 발휘했고, 상황을 유리하게 끌고 가 더 높은 임금과 더 나은 노동환경을 요구했다. 개인적으로 고용주를 찾아가 모자를 벗고 머리를 조아리며 부탁한 것이 아니라, 공장 전체나 생산라인, 또는 노동조합의 노동자 모두를 대표하여 공동으로 집단교섭을 벌였다. 미국의 노동자들은 '더러운 30년대'의 위기를 겪으며 단결과 조직의 이점을 이해하기 시작했다. 그리하여 노동자의 이익을 보호하기 위해 전쟁 중에 일제히 노동조합에 가입한 것이다. 1939년 약 900만 명 정도였던 노동조합원 수가 1945년에는 거의 1,500만 명으로 늘어났다. 미국의 기업들은 이미 오래전부터 '대기업big business'이 되어 있었으나, 이제는 노동자들이 '강력한 노동자big labour'가 되는 과정 속에 있었고, 예전에는 백악관을 포함한 워싱턴 권력의 회랑이 주의를 끄는 대기업의 목소리에만 귀를 기울였으나, 이후로는 미국 기업들의 중역 회의실뿐만 아니라 강력한 노동자들도 백악관 등 워싱턴 권력의 회랑에서 고려해야 할 요인이 되었다.

미국의 고용주들은 집단교섭 때문에 전쟁으로부터 얻는 약간의 수익도 보류되기를 원하지 않았다. 그러나 노동자들은 자신들의 요구를 관철하기 위해 이미 여러 번 시도되고 검증되었으며, 그 시기에 특히 효과적이라는 사실이 입증된 파업이라는 무기를 주저 없이 꺼내들었다. 미국 정부는 전통적으로 기업 편에 서서 이런 갈등에 개입했다. 진주만 습격 직후, 루스벨트 정부는 미국노동총동맹American Federation of Labor과 같은 거대한 (그리고 보수적인) 노동조합들로부터 전쟁 중에는 파업을 하지 않기로 약속하는 소위 '파업 금지 서약'을 받아냈다. 그리고 1943년에는 의회가 특정한 형태의 노동쟁의행위를 법으로 금지하는 친기업적 법 스미스-코넬리 법Smith-Connally Act을 제정했다. 그러나 이런 조치들로도 전쟁 중 미국을 휩쓴 파업의 물결을 막아내지는 못했다. 하워드 진이 이에 대해 자세하게 이야기해준다.

전쟁에서 승리하기 위한 완전한 헌신과 애국심의 분위기가 압도적이었음에도, 미국노동총동맹AFL과 산업별노동조합회의Congress of Industrial Organizations의 파업 금지 서약에도 불구하고, 기업의 수익이 하늘 높은 줄 모르고 치솟는데도 임금이 동결되는 것에 실망한 수많은 노동자들이 파업에 들어갔다. 전쟁 기간 동안에만 677만 명의 노동자가 1만 4,000건의 파업에 참여했는데, 이는 미국 역사상 그 어떤 시기보다도 더 많은 수였다. 1944년에만 광산과 제강공장, 자동차와 다른 수송장비를 만드는 공장에서 100만 명의 노동자가 파업에 들어갔다.

전미광산노동자합동조합United Mine Workers의 존 L. 루이스John L. Lewis(1880~1969)가 이끄는 광부들이 가장 열정적으로 파업에 임했다. 게다가 굉장히 많은 파업이 조합의 승인 없이 자발적으로 조업을 중단하는 비공인 파업이었다. 노동자들의 이런 투쟁성militancy에 고용주 (그리고 미국 정부)는 백기를 들 수밖에 없었다. 임금 인상은 점차 나라 전체로 퍼져갔고, 그 결과 전쟁 기간 동안 평균 주급이 1939년 약 23달러에서 1945년에는 44달러 이상으로 크게 상승했다. (이는 90퍼센트 이상 상승한 수치이다. 같은 기간 물가상승률은 30퍼센트밖에 되지 않았다.)[12]

제2차 세계대전 중 미국 노동자와 자본가 사이에 격렬한 계급투쟁이 벌어졌으며, 이것 또한 미국이 세계대전에서 수행한 역할에서 역사적으로 중요한 부분이다. 이 계급 간의 전쟁은 미국 내 전선에서 벌어졌고, 그 충돌과 전투는 셀 수도 없이 많은 크고 작은 파업을 통해 이루어졌다. 그러나 이 전쟁은 '선한' 미국인과 '사악한' 독일 놈Krauts 또는 일본 놈Japs들 사이의 흑백논리 대결이 아니라, 미국인들끼리 벌인 일종의 사회적 내전이었다. 이 갈등에서는 승자와 패자가 뚜렷이 갈리지 않았고, 싸움을 멈추는 휴전도 없었다. 할리우드가 이 극적이고 중요하면서도 한편으로는 고통스럽고 지금까지도 계속되고 있는 이 갈등을 한 번도 영화로 다룬 적이 없고, 그 기억에 영광을 돌리는 어떤 기념물도 미국에 없다는 사실은 그리 놀랄 일이 아니다. 마찬가지로 제2차 세계대전을 다루는 역사책들이 대부분 안전하게 대서양과 태평양 저 멀리에서 벌어진 전투에만 주제를 한정하려고 하는 것 또한 당연한 일이다.

일반적으로 무시되지만 1940년대 미국 내 전선에서 맹위를 떨쳤던 이 계급 간의 전쟁에서, 미국의 파워엘리트는 파업과 시위 같은 집단행동이 고용주를 상대로 사용할 수 있는 가장 효과적인 무기라는 중대한 교훈을 얻었다. 바로 이것이 할리우드 영화가 대중의 무관심과 무기력에 극명히 대조되는 (되도록이면 중무장한) 특정 개인의 영웅적인 행위야말로 문제를 해결하는 가장 좋은 방법이라고 몇 번이고 되풀이해서 이야기하는 이유이다. 액션영화는 항상 집단행동이 아니라 개인의 행동에 초점을 맞춘다. 할리우드는 이런 식으로 제2차 세계대전 동안 미국의 파워엘리트를 골치 아프게 했던 종류의 집단행동으로부터 얻을 수 있는 이익과 사람들 사이의 신뢰를 약화시킨다. 지식인들도 집단행동에 대한 공세에 나섰다. 경제학자 맨커 올슨Mancur Olson(1932~1998)은 1965년 명성 높은 하버드대학 출판부에서 초판을 발행한 영향력 있는 책에서, 제2차 세계대전 동안 있었던 노동조합의 성장과 파업을 비롯한 여러 가지 형태의 집단행동을 구체적으로 언급하면서 노동조합의 집단행동을 폭력과 위압에 결부시켰다. 올슨의 책은 지금까지도 북미 대학들의 경영학, 정치학, 조직이론 등에서 권위 있는 교재로 이용되고 있다. 그리고 마지막으로, 언제든지 파업과 시위를 통해 자신의 이익을 지킬 준비가 되어 있는 프랑스 사람들에 대해 미국 언론이 자주 내비치는 냉소에도 역시 모든 종류의 집단행동에 대한 미국 특권층의 혐오가 분명하게 반영되어 있다.[13]

진주만 기습 이후 미국은 멀리 떨어져 있어 상대적으로 잘 알려지지 않은 나라이던 일본, 그리고 불과 얼마 전까지만 해도 많은 영향력 있는 사람들이 긍정적인 이야기를 수없이 하던 나치 독일과 공식적으로 전쟁에 들어갔다. 그리고 미국은 이제 영국뿐만 아니라 이전까지 철저하게 불가촉천민으로 그려지던 소련과도 공식적으로 동맹이 되었다. 당연히 미국인들에게 긴급히 설명할 필요가 있었고, 설명은 곧 모든 것을 완벽하게 말이 되게 만들어주는 흑백논리식 선전의 형태로 제시되었다.

포스터는 그 당시 여전히 중요한 선전도구였다. 1920년대와 1930년대, 특히 적색공포Red Scare와 작은 적색공포Little Red Scare 때는 사악한 볼셰비키를 겨냥하던 포스터가 이제는 '이것이 적'이라는 편리한 설명과 함께 가학적인 '일본 놈'과 외눈안경을 쓴 오만한 나치 장교를 그리기 시작했다.[14] 제작자들은 확실히 볼셰비키를 엄청난 대적으로 묘사했던 예전의 실수를 바로잡고 싶어 했다. 미국 정부는 앞으로도 적에 관해 대중을 지도하기 위해서 유명한 영화 제작자 프랭크 카프라Frank Capra(1897~1991)를 설득해, 나치를 종교를 파괴하고 모든 인간을 노예로 삼으려고 하는 '사악하고, 잔인한 폭력단'으로 묘사하는 〈우리가 싸우는 이유Why We Fight〉라는 제목의 다큐멘터리 시리즈를 제작하게 했다. 시리즈의 첫 편이던 〈전쟁의 서막Prelude to War〉은 홍보 자료에 "사상 최고의 갱스터 영화 …… 지금까지 보았던 그 어떤 공포영화보다도 더 무서운!"이라는 말로 표현되었으며, "사악하고 잔인한 폭력단"이 세계적인 강대국이 되려고 하는 것으로 기술되었다.[15] 신호를 받은 할리우드는 나치를 파렴치한 갱스터로 묘사하는 〈히틀러 갱The Hittler Gang〉 같은 영화를 이용해 미국인들에게 파시즘의 진짜 본질을 가르치기에 이르렀고, '히틀러 덕'이라는 이름의 독재자 새가 주인공인 〈덕테이터스The Ducktators〉 같은 만화영화로 파시즘을 조롱했다. 캡틴 아메리카, 슈퍼맨, 그리고 원더우먼 같은 연재만화 주인공들도 교활한 나치당원과 스파이와 대비됨으로써 선전에 일조했다. 그렇게 〈인디아나 존스〉 같은 할리우드 영상물에서 오늘날까지도 유지되고 있는 나치의 갱스터, 악당, 캐리커처 이미지가 미국에서 탄생되었다. 그러나 이런 단순화된 선전 캠페인은 유럽 파시즘 전반, 특히 독일 나치즘이라는 복잡한 사회적 현상을 진정으로 이해하는 데 아무런 도움도 되지 않았다.[16]

소비에트도 마찬가지로 사악한 볼셰비키에서 영웅적인 '러시아' 애국자로 눈에 띄는 변신을 시작했다. 전쟁 전에는 소련에 거의 관심을 보이지 않고 공감은 더욱 하지 않던 할리우드가 (워싱턴의 분명한 신호를 받고) 〈미션 투 모스크바Mission to Moscow〉〈북극성The North Star〉〈러시아의 노래Song of Russia〉 같은 친소비에트적 영화를 내놓았다. 역사학자 코프스와 블랙은 예전에는 반공주의와 반소비에트 선전을 열정적으로 유포했으며 전쟁이 끝난 뒤에 다시 그렇게 할 《라이프》《새터데이 이브닝 포스트》그리고《리더스 다이제스트》등 미국의 인기 잡지들이 "180도로 돌아"서서 친소비에트 기사들을 제공했다고 말한다. 원래는 인상이 그리 좋지 못했던 멀리 노동자의 천국에 사는 사람들이 이제는 (1943년 《라이프》가 주장했듯이) "미국인처럼 생기고, 미국인처럼 옷을 입고, 미국인처럼 생각"하는, 그리고 자본주의와 민주주의로 나아가기 위해 그저 전쟁이 끝나기만을 기다리는, 근면하고 솔직하고 예의 바른 사람들로 제시되었다. (반대로 나치는 이후로 볼셰비키의 게르만 버전으로서,

미국인들이 소중하게 여기는 종교와 사유재산권 같은 것들을 존중하지 않는 자들로 그려졌다.) 소비에트 지도자 스탈린은 미국 잡지들이 사랑하는 사람이 되었다. 표지에 스탈린을 돋보이게 하는 사진을 싣고 엉클 조Uncle Joe(스탈린의 별명 – 옮긴이)를 위대한 미국의 가족으로 받아들인 것이다. 1943년 《타임》은 스탈린을 '올해의 인물'로 선정하기도 했다. 미국인들은 또 스탈린이 카멜과 체스터필드, 그리고 럭키스트라이크 같은 미국 담배들을 지나칠 정도로 좋아한다는 이야기를 듣고 그에게 호감을 느끼게 되었다. 이른바 '붉은' 30년대에는 미국의 공산주의자들을 비롯한 수많은 급진적이고 진보적인 미국인들이 소련을 낭만적으로 묘사했다. 그리고 1940년대 초반에는 할리우드와 미디어조차도 자본주의의 약속의 땅에서 소련을 낭만적으로 그렸다.[17]

그러자 미국 국민도 소련을 대하는 워싱턴의 새로운 흐름에 올라탈 준비가 되었다. 미국 산업을 생각하면 상당한 이익이 될 흐름이었다. 미국의 파워엘리트가 더 이상 소비에트와 공산주의를 혐오하지 않게 되었다는 뜻은 아니다. 단지 반공주의적 수사학을 일시적으로 멈추는 것이 그들에게 유리했을 뿐이다. 소련에서도 비슷한 일이 벌어졌다. 공식담화에서 전 세계적인 반자본주의 혁명이라는 슬로건이 자취를 감추었고, 1943년 5월 22일에는 스탈린이 모스크바의 지도 아래 전 세계 모든 곳에서 프롤레타리아 혁명을 유도하던 '국제' 공산당 코민테른을 해산시킨 것이다. 미국 언론은 이 소식이 "우리가 그들과 함께한다면 그들도 우리와 함께하겠다는 [소련의] 의지의 증거"라며 환영했다.[18] 소비에트에 관한 미국 국민의 사고를 개조하기 위한 워싱턴의 노력은 전쟁 중 미국 국내전선에서 벌어진 계급 간의 전쟁에 중요한 결과를 가져왔다. 미국 노동자들이 1917년에 시작된 사회주의 실험에 더욱 큰 관심을 가지게 된 것이다. 예를 들어 소련에는 실업자가 없고, 비록 소비에트 노동자들이 미국 노동자들보다 적은 임금을 받지만 그 대신 훨씬 값싼 물가와 무상교육 및 무료진료, 노인연금, 유급휴가 등의 여러 사회적 혜택을 누린다는 사실을 알게 되었다. (노동자뿐만 아니라) 점점 더 많은 미국인들이 평범한 미국인들이 혜택을 받을 수 있는 완전고용과 사회보장 등 적어도 소비에트와 동등한 정도의 복지체계가 도입될 때가 되었다고 생각하기 시작했다. 무엇보다도 전쟁의 승리가 사회적 '대변혁'을 이끌지 못하고 더러운 1930년대의 비참함으로 돌아갈 뿐이라면 전쟁에 승리하도록 도운 것에 도대체 무슨 의미가 있겠는가?[19] 그런 기대에 직면한 미국의 파워엘리트는 고민에 빠졌다. 기업계는 고용인들에게 상당히 높은 임금을 지급함으로써 이미 충분한 정도 이상으로 양보하고 있다고 생각했으므로 사회개혁에까지 자금을 지원하고 싶지 않았다. 무제한적인 자유기업 제도의 고향인 미국이 어차피 일말의 가능성도 없는 볼셰비키 혁명을 경험할까봐 걱정할 필요는 없었지만, 미국이 일종의 복지국가 형태로 이행하지 못하도록 무언가 조치를 취해야 한다는 사실은 종전이 가까워짐에 따라 점점 명백해졌다.

8장

스탈린을 위한 제2전선,
또는 하늘 위의 제3전선?

1942년 봄, 독일 육군은 동부전선에서 새로운 공격 작전을 감행했다. 나치의 1941년 공격에서 가까스로 살아남은 소비에트의 붉은 군대는 궁지에 몰린 채 다시 싸움에 임했다. 이제 미국과 영국으로부터 물질적인 도움을 받을 수 있었지만, 스탈린이 동맹국들에 정말로 원했던 것은 효과적인 군사 지원이었다. 그래서 그는 처칠과 루스벨트에게 서유럽에서 두 번째 전선을 전개해달라고 요청했다. 영국과 미국이 서유럽의 프랑스, 벨기에, 또는 네덜란드에 상륙하면 독일은 동부전선에서 군대를 철수시켜야만 할 테고, 그러면 소비에트는 꼭 필요한 휴식을 취할 수 있을 터였다.

미국과 영국의 정치가들과 군사 지도자들은 제2전선의 가능성과 이점을 두고 의견이 갈렸다. 군사적으로는 1942년 여름부터 이미 제2전선을 전개하는 것이, 즉 상당수의 군대를 프랑스를 비롯한 서유럽 어느 곳에나 상륙시키는 것이 가능했다. 영국군은 1940년의 타격에서 충분히 회복했고, 그동안 미국과 캐나다의 대군이 영국제도의 동지들에 합류하여 전투 준비를 갖추고 있었다. 도버의 암벽에서 스코틀랜드 고지대에 이르기까지 수천수만의 미국군과 캐나다군이 지루함과 싸우며 대륙에서 나치를 덮치라는 명령이 떨어지기만을 기다렸다.

그러는 동안 그들은 북아프리카 등지에서 제국의 이권을 지키던 영국 병사들이 남겨두고 간 여자들 꽁무니를 따라다니며 바쁘게 지내고 있었다. 현지인들은 "음식이건 성적으로건, 이곳은 모든 것이 지나치다"는 말로 대영제국령에 주둔한 미국 병사들을 비꼬았다.

게다가 절박한 독일은 동부전선에서 새로운 공세를 펼치기 위해 자원을 총동원해야 했기 때문에, 수천 킬로미터에 달하는 대서양 해안을 방어하는 데 동원할 수 있는 병력은 상대적으로 적다는 사실은 비밀이 아니었다. 또 병력의 질 또한 동부전선의 군대에 비해 상당히 떨어지기도 했다. 히틀러는 근본적으로 중요한 동부전선의 전투에 260개 이상의 사단을 배치한 반면, 대서양 해안에는 일반적으로 정예라고는 할 수 없는 약 60개 사단을 되는대로 배치했다.[1] 그리고 마지막으로, 1942년 프랑스 해안에는 아직 독일 군대가 훗날 1944년 6월 노르망디 상륙작전이 감행되었을 때만큼 강력하게 진지를 구축하지 못했다. 히틀러는 1942년 8월에야 저 유명한 대서양 방벽을 구축하라는 명령을 내렸고, 건설은 1942년 가을부터 1944년 봄까지 오랫동안 계속되었다.[2]

미군 참모총장 조지 마셜과 아이젠하워 장군을 포함한 영국과 미국군 지휘관 몇몇은 이런 상황을 잘 알고 있었으며, 따라서 프랑스에 빨리 상륙하는 것이 유리하다는 사실도 알고 있었다. 루스벨트 대통령도 최소한 처음에는 그런 계획을 지지했다. 그는 처칠에게 미국이 독일과의 전쟁을 우선으로 하고, 그런 다음에 일본과 마무리를 짓겠다고 약속했다. 이 결의가 바로 '독일 우선' 원칙이다.[3] 즉 루스벨트는 독일을 당장 처리하고자 했고, 그러려면 제2전선을 전개해야 했다는 이야기이다. 미국의 지도자들은 또한 소비에트가 제2전선의 도움을 받지 못하면 나치의 압력에 결국 굴복해버릴까봐 걱정하기도 했다. 당장 소비에트를 군사적으로 도와주면 훗날 모스크바에 정치적인 양보를 하지 않아도 될 수 있다는 또 다른 요인도 미국의 계산에 있었다. 어쨌건 루스벨트는 1942년 5월에 소비에트 외무부 장관 몰로토프Vyacheslav Mikhailovich Molotov(1890~1986)에게 미국이 연내에 제2전선을 전개하겠다고 약속했다.[4]

그러나 워싱턴은 독일 우선 원칙에도 불구하고 높은 비율의 인력과 장비를 일본과의 전쟁에 쏟아붓고 싶은 유혹을 견디지 못했다. 그쪽이 유럽보다 미국의 이익을 더 직접적으로 좌우했기 때문이다. 그런 관점에서 볼 때 서둘러 프랑스에 제2전선을 여는 것은 다소 경솔한 것 같았다. 그러자 제2전선을 공개적으로 반대한 영국 수상 윈스턴 처칠의 의견에 상당한 무게가 실렸다. 몇몇 역사가들이 제안하듯이, 어쩌면 처칠은 프랑스에 상륙하면 제1차 세계대전 때 프랑스 북부 전장에서 펼쳐졌던 살인적인 전투가 재현될 수도 있다고 두려워했을지도 모른다. 어쩌면 처칠은 히틀러와 스탈린이 동부전선에서 서로의 피를 많이 흘리게 하면, 동쪽의 교착된 전쟁에서 런던과 워싱턴이 이익을 얻을 수 있다고 믿고 그 아이디어가 마음에 들었을 수도 있다. 트루먼을 비롯한 미국의 많은 저명인사들이 이런 견해를 공유했다. 처칠은 이미 3년간 전쟁 경험이 있었으므로 유럽 전쟁의 입문자인 루스벨트에게 여전히 많은 영향력을 발휘했다. 결국 영국 지도자의 견해가 널리 퍼져서 1942년에 제2전선을 연다는 계획은 조용히 취소되었다.[5]

일단 처칠에게 설득되어 제2전선을 서두르지 않기로 하자, 루스벨트는 이런 행동(아니, 비-행동) 방향이 매력적인 전망을 열어준다는 사실을 발견했다. 루스벨트와 그의 조언자들은 독일을 무찌르려면 미국인들이 반기지 않을 많은 희생이 요구된다는 사실을 깨달았다. 프랑스 상륙은 독일이라는 적과 대결하기 위해 링 위로 뛰어올라가는 것과 다름없었고, 그런 싸움은 설사 결국 승리한다고 하더라도 매우 비싼 대가를 치르는 일임에 틀림이 없었다. 적어도 당분간은 링 밖에서 안전하게 머물며 소비에트와 나치의 싸움이 결판날 때까지 기다리는 것이 더 현명하지 않을까? 붉은 군대가 독일을 쓰러뜨리기에 필요한 총알받이를 제공해주고 있으니, 미국과 영국 동맹국들은 손실을 최소화할 수 있을 터였다. 게다가 그렇게 하면 나치와 소비에트가 동시에 나가떨어지는 바로 그 순간에 결정적으로 개입할 수 있도록 힘을 키울 수도 있었다. 미국이 영국과 같은 편에 서 있으니, 십중팔구 승자 진영에서 주도적인 역할을 맡고 승자가 얻게 될 전리품을 나눌 때도 최고의 중재자로서 행동할 수 있을 터였다. 1942년 봄과 여름, 멀리 안전한 곳에서 앵글로색슨이 제3자로서 지켜보고 있는 가운데 나치와 소비에트가 거대한 전투에 휘말리자, 그런 시나리오가 실제로 이루어지는 것처럼 보였다.[6]

중립적인 태도를 취하는 전략에는 분명 어떤 위험이 따르며, 워싱턴과 런던은 그 점을 잘 알고 있었다. 1942년 봄, 독일은 동부전선을 공략하기에 충분할 만큼의 병력을 긁어모아 대단히 중요한 코카서스의 풍부한 유전지대로 향했다. 여기서 독일이 성공을 거둘 가능성은 분명히 아주 적었지만, 돌이켜보건대 그때는 모든 것이 가능해 보였다. 마음에 들지는 않지만 쓸모 있는 동맹 소비에트가 갑자기 무너져버릴 가능성은 점점 적어지고 있었으나, 워싱턴과 런던은 그런 결과를 완전히 배제할 수 없었다. 서쪽의 동맹군이 독일이라는 골리앗을 홀로 맞닥뜨리는 시나리오를 방지하기 위해 소비에트에 더욱 많은 무기가 보내졌다. 또 하나의 보험으로, 붉은 군대가 휘청거려 위기에 처한 소비에트의 목숨을 구하기 위해 제2전선을 펼칠 필요가 있게 될 경우 서유럽에 상륙하는 암호명 '대형 해머Sledgehammer'라는 비상대책도 세워두었다. 동부전선에서 독일이 갑자기 무너져버리는 정반대의 시나리오 또한 이론적으로는 가능했지만, 1942년에는 그럴 가능성이 너무나 적어 보였기 때문에 그 경우에 대한 비상대책은 수립되지 않았다. 그러나 스탈린그라드 전투가 시작된 지 1년도 채 지나지 않아 런던과 워싱턴은 그 시나리오에 마음을 빼앗기기 시작했다. 그리하여 마침내 제2전선을 펼치기 위해 영국해협을 건너는 계획이 세워지게 되었다.[7]

미국과 영국은 당연히 자신들이 제2전선을 전개하기를 꺼린 진짜 이유를 밝힐 수 없었다. 대신 그들은 연합군이 아직 전쟁을 감당할 만큼 충분히 강하지 않은 척했다. 1942년 미국과 영국은 그들이 프랑스에서 핵심 전략을 수행할 준비가 되지 않았다고 말했고, 지금도 여전히 그렇게 주장하고 있다. 대서양 너머로 군대를 안전하게 수송하기 위해서는 독일 U보트 잠수함과의 해전에서 먼저 승리해야만 했다고 추정할 수도 있다. 그러나 군대는 북아메리카에서 영국으로 성공적으로 이동했으며, 같은 해 가을에는 미국과 영국이 역시 대서양의 위험한 쪽에 있는 저 먼 북아프리카에 대규모 군대를 상륙시킬 능력이 있음을 스스로 보여주기도 했다. 토치 작전Operation Torch이라 불리는 이

상륙으로 프랑스 식민지 모로코와 알제리를 탈환했다.[8]

그러나 독일의 서유럽 방어선이 약하다는 걸 알고 있던 스탈린은 계속해서 프랑스에 상륙하라고 런던과 워싱턴을 압박했다. 처칠은 설상가상으로 국내에서도 제2전선을 전개하라는 심각한 압박에 시달렸다. 그중에는 특히 소비에트의 곤경을 걱정하는 노동조합 측 인사들이 많았고, 리처드 스태포드 크립스Richard Stafford Cripps(1889~1952)와 같은 자기 내각 구성원들까지 포함되어 있었다. 영국 수상으로서는 고맙게도 서방 연합군이 아직 제2전선을 전개할 능력이 없다는 사실을 결정적으로 보여주는 비극이 일어남으로써 이 가차 없는 압박에서 갑자기 해방되었다. 1942년 8월 19일, 외관상 일종의 '제2전선'을 열기 위한 임무를 받고 영국에서 프랑스 항구 도시 디에프로 떠난 연합군 파견대가 독일군에 비극적으로 대패한 것이다. 그 작전의 암호명은 '주빌리Jubilee'(특정 기념 주기를 일컫는 말. 25주년은 실버 주빌리, 50년은 골드 주빌리 등 – 옮긴이)였다.

6,086명이 상륙해 거의 60퍼센트에 달하는 3,623명이 죽거나 부상당하거나 포로로 잡혔다. 영국 육군과 해군에서 약 800명의 사상자가 발생했고, 영국 공군은 항공기 106대를 잃었다. 이 기습작전에 가담한 50명의 미국 특수부대에서도 3명의 사상자가 발생했다. 그러나 피해의 대부분은 거의 5,000명에 가깝던 캐나다 군대의 몫이었다. 캐나다 군의 사상자는 적어도 3,367명 이상(68퍼센트)으로 전체 병력의 절반이 넘었다. 약 900명이 사망하고 600명에 가까운 부상자가 발생했으며, 나머지는 포로로 잡혔다. 이런 손실을 입으면 그들의 희생이 "헛되지 않았기"를 기대하게 마련이어서, 특히 캐나다의 언론과 대

중들이 그 작전의 목적이 무엇이었으며 무엇을 이루었는지 알고 싶어 했다. 그러나 정치권과 군 당국은 역사책에서 찾을 수 있는 내용의 다소 의문스러운 설명만을 내놓았다. 예를 들어 처칠은 그 습격이 독일의 해안 방어선을 시험하는 데 필수적인 "대규모 예비 점검"이었다고 말했다. 그러나 디에프같이 높은 절벽으로 둘러싸인 천연의 요새 속에 독일군이 견고하게 진을 치고 있다는 사실을 알기 위해 정말로 수천 명을 희생시켜야만 했을까? 사격 진지, 대포, 그리고 기관총의 위치 등과 같은 중요한 정보는 항공 정찰과 현지 레지스탕스 대원들의 조력으로도 얻을 수 있었다.

레지스탕스에 대해서 말하자면, 어쩌면 그 습격에 프랑스 국민 전체와 레지스탕스의 사기를 진작시키려는 의도도 있었을지 모른다. 만일 그랬다면 그 작전은 의심의 여지없이 역효과를 냈다. 실제로 버려진 무기와 시체로 어지러운 해변에서의 굴욕적인 후퇴라는 작전 결과와, 지치고 낙담한 캐나다 병사들이 포로수용소로 걸어 들어가는 광경은 프랑스인들의 용기를 북돋아주기 어려웠을 것이다. 거기에 어떤 의미가 있었다면, 그 일이 독일의 선전 공작에 양분이 되어주어 그들로 하여금 연합군의 불완전성을 조롱하게 하고, 자신들의 군사적 위용을 뽐내게 하고, 그럼으로써 나쁘게만 흘러가는 동쪽의 전황 탓에 좋은 소식이 절실했던 독일 시민들을 고양시킨 반면 프랑스인들은 낙담하게 만든 것뿐이었다.

마지막으로 또 한 가지 중요한 점은 주빌리 작전이 소비에트를 돕기 위한 것이었다고 주장되었다는 사실이다. 그러나 디에프가 동부전선의 거대한 싸움에 어떤 식으로든 차이를 만들어내기 어려운, 핀으로 찌른 작은 구멍에 지나지 않았다는 건 명백하다. 그것은 독일이 동쪽에서 서쪽으로 병력을 이동시키게 하지 못했다. 반대로 독일은 디에프 습격 이후 가까운 미래에 제2전선이 다가오지는 않으리라고 상당히 확신할 수 있었고, 그래서 실제로 서쪽의 군대를 병력이 절박하게 필요하던 동쪽으로 이동시켰다. 디에프는 붉은 군대에게 어떤 도움도 되지 못했다.

역사학자들은 주빌리 작전을 이런 식으로 반복하여 합리화하며 거의 만족해왔고, 때로는 새로운 논거를 만들어내기도 했다. 예를 들어 최근에는 설사 그것이 디에프 습격의 주된 목적은 아니었더라도, 독일의 암호체계인 에니그마와 관계된 매뉴얼과 장비, 그리고 가능하면 기계 전체나 일부라도 훔쳐오기 위해 계획되었다는 주장도 있었다.[9] 하지만 만일 그 습격으로 저 목표가 달성되었다면 독일이 즉시 암호체계를 바꾸지 않았을까? 디에프에서 철수하기 전에 몇몇 군사시설을 폭파하여 에니그마가 없어졌다는 증거를 인멸했으리라는 주장은 설득력이 없다. 독일군이 자신들의 일급기밀이 사라졌다는 사실도 알아차리지 못할 만큼 어리석고 무능하다고 전제해야 하기 때문이다.

1944년 6월 연합군의 암호명 '오버로드' 노르망디 상륙작전 이후, 주빌리 작전에 대하여 표면적으로 설득력 있는 설명이 만들어졌다. 디에프 습격이 갑자기 의기양양하게 노르망디 상륙작전을 성공시키기 위한 '전체 예행연습'이었던 것으로 제시된 것이다. 디에프 습격은 아직 도래하지 않은 대규모 상륙작전을 준비하기 위해 독일 방어선을 테스트한 것이었다는 이야기이다. 주빌리 작전을 계획하여 수많은 사람들로부터 그 엄청난 재앙을 일으킨 죄로 계속해서 비난받던 마운트

배튼 경Louis Mountbatten(1990~1979)은 "노르망디 전투는 디에프 해변에서 승리"했다며 "디에프에서 희생된 사람 한 명당 적어도 열 명 이상이 1944년 노르망디에서 목숨을 아꼈다"고 주장했다. 주빌리의 비극이 오버로드의 승리를 위한 필수불가결한 요소sine qua non였다는 신화가 탄생한 것이다.

디에프에서 아주 중요한 군사적 교훈을 얻은 것은 사실이다. 독일의 해안 방어선은 항구와 그 주변이 특히 견고했다는 점이다. 어쩌면 이런 이유 때문에 노르망디 상륙작전이 항구가 없는 캉Caen 북부 해안선에 인공 항구를 가져가는 암호명 멀베리 작전과 함께 시행되었을지도 모른다. 그러나 독일이 별로 중요하지 않은 작은 해변 휴양지보다 항구도시에 더 강력하게 진지를 구축하리라는 것은 자명하지 않은가? 정말로 그것을 알아내기 위해 디에프 해변에서 수천 명을 희생시킬 필요가 있었는가? 특히 가공할 만한 대서양 방벽이 건설된 것은 대부분 1943년부터였다는 점에서, 1942년 여름에 독일의 해안 방어선을 '테스트'한 결과 얻어낸 정보가 1944년에도 여전히 의미가 있을지도 물어야 한다. 그리고 1942년 8월에 '총 예행연습'을 한 상륙작전이 왜 2년이나 지나서 시행되었는가? 주빌리가 1944년 6월의 오버로드 작전을 위한, 2년 전인 1942년 여름에는 아직 입안도 되지 않았던 작전을 위한 예행연습이었다고 주장하는 것은 터무니없지 않은가? 마지막으로 디에프에서 교훈을 얻음으로써 생긴 이점이 있다면 그것은 디에프에서 독일 또한 연합군이 어떤 방식으로 상륙할 것인가라는 교훈을, 아마도 더 유용한 교훈을 얻었으리라는 사실로 거의 확실하게 상쇄되었을 것이다. 따라서 주빌리의 비극이 오버로드의 승리를 위한 전제조건이었다는 생각은 단순히 신화에 불과하다. 디에프의 비극은 이렇게 오늘날까지도 잘못된 정보와 선전으로 가려져 있다.

오랜 철학적 난제에서 영감을 찾아봄으로써 디에프에 관한 진실을 일별할 수 있을지도 모른다. 실패를 추구하는 자가 목적을 이루었다면 그는 실패한 것인가, 성공한 것인가? 디에프에서 군사적 성공을 추구했다면, 그 습격은 확실히 실패한 것이다. 하지만 만일 군사적 실패를 추구했다면 그 습격은 성공이었다. 후자의 경우 우리는 그 습격의 진짜 목적이 무엇인지, 혹은 기능주의적 용어로 그 습격의 현재적 기능 대신 잠재적 기능이 무엇인지 물어야 한다.

군사적 실패가 의도되었다는 몇 가지 신호가 있다. 첫째, 디에프의 해안 도시는 상당한 방어의 요지이고 그 사실이 잘 알려져 있어서, 필연적으로 프랑스의 대서양 해안선 중 가장 강력한 독일군 진지 중 한 곳일 수밖에 없었다는 점이다. 영국에서 배를 타고 그곳에 도착한 사람이라면 누구나, 높고 가파른 절벽으로 둘러싸여 있으며 기관총과 대포로 가득 차 있다고 알려진 이 항구가 공격자들에게는 치명적인 함정일 수밖에 없음을 한눈에 알게 된다. 그곳에 편안하게 자리 잡고 있던 독일군은 자신들이 공격받고 있다는 사실을 알고는 자기 눈을 의심했다. 그곳에서 피할 수 없는 학살을 목격한 한 종군기자는 그 습격을 '모든 군사적 논리와 전략에 위배되는 작전'으로 묘사했다.[10] 부실한 계획, 불충분한 준비, 디에프 해변의 조약돌 위로 전진할 수 없는 탱크 등의 열악한 장비와 같은 다른 요인들도 그 작전의 목표가 군사적 성공이 아닌 실패였다는 설명을 더 그럴듯하게 만들어준다.

반면에 만약 그것이 비군사적 목적으로 내려진 명령이었다면, 디에프 작전과 그 처절한 실패에도 실제로 의미가 생긴다. (다시 말하면 그 작전은 성공이었다.) 군사작전은 종종 정치적 목적을 달성하기 위해 시행되며, 1942년 8월 디에프에서도 그랬던 것으로 보인다. 제2전선을 전개하라는 엄청난 압박을 받던 서방 연합군의 정치적 지도자들, 특히 영국의 정치 지도자였던 윈스턴 처칠 수상은 그런 전선을 열고 싶지 않았지만 그러기 위한 설득력 있는 정당성을 지니지 못했다. 제2전선을 열려던 시도, 또는 최소한 제2전선 전개의 서막으로 제시된 행동의 실패가 그런 정당성을 제공해주었다. 이런 관점에서 볼 때, 디에프의 비극은 사실상 대단한 성공, 심지어 이중의 성공이었다. 첫째, 그 작전은 소비에트를 돕기 위한 (모든 앵글로색슨의) 이타적이고 영웅적인 시도로 보일 수 있으며 실제로 그렇게 제시되었다. 둘째, 그 작전의 실패는 아직 서방 연합군이 제2전선을 전개할 준비가 되지 않았다는 너무나도 분명한 증거로 보였다는 점이다.

만일 주빌리 작전이 제2전선을 촉구하는 시끄러운 목소리를 잠재우기 위한 의도였다면 그것은 성공적이었다. 디에프의 재앙은 제2전선에 대한 대중의 요구를 잠재우고, 처칠과 루스벨트로 하여금 나치와 소비에트가 동쪽에서 서로 학살하는 동안 구경만 할 수 있도록 허락해주었다.

이 단계에서는 이 가설을 뒷받침하는 구체적인 증거를 제시할 수 없지만, 이것은 디에프 도살장으로 끌려간 희생양들이 미국인이나 영국인이 아니라 캐나다인들이었던 이유도 설명해준다. 사실 캐나다인들은 이 계획에서 완벽한 총알받이였다. 캐나다의 정치 및 군사 지도자들이 이 작전을 계획한, 그리고 틀림없이 자기 나라 사람들을 희생시키기를 주저했을 영국-미국 최고사령부의 일원이 아니었기 때문이다.

디에프의 비극 이후 스탈린은 제2전선에 대한 요구를 그만둔다. 소비에트는 결국 약속했던 제2전선을 얻게 되지만, 그것은 한참 후 스탈린이 더 이상 그런 호의를 바라지 않을 때인 1944년이 되어서였다. 하지만 그 시점에는 미국과 영국 자신들에게 프랑스 해안에 상륙해야 할 다급한 이유가 있었다. 미국의 두 역사학자가 말했듯이, 스탈린그라드와 쿠르스크 전투 이후 소비에트 군대가 맹렬하게 베를린으로 진군하자 "프랑스에 군대를 상륙시켜 독일로 달려가 그 나라 대부분을 [소비에트의] 손에서 빼앗는 것이 미국과 영국의 필수 전략이 되었다".[11] 1944년 5월 노르망디에서 마침내 제2전선이 전개되었으나, 그것은 소비에트를 돕기 위해서가 아니라 소비에트가 혼자만의 힘으로 전쟁에서 승리하지 못하게 하기 위한 것이었다. 소비에트는 더 이상 제2전선을 원하지도 않고 필요도 없을 때 그것을 얻었다. (이것은 소비에트가 노르망디 상륙을 환영하지 않았다거나, 제2전선의 뒤늦은 전개에서 아무 혜택도 받지 못했음을 의미하지는 않는다. 독일은 어쨌거나 전쟁이 끝나는 순간까지 굉장히 강력한 적으로 남아 있었다.) 디에프에서 희생되었던 캐나다인들도 군사적 정치적 공훈의 맨 윗줄에서 찬양받는 등 무언가 얻은 것이 있었다. 처칠은 주빌리 작전을 "최종적인 승리를 위해 가장 중요했던 캐나다의 공훈"으로 묘사하며, 그것이 노르망디 상륙작전의 성공을 위한 열쇠였다고 장엄하게 선언했다. 캐나다인들은 또 빅토리아 십자훈장 등 권위 있는 상들을 무수히 받았는데, 여기에는 아마도 대단히 수상한 정치적 목적을 달성하기 위한 자살 공격에 그렇게 많은 사람을 보내기로 결정한 관계자들이 죄책감을 덜고 싶은 마음도 반영되었을 것이다.

제2전선은 미국과 영국의 목적에 부합했을 때 전개되었다. 1942년 여름 미국은 미드웨이 제도와 과달카날에서 승리를 거두며 여전히 일본과의 전쟁에 집중하고 있었다. 그러나 미국과 영국은 나치 독일에 대항하여 무언가를 착수하기에 충분하고도 남을 만한 인적 물적 자원을 보유하고 있었다. 미국 육군 항공대와 영국 공군이 독일 도시들을 비롯한 여러 표적들을 폭격함으로써 소위 '제3전선'을 연 것이 1942년이었다. 이 전략적 폭격 계획의 목적은 독일의 공업을 마비시켜 독일 국민의 사기를 꺾고, 그럼으로써 최종적인 승리의 토대를 마련하는 것이었다. 이 전략을 고안한 사람은 처칠에게 막대한 영향력을 행사하던 영국 공군의 폭격사령부 사령관으로, 논쟁과 이의가 없지 않았으나 몇 년 전 런던에 그의 동상까지 세워졌다. 그의 이름은 아서 해리스Arthur Harris(1892~1984)였지만 주위에서는 '폭격기 해리스Bomber Harris'라고 불렀다. 미군 지휘관들은 4발 엔진을 탑재한 하늘의 요새Flying Fortress B-17 폭격기를 개발한 1930년대부터 벌써 전략적 폭격의 잠재력에 매료되어 있었다. 미국인들은 전쟁이 끝난 후에도 계속해서 (최근에 이라크와 세르비아, 그리고 아프가니스탄 등에서 그랬듯이) 전쟁은 유인폭격기를 이용하여 하늘 위에서 승리할 수 있다고 믿어왔다. 그러나 제2차 세계대전 중에는 아직 전략적 폭격을 통한 경험이 그렇게 인상적이지는 않았다.

전략적 폭격 계획은 균형이 맞지 않을 정도로 많은 인적 물적 자원 투자를 요구했다. 그 자원을 서유럽에서 제2전선을 전개하는 것 같은 다른 목적에 쓰는 게 더 효과적이라고 주장할 수 있었다. 게다가 미국 육군 항공대와 영국 공군은 막대한 인명과 항공기 손실로 고통받고 있었다. 미국만 해도 승무원 4만 명과 항공기 6,000대를 잃었을 정도였다. 백주 대낮에 독일을 폭격하던 미국 육군 항공대는 1943년 7월 한 달 동안에만 항공기 100대와 승무원 1,000명을 잃었다. 이런 상황은 1943년 말 느림보 거인을 독일 영공 깊숙한 곳까지 호위해줄 수있는 P-51 머스탱 같은 장거리 전투기가 도입되면서 개선되었다. 장관을 이루는 폭격 공격은 동맹군의 선전활동에 완벽한 소재가 되었고, 훗날에는 〈댐버스터스Dambusters〉와 〈멤피스 벨Memphis Belle〉 같은 영화들에 영감을 주었지만, 1946년 전쟁이 끝나고 이루어진 공식적인 연구 '전략폭격조사Strategic-Bombing Survey'에서 인정하듯이 전략적 폭격은 기대했던 결과를 전혀 가져다주지 못했다. 미국은 '정밀 조준 폭격'이라고 말했지만 전략적 폭격은 일반적으로 대단히 부정확했고, 1944년까지 전성기를 누린 독일 산업생산량의 지속적인 증가를 막지 못했다. 반면 독일 시민은 전쟁 중 무려 30만 명이 연합군 폭격의 희생자가 되었다. 그리하여 연합군의 기습 폭격은 독일 시민들의 증오만 사서, 독일은 사기가 떨어지기는커녕 히틀러와 괴벨스가 계속해서 확신에 차 일깨워준 '최후의 승리'를 향해 무섭게 전진해갔다.[12]

어떤 점에서 서유럽의 제2전선을 위해 쓰이지 않은 인적 물적 자원은 전략적 폭격으로 탕진되었다고도 할 수 있다. 영국과 미국이 해리스의 계획에 군사자금을 너무 많이 투자했기 때문에 제2전선이 점점 더 실행 가능성이 적은 계획이 된 것도 분명하다. 그러나 1942년 11월 미국은 북아프리카에 상당한 규모의 병력을 상륙시킨다. 어려움이 없었던 것은 아니지만, 이 군대는 비시 정부로부터 프랑스 식민지를 빼앗았고, 그런 다음에는 영국군과 협력하여 롬멜의 북아프리카 군대 잔당을 소탕하기 위해 이집트에서부터 전진을 시작했다.

북아프리카 상륙작전을 일컫는 암호명 토치 작전은 더할 나위 없는 이점을 주었다. 예를 들면 전략적으로 중요한 지브롤터, 수에즈 운하를 보유한 이집트, 그리고 석유 매장량이 풍부한 중동 지방에서 영국의 입장을 굉장히 강화해주었다. 처칠이 토치 작전과 지중해 연안 전략 전반을 가장 열렬히 지지했던 것은 아마도 영국의 이익이 너무 크게 개입되어 있었기 때문이었을 것이다. 이 작전의 또 다른 장점은 연합군이 이제 독일의 힘없는 동맹 이탈리아를 직접 위협할 수 있게 되었다는 점이다. 연합군은 실제로 1943년 여름 이탈리아에 상륙한다. 처칠은 프랑스의 제2전선을 통하는 것보다 이 지중해 연안의 '급소'를 통해 나치라는 괴물을 공격하는 것이 낫다고 굳게 믿었다. 그러나 좁고 산악 지형이 많은 이탈리아 반도는 무솔리니가 무너진 이후에도 독일이 상대적으로 적은 병력으로 쉽게 방어할 수 있는 대단한 장애물이었던 것으로 드러났다. 이탈리아를 경유해 베를린(그리고/또는 빈)으로 가는 길은 끝없는 십자가의 길via dolorosa이었다. 북아프리카 상륙은 이제 그곳과 인접한 중동 지역에서 영국의 이권을 보호해주는 것 이상의 어떤 의미 있는 이점도 제공해주지 못했다. 게다가 토치 작전은 상당한 불이익 또한 가져왔다.

미국과 영국이 이렇게 자신들의 전략을 보여주자, 독일은 당분간 프랑스(또는 서유럽의 다른 지역)에서 제2전선이 전개되지 않으리라는 걸 알았다. 따라서 서유럽에서 더 많은 병력을 동부전선으로 이동시킬 수 있게 되었다. 소비에트의 군사적 상황은 토치 작전의 결과로 조금도 나아지지 않았다.[13] 스탈린은 극도로 실망했다. 1942년 말의 사건들부터 그는 나치 독일과의 무자비한 투쟁에서 그가 믿고 의지할 수 있는 것은 소련 자신의 군사력인 붉은 군대뿐이며, 동맹들은 크게 신뢰하지 말아야 한다는 결론을 도출했다.

영국과 미국이 제2전선을 전개하지 않는다는 결정에서 중요한 이익을 얻었는지는 의심스럽다. 예를 들어 프랑스 상륙에서 생길 희생을 피한 것이 아니라 단지 1942년에서 1944년으로 연기했을 뿐이다. 게다가 만일 그들이 북아프리카에서 전쟁을 벌이고 전략적 폭격에 그렇게 많은 군사자금을 투자하는 대신 1942년에 프랑스에서 제2전선을 전개했다면, 그들의 군대는 1944년과 1945년 그랬던 것보다 훨씬 더 깊이 서유럽과 독일에 침투할 수 있었을 것이다. 그랬다면 미국과 영국은 전쟁이 끝났을 때 베를린과 바르샤바에 이르도록 동쪽으로 진군했을 것이고, 소비에트와 마주했을 때 제2전선을 열지 않음으로써 얻고자 했던 어떤 이점을 차지할 수 있었을 것이다. 그러나 제2전선이 1942년에도 1943년에도 실제로 전개되지 않았으니, 그 모든 일들이 정말로 일어났을지는 확실히 알 수 없는 노릇이다.

9장

스탈린의 소련:
사랑스럽지는 않지만
쓸모 있는 동반자

미국의 북아프리카 상륙으로 독일뿐만 아니라 소비에트까지도 미국의 속내를 알게 된 직후, 유럽의 전장 저쪽에서는 전황이 급격히 바뀌었다. 머나먼 동부전선, 스탈린그라드와 그 주변에서 길고 처절한 사투 끝에 적어도 30만 명의 독일군이 붉은 군대에게 참패를 당한 것이다. 프란츠 레하르Franz Lehar(1870~1948)의 오페레타에 나오는 감상적인 노래 〈볼가 강의 뱃노래Song of the Volga〉는 1942년에서 1943년으로 이어지는 겨울에 독일인들의 고향Heimat에서 엄청난 인기를 끌었다. 그러나 그 러시아 강가에서 벌어진 일은 독일에게는 그저 재앙일 뿐이었다. 1941년 12월 소비에트에서 히틀러의 전격전이 실패로 돌아간 것이 전쟁의 진정한 전환점이었다. 그러나 1942년 말까지는 여전히 모든 것이 가능해 보였다. 하지만 독일 군대가 회복이 극도로 어려운 곳에서 한 방 얻어맞았다는 사실을 모든 사람이 알았다는 점에서, 소비에트 지도자의 이름을 딴 그 도시와 가까운 볼가 강가에서 기류가 정말로 바뀌었다고 할 수 있다. 그로부터 그리 오래 지나지 않은 1943년 여름, 이번에는 쿠르스크 근처에서 소비에트가 이제 나치 독일이 무너지는 것은 시간문제로 보이게 할 만큼 더 큰 손실을 독일 육군에게 안기며 두 번째로 큰 성공을 거두었다.[1]

연합군 내부 관계로 보면 스탈린그라드도 똑같이 중요한 전환점이었다. 영국의 역사학자 프레이저 하버트Fraser J. Harbutt는 처칠이 '대연합Grand Alliance'이라고 칭한 미국, 영국, 그리고 소련의 반히틀러 연합에 대한 그의 이상적인 관점이 "소련의 청원에 대응하는 영국-미국의 견고하고 지배적인 연합"이었다고 기술했다. 1942~1943년 겨울까지는 현실이 이 이미지에 부합했다. 그때까지 스탈린은 끊임없이 제2전선을 열어달라고 부자 친구들에게 구걸하는 역할이었다. 워싱턴과 런던은 그들 자신이 나치와 막대한 인적 물적 자원을 빼앗길 위협에 직접 노출되지 않았다는 점에서 연합에서 우위를 차지할 수 있었다. 미국과 영국은 여전히 나치의 파멸과 함께 소비에트의 소진이라는 자신들의 의지를 강요하기 위하여 적절한 때에 데우스 엑스 마키나처럼 대륙에 개입할 수 있기를 희망했다.

그러나 스탈린그라드 전투 이후로 상황이 극적으로 돌변했다. 이제 붉은 군대가 더 이상 궁지에 몰려 있지 않았고, 제2전선의 혜택을 받지 않고도 놀라운 진전을 이루어, 느리지만 확실하게 베를린으로 전진하고 있었다. 루스벨트와 처칠은 이제 대연합에서 스탈린보다 우위에 서지 못하고 동등한 파트너로서 존중해야 했다.[2] 순수하게 군사적인 관점에서만 보면, 서방 연합군에게 스탈린은 하나의 축복이었다. 그의 승리가 나치 군단에 손상을 입혀 서방 연합군을 유리하게 이끌었기 때문이다. 그러나 미국과 영국의 지도자들은 나치 독일의 패배가 자명해 보이는 지금 반히틀러 연합 내 권력관계의 변화와 그것이 함축하는 전후 협상의 변화가 그리 달갑지 않았다. 미국에서는 군대, 정보기관, 원로 정치인, 그리고 폴란드 망명정부 총리이자 폴란드 군사령관이던 브와디스와프 시코르스키Wladyslaw Sikorski(1881~1943) 같은 동맹국 지도자들이 보내는 경고가 백악관에 쇄도했다. 전 소비에트 주둔 대사이자 이 점에 대해서 가장 목소리를 높였던 예언자 중 한 사람이던 윌리엄 C. 불리트William C. Bullitt(1891~1967)가 루스벨트에게 보낸 보고서에 썼듯이, 이 예언자들은 붉은 군대가 독일을 점령하고 소비에트가 "라인 강 또는 그 너머까지 서쪽으로" 확장할 가능성이 떠오르고 있음을 애석해했다. 런던 또한 깊은 우려가 널리 퍼져 있었다. 처칠은 전쟁 전에 체임벌린 같은 유화론자들이 히틀러를 이용해 소련을 제거하려는 시도가 역효과를 일으켜 소비에트 공산주의가 서쪽으로 확장될 가능성을 두려워했다. 이제 그는 소비에트가 동맹군의 도움 없이 승리하여 결국에는 독일과 유럽 대륙 전체를 지배할 수도 있다는 생각에 몸서리쳤다.[3]

그러나 일은 거기까지 진행되지 않았다. 독일 수도 근처에서는 아직 붉은 군대를 찾아볼 수 없었다. 게다가 영국의 역사학자 클라이브 폰팅Clive Ponting이 지적하듯이, 서방 연합군은 단 한 번도 독일 육군 전체 병력의 10퍼센트 이상과 싸워본 적이 없지만, 소비에트의 동부전선은 여전히 독일 군대의 '압도적 다수'와 마주보고 있었다. 소비에트는 아직 한참 동안은 다른 데 신경 쓸 여력이 없었고, 그러는 동안 서유럽에서는 어떤 일이든 벌어질 수 있었다. 미국과 영국은 프랑스 북부 또는 벨기에에 상륙하여 직접 독일로 쳐들어가 붉은 군대보다 먼저 베를린에 도달할 수도 있었다. 프랑스의 제2전선은 이런 의미에서 서방 연합군에게 점점 흥미로운 선택이 되어갔다. 그러나 남쪽의 전략을 선택했던 영국과 미국은 상륙 수단이 지중해에 묶여 있었기 때

문에, 1943년에는 서유럽의 제2전선이 더는 가능한 선택지가 아니었다.[4]

스탈린그라드 전투 이후, 서방 연합군은 세 가지 가능한 시나리오에 직면했다. 그중 최악의 시나리오는 스탈린그라드 전투의 중요성이 드러나기 시작한 1943년 1월 불리트가 경고했듯이, 소비에트가 나치독일을 혼자 힘으로 격파하고 '유럽의 주인'이 되는 것이었다. 그러나 최상의 시나리오조차 워싱턴과 런던에는 전혀 매력적이지 못했다. 설사 미국과 영국이 이탈리아나 프랑스를 경유해 독일을 침공하여 소비에트와 함께 전쟁을 승리로 이끈다고 하더라도, 전후에 독일과 나머지 유럽 지역을 재분배할 때 스탈린이 중요한 자리를 차지할 것은 피할 수 없게 된 것이다. 가장 고통스러운 것은 전후 유럽의 후견인 역을 크레믈린과 나누어 가져야 한다는 전망이었다. 바로 직전까지도 전쟁이 끝나면 영국과 미국이 독일은 물론 소비에트에까지 자신들의 의지를 강요할 수 있을 것처럼 보였기 때문이다.

서구 지도자들은 이 두 가지 시나리오로 걱정이 가득했다. 게다가 그들은 스탈린그라드 전투 이후의 매력적이지 못한 세 번째 시나리오, 즉 스탈린이 다시 한 번 히틀러와 거래할 가능성에도 시달려야 했다. 미국의 제2차 세계대전사 전문가 워런 F. 킴벌Warren F. Kimball은 다음과 같이 이야기한다.

소비에트-독일 간 타협은 루스벨트와 처칠에게 전쟁 내내 끊이지 않았던 악몽이었다. …… 전쟁 내내, 특히 붉은 군대가 스탈린그라드에서 승리를 거둔 이후, 미국 첩보기관은 독일이 한 번 소련 밖으로 밀려나면 스탈린은 동맹을 떠나 히틀러와 거래해 손실을 최소화하는 유리한 해결책을 추구할 것이라는 우려를 표했다. 루스벨트는 그 걱정을 한순간도 잊은 적이 없었다.[5]

루스벨트와 처칠은 1939년 히틀러-스탈린 조약의 재현이 상상할 수 없는 일이 아님을 깨달았다. 동부전선에서 유혈사태가 계속되는 것은 소비에트와 나치 양자 모두에게 반가운 일이 될 수 없었기 때문이다. 게다가 스탈린그라드 전투 이후에 나치 독일과 협상한다면 독일이 소련에 상당히 크게 양보해야 할 것이 거의 확실했다. 히틀러와 맺을 수 있는 매우 유리한 협상과 비교할 때, 스탈린은 지금까지 제2전선의 형태로 자신을 곤경에서 구해달라는 요구를 거부해온 미국 및 영국과의 동맹을 계속 이어가는 것에서 과연 어떤 장점을 발견할 수 있을 것인가? 나치와 소비에트가 새로운 불가침 조약을 맺으면 동부전선의 전쟁이 끝나고, 그러면 나치 독일은 남은 (상당한) 힘을 모두 미국과 영국을 상대하는 데 쏟을 수 있게 될 것이다. 그것은 런던과 워싱턴에 분명 대단한 재앙일 것이다. 역사에는 실제로 이런 시나리오의 전례가 있었다. 1918년 초 브레스트리토브스크에서 맺은 러시아-독일 협정이 그것이다. 독일은 이 협약으로 서부전선에 대공세를 펼칠 수 있게 되어, 제1차 세계대전 막바지에 패배의 문턱에서 거의 승리를 움켜쥘 뻔한 적이 있었다.[6]

스탈린은 워싱턴과 런던의 걱정을 불편해하지 않았다. 오히려 그 반대였다. 그들의 걱정 덕분에 스탈린은 서방 동맹국들에 압력을 가해 더 많은 물질적 지원을 얻어내고, 소련의 전쟁 목적에 찬성하는 쪽으로 더 기울게 할 수 있었다. 루스벨트와 처칠의 걱정이 쌓일수록 동맹 내에서 스탈린의 자신감은 커져갔다. 그는 자신의 지위를 더욱 향상시키기 위해 소비에트와 나치의 대표단이 중립국인 스웨덴에서 협상을 벌이고 있다는 루머를 퍼트리기까지 했다. 그러나 스탈린이 정말로 영국과 미국 동맹을 떠날 생각은 하지 않았을 거라고 믿을 만한 이유가 있다. 1941년, 그는 불과 2년 전에 협정을 맺은 히틀러의 신뢰성 결여를 뼈저리게 경험했다. 게다가 나치가 동부전선에서 보여준 야만적인 전쟁 방식이 소련을 대하는 히틀러의 진짜 의도를 분명하게 드러내주었으므로, 베를린과 모스크바 사이에 새로운 조약이 체결될 가능성은 사실상 존재하지 않았다. 스탈린은 또 히틀러와 새로운 거래를 맺는 것이 장기적으로 소련에 이익이 될지도 생각해야 했다. 만일 영국과 미국이 끝내 독일에 승리를 거둔다면 소비에트에 가혹하게 보복하려고 하지 않을까? 반대로 히틀러가 서유럽에서 승리한다고 가정했을 때도, 다시 한 번 동쪽에서 '생활권'을 찾으려 하지는 않을까? 이런 관점에서 보면, 독일의 몇 차례 비공식적인 '평화협상 타진'이 모스크바로부터 어떤 대답도 듣지 못한 것도 이해할 만한 일이다.[7] 스탈린그라드와 쿠르스크 전투 이후 동부전선에서 붉은 군대가 독일 육군을 계속해서 사납게 몰아붙이고 있었기 때문에, 워싱턴과 런던은 마침내 스탈린이 자신들을 저버리지 않으리라는 사실을 알고 크게 안도했다.

이런 맥락에서 우리는 1942년 1월 14일에서 25일에 걸쳐 진행된 카사블랑카회담 때 루스벨트가 동맹국들이 절대로 나치 독일과 개별적으로 협상하지 않고 오직 무조건적인 항복만을 받아들이기로 약속하자고 제안한 이유가 스탈린그라드 전투의 직접적인 영향임을 이해할 수 있다. 스탈린은 모로코의 항구도시에서 열린 회의에 참석하기를 거부하여 그의 의도에 관한 미국과 영국의 우려를 더욱 심화시켰다. 그래서 소비에트 지도자가 무조건적인 항복 원칙에 동의했을 때 서방 연합군은 크게 안도했다. 루스벨트는 1943년 가을까지도 모스크바와 베를린 사이의 새로운 조약이라는 망령에 초조해했다.[8] 무조건적인 항복 원칙이 독일의 저항을 연장시킨 것으로 보인다는 점에서 현명하지 못한 조치였다는 논쟁도 있다. 또한 앞으로 자세히 살펴보겠지만, 1945년 봄 나치 독일이 마침내 항복할 준비가 되었을 때 카사블랑카 선언의 원리를 실제로 적용하기가 쉽지 않았다.

결국 스탈린과 히틀러 사이의 새로운 조약은 실현되지 않았다. 그러나 미국과 영국은 이제 전쟁이 끝난 다음 엉클 조가 나치즘을 무찌르는 데 소련이 기여한 바에 대하여 요구할 보상을 점점 더 걱정하기 시작했다. 스탈린은 동맹국들이 그것을 승인하기를 망설일 것은 분명하지만, 그럼에도 거부하기는 어려우리라고 확신했다. 예를 들어 소련의 서쪽 국경선을 회복하게 될 것은 분명했다. 이 부분에 관한 소비에트의 의사는 1941년 여름에 이미 영국 외무부 장관 앤서니 이든Anthony Eden(1897~1977)에게 분명하게 전달되었다. 신생 소련은 내전과 외세의 개입으로 1920년대 초 발트 연안국들(에스토니아, 라트비아, 리투아니아, 핀란드 – 옮긴이)과 폴란드에서 (차르 왕조 때와 비교하여 서쪽으로) 광활한 영토를 잃었다. 폴란드와의 국경은 동쪽으로 상당히 멀리 밀려와, 제1차 세계대전이 끝난 후 영국 외상 커즌 경George Nathaniel Curzon(1859~1925)이 서방 강대국들을 대표하여 민족적으로나 언어적으로나 소련과 폴란드의 최선의 경계로 제안한 소위 커즌라인Curzon Line까지 옮겨졌다. (폴란드는 이로써 우크라이나 서쪽을 상당 부분 흡수했다.) 폴란드와 발트 연안국들에는 비극이지만, 전쟁이 끝나면 소련의 서쪽 국경이 훨씬 서쪽으로 되돌아가는 것은 피할 수 없는 일이었다. 그러나 폴란드는 오데르 강과 나이세 강 동쪽의 독일 영토로 보상을 받을 수 있었다. 이런 합의가 공정하다고 하기는 어렵지만, 제1차 세계대전 때 모든 곳에서 성실하게 실행되었고 제2차 세계대전 때도 독일을 포함한 모든 나라가 자신들이 승리했을 때 다시 실행에 옮길 응징의 원리라는 관점에서 볼 때 완벽하게 합리적이었다. 스탈린은 또 1939년 이전에 폴란드와 같은 인접국들을 지배하던 적의에 찬 반소비에트 정권을 참아줄 생각이 없다고 분명히 밝혔다. 이 또한 서방 동맹국들이 반대하기 어려울 전망이었다.[9]

스탈린의 기대들은 영국령이던 홍콩과 싱가포르, 프랑스 식민지였던 인도차이나, 네덜란드의 인도네시아, 그리고 미국의 경우 필리핀과 같은 잃어버린 제국주의 식민지들을 조만간 회복하겠다는 서방 연합군 측의 유사한 기대들보다 비합리적이거나 과장된 것도 아니었다. (미국이 일본에 밀려 필리핀에서 쫓겨났을 때 미국의 맥아더 장군은 그곳으로 돌아오겠다고 선언했는데, "나는 돌아올 것"이라는 이 대담한 선언은 미국에서 크게 기려지며 그를 즉시 유명하게 만들었다. 아무도 필리핀 사람들에게 미국인 주인들이 돌아오기를 갈망하느냐고 귀찮게 묻지 않았다.) 영국과 미국은 소비에트가 요구하는 것과 같은 종류의 영토적 특권, 즉 서방 제국주의 동지들과 자신들의 경우에 완전히 타당하다고 여겼던 그 특권을 정당화하기가 훨씬 더 어렵다는 것을 깨달았다. 그들이 되찾기를 요구하는 식민지의 특권은 명백히 서구 민주주의의 기본 원리뿐 아니라 〈대서양헌장〉에도 위배되었다. 수백만 명의 식민지 주체와 의견에는 일말의 관심도 기울이지 않았고, 선거는 고려된 적도 없었다.

그러나 만일 미국과 영국이 스탈린의 희망에 반대할 여유가 없다고 생각했다면, 그것은 그들이 이 모든 것을 이해했기 때문이 아니라 단지 (자신들의 제국주의 식민지를 회복하기 위한 전제조건인) 나치 독일과 일본을 상대로 최종적인 승리를 거두기 위해서는 소련의 희생이 더 많이 필요하다는 사실을 너무나 잘 알고 있었기 때문이다. 루스벨트는 미국이 많은 피를 흘리는 일 없이 전쟁에 승리하기 위해서는 그런 희생이 더 많이 필요하다는 것을 알았다. (이러한 맥락에서, 제2차 세계대전에서 미국인 한 명이 흔히 기려지듯 "자신의 생명을 바치는" 동안 소비에트 병사는 53명이 목숨을 바쳤다는 사실을 언급해둘 만하다. 일본과의 전쟁을 포함한 모든 전선에서 미국과 영국인이 총 60만 명 희생되는 동안, 1,300만 명의 소비에트 병사가 동부전선에서 목숨을 잃었다. 레닌그라드 한 곳에서만 제2차 세계대전 전체에서 미국과 영국이 입은 인명피해의 합보다 더 많은 사람이 죽었다.) 반드시 필요한 소비에트의 희생에 대하여 스탈린의 승인을 얻기 위해서는 폴란드와 발트 연안국들의 이익은 잠시 잊는 게 나았다. 그러므로 폴란드 영토와 발트 해의 주권은, 냉전 시대의 통념과 달리 소비에트의 야망이 아니라 미국과 영국의 이익이라는 제단에 바쳐졌다고 할 수 있다.[10] 마지막으로 영토 확장이라는 소련의 전쟁 목적에 대한 서방 동맹국들의 태도를 설명해주는 요인이 한 가지 더 있다. 문제가 되는 영토들이 싸움이 끝났을 때 붉은 군대에 점령되었을 것임은 이미 예견된 결과였다. 이 기정사실fait accompli을 되돌리려는 어떠한 노력도 이미 수포로 돌아갔다. 이러한 모든 이유들 때문에, 런던도 워싱턴도 그동안 그들이 얼마나 원했건 간에 스탈린의 영토적 야심을 저지할 수가 없었다.

영국은 명시적으로건 암묵적으로건 1941년과 1942년에 이미, 1942년 3월 26일에 체결된 영국-소비에트 간 조약을 통해 소비에트의 어떤 기대들을 인지했다. 루스벨트 대통령도 영국의 전례를 따라 소비에트의 관점을 어느 정도 이해하고 있음을 보여주었다. 그러나 (예를 들면 폴란드계 미국인들의) 잠재되어 있는 부정적인 정치적 반동으로부터 자신을 보호하기 위해 전쟁이 모두 끝날 때까지, 즉 소련이 더 이상 필요치 않아 그들을 적대할 수 있게 될 때까지 최종적인 분배를 최대한 연기하려고 노력하며 어느 정도 반대 입장을 내놓았다. 어쨌건 간에, 이란의 수도 테헤란에서 1943년 11월 29일부터 12월까지 열린 '3대 대국'의 첫 번째 회담에서, 루스벨트와 스탈린이 서로 잘 지낼 수 있음을 보여주며 스탈린의 기대들은 사실상 모두 승인되었다.[11]

하지만 독일과 다른 해방된 나라들은 어떻게 되었을까? 최소한 몇 가지 점에서는 만장일치로 의견이 모였다. 첫째, 나치 정권은 없어져야 하며 그 주역들과 심복들은 전범으로 재판에 회부되었다. 해방된 나라들에서도 모든 나치와 파시스트와 그 부역자들에게 같은 처분을 내렸다. 둘째, 제1차 세계대전이 끝났을 때와 마찬가지로 전쟁으로 인한 손해 복구 비용이 독일에 부과되었다. 해방된 유럽 국가들과 패배한 독일에는 어떤 형태의 정부가 들어섰을까? 미국과 영국의 생각이 소비에트와 극명하게 갈린다는 것은 분명했다. 그래서 당분간 동맹국들은 경건하지만 모호한 〈대서양헌장〉처럼 모두가 동의할 수 있는 선언들만 조심스럽게 내놓았다. 예를 들어 모든 동맹국들은 해방된 국가와 독일의 국민들이 동맹의 감독하에 '민주적'인 정부 형태를 회복하게 한다는 데 동의했다. 루스벨트에게 민주주의란 미국식 민주주의를 의미했다. 처칠의 마음속에서는 그 용어가 영국의 세련된 민주주의적 전통과 연관되었다. 그리고 스탈린의 민주주의는 모든 노동자와 농노와 군인들을 위한, 훗날 동유럽에서 '인민민주주의people's democracy'로 불린 볼셰비키의 민주주의로 수렴되었다. 모두가 이 차이를 알고 있었지만 아무도 이 민감한 주제를 거론할 준비가 되어 있지 않았다. 자칫 연합군의 최종적인 승리를 위해 여전히 필요한 협력을 위협할 수 있었기 때문이다.

새로운 히틀러-스탈린 협정이 실현되지 않았다는 데 크게 안도한 루스벨트는 테헤란에서 스탈린의 요구가 사실상 합리적이고 온건하다고 생각했다. 게다가 그는 엉클 조가 미국의 중요한 요청에 응할 준비가 되어 있다는 사실이 매우 기뻤다. 스탈린은 독일이 패망하는 즉시 멀리 극동에 있는 미국의 적 일본에 전쟁을 선포하기로 약속했다.[12] 루스벨트는 만족했다. 그러나 나중에 다시 살펴보게 되겠지만, 1945년 봄 나치가 패망한 이후 스탈린이 약속을 지킬 준비를 할 때, 백악관을 계승한 루스벨트의 후임은 일본에 승리를 거두는 영광(그리고 그 이익)을 나누어야 된다는 것이 전혀 즐거운 일이 못 된다는 걸 알았다.

10장

이탈리아의 해방: 치명적인 선례

종전 후에 해방된 나라들, 독일, 그리고 모든 유럽 국가의 국경에서 벌어진 일들은 이론적으로는 테헤란 등지에서 동맹국들이 합의를 통해 이끌어낸 협정의 결과였다. 반면 많은 부분이 특히 두 가지 요인에 의해 전쟁이 군사적으로 발전해간 방식에 의존하기도 했다. 첫째, 전쟁의 마지막 국면에서 서방 연합군과 붉은 군대 각자가 거둔 군사적 성과(그리고 실패)가 모호하게 작성된 예전 협정들의 해석과, 가능한 새로운 협정의 세부사항에 영향을 미친다는 어떤 기정사실을 만들어냈다는 점이다. 두 번째로 중요한 요인은 해방의 실제 환경, 즉 동맹국들이 해방된 국가들과 독일에서 어떻게 행동하느냐가 잠재적으로 중요한 선례를 만들 것이라는 점이었다.

서방 연합군 입장에서는 최소한 붉은 군대가 전쟁의 마지막 국면에서 보여준 군사적 성과에 맞먹을 만큼 최대한 많은 유럽의 영토를, 가능하면 소비에트가 베를린에 도달하기 전에 모든 영토를 해방시키는 것이 중요했다. 그러나 미국과 영국은 1942년 북아프리카 상륙 때문에 적어도 당분간은 지중해 연안 전략을 계속 따라가는 수밖에 다른 선택의 여지가 없었다. 전략이 가리키는 다음 행보는 북아프리카에서 1943년 여름에 차지한 시칠리아와 이탈리아 남부로 넘어가는 것이었다. 한편 비록 스탈린을 돕기 위한 목적이 아닌 것은 분명했지만, 마침내 프랑스에서 제2전선을 전개할 준비가 되었다. 물론 이 작전이 결국은 독일 육군으로 하여금 상당한 규모의 전력을 동부전선에서 서유럽으로 이동시키게 만들 것이므로 소비에트에도 혜택이 돌아갈 것은 분명했지만, 이제 그들은 불과 얼마 전까지 간절히 요청하던 이런 종류의 원조가 더 이상 절실하지 않았다. 그러나 서유럽의 제2전선은 서방 연합군 자신에게 점점 더 중요해졌다. 지중해 연안을 경유하면 독일에 너무 늦게 도착해서 소비에트가 연합군의 도움 없이 베를린을 손에 넣는 것을, 그리하여 그들이 공동의 적 나치를 무찌른 전공과 특권을 모두, 또는 거의 모두 차지하는 것을 막을 수 없을 게 틀림없다는 사실을 깨닫게 된 것이다. 이탈리아와 달리 독일과 산맥으로 차단되지 않은 서유럽에 상륙해야만 미국과 영국 군대가 베를린에 먼저 도착하기 위한 비공인 경주에서 붉은 군대와 겨루어볼 희망을 품을 수 있었다. 미국 공군 장성 헨리 아널드Henry H. Arnold(1886~1950)는 1943년 봄 루스벨트와 다른 연합군 지도자들에게 보낸 보고에서 제2전선을 빨리 전개할 필요가 있으며, 그렇지 않으면 "러시아인들이 베를린으로 진군해가는 동안에도 우리는 여전히 〔해협을 건너는 작전에 대해〕 의논이나 하고 있을 수도 있다"고 경고했다.[1] 그러나 1943년 여름에도 여전히 작전에 필요했던 상륙 장비들을 지중해 연안이라는 무대에서 영국으로 이동시킬 수 있게 되는 데만도 상당한 시간이 소모되었다. 서방 연합군은 1944년 봄에야 마침내 역사에 오버로드 작전이라는 이름으로 기록될 도약을 통해 영국 해협을 건널 태세를 갖추었다. 서방 연합군이 지중해 연안 지역에 머무는 동안 얻어낸 이점도 있었다. 붉은 군대가 자기 나라에서 싸움을 계속하는 동안 미국과 영국은 이탈리아를 전쟁에서 제거해버릴 기회를 얻은 것이다. 그들은 그런 특권을 누리는 한편, 처음으로 유럽 국가에서 파시스트 정권을 끌어내리고 민주주의를 회복한다는 크고 중요한 책무를 수행했다. 하지만 불행하게도 그 점에서 서방 연합군은 썩 잘해내지 못했다.

군사적인 관점에서 볼 때 이탈리아의 군사행동은 그리 성공적이지 못했다. 이탈리아가 스스로 수건을 던진 이후에도, 독일은 상대적으로 적은 병력으로도 전쟁이 끝날 때까지 효과적으로 저항을 계속할 수 있었다. 덕분에 연합군이 이탈리아에서 멀리 베를린까지 진군할 희망도 사라졌다. 그러나 그보다 훨씬 더 중요한 것은 연합군이 정치적으로도 서툴렀다는 사실이다. 이탈리아를 해방하는 동안 그들이 보여준 행동방침은 동지인 소비에트와의 관계에 또 하나의 긴장을 더했고, 훗날 소비에트가 해방시킨 동유럽 국가들에서 스탈린이 그대로 따름으로써 워싱턴과 런던에 악몽으로 되돌아올 치명적인 선례를 만들었다.

이탈리아 국민 대다수는 무솔리니의 잔인하고 부패한 파시스트 정권을 철저히 경멸했고, 그래서 1943년 여름 그가 몰락했을 때 모두 안도하고 열광하며 환영했다. 미국과 영국은 해방자로서 이탈리아 국민들이 무솔리니 총통의 파시스트 정권을 민주주의 정부 체제로 대체하도록 도와줄 기회를 얻었다. (덧붙여 말하자면, 캐나다 군대도 이탈리아 전투에서 중요한 역할을 했지만 워싱턴과 런던은 정치적 의사결정 과정에 오타와를 조금도 끼워주지 않았다.) 이탈리아에서는 강력한 반파시스트 저항운동이 정치적으로, 그리고 군사적으로 활발하게 펼쳐져왔다. 이 운동은 널리 국민들의 지지를 얻었고, 국가를 재건하는 데 선도적인 역할을 하고자 했다. 그러나 연합군은 이 반파시스트 전선과 협력하기를 거부했다. 그들의 입맛에는 지나치게 좌편향적이었고, 공산주의자들이 거기서 중요한 역할을 한 탓도 있었다. 파시스트에 반대하는 이탈리아 국민의 절대 다수는 분명히 군주제 폐지를 포함하는 급진적인 사회적, 정치적, 경제적 개혁을 원했다. 전해지는 바에 따르면 특히 처칠이 그 알프스 너머 나라의 그러한 급진적 개혁을 병적으로 두려워했다. 이 보수적인 정치가의 눈에는 그 개혁이 이탈리아의 '볼셰비키화'로만 보였다. 이 때문에 당사자인 이탈리아 국민들의 계획과 바람, 그리고 반파시스트 저항운동의 장점과 염원은 전혀 반영되지 않았다. 대신 왕실과 군대, 대지주, 자본가와 사업가, 그리고 바티칸 등 이탈리아의 전통적인 파워엘리트를 대변하는 관료·정치가들과 타협이 이루어졌다. 바로 그 권력층이 1922년에 무솔리니가 정권을 잡을 수 있게 해주고 그 정권으로부터 막대한 이익을 얻었으며, 이탈리아 국민 대다수가 그들을 혐오한다는 사실을 연합군은 전혀 개의치 않는 것 같았다. 이탈리아 게릴라는 군사적으로 무장 해제되고 정치적으로도 제압되었다. 물론 독일 국경선 너머 북부 이탈리아에 여전히 무시할 수 없는 세력으로 남아 있는 게릴라는 예외였다. 무솔리니의 부역자로서 에티오피아에서 벌인 끔찍한 전쟁범죄[2]에도 책임이 있는 바돌리오Pietro Badoglio(1871~1956) 원수가 파시스트 이후 이탈리아의 첫 번째 정부를 이끌게 되었다. 해방된 이탈리아 지역의 새로운 체제가 수상쩍게도 예전의 것과 같아 보였으며, 그래서 많은 사람들이 '무솔리니만 뺀 파시즘fascismo senza Mussolini'이라며 묵살해버렸다.[3]

미국은 또 이탈리아 전체, 특히 시칠리아에서 마피아를 '반공산주의 방어 거점'으로 여기고 그들과 긴밀하게 협력했다. 이 마피아 작전의 주역은 악명 높은 뉴욕의 갱스터 럭키 루치아노, 그리고 아이러니하게도 FBI의 J. 에드거 후버였다. 이 시칠리안 계획으로 수익성 높은 마약 밀매 사업을 벌이는 국제 범죄조직과 미국 첩보기관 사이에 친밀하게 오랫동안 이어져온 불명예스러운 전후 협력 관계가 시작되었다. 로널드 레이건Ronald Reagan(1911~2004) 같은 대통령들 모르게, 혹은 더 그럴듯한 이야기로 대통령들도 아는 가운데, CIA는 수십 년 동안 이 협력관계로 얻은 돈을 전 세계의 반혁명 활동을 지원하는 데 사용했다. 마피아와 직접 결탁하여 계획한 피델 카스트로Fidel Castro(1926~2016) 암살 시도와 니카라과의 산디니스타Sandinista(1979년 니카라과의 독재정권을 무너뜨린 사회주의 정치단체 – 옮긴이)와 벌인 비밀 전쟁을 두 가지 예로 들 수 있다. 이러한 소위 '비밀 작전'들은 미국의 법률에 저촉되기 때문에 의회의 승인으로 자금을 지원받을 수가 없었다.[4]

무솔리니의 파시스트 정권이 무너진 뒤 서방 연합군이 이탈리아에서 한 일들이 완전히 옳지는 않았다. 그러나 그들이 어떻게 그 일을 해냈는지 살펴봄으로써 어떤 교훈을 얻을 수도 있다. 영국과 미국은 소비에트의 어떠한 조언도 허락하지 않았다. 사실 그들은 소비에트의 의견을 거의 묻지 않았다. 이탈리아 군대가 동부전선에서 나치와 함께 싸웠기 때문에 모스크바는 이탈리아에 관한 회의에서 목소리를 낼 자격이 있었다. 게다가 분명히 모호하기는 하지만 연합군들 사이에 '연합군 통제위원회Allied Control Councils'를 만들기 위한 협의가 이루어졌고, 이 위원회가 할 일은 이론적으로 연합군 3국이 함께 해방된 국가들을 민주주의의 길로 되돌리도록 이끄는 것이었다. 이 이론상으로 는 고귀한 원리가 이탈리아에서 처음으로 이행되었다. 영국과 미국은 그곳에서 연합군 통제위원회를 만들었고, 소비에트 대표도 참여하도 록 허락받았다. 그러나 실제로는 소비에트에 어떠한 발언도 허락하지 않았다. 미국과 영국은 분명 파시스트 정권 이후의 이탈리아를 자신 들의 배타적 세력권으로 보았고, 미국의 역사학자 워런 킴벌이 냉정 하게 지적하듯이, "이탈리아 점령에서 러시아가 어떠한 의미 있는 역 할도 하지 못하도록 배제했다". 연합군이 해방시킨 첫 번째 나라에서 민주주의가 회복되고 파시즘이 근절된 방식이 바로 이런 식이었다.[5]

스탈린도 당연히 알프스 너머에서 벌어지는 일을 큰 관심을 갖 고 바라보았다. 그는 해방자인 미국과 영국이 이탈리아 공산당을 비 롯한 좌익 반파시스트 세력들뿐만 아니라 그들의 동맹인 소비에트까 지 배제하고 일을 처리하는 모습을 보고 기분이 좋을 수 없었다. 그러 나 스탈린은 저 먼 이탈리아를 두고 서쪽의 동지들과 불화를 일으킬 위험을 감수하고 싶지 않았다. 그래서 그는 주어진 기정사실을 받아 들였고, 1944년 3월에는 이탈리아 공산당을 깜짝 놀라게 하며 바돌리 오 정권을 공식적으로 인정하기까지 했다. 스탈린은 이탈리아 사태가 연합군 내의 협약을 실천으로 옮기는 방법을 보여주는 선례로서 의미 가 있다고 보았다. 콜코는 "러시아는 그러한 〔이탈리아의〕 '방식'에 크 게 열광하지는 않았지만, 훗날을 위한 선례로서 주의 깊게 관찰했다" 고 지적한다.[6] 1944년과 1945년 붉은 군대가 동유럽 국가들을 해방 시키자 스탈린은 그곳에서 똑같은 방식을 적용한 다음, 이번에는 영 국과 미국이 양보하기를 기대했다. 그러나 소비에트가 동유럽에 자신의 의지를 강요하며 자신이 옳다고 생각하는 방식으로 파시즘을 제거하고 그들 고유의 민주주의를 도입하자 서방 연합군은 심하게 불평했다. 미국과 영국은 1943년 이탈리아에서 그들 자신이 이미 이런 종류의 행동을 선례로 남겼고, 이후로도 서유럽의 다른 해방국들에서 같은 방식으로 일을 처리했다는 사실을 너무도 쉽게 잊어버렸다. 서유럽과 동유럽 모든 곳에서 해방자들이 자기들 입맛에 맞는 정치적, 사회적, 그리고 경제적 체제를 건설했고, 그러는 동안 해방된 나라 국민들의 의견이나 동맹국들의 이익에는 그다지, 또는 전혀 주의를 기울이지 않았다. 전 유고슬라비아 공산당 고위관료이자 정치적 작가이기도 한 밀로반 질라스Milovan Djilas(1911~1995)에 따르면, 스탈린은 영국과 미국이 먼저 실행에 옮긴 원칙을 다음과 같이 표현한 바 있다.

이 전쟁은 과거의 전쟁과 다르다. 누군가 어떤 곳을 차지하면 그곳에 자신의 사회제도를 도입한다. 모두가 자기 군대가 통제하는 땅에 자기 체제를 도입한다. 그저 그 방법뿐이다.[7]

프로테스탄트의 종교개혁과 가톨릭의 반종교개혁이 충돌하던 16세기 유럽에서는 왕들과 영주들이 '그의 왕국에 그의 종교cuius regio eius religio'라 불리는 대단히 비민주적인 관례에 따라 자기 백성들에게 자신의 종교를 강요했다. 1943년에서 1945년 사이 유럽이 해방되던 시기에도 그와 유사하고 똑같이 비민주적인 원리로 해방국들에게 해방자의 정치, 사회, 그리고 경제 체제를 떠안겼다.

1944년 초 이탈리아에서 서방 연합군의 군사적 상황은 그다지 좋지 못했다. 독일은 매우 효율적인 저항을 이어갔으며, 나폴리와 로마 사이 몬테카시노 부근의 길고 살인적인 전투는 제1차 세계대전의 끔찍한 전투들에 비교될 만했다. 이탈리아 장화를 통해 붉은 군대보다 먼저 베를린에 이르는 것은 불가능하다는 것이 명백해짐에 따라, 프랑스의 대서양 해안에 상륙하는 오버로드 작전 준비에 가속이 붙었다. 붉은 군대가 길게 이어진 동부전선 전체에 걸쳐 체계적으로 전진하여 1944년 봄에는 헝가리와 루마니아를 공격할 태세까지 갖추자 작전이 더욱더 시급해졌다. 미국의 역사학자 피터 N. 캐롤과 데이비드 W. 노블은 "러시아 군대가 독일의 후방을 압박하기 시작하자 프랑스에 상륙해 독일 영토의 대부분을 공산주의자의 손에서 지켜내는 전략이 미국과 영국에게 아주 절박해졌다"고 말한다.[8] 미국과 영국은 또 프랑스에서 제2전선이 전개되기도 전에 나치 독일이 갑자기 붕괴할 가능성도 염려했다. 그럴 경우 소비에트가 독일 전체를 차지하고 서유럽까지도 해방시켜 그곳에서 영국과 미국이 이탈리아에서 한 것과 똑같이 자기들 좋은 대로 행동할 수 있을 터였다. 미국의 역사학자 마크 A. 스톨러Mark A. Stoler가 말하듯이 "미군이 대륙에 상륙하기 전에 러시아가 독일에 완벽하게 승리할 가능성"은 워싱턴과 런던에 "악몽 같은" 것이었으나, 그런 시나리오도 생각해두어야만 했다.[9] 그리하여 소비에트가 도착하기 전에 독일과 서유럽 영토를 가능한 한 많이 차지하기 위해 프랑스 해변에 긴급 착륙하고 공수부대가 기갑부대와 함께 육로로 빠르게 밀고 들어가는 비상시의 대책이 준비되었다. 암호명이 랭킨Rankin이었던 이 작전을 수행할 부대들은 노르망디에 상륙하고 3개월이 지날 때까지 준비 태세를 유지했다.[10]

11장

**1944년의
길었던
여름**

1944년 6월 6일, 대망의 서방 연합군 프랑스 상륙작전인 오버로드가 노르망디 해변에서 실현되었다. 대단히 화려했던 이 작전은 할리우드에서 1960년대에 이미 블록버스터 영화 〈지상 최대의 작전The Longest Day〉으로 찬양되었고, 70주년을 맞은 2014년에도 제2차 세계대전 내내 그보다 더 극적이고 결정적인 사건은 없었다는 요란한 허풍 속에서 기념되었다. 오버로드 작전에는 순수하게 군사적인 목적만 있었던 것이 아니다. 기념행사들의 정점을 찍는 수많은 연설들에서는 끝내 언급되지 않고 넘어가지만, 베를린을 향한 비공식 경주에서 미국과 영국이 소련과 승부를 겨루어볼 만하게 만들려는 목적을 가진 작전이었다. 서방 연합군이 처음 노르망디에 상륙했을 때는 일이 잘 풀리지 않았다. 상륙 자체는 만족스럽게 수행되었고 상당수의 해안 교두보가 확보되었지만, 결국에는 독일군이 주도권을 빼앗아 더 이상의 확장을 막아냈다. 그러나 1944년 8월의 첫날, 캉과 팔레즈 지역에서 대규모 전투를 치른 다음 노르망디에서 독일군의 저항이 갑자기 약해지기 시작했다. 그 결과 미국과 영국, 그리고 캐나다 연합군은 가장 낙관적인 계획들이 감히 내놓았던 예측보다도 훨씬 더 빠른 속도로 밀고 나갈 수 있었다. 영국 탱크가 벨기에로 밀고 들어갈 때는 독일군보다 그 나라의 악명 높은 조약돌들이 더 방해가 되었고, 그로부터 며칠이 지난 8월 25일에는 파리가 해방되었다. 벨기에의 수도 브뤼셀은 자유를 되찾았고, 그 나라의 가장 큰 항구도시 앤트워프는 아무런 손실도 입지 않고 해방군의 손에 떨어졌다. 이러한 성공들 덕분에 서방 연합군이 랭킨 작전을 통해 기대했던 만큼 빠르게 독일의 심장부로 쇄도하여 연내에 전쟁을 끝내는 것도 가능해 보였다. 그렇게 된다면 미국과 영국은 종전 후 유럽과 독일을 재편하는 소련과의 포커 게임에서 최고의 카드를 손에 쥐는 셈이었다.

그리하여 1944년 9월, 독일 국경과 가까운 네덜란드 아른헴의 라인 강과 같은 큰 강들 너머로 공수부대를 상륙시켜Market 육로로 빠르게 진군Garden하려는 영국과 미국의 야심찬 마켓가든 작전이 탄생했다. 이 작전의 목표는 순전히 독일 산업의 심장부인 루르 지방으로 가는 길을 열어주어 결국 베를린에 도달하는 것이었다. 마켓가든은 허세 가득한 할리우드 대작 영화 〈머나먼 다리A Bridge Too Far〉에 영감을 주었다. 번쩍거리는 도시(할리우드의 별칭 – 옮긴이)에서 가장 중요한 흥행 수입의 관점에서 볼 때 이 영화는 화려하게 성공했지만, 사실 1944년 가을 네덜란드 저지대에서는 이 야심찬 작전이 참담한 실패로 끝나고 말았다. 그렇게 1944년에 서유럽에서 최종적인 공세를 빠르게 끝낸다는 짧은 꿈은 허공에 흩어져버렸다.

그러는 동안 동부전선의 붉은 군대는 이미 이룬 것에 안주하지 않았다. 노르망디 상륙 직후인 1944년 6월 22일, 소비에트는 동쪽의 독일군이 프랑스에서 영국과 미국에 맞서 싸우기 위해 서쪽으로 이동하는 것을 막는 암호명 바그라티온Bagration 작전을 개시했다. 훗날 아이젠하워 장군은 이것이 오버로드 작전의 성공을 위한 필수조건이었다고 시인했다. 독일 육군은 다시 한 번 붉은 군대에게 크게 상처를 입었고, 소비에트는 러시아 깊숙이에서 출발하여 폴란드 수도 바르샤바 근처까지, 루마니아와 불가리아, 그리고 헝가리와 유고슬라비아에 이르기까지 600킬로미터 이상을 전진했다.[1]

처칠은 소비에트가 자신이 해방시켰거나 곧 해방시킬 나라들에서, 서방 연합군이 이탈리아에서 했던 것과 똑같이 일방적으로 행동하는 것을 막기 위해서 1944년 가을 스탈린을 만나러 모스크바로 가는 수고를 아끼지 않았다. 그는 루스벨트의 동의하에 해방된 발칸반도의 국가들에서 소비에트와 서방 연합군이 각각 어느 정도 영향력을 발휘할 것인지 합의하는 거래를 소비에트 지도자에게 제안했다. 스탈린은 1944년 10월 그 거래를 공식적으로 승인하고 동의했다. 서방 연합군, 특히 자신들이 유럽의 그 지역에 특별한 이해관계가 있다고 믿던 영국으로서는 기뻐할 일이었다. 영국과 미국은 소련이 루마니아, 불가리아, 헝가리에서 더 높은 비율의 영향력을 행사하도록 허락했지만, 유고슬라비아에서는 영국이 50퍼센트를, 그리고 그리스에서는 90퍼센트 이상의 영향력을 확보했다. 이런 안배에 대하여 그 나라 국민들이 어떻게 생각하는지는, 우리가 수도 없이 독재자라는 이야기를 들어왔던 스탈린이나 20세기의 가장 위대한 민주주의자 중 하나로 여겨지는 처칠이나 조금도 개의치 않았다. 이후 루스벨트도 그 조약에 축복을 내려주었다. 좌우간 이렇게 정확한 비율이 정해지긴 했으나, 그 거래가 훗날 어떤 식으로 적용될지는 철저하게 불분명했으므로 미래에는 다양한 가능성이 열려 있었다.[2]

처칠이 종전 후에 영국이 '주도 세력'으로 떠오르게 할 계획이었던 지중해의 열쇠 그리스에서, 영국은 훨씬 더 무자비했다는 점을 제외하면 이탈리아에서 했던 것과 똑같이 움직였다. 그리스의 반파시스트 저항운동은 대중적으로 널리 지지받고 있었지만 영국의 입맛에는 지나치게 좌편향적이어서 해방자 영국은 그들을 무시하고 수많은 전 부역자들과 파시스트 동조자들로 구성된 권위적인 우파 정권, 즉 그리스판 바돌리오 정권을 취임시켰다. 스탈린으로서도 새롭게 해방된 그리스에서 공산주의자들이 영국의 주된 탄압 표적이 된 것이 기분 좋을 수 없었지만, 그는 그리스의 동지들을 돕기 위한 어떤 행동도 하지 않고 자신과 처칠이 맺은 협정을 주의 깊게 지켜보기만 했다. 스탈린은 다른 한편으로 이제 붉은 군대가 점령하거나 해방시켜 소비에트의 세력권 안에 들어온 나라들에서 마음껏 소비에트의 이익을 추구해도 좋다고 확신했다. 그럼에도 스탈린은 한동안 극도로 조심스럽게 일을 추진하여, 나중에서야 각 나라의 수도에서 공산주의 정권을 출범시켰다.[3]

1944년 늦여름에는 프랑스와 벨기에가 해방될 차례였다. 이제 미국과 영국은 이 나라들에서 어떤 형태의 정치, 그리고 사회경제적 체제가 나타나게 할지 결정할 기회를 손에 넣었다. 그들의 관심은 자연히 불과 몇 년 전까지만 해도 미국과 영국에 버금가는 막강한 강대국이었던 프랑스에 집중되었다. 그러나 프랑스에서는 상황이 너무나 복잡했다. 페탱 원수가 지휘하는 비시의 부역 정권은 프랑스 앙시앵레짐, 즉 1789년 프랑스대혁명 이전의 보수적인 전통을 추구하고 있었는데, 그들 자신은 물론 많은 프랑스인들이 그것을 자기 나라의 적법한 정부로 여기고 있었다. 그러나 런던에서는 샤를 드골Charles de Gaulle(1890~1970)이라는 또 다른 보수적인 사람이 비시 정부를 마치 독일을 비난하듯 맹렬하게 비난했고, BBC 프랑스어 방송에서 자신의 권위적인 통솔력하에 프랑스가 새롭게 태어날 수 있으며 또 그렇게 될 것이라고 웅변했다. 점령된 프랑스 내에서도 다양한 레지스탕스 단체가 활동 중이었다. 공산주의자들이 주도권을 쥐지는 못했지만 중요한 역할을 수행했던 광범위한 저항운동 '레지스탕스 전선Resistance Front'은 종전 후 시계를 단순히 1939년으로 되돌리지는 않겠다고 결의했다. 페탱이나 드골과 대조적으로, 레지스탕스 지도자는 물론 간부와 일반 단원들 모두가 어느 정도 급진적인 사회적-경제적 개혁을 꿈꾸었고, 그것은 결국 1944년 3월 〈레지스탕스 헌장Charter of the Resistance〉으로 성문화되었다. (이 헌장은 "거대한 경제적, 재정적 조직체들로부터 징발하는 것을 포함하는 진정한 경제적-사회적 민주주의의 도입"과 "에너지와 광물 자원 같은 (가장 중요한) 생산수단들, 그리고 보험회사와 대형 은행들을 (국가로 되돌려le retour a la Nation) 사회화할 것"을 요구했다.)[4] 사실상 레지스탕스 전원이 페탱을 경멸했고, 많은 사람들이 드골은 단지 정치적으로 너무 권위적일 뿐만 아니라 사회적으로도 지나치게 보수적이라고 생각했다. 종전 후 많은 사람들의 생각과 달리 드골의 인기는 레지스탕스를 전혀 장악하지 못했고, 전쟁 중에도 프랑스 내 드골 지지자는 소수에 불과했다. 콜코는 "정확한 수치는 존재하지 않지만, 이념적으로 드골을 지지하는 레지스탕스 단체들은 소수에 불과했고, 프랑스의 여러 핵심 부문에는 거의 존재하지도 않았다"고 말한다.[5]

그럼에도 드골은 레지스탕스에 막대한 영향력을 행사했는데, 그 주된 이유는 그가 프랑스의 애국자들에게 공급되는 무기를 통제하는 영국과 관계를 맺고 있기 때문이었다. 처칠은 드골을 조종해 자신의 목적을 이루고자 했다. 그 목적이란 단지 프랑스에서 공산주의자의 영향력을 제거하는 것뿐 아니라, 종전 후 프랑스를 영국이 지배하는 서유럽 국가 블록에 흡수하여, 처칠이 장차 초강대국으로 부상할 것이라 예견하고 두려워하던 미국과 소련에 대항할 수 있게 되는 것이었다.[6]

루스벨트를 비롯한 미국의 지도층은 프랑스의 복잡한 시국에는 별로 관심도 없고 이해도 거의 없었다. 그들은 프랑스의 애국자들이 단순히 독일이 자기 나라에서 철수하고 정치적, 사회적, 경제적 상황을 되돌리는 것보다 더 많은 것을 갈망하는 것을 알고는 어리둥절해졌다. 미국 정부도 처칠과 마찬가지로 레지스탕스 내의 공산주의적 영향력을 비롯한 급진적인 성향 전반과, 이 운동이 장차 이루려는 비교적 급진적인 사회경제적 계획에 대하여 우려했다. 그런 계획들은 프랑스 국민들로부터 폭넓은 지지를 얻겠지만 그것은 해방자들의 보수적인 비전과 맞지 않았다. 실제로 루스벨트 정부는 좌파 성향으로 판명된 레지스탕스보다, 또한 런던과 워싱턴에 기대만큼 충실하지 않아 광신적 애국주의자로 여겨진 드골보다 페탱 부역 정권을 선호했다. 백악관은 드골을 참아줄 수가 없을 지경이었고, 그가 종전 후의 프랑스에서 미국보다 영국의 이익을 우선할 처칠의 잠재적인 꼭두각시라고 볼 만한 이유도 있었다.[7]

워싱턴은 드골을 제거하고 싶었고, 그래서 루스벨트는 어느 순간 처칠에게 그 프랑스 장군을 마다가스카르 총독 자리에 앉히자고 제안했다! 프랑스령 북아프리카에 상륙하여 비시 정부와 워싱턴 시이의 외교 관계가 단절되었을 때도 미국은 드골에게 자신들의 계획을 알려 주지 않았다. 그들은 북아프리카의 페탱 측 군 지휘관 프랑수아 다를 랑Francois Darlan(1881~1942)과 휴전을 협상했으며, 그를 해방된 프랑스 식민지들의 군가원수로 인정할 준비가 되어 있었던 것으로 드러났다. 드골은 격노했고 미국 내 여론도 전 부역자와의 그러한 협력을 강력 하게 반대했다. 그 문제는 다를랑이 알제리에서 아마도 드골 지지자 에 의해 암살당함으로써 편하게 해소되었다. 워싱턴은 종전 후의 프 랑스에 비시 부역 정권을 위한 자리는 존재하지 않는다는 사실을 상 당히 뒤늦게 이해했다. 그래서 미국은 드골을 최종적으로 지지하기 전까지 아주 오랫동안 질질 끌었다. 사실 그들은 드골이 자신들에게 호의를 보이지 않는 만큼 그에게 조금도 호의가 없었으며, 이후로도 계속 그와 사이가 좋지 못했다.[8]

미국은 드골이 건방진 과대망상증 환자라고 생각할 만한 이유가 있었다. 육군성부 장관 헨리 스팀슨은 "자기의 이익만 생각하며 지나 치게 야심만 많은 속 좁은 프랑스 광신도"라고 평했다. 스팀슨은 비망 록에 루스벨트 대통령의 견해를 반영하는 이야기도 남겼다. 그러나 드골은 워싱턴에 두 가지 이점을 제공했다. 첫째는 그의 명성이 다를 랑과 같은 페탱 측 인사의 경우와 달리 부역으로 얼룩지지 않았다는 것이고, 둘째는 종전 후 프랑스에서 펼치고자 하는 그의 계획들이 좌 파 성향의 레지스탕스가 추구하던 것과 유사한 급진적이거나 혁명적 일 수 있는 사회경제적 실험이 아니라는 점이었다. 첫 번째 장점은 프 랑스인들이 그를 받아들이게 해주었고, 두 번째 장점은 미국과 영국인들이 그를 받아들이게 해주었다. 스팀슨은 일기에 "드골은 나쁘지만 그와 거래하지 않는 건 더 나쁘다"고 기록했다. 극단적으로 보수적이고 반동적이던 페탱과 달리, 드골 파가 아닌 레지스탕스도 미국의 이익에 위협이 되는 것으로 보였던 것이 사실이다. 워싱턴은 〈레지스탕스 헌장〉에 드러난 그들의 사회경제적 개혁 계획을 공산주의적으로 인식했다. 프랑스에서 붉은 혁명이 일어날 가능성은 스팀슨이 말한 대로 루스벨트를 포함한 미국의 지도층을 심하게 괴롭혔다.[9] 미국의 이익을 위협하는 것으로 인식된 또 한 가지는 프랑스 공산당을 비롯한 좌파 성향 저항군들이 소련과 친밀한 관계를 맺고자 한다는 점이었다. 독일에 점령된 유럽 지역의 상황 전개를 감시하던 스위스 베른의 미국 첩보 지국은 비-드골파 국가해방위원회가 "프랑스에서 친러시아적 정서를 강화하려는 위험한 성향을 지니고 있다"고 긴급하게 경고해오기도 했다. 콜코는 "프랑스를 좌파로부터 지켜줄 수 있는" 누군가가, 레지스탕스 내의 영향력 있는 공산주의자들을 "통제할 수 있는 적임자"가 필요했다고 지적하며, 저 무례한 드골이 그 임무를 수행할 수 있고 수행하려 하는 유일한 인물임이 드러났다고 말한다. 콜코는 또 "미국이 드골을 좋아하지는 않았어도, 〔프랑스의〕 볼셰비키가 그보다 더 싫었다"고 냉정하게 결론지었다.[10]

그래서 워싱턴은 1944년 여름부터 조금씩 영국의 모범을 따라 종전 후 프랑스의 지도자가 되겠다는 드골의 야망을 지원하기 시작했다. 그해 10월 23일, 워싱턴은 최종적으로 그를 프랑스 정부의 적법한 수장으로 인정했다.

드골은 노르망디 상륙 직후 고국으로 돌아왔다. 레지스탕스 지도자이자 영웅의 모습으로 프랑스 국민들 앞에 자신을 드러내고, 해방되고 원기를 회복한 프랑스 정부의 수장으로 인정받기 위해서였다. 그러나 그의 날조된 즉위식을 대하는 프랑스 국민, 특히 레지스탕스들의 분위기는 오늘날 일반적으로 가정하는 것과 달리 열광과는 거리가 멀었다. 여러 대안이 만들어졌다. 예를 들어 파리에서는 연합군이 프랑스 수도로 전진해올 때 레지스탕스가 독일 주둔군에 대항해 무기를 들었다. 이 선제공격에 많은 저항군들이 목숨을 바쳤다. 왜 이 애국자들은 독일군이 철수하고 연합군 탱크가 마을로 들어와 해방 잔치를 벌일 수 있게 될 때가지 가만히 기다리지 않았을까? 이것은 물론 그 나라의 심장이자 상징인 수도를 자기들 스스로의 힘으로 해방시키는 것이 그들에게는 매우 중요한 일이었기 때문이다. 게다가 파리를 파괴하라는 히틀러의 악명 높은 명령이 시행되지 못하도록 막고 싶었을 것이다. 1960년대에 대대적인 광고와 함께 배포된 영화 〈파리는 불타고 있는가Is Paris Burning?〉는 모든 파리 시민 저항군이 가졌던 이러한 마음을 잘못 전달했다. 특히 가장 급진적인 레지스탕스 전사들이 파리에서 무기를 들었고, 이것은 우연이 아니었다. 그들은 보수적이고 권위적인 드골이 연합군과 함께 오고 있다는 사실을 알았고, 그것이 영국과 미국이 좌파 성향 레지스탕스 지도자들을 정치적으로 제거하고 그에게 권력을 주어 종전 이후의 개혁을 위한 자신들의 계획을 늦추려는 계략임을 아주 잘 이해하고 있었다. 레지스탕스 내의 좌파 성향 급진적 단원들은 프랑스 국가기구가 밀집되어 있는 도시 파리에서, 서방 연합군과 그들의 부하 드골이 무효화하기가 아주 어려운 방식으로 재빨리 권력을 손에 넣고자 했다.[11]

1944년 8월 폴란드 레지스탕스 전사들도 붉은 군대가 도착하기 전에 바르샤바를 해방시키기 위해 비슷한 시도를 했지만, 폴란드 수도의 폭동은 나치에 의해 무참하게 진압되었다. 이 대실패의 주된 결정요인은 소비에트가 구하러 오지 않았다는 사실이었다. 스탈린은 폴란드 레지스탕스 전사들이 파리의 레지스탕스 전사들과 크게 달라서 반공산주의적이고 반소비에트적이라는 사실, 그리고 그들이 그리는 바르샤바의 미래는 소비에트에 바람직하지 못하리라는 사실을 알고 있었다. 따라서 스탈린에게는 나치가 폴란드 저항군의 시나리오를 파괴해버리는 것이 전혀 문제될 것이 없었다. 그러나 비록 붉은 군대의 선봉이 비스툴라 강으로 나뉜 도시 동쪽 부근에 자리 잡고 있었다고는 하지만, 그들이 바르샤바에 성공적으로 개입할 수 있었는지는 전혀 확실하지 않다. 소비에트는 스탈린 전투 이후로 발트해에서 흑해에 이르는 극도로 넓은 전선에서 대규모 집중 공격을 퍼붓는 군사전략을 택했다. '바그라티온 작전(11장 참조)'으로 대표되는 이러한 공격을 통해 소비에트는 광활한 영토를 얻었는데, 공격 후에는 아주 긴 휴식이 이어지는 패턴이 반복되었다. '바그라티온'을 대표적인 예로 들 수 있는 이러한 공격으로 광활한 영토를 얻었고, 이것은 전형적으로 아주 긴 휴식과 번갈아 이루어졌다. 이런 휴식은 지친 군대에게 휴식을 줄 뿐만 아니라 소련 깊숙한 산업 생산시설과 전선을 잇는 긴 보급선을 강화하기 위해 반드시 요구되는 것이었다. 바르샤바 봉기는 그런 휴식 기간 중에 일어났다. 붉은 군대가 개입하기에는 여러 가지 방향에서 위험부담이 컸다. 약해지기는 했지만 여전히 위험한 독일군에게 반격의 기회를 줄 수도 있는 노릇이었다.[12]

파리의 붉은 저항군들로서는 서방 연합군이 너무 빨리 온 셈이었다. 셔먼 탱크는 저항군이 독일군을 완전히 몰아내기 전에 빛의 도시City of Light(파리의 애칭 ─ 옮긴이)로 밀고 들어왔다. 그래서 승리의 입성이 드골 덕분인 것으로 교묘하게 꾸며질 수 있었다. 그 득의만면한 등장은 드골이 프랑스의 애국자들이 오랜 시간 절박하게 기다리던 구원자라는 인상을 만들어내는 데 공헌했다. 드골 장군은 샹젤리제 거리를 행진하는 동안 지역 레지스탕스 지도자들이 옆에서 나란히 걷지 못하게 하고, 조금 거리를 둔 채 뒤에서 따라오게 했다. 영국의 역사학자 A. J. P. 테일러A. J. P. Taylor가 "전쟁을 한 번도 수행하지 않은 장군이자 단 한 번도 선거에 나서지 않은 정치가"[13]라고 냉소적으로 지적한 바 있는 권위적인 드골은 그렇게 미국과 영국이라는 해방자들에 의해 프랑스 국민들에게 억지로 떠안겨졌다. 드골은 레지스탕스 내의 공산주의자를 비롯한 좌파 단체들이 어느 정도 정치에 참여하도록 허락해야 했고 몇 가지 정치적 개혁을 도입해야 했지만, 만일 그가 없었다면 분명히 프랑스에는 훨씬 더 급진적인 정부가 정권을 잡았을 것이고 〈레지스탕스 헌장〉이 구상했던 개혁도 아마 현실이 되었을 것이다.

미국과 영국은 이탈리아에서 그랬던 것처럼 프랑스에서도 의심스럽게 행동했다. 그들의 행동은 해방된 국민이 자기 나라의 민주주의를 스스로 회복하게 한다는 합의된 원칙에 부합하기 어려웠다. 서방 연합군이 그리스나 이탈리아에서 그랬던 것과 달리 프랑스에서는 조잡하게 굴지 않은 것은 사실이지만, 이것은 영국과 미국의 솜씨였다기보다는 파리 해방 이후 프랑스의 공산주의자들이 특히 온순했다는 사실 탓이 훨씬 더 컸다. 그들이 스탈린의 지시에 따라 그렇게 행동했다는 것은 사실상 분명하다. 스탈린은 프랑스 공산주의자들의 야망 탓에 미국과 영국과의 좋은 관계를 해치고 싶지 않았던 것이다. 어쨌거나 소련은 새롭게 해방된 그 나라의 일에 관해 이번에도 일체의 참여를 거부당했다.[14]

벨기에에서도 서방 연합군은 비슷한 행보를 보였다. 런던에 망명했던 벨기에 정부가 돌아옴으로써 정치적, 사회경제적 시계가 단순히 4년 전으로 되돌아간 것이다. 해방 이후 다소 급진적인 개혁을 실천할 계획이었던 레지스탕스 단체들은 먼저 그 지역 공산주의자들을 시작으로 해방자들에 의해 무장을 해제당하고 정치적으로도 완전히 저지당했다. 벨기에의 옛 질서를 회복한 것은 영국이었다. 런던은 벨기에가 비록 작지만 영국이 대륙에 진출하는 일종의 교두보로서 장차 유럽의 영국 세력권에서 중요한 부분을 차지할 것으로 보았기 때문이다. 미국도 영국을 강력하게 지지했다. 미국 정부 또한 벨기에 해방과 지배의 변증법이 급진적인 정치적, 사회적, 경제적 변화로 이끌리지 않도록 막는 데 열을 올렸기 때문이다. 벨기에의 지도층과 기존 정당들도 이에 열렬히 호응하여 그 나라에서 변화를 일으키려는 희망은 힘을 잃고 좌절되었으며, 마지막에는 '왕실 문제', 즉 왕실이 공화정 기관들에게 권력을 양도하느냐 마느냐라는 그리 중요하지 않은 이슈로 왜곡되었다.[15]

12장   **붉은 군대의
성공과
얄타회담**

1943년과 1944년에 이탈리아, 그리스, 프랑스 같은 나라들에서 일어난 일들은 그 지역 파시스트들을 어떻게 응징하거나 보존할지, 민주주의를 어떻게 회복할지, 그 나라를 재건하는 일에 반파시스트 레지스탕스 운동과 국민들을 얼마나 참여시킬지, 그리고 정치적, 사회적, 경제적 개혁을 도입할 것인지 말 것인지 결정한 것이 바로 해방자들이었음을 분명하게 보여주었다. 서방 연합군의 그 섬세하지 못한 행동들은 스탈린에게 붉은 군대가 점령한 나라들에서 비슷하게 일을 추진하도록 백지위임장을 준 것이나 다름없었다. 그러나 이 좌우대칭은 완벽과는 거리가 멀었다. 첫째, 소비에트는 1944년 여름까지 자기 나라에서 거의 홀로 싸움을 계속했다. 그들이 이탈리아나 프랑스와 견주기 어려운 루마니아와 불가리아 같은 인접국들을 해방시킨 것은 같은 해 가을에 이르러서였다. 둘째, 스탈린과 처칠의 동의로 성립된 이 세력권이라는 방식은 서방 연합군이 동유럽의 몇몇 국가들에서 작지만 중요할 수 있는 비중의 개입을 허용했으나, 소비에트는 서유럽 어디에서도 그런 권한을 누리지 못했다. 종전 후 유럽의 개편에 영향력을 행사한다는 측면에서, 1944년 말에 다가갈 때까지만 해도 미국과 영국이 처한 상황은 전망이 나쁘지 않았다. 그러나 거기에는 우려할 만한 요인 또한 있었다.

마켓가든 작전이 실패하면서 유럽의 전쟁은 완전히 끝나지 않았다는 것이 명백해졌다. 대륙의 상당 부분이 여전히 해방을 기다리고 있었고, 나치 독일도 아직 정복되지 않은 채였다. 그러는 동안 소비에트가 폴란드 전체를 해방시킬 것이 분명했고, 그런 전망은 많은 폴란드인들, 특히 보수적이고 강력하며 반소비에트적인 런던의 폴란드 망명정부를 걱정에 빠지게 했다. 게다가 이 정부 구성원들은 충실한 민주주의자들이 아니라, 전쟁 전 히틀러와 공모하여 뮌헨조약 때 그가 체코슬로바키아 일부를 가져간 선례를 따랐던 독재적인 폴란드 정권을 대표한다는 것이 당연한 사실로 여겨지고 있었다.[1] 심지어 늦어도 1945년 초까지는 베를린을 향해 승리의 행진을 하는 특권이 미국이나 영국군이 아니라 붉은 군대의 차지임이 거의 확실해 보였다. 독일의 수도를 향한 미국과 영국의 진군은 마켓가든 작전 때 네덜란드에서 처음으로 발목을 잡혔고, 1944년 12월에서 1945년 1월 사이 육군 원수 폰 룬트슈테트Karl Rudolf Gerd von Rundstedt(1875~1953)가 아르덴에서 가한 예상치 못했던 반격에 또 한 번 강력하게 저지되었다. 두 번째 사건은 미국 역사책과 미국인의 집단의식에 벌지 전투the Battle of the Bulge라는 이름의 거대하고 영웅적인 격돌로 각인되고, 적절한 때에 동명의 할리우드 영화로 기념될 운명이었다. 하지만 아르덴에서의 그 대결은 실제로는 미국에 심각한 좌절을 안겨주었다. 폰 룬트슈테트의 반격은 결국 실패로 끝났지만, 초기에는 독일군의 압박이 상당했다. 미국도 바스토뉴 등 여러 곳에서 영웅적으로 맞서 싸웠지만 당황하고 혼란에 빠질 때도 많았으며, 1945년 1월 말까지 그 위기를 완전히 넘

기지 못하고 있었다.[2]

그래서 다시 한 번 쓸모 있는 친구 소비에트에 도움을 청하기로 했다. 붉은 군대는 미국의 급박한 요청에 응해, 원래 계획보다 일주일 빠른 1945년 1월 12일에 폴란드에서 대규모 공세를 펼쳤다. 독일 육군은 동쪽에서 새로운 위협에 직면하게 되자 아르덴에 투입되었던 자원을 그쪽으로 일부 돌릴 수밖에 없었고, 덕분에 미국에 가해지던 압박도 줄어들었다. 그러나 독일은 동부전선에서 단 몇 주만에 오데르 강에 도달할 만큼 빠르게 덮쳐오는 소비에트의 우격다짐을 멈출 수가 없었다. 소비에트는 2월 초에 독일 수도에서 100킬로미터도 떨어져 있지 않은 도시 프랑크푸르트안데어오데르(독일과 폴란드 국경에 있는 도시 – 옮긴이)에 도착했다. 미국은 모스크바가 베푼 군사적 호의에 감사해야 했지만, 자신들이 아직 라인 강 근처에도 도착하지 못하고 여전히 베를린에서 500킬로미터 이상 떨어져 있는 지금, 소비에트가 베를린을 향한 비공식적인 경주에서 서방 연합군을 크게 앞서가고 있는 상황을 기뻐할 수만은 없었다.[3]

미국과 영국의 지도자들은 마켓가든 작전이 실패로 끝났을 때 이미 그들이 베를린을 향한 경주에서 패할 것이고, 결국에는 붉은 군대가 독일 영토의 대부분을 통제하게 될 것이며, 소비에트는 다른 해방자들이 이탈리아 등지에서 했던 선례를 따라 전후 독일에 자신들의 의지를 강요할 수 있게 되리라는 것을 분명히 알았다. 이것은 수많은 비관론을 양산했다. 벌지 전투에서 또 한 번 좌절을 맛보았을 때는 1944년 11월 결국 소비에트가 유럽 전체의 패권을 쥘 수밖에 없으리라는 견해를 밝혔던 맥아더Douglas MacArthur(1880~1964) 장군 같은 예언자들의 말에 더욱 신뢰가 더해졌다.[4] 만일 군사적 성과만으로 모든 것을 결정할 수 있다면 최종적인 결과물이 서방 연합군에 대단히 불리하리라는 것은 사실이었다. 그러나 만일 소비에트를 설득하여 군사적 성과에 관계없이 구속력을 갖는 협정에 동의하게 한다면 결말은 달라질 수도 있었다.[5] 바로 이것이 영국과 미국이 1944년 가을 런던에서 소비에트 대표단과 일련의 회담을 열며 이루고자 했던 목표였다. 그들은 싸움이 모두 끝났을 때 동맹군 각각의 위치에 상관없이 독일을 비슷한 면적의 점령 지역 셋으로 나누자고 제안했다. (훗날 프랑스에 네 번째 점령 지역을 할당할 수도 있었다.) 이런 할당은 분명 그들에게 유리한 것이었지만 스탈린은 서방 측의 제안을 받아들였다. 이것은 영국과 미국에게 맥아더 같은 비관론자들의 입을 막아버리는 최고의 성과였다. 콜코는 "요약하면 러시아는 임박한 모든 군사적 승리가 그들에게 독일을 일방적으로 운영하도록 허락했음에도 그러지 않겠다고 동의한 것"이라고 정리했다.[6]

　붉은 군대가 베를린을 점령했으니 그곳은 소련에게 할당될 지역 깊숙이 놓일 것이 분명했다. 그런데도 소비에트가 독일 그 자체라고도 할 수 있는 수도 베를린을 세 개의 점령 지역으로 나누는 데 동의했다는 사실은 서방 연합군이 생각지도 못했던 또 하나의 덤이었다. 훗날 동독의 심장부에 위치하게 될 '서베를린'은 스탈린이 1944년 가을과 1944년에서 1945년으로 넘어가는 겨울에 한 번 더 보여준 협조적인 태도 덕분에 존재할 수 있었다. 독일의 점령 지역에 관한 런던협정과 1945년 2월 4일~11일에 열린 얄타회담에서 빅3(루스벨트, 처칠, 스탈린)가 합의한 협정은 서방 연합군이 1944~1945년 사이에 자기 군대는 저지당하고 붉은 군대는 승승장구하던 난관에 비추어보아야만 제대로 이해할 수 있다.

흔히 크림반도의 휴양지 얄타에서 빈틈없는 스탈린이 그의 어리석은 서방 동지들을 가지고 놀았으며, 특히 루스벨트 대통령은 그때 이미 몸이 아주 불편했다고 이야기한다. 이보다 진실에서 먼 이야기도 있을 수 없을 것이다. 첫째, 그 만남에서 아무것도 잃은 것 없이 모든 것을 얻은 쪽은 영국과 미국이었다. 그 회담이 없었다면 틀림없이 형편이 더 나았을 소비에트는 그들과 정반대였다. 사실 독일의 심장부 깊숙이 파고들어가는 붉은 군대의 눈부신 전진은 스탈린의 손에 점점 더 많은 카드를 쥐여주고 있었다. 회담 전날 밤 주코프Grigori Konstantinovich Zhukov(1896~1974) 장군은 베를린에서 돌을 던지면 닿을 거리에 불과한 오데르 강둑 위에 서 있었다. 그것이 바로 모스크바가 아니라 워싱턴과 런던이 동맹 지도자들 간의 만남을 고집한 이유였다. 구속력 있는 협정을 맺기 위해 스탈린과 만나는 것이 너무나 절박했기 때문에 루스벨트와 처칠은 소련에서 회담을 열자는 스탈린의 조건도 기꺼이 받아들였다. 미국과 영국의 지도자들은 회담에서 줄다리기가 이어지는 동안 소비에트에 일종의 '홈 게임 어드밴티지'를 주면서까지 길고 고된 항해를 감수해야 했다. 그러나 이런 것들은 회담이 가져다줄 이익, 그리고 붉은 군대가 독일의 대부분을 점령할 것이 확실한 데서 오는 불이익에 비하면 사소한 불편에 지나지 않았다. 전쟁의 그 단계에서 스탈린은 빅3의 회담이 필요하지도 않았고 그것을 원하지도 않았다. 그러나 앞으로 살펴보겠지만, 그에게도 물론 소비에트 측에 어떤 이점을 가져다줄 것이 기대되는 회담을 여는 데 동의해야 할 이유들과 서방의 동지들에게 협조적인 태도를 보여야만 했던 이유들이 있었다.[7] 둘째, 얄타회담에서 도출된 협정은 사실상 서방 연합군에 유리한 것이었다. 크림반도의 휴양지 현장에 참석했던 루스벨트 정부의 국무부 상관 에드워드 스테티니어스Edward Stettinius(1900~1949)는 훗날 그 회담에서 "소련이 [서방 측에] 한 양보가 그들이 얻어낸 것보다 더 많았다"고 기록했다.[8] 그리고 미국의 역사학자 캐롤린 우즈 아이젠버그Carolyn Woods Eisenberg는 비교적 최근의 저서에서, 미국 대표단은 소비에트가 사리를 분별할 줄 안 덕분에 미국뿐만 아니라 인류 전체가 "최초의 위대한 평화적 승리를 얻었다"고 확신했고 그들은 "기뻐서 어쩔 줄 모르며" 얄타를 떠났다고 강조했다.[9]

세 정상은 얄타에서 런던협정의 독일에 관한 내용을 공식적으로 승인했다. 앞에서 이야기했듯이, 1944년 가을에도 그랬지만 얄타회담이 열릴 당시에 프랑크푸르트안데어오데르에 도달했던 붉은 군대가 모든 싸움이 끝날 무렵에는 서쪽의 프랑크푸르트암마인(독일 중서부 헤센 주에 있는 도시 – 옮긴이)에 있을 가능성이 더욱 커진 상황이었으므로, 독일을 점령 지역으로 분할하는 것은 미국과 영국에게 유리했다. 게다가 영국과 미국이 더 넓고 풍요로운 독일 서쪽 지방을 할당받았다. 이 부분에 대해서는 나중에 더 이야기해야 한다. 크림반도에서는 또 종전 후 독일이 제1차 세계대전 때처럼 배상금을 지불해야 한다는 데에도 원칙적으로 동의했다. 루스벨트와 처칠은 약 200억 달러로 추산되는 이 배당금의 절반을 나치의 파괴행위가 특히 야만적이고 파멸적인 방식으로 행해졌던 소비에트에 주는 것이 정당하고 합리적이라고 인정했다. (일부에서는 소련에 총 100억 달러나 할당한 것은 지나쳤다고 생각한다. 그러나 독일의 역사학자 빌프리트 로트Wilfried Loth가 말하듯, 사실 그것은 "매우 온건한" 조치였다. 얄타회담이 있은 지 몇 년 후인 1947년, 소련의 총 피해액은 줄잡아 1,280억 달러 이상이었던 것으로 추산되었다.) 스탈린에게는 이 배상금 문제가 대단히 중요했다. 그가 독일 점령 구역 분할 문제에 대해 서방 연합군 동지들에게 그렇게 협조적이었던 이유도 바로 이 배상금 문제에 목이 말라 있었기 때문일 가능성이 매우 크다.[10] 역으로 독일을 점령 구역으로 분할하는 문제에 관하여 소비에트 지도자의 재가를 얻고 다른 부분들에서도 영국과 미국에 이익이 되는 분배에 동의하게 하려면 어떤 부분들에서는 그를 만족시켜주어야 했다. 예를 들어 루스벨트는 언젠가는 일본에 전쟁을 선포하겠다는 스탈린의 약속을 다시 한 번 확인받은 대가로, 1904~1905년 러일전쟁으로 차르 왕조가 잃어버렸던 극동 지역의 영토를 소비에트가 회복하는 데 미국이 동의한다고 화답했다.[11]

특히 미국이, 그리고 어느 정도는 소비에트도 저 유명한 미국 재무부 장관 헨리 모건소Henry Morgenthau(1856~1946)의 계획에 관심을 보이기는 했지만, 얄타에서는 독일의 미래에 관한 최종적인 결정이 내려지지 않았다. 모건소는 '독일 문제'를 간단하게 해결하는 방법으로 그 나라의 산업을 해체하여 가난하고 무해한 농업국가로 되돌리자고 제안했다. 그러나 실제로 이 계획은 그에 반대하는 사람들의 주장과 수많은 독일인이 지금도 믿고 있는 바보다 훨씬 덜 엄격한, 모호하고 앞뒤도 맞지 않는 일련의 제안들에 지나지 않았다.[12]

그 당시에는 워싱턴도 모스크바도 모건소 계획이 중대한 윤리적인 차원의 반대뿐만 아니라 심각한 현실적 반대에도 부딪힐 수 있음을 완전히 깨닫지 못했다. 예를 들어, 그 계획을 실행에 옮기면 독일이 막대한 배상금을 지불하기를 기대하기 어려워진다. 배상금은 상당한 부를 전제했고, 독일이 그런 부를 쌓게 하려면 모건소의 시나리오가 들어설 자리가 없었다. 독일의 역사학자 외르크 피슈Jorg Fisch는 "모건소 계획의 논리적 귀결은 배상금 지급 가능성이 없어진다는 것"이라고 단언한다.[13] 게다가 미국의 역사학자 캐롤린 우즈 아이젠버그가 지적하듯이, 독일을 '시골화'하려는 모건소 계획은 전적으로 "미국에서 가장 중요한 …… 정책 결정자들의 생각과 어긋나는" 것이었다. 그들에게는 '독일의 경제적 재건'이라는 대안을 선호할 만한 타당한 이유들이 있었다. 미국의 일부 정치인들은 모건소 계획이 독일을 무정부 상태, 무질서, 그리고 어쩌면 볼셰비즘으로 이끌 수도 있다며 두려워했다. 사업가들은 가난한 독일과는 어떠한 유익한 사업도 벌일 수 없다고 생각했다. 그리고 미국의 영향력 있는 사람들은 모건소 계획이 오펠을 비롯하여 독일에 있는 미국 기업들의 여러 자회사들의 운명에 끼칠 수 있는 대단히 부정적인 영향을 걱정했다. 오펠의 모회사인 제너럴모터스 이사회의 영향력 있는 의장 알프레드 P. 슬론과 같이 독일에 막대한 금액을 투자한 회사를 대표하는 사람들이 모건소 계획에 가장 단호하게 반대한 것은 우연이 아니었다. (미국의 '제국주의자 집단'이 선봉에 서서 모건소 계획에 반대했다는 미국 주재 소비에트 대사 안드레이 그로미코Andrei Gromyko의 말도 크게 틀리지 않았다.) 그리하여 모건소 계획은 얄타회담 후 몇 개월 동안 점차, 그리고 빠르게 무대에서 퇴장했다. 루스벨트의 좋은 친구였던 모건소 자신도 1945년 7월 5일 새 대통령 트루먼에게 해임되어 고위 공직자 자리에서 내려왔다.[14]

서방 연합군의 관점에서 볼 때, 때로 모호하게 작성된 독일에 관한 얄타의 협정은 매우 유리하고 중요한 것이었다. 스탈린은 거기에 더하여 폴란드를 비롯해 붉은 군대가 해방시킨 동유럽 국가들의 미래에 관한 논의를 준비하고 있었다. 프랑스, 이탈리아, 벨기에 같은 서유럽 국가들의 종전 후 운명에 대해서는 3국 정상이 한 번도 논의한 적이 없었음에도 그랬다. 스탈린은 서유럽에 대해 어떤 환상도 품지 않았고, 그가 경력 초창기부터 그 생존과 안전에 집착해온 '사회주의자의 조국' 소련의 국경에서 아주 멀리 떨어진 나라들에서 일어나는 일 때문에 미국과 영국과의 동맹 관계를 위협하고 싶지 않았다. 그러나 특히 폴란드를 비롯한 동유럽 전반의 상황은 많이 달랐다. 소련은 종전 후 인접 국가들의 정부 구성에 대단히 관심이 많았다. 그 나라들의 옛 정부들은 소련에 불친절하고 때로는 완전히 적대적이었으며, 그들의 영토가 전통적으로 모스크바를 침공하는 경로였기 때문이다. 스탈린으로서는 적어도 미국과 영국이 서유럽에서 허락받는 것과 비슷한 종류의 개입을 소비에트도 요구하기 위한 효과적인 수단으로서, 종전 후에도 붉은 군대를 주둔시키는 형태로 폴란드 등 동유럽 국가들을 재편해야 할 타당한 이유가 있었다. 스탈린은 서방 연합군이 서유럽에서 한 방식에 이의를 제기하지 않았다. 그는 아마도 이제 서방의 동지들이 그에게 동유럽에서의 자유 재량권을 줄 차례라고 여겼을 것이다.[15]

그러나 이 모든 것에도 불구하고, 서유럽의 문제들은 한 번도 언급되지 않았음에도, 스탈린은 얄타에서 폴란드를 비롯한 나머지 동유럽의 운명에 대해 논의할 준비가 되어 있었다. 게다가 소비에트의 실제 요구는 최소한이었고 비합리적인 것과는 거리가 멀어서 처칠과 루스벨트가 거부하기 어려울 정도였다. 그들의 요구는 (폴란드가 오네브 상과 나이세 강을 잇는 선 동쪽의 독일 영토를 획득하는 보상으로) 커즌라인이 폴란드와 소련 사이의 국경을 형성하고, 폴란드와 다른 인접 국가들에 반소비에트적인 정권이 들어서는 것은 용납할 수 없다는 것이었다.[16] 미국과 영국이 이 요구를 받아들이는 대가로 스탈린은 그들이 원하는 것들을 들어주었다. 즉 동유럽의 해방 국가들에서 공산주의 노선을 따르는 사회경제적 변화를 일으키지 않기로 하고, 자유 총선을 실시하고, 미국과 영국이 (당연히 소련과 함께) 계속해서 장차 그 나라들에서 일어날 일들에 개입할 수 있게 해주기로 한 것이다. 이런 방식은 전혀 비현실적이지 않았고, 이것의 변형이 종전 후 핀란드와 오스트리아에서 성공적으로 시행되었다. 이렇듯 얄타회담은 소련에게 동유럽에서의 독점적인 영향력을 부여하지 않았다. 미국과 영국은 자신들이 스탈린의 묵인 하에 서유럽에서 이미 일종의 배타적인 영향력을 행사하고 있으면서도 소련에게는 동유럽에서 '제한적인 영향력'만을 부여한 것이다.

따라서 얄타회담은 서방 연합군 측의 상당한 성공으로 나타났다. 루스벨트가 크림반도의 휴양지에서 해준 그 '양보들'에 대해 처칠이 심각하게 걱정했다는 이야기가 종종 있었다. 실제로는 회담이 끝났을 때 그도 완전히 기쁨에 젖었고, 그럴 만한 이유도 있었다.[17] 영국과 미국이 처음 얄타에서 감히 기대했던 것보다 훨씬 더 잘해냈기 때문이다. 따라서 영악한 스탈린이 크림반도의 휴양지에서 그의 서방 동지들로부터 모든 종류의 양보를 쥐어짰냈다는 혐의는 전적으로 거짓이다. 얄타회담이 이후 폴란드와 다른 동유럽 지역에서 올바로 시행되지 않은 것은 사실이다. 나중에 다시 분석하겠지만, 이것은 1945년 여름 미국의 '원자외교'에 대한 스탈린의 대응과 깊은 관계가 있다. 하지만 런던에 있던 폴란드 망명정부의 전적으로 비현실적이고 용납될 수 없었던 반소비에트적 태도와도 밀접한 관계가 있었다. 커즌라인은 얄타회담에서 공식적으로 승인되고 루스벨트와 처칠도 공정하고 필연적인 국경으로 인정했음에도 런던의 폴란드 망명정부는 이를 자신들의 동쪽 국경으로 받아들이려 하지 않았다.[18] 폴란드 망명정부의 고집 때문에 스탈린은 점점 공산주의자이자 친소비에트적인 망명정부인 '루블린 폴란드 국민Lublin Poles'이라는 카드를 사용하기 시작했고, 결국 그것이 바르샤바에 독점적으로 공산주의 정권을 취임시키는 결과로 이어졌다. 미국과 영국은 이에 크게 반발했지만, 그들의 항의는 그들 자신이 종전 후 그리스, 터키, 그리고 중국 등 여러 나라에서 독재정권을 수립하거나 지지했다는 사실, 그리고 그들이 스탈린에게 폴란드를 비롯한 다른 동유럽 국가들에서 실시하라고 요구하는 자유 총선을 자신들이 지지하는 독재정권 국가들에서는 고집하지 않았다는 명백한 사실과 양립하기 어려웠다.

스탈린은 현실주의자였다. 런던협정과 얄타회담 때 그가 처칠과 루스벨트에게 협조적이었던 것은 그냥 그러고 싶어서가 아니라, 그렇게 하지 않을 수 없다는 정확한 계산 때문이었다. 소련을 지독하게 괴롭힌, 완전한 파괴를 가까스로 면한 그 전쟁은 아직 끝나지 않았다. 물론 1945년 초 소비에트의 군사적 상황은 대단히 훌륭했지만, 여전히 온갖 종류의 불쾌한 일들이 일어날 수 있었다. 예를 들어 제3제국의 종말이 다가올수록 괴벨스의 선전기구는 최종적으로 나치를 구할 수 있는 시나리오, 즉 서방 연합군과 독일이 휴전하고 볼셰비키 소련에 공동으로 대항하는 계획을 적극적으로 추진했다. 이 계획은 흔히 생각하는 만큼 단순하고 비현실적인 것이 아니었다. 괴벨스는 영국을 비롯하여 사실상 서구 세계 전체의 지배계급이 볼셰비즘을 '천적'으로 여기고 있으며, 동시에 나치 독일을 다가오는 반소비에트 십자군의 창으로 생각했다는 사실을 잘 알고 있었기 때문이다. 이 나치 선전부장은 또한 전쟁 중에 상당수 서방 지도자들이 소비에트가 유용한 동맹임을 알았지만 여전히 이 공산주의 국가를 혐오했고 언젠가는 없애버리기로 했다는 사실을 날카롭게 간파했다.

그것은 수년간의 초인적인 노력과 막대한 손실 끝에 마침내 승리가 손에 잡힐 듯 가까워진 듯했던 소련의 앞날이 계속해서 스탈린이 늘 집착했던 '일국사회주의'와 국가의 생존을 위한 투쟁의 나날이 되리라는 것을 의미했다. 소비에트의 지도자는 괴벨스의 시나리오를 걱정했으며 거기에는 그만한 이유도 있었다. 서방 연합군 진영의 장군과 정치가 등 여러 고위층 인사들은 이 시나리오가 상당히 매력적이라는 걸 알았다. 그들 중 일부는 전쟁이 끝난 다음 1945년에 미국과 영국의 군대가 모스크바에 닿을 때까지 계속해서 동쪽으로 진군하지 않은 것을 드러내놓고 후회하기도 했다. 처칠도 '독일의 대안' 또는 '독일의 선택지'로 불린 위와 같은 종류의 계획을 생각해보았다. 스탈린은 소련에 대한 서방 세계의 진짜 감정에 대해 어떤 환상도 품지 않았다. 그의 외교관들과 첩보원들이 늘 런던, 워싱턴, 그리고 그 외 서방 세계의 견해와 새로운 사실들을 생생하게 전해주었다. 러시아 내전 때 연합군이 개입한 역사적 선례를 기억하는 소비에트의 지도자에게, 동맹이 깨지고 독일과 서유럽이 손을 잡고 소련에 대항할 가능성은 진정한 악몽이었다. 그런 악몽을 떨쳐내기 위해 그는 처칠과 루스벨트에게 소련을 상대로 무언가 일을 벌일 최소한의 빌미도 주지 않으려 노력했다. 이것으로 그가 왜 영국과 미국이 서유럽과 그리스에서 한 일을 비난하지 않았는지, 그리고 왜 얄타에서 그렇게 협조적이었는지 이해할 수 있다.[19]

13장 드레스덴:
엉클 조에게 보내는
메시지

1945년 1월 말까지도 서방 연합군은 여전히 벌지 전투의 피해에서 회복하는 중이었고, 라인 강을 건너기는 고사하고 아직 도착조차 하지 못한 상태였다. 같은 시각 소비에트는 독일 깊숙이 파고들어 베를린을 타격할 수 있는 거리인 오데르 강에 도달했다. 이런 상황은 이제 막 얄타로 떠나려는 참이어서 스탈린이 그 회담에서 친절한 호스트가 되어주리라는 사실을 아직 알지 못했던 처칠과 루스벨트를 불편하게 했다. 붉은 군대가 거둔 최근의 눈부신 성공을 고려할 때, 그들은 스탈린이 건방지고 다루기 힘들 것으로 예상했다. 그를 어느 정도 끌어내려 얄타에서 좀 더 다루기 쉽게 만들기 위해, 영국과 미국의 지도자들은 자신들의 군대가 최근에 좌절을 겪기는 했지만 그 위용을 과소평가해서는 안 된다는 점을 분명히 하고자 애썼다. 붉은 군대가 엄청난 수의 적 병사와 막강한 탱크와 강력한 대포를 제거한 것은 인정할 만했다. 그러나 서방 연합군은 미국과 영국이 자신들의 전선에서 대단히 멀리 떨어진 곳에까지 엄청난 일격을 가할 수 있게 해주는, 소비에트에는 비할 바가 없는 최강의 군사적 카드를 보유하고 있었다. 그 카드란 바로 역사상 가장 인상적인 폭격기 편대로 이루어진 공군이었다. 워싱턴과 런던은 스탈린이 이 점을 확실히 인식하길 원했다.

1945년 2월 13~14일 밤, 참회의 화요일과 재Ash의 수요일 사이 (기독교에서 사순절 시작하기 전날과 시작하는 날 – 옮긴이)에, 작센의 주도이자 유명한 예술의 도시인 드레스덴이 영국 공군의 폭격기 편대에 한 번도 아니고 두 번이나 공격당했다. 그리고 다음날 아침에는 미국 공군의 폭격기 편대가 도시를 공습했다. 세 번에 걸쳐서 총 1,000대가 넘는 폭격기가 동원된 이 공습의 결과는 파멸적이었다. '엘베 강의 피렌체'의 역사적 중심지가 잿더미가 되었다. 특히 충격적이었던 것은 영국 공군이 총 75만 개에 달하는 소이탄을 집중적으로 사용했다는 사실이다. 소이탄이란 의도적으로 '화재폭풍'을 일으키는 폭탄으로, 영국의 저널리스트이자 역사학자인 필립 나이틀리Phillip Knightley는 이것을 다음과 같이 묘사했다.

공기가 점점 더 빨리 불 속으로 빨려 들어가는 인공 토네이도. 풍속 150 킬로미터 이상의 폭풍이 드레스덴에서 인간과 도시의 잔해를 섭씨 1,000도 이상의 온도로 불타는 오븐 속으로 몰아넣었다. 그 불길은 모든 유기물, 불에 타는 모든 것을 게걸스럽게 먹어치웠다. 수천 명이 불타고, 소각되고, 질식해 죽었다.[1]

엄청난 수의 주민과 우연히 드레스덴에 있던 수천수만의 난민들이 목숨을 잃었다. 정확한 사상자 통계는 알 수 없다. 그날 밤 정확히 얼마나 많은 사람들이 그 불길 속에서 목숨을 잃었는지 알지 못한다. 과거에는 숫자를 부풀리는 경향이 있어서, 희생자가 30만 명에 달한다고 말하는 사람들도 있었다. 그보다 상당히 적은 약 3만 명 정도가 목숨을 잃었다고도 종종 이야기하지만 이것은 시체가 확인된 경우를 말하는 숫자로서 전체 희생자 수의 작은 부분에 지나지 않는다. 지역 경찰의 비밀 보고서에 따르면 아마도 20만 명에서 25만 명 사이였을 거라고도 한다. 여러 가지 이유로 정확한 숫자는 끝내 알 수 없을 것 같다. 그러나 그 문제에 대한 전문가 대다수는 최소 2만 5,000명에서 최대 4만 명 정도가 희생되었다는 데 동의하는 것으로 보인다.[2] 이런 통계는 사실 크게 중요하지 않다. 드레스덴에서 엄청난 수의 민간인이 끔찍하게 죽었다는 사실을 아는 것으로 충분하다.

그 도시를 강타한 죽음과 파괴는 아무 의미도 없는 것이었다는 믿음이 일반적이다. 그렇게 믿는 이유는 그 아름다운 '엘베 강의 피렌체'가 군사적으로나 산업적으로나 중요하지 않은 도시였고, 따라서 미국과 영국이 공습 목표로 심각하게 고려할 만한 곳이 전혀 아니었기 때문이다. 군사적이고 전략적인 관점에서 볼 때, "표적이 된 적도 없고 별로 중요하지도 않은 전시 산업"뿐이던 드레스덴은 미국과 영국이 벌인 그 터무니없는 일을 정당화하기에는 너무나도 사소한 목표였다는 것이 미국의 역사학자 마이클 S. 셰리Michael S. Sherry가 1980년대 말 자신의 저서에서 도달한 결론이었다.[3] 드레스덴 폭격이 독일군이 먼저 로테르담과 코번트리 같은 도시들을 폭격했던 데 대한 보복조치였다는 설명도 말이 되지 않는다. 1940년 독일공군의 무자비한 폭격으로 파괴된 이 도시들에 대한 대가는 1942년, 1943년, 그리고 1944년에 베를린, 함부르크, 쾰른을 비롯한 셀 수도 없이 많은 독일의 크고 작은 도시들에서 이미 값비싸게 치렀기 때문이다. 또한 1945년에는 영국과 미국의 지휘관들이 아무리 맹렬한 폭격 공격도 "[독일군을] 위협하여 굴복"⁴시키는 데 성공적이지 못하다는 사실을 완벽하게 잘 알고 있었기 때문에 그것을 이 작전 입안자의 동기로 삼는 것도 현실적이지 않다. 드레스덴 폭격은 아무 의미도 없는 학살이었던 것으로 보인다.

최근에는 다른 나라와 도시들을 폭격하는 일이 주기적으로 발생하고, 미디어는 그것을 정치 지도자들뿐만 아니라 일반인들에게까지 어떤 고귀한 목적을 달성하기 위한 완벽하게 정당한 수단이자 효과적인 군사적 행위로 설명해준다. 이런 상황이어서 몇몇 역사학자들이 제2차 세계대전 당시에도 도시들을 폭격하는 것이 효과적인 수단이었다고 주장하기가 쉬워졌다. 일례로 리처드 오버리는 1955년에 출판된 그의 저서 《연합군이 승리한 이유Why the Allies Won》에서 폭격이 나치 독일을 무찌르는 데 중요한 역할을 했다는 당시의 지배적인 견해를 반박한 바 있다.⁵ 이러한 최근의 새로운 분위기 속에서 드레스덴에 가해졌던 끔찍한 폭격도 되살아났다. 영국의 역사학자 프레더릭 테일러가 2004년에 발표한 《드레스덴: 1945년 2월 13일 화요일》은 먼저 작센의 주도에 가해진 엄청난 파괴는 그 공격의 입안자들이 의도했던 것이 아니라, 불운했던 여러 상황들이 조합되어 나타난 예상 밖의 결과였다고 주장한다. 그 불운했던 상황들에는 폭격기 해리스라 불리던 아서 해리스가 지휘하는 영국 공군 폭격단이 전쟁 독일의 영국 폭격에 대응하여 실행하던 '지역 폭격'(특정 시설이 아닌 지역 전체를 목표로 하는 폭격 – 옮긴이) 전략의 효율성이 향상되었고, 기상 조건이 완벽했고, 그리고 그 도시의 대공 방어(및 준비)가 절망적으로 부적절했다는 사실이 포함된다. 이전에 독일 도시들에 가해졌던 수많은 공습이 기대했던 것보다 훨씬 적은 타격을 입히는 데 그쳤던 반면, 드레스덴 폭격은 기대 이상의 피해를 입히고 만 것이다. 적어도 테일러는 상황을 이런 식으로 이해했고, 그 결과 드레스덴 폭격은 "모든 것이 끔찍하게 잘 돌아간" 공격이었다고 결론짓는다.[6] 거기에 더하여 테일러는 전통적인 견해에 반대하며, 드레스덴은 중요한 군사적 중심지였을 뿐만 아니라, 수많은 공장과 작업장에서 온갖 중요한 군수품을 생산하는 중요한 산업도시인 동시에 철도 교통의 최고 요충지였기 때문에 정당한 표적이었다고 주장한다.

그러나 파괴의 정도가 예상보다 심했다는 테일러의 주장은 그 자신이 자기 책에서 언급한 사실, 즉 약 40여 대의 미국 공군의 '육중한 폭격기들heavies'이 항로에서 벗어나 결국에는 드레스덴이 아니라 프라하에 폭탄을 떨어뜨렸다는 사실과 모순된다.[7] 즉 모든 것이 계획대로 되었다면 드레스덴은 실제로 파괴된 것보다 더 큰 피해를 입었을 것이 분명하다는 뜻이다. 그 이례적으로 극심했던 파괴는 명백히 의도된 것이었다. 설사 그렇게까지 심하게 파괴하려고 했던 것은 아니라고 할지라도, 그것을 의도했다는 것이 바로 그렇게 이례적으로 극심한 파괴가 이루어진 이유였다.

드레스덴이 철도 교통의 요충지였으며 그 도시에 무기를 비롯한 여러 군수품을 생산하는 수많은 공장과 작업장 등의 군사시설들이 존재했기 때문에 그곳이 대규모 폭격의 정당하고 훌륭한 표적이었다는 테일러의 주장은 일견 더 설득력이 있어 보인다. 하지만 일련의 사실들로 볼 때, 그 공습을 계획한 사람들의 계산에서 폭격할 만한 가치가 있는 드레스덴의 시설들이 중요한 역할을 했으리라고는 보기 어렵다.

첫째, 그 도시에서 몇 킬로미터 북쪽에 있는 단 하나의 정말로 중요한 군사시설인 독일 공군비행장은 그 공습 때 전혀 공격받지 않았다. 영국군 폭격기들을 이끌던 선도기는 그 대단히 중요한 철도역이라는 곳을 (독일 국민들이 '크리스마스트리'라고 부른 녹색 섬광을 이용해) 표적으로 지시하지 않았다. 폭격기 승무원들은 철도역 북쪽에 위치한 도시 안으로 폭탄을 떨어뜨리라고 명령받았다. 그 결과 수없이 많은 사람들이 그곳에서 죽었음에도 철도역은 상대적으로 적은 피해를, 실제로 폭격 며칠 만에 다시 열차로 군대를 수송할 수 있을 정도로 적은 구조적 피해만을 입었다. 셋째, 드레스덴의 군사적으로 중요한 산업시설은 거의 대부분 시내가 아니라 도시 외곽에, 적어도 의도된 폭탄은 단 한 발도 떨어지지 않은 곳에 있었다.[8]

독일의 다른 중요한 도시들과 마찬가지로 드레스덴에도 군사적으로 중요한 산업시설들이 있었고, 최소한 그중 일부는 도시 안에 있었으며, 그래서 그 공습으로 제거되었다는 사실은 부인할 수 없다. 그러나 그렇다고 그 공격이 그런 목적으로 계획되었다는 논리적 결론이 따라 나오는 것은 아니다. 병원과 교회도 파괴되었지만 아무도 그 공습이 그것을 목적으로 조직되었다고 주장하지 않는다. 추방 또는 사형을 기다리던 얼마간의 유대인들과 독일의 반나치 레지스탕스 단원들이 폭격으로 인한 혼란을 틈타 수용소에서 탈출할 수 있었지만,[9] 아무도 그것이 그 공습의 목적이었다고 말하지 않는다. 마지막으로, 당시 우연히 드레스덴에 있었던 수많은 연합군 포로들이 1945년 2월 13~14일 동안 그 도시에서 죽었다. 하지만 그 누가 그것이 그 도시를 말살한 이유라고 말할 것인가? 따라서 군사적으로 중요하거나 중요하지 않은, 그 수가 얼마나 되는지도 모르는 산업시설을 파괴하는 것이 그 공습의 존재 이유raison d'etre였다고 결론짓거나, 그 파멸이 (얼마 안 되는 유대인과 독일의 반나치 레지스탕스의 해방과 마찬가지로) 그 작전의 의도되지 않은 부작용에 지나지 않는다고 결론지을 만한 아무런 논리적 근거도 없다.

테일러와 같은 역사학자들이 자주 제시하는 또 다른 설명은 드레스덴에서 임무를 수행했던 영국 공군과 미국 공군의 승무원들에게 이미 들려주었던 이야기의 반복이다. 붉은 군대의 진군을 돕기 위해 작센의 주도를 폭격했다는 것이다. 얄타회담(1945년 2월 4~11일) 때 소비에트가 서방의 동지들에게 공습을 통해 동부전선에서 독일의 저항을 약화시켜서 붉은 군대가 적의 심장부로 더 쉽게 전진할 수 있게 도와달라고 부탁했다는 설이 있다. 그러나 그 가설에는 어떠한 증거도 존재하지 않는다. 독일 동부를 표적으로 삼는 영국과 미국의 공습 가능성은 실제로 얄타에서 논의되었지만, 그 이야기가 오가는 동안 소비에트는 그들 자신이 폭격에 타격을 입을까봐 우려를 표하며, 영국과 미국 공군이 지나치게 동쪽에서 작전을 수행하지 않도록 요청했다.[10] (요즘 말로 '아군의 오폭'에 피해를 입을지도 모른다는 소비에트의 두려움은 정당했다. 드레스덴 폭격 때 상당히 많은 수의 폭격기가 항로에서 벗어나 드레스덴에서 붉은 군대와의 거리만큼이나 멀리 떨어진 프라하를 폭격했다는 사실을 앞에서 이미 살펴본 바 있다.) 소비에트의 안토노프Aleksei Konstantinovich Antonov(1896~1962) 장군이 "적의 움직임을 방해하는 공습"에 보인 관심은 이런 맥락에서였다. 이것을 (그가 아예 언급한 적도 없는) 작센의 주도 또는 다른 독일 도시에, 드레스덴이 2월 13~14일 사이에 당한 것과 같은 조치를 가해달라는 요청이었다고 해석하기는 어렵다. 얄타에서도 다른 어떤 곳에서도 소비에트는 드레스덴의 말살과 같은 형태로 구현되는 종류의 공중 지원을 요청하지 않았다. 게다가 종종 주장되는 것과 달리, 그들은 드레스덴 폭격 계획을 승인한 적이 없다.[11] 또한 소비에트가 자신들의 진군을 돕기 위해 어떤 도시를 폭격해야 좋은지 알기 쉽도록 자기 군대의 움직임에 관한 정확한 정보를 서방 연합군 측에 제공하지 않았다는 사실에도 주목해야 한다.

소비에트는 드레스덴 폭격을 요청하지 않았다. 이에 덧붙여 이런 질문도 해봐야 한다. 만약 모스크바가 얄타에서 그런 도움을 요청했다면, 과연 런던과 워싱턴의 정치적 군사적 권력자들이 드레스덴을 폭격할 때 동원되었던 전례 없이 강력한 폭격기 편대를 출동시키며 그렇게 즉각적으로(드레스덴은 크림반도에서 회담이 끝나고 겨우 며칠이 지났을 때 폭격당했다) 응했을까? 그 질문에 대한 대답은 의심의 여지없이 부정적이다. 영국과 미국과 캐나다는 아직 라인 강을 건너지 못했고, 그들의 전선은 여전히 베를린에서 500킬로미터 이상 떨어져 있었다. 그러는 동안 동부전선에서는 붉은 군대가 1월 12일에 대규모 공세를 펼쳐, 독일 수도 중심부에서 100킬로미터 이내인 오데르 강까지 빠르게 진군했다. 전쟁이 끝나기 전에 소비에트가 베를린을 차지하는 것은 물론, 독일 서반부에 이르기까지 깊숙이 침투할 것이 사실상 확실해지자 미국과 영국의 군사 및 정치 지도자들은 크게 동요했다. 이런 상황에서 워싱턴과 런던이 소비에트가 더욱 큰 진전을 이루도록 도와주려고 했다고 믿는 것이 현실적으로 말이 되는가? 설사 스탈린이 영국과 미국에 공중 지원을 요청했다고 하더라도, 처칠과 루스벨트가 무슨 핑계를 대서라도 거부했을 것임은 자명하다. 지원하는 시늉은 했을지 몰라도, 영국과 미국 공군이 드레스덴을 폭격할 때 보여주었던 것과 같이 전례가 없는 대규모 작전은 결코 시행되지 않았을 것이다.

게다가 드레스덴을 공격하려면 대형 폭격기 수백 대가 적 영공을 통과하여 2,000킬로미터 이상 날아가 붉은 군대의 전선에 너무 가깝게 접근해야 했다. 소비에트의 대공포에 피격되거나, 반대로 소비에트 군대를 폭격할 위험을 감수해야 했던 것이다. 처칠이나 루스벨트가 그런 위험을 감수하면서까지 그렇게 막대한 인적 물적 자원을 투자하여 붉은 군대가 베를린을 더 쉽게 차지하고 어쩌면 그들보다도 먼저 라인 강에 도달하게 해줄 작전을 실행에 옮겼으리라고 생각할 수 있을까? 절대로 그렇지 않다. 미국과 영국의 정치적 군사적 지도자들은 분명 붉은 군대가 이미 너무 빨리 전진하고 있다고 생각하고 있었다.

드레스덴 폭격은 얄타회담이 열리기 전에 소비에트 지도자가 오만하고 다루기 힘들 것이라 믿고 계획한 작전이다. 서방 연합군의 군사적 역량을, 특히 공군력을 시위하여 알릴 필요가 있는 상황이었다. 미국과 영국이 소비에트가 상대할 수 없는 역사상 가장 인상적인 폭격기 편대, 가장 멀리 있는 표적에도 궤멸적인 일격을 가할 수 있는 무기를 가지고 있다는 것을 스탈린에게 알려주려는 것이었다. 스탈린에게 그것을 알릴 수 있다면, 얄타회담 중이나 이후에 그를 더 쉽게 다룰 수 있지 않을까?

소비에트의 코앞에서 독일의 도시를 철저히 말살하라는, 다시 말해서 크레믈린에 원하는 메시지를 전하라는 결정을 내린 사람은 처칠이었다. 영국과 미국 공군은 꽤 오래전부터 독일 도시 어디에라도 궤멸적인 일격을 가할 수 있는 상태였고, '선더크랩 작전Operation Thunderclap'이라는 이름으로 알려진 그 작전의 구체적인 계획도 꼼꼼하게 준비하고 있었다. 결국 1944년 여름, 최소한 노르망디에서부터 빠르게 전진하여 연내에 전쟁을 승리로 끝낼 수 있을 것처럼 보이자, 생각의 중심이 종전 후 재건 계획으로 기울기 시작했다. 그러자 선더크랩 같은 작전이 소비에트를 위협하기 위한 유용한 방법으로 보였던 것이다. 1944년 8월, 영국 공군의 제안서는 다음과 같이 말한다.

> 장엄하고 최종적이며 구체적인 교훈은 독일 국민들에게 …… 전쟁이 끝난 이후에도 지속적인 가치가 될 것이고 …… 광대한 도시 중심부를 철저히 궤멸시키는 것은 …… 모든 사람들에게 현대 공군의 힘을 명백히 증명해줄 것이며 …… 영국과 미국 공군력의 유효성을 …… 동맹국 러시아에도 이해시킬 것이다.[12]

독일을 무찌르는 것이 목적이라면 선더크랩 작전은 1945년 초부터 이미 불필요한 것으로 여겨졌다. 그러나 처칠은 1945년 1월 말이 다가오면서, 즉 얄타로 여행을 떠날 준비를 하면서 갑자기 이 계획에 지대한 관심을 보이며 그것을 당장tout de suite 실행에 옮길 것을 고집했고, 특별히 폭격기 해리스에게 명령을 내려 독일 동부에 있는 어느 도시, 즉 붉은 군대가 전진하는 전선 위의 도시 한 곳을 쓸어버리게 했다.[13] 여러 도시가 조건에 맞았지만 결국 드레스덴이 선택되었고, 그것은 아마도 처칠이 직접 결정했을 것이다. 실제로 이 영국 수상은

1월 25일에 자기가 독일이 "무너지기"를 원하는 지점, "〔지금의 폴란드 브로츨라프인〕 브레슬라우에서 〔서쪽으로〕 퇴각한" 어디쯤을 지도에서 가리켰다.[14] 도시를 중심으로 보았을 때, 그 지점은 D-R-E-S-D-E-N이라는 철자에 해당했다.

처칠이 독일 동부의 한 도시, 결국 작센의 주도로 결정된 그 도시를 폭격하는 결정의 배후에 있었다는 단서는 "그 당시 드레스덴 공습은 나보다 훨씬 더 중요한 사람들이 군사적으로 필요하다고 생각했다"고 기록한 폭격기 해리스의 자서전에서도 찾을 수 있다.[15] 처칠 정도 되는 사람들만이 전략적 폭격의 권위자에게 자신의 의지를 강요할 수 있다는 것은 명백하다. 영국의 군사학자軍史學者 알렉산더 맥키Alexander McKee가 저술했듯이, 처칠은 "〔드레스덴의〕 밤하늘에 소비에트를 위해 교훈을 새길 생각"이었다. 그러나 미국 공군 또한 끝내 드레스덴 폭격에 가담했으므로 우리는 처칠이 루스벨트와 의논하고 승인을 받은 다음 행동했으리라고 볼 수 있다. 마셜 장군을 포함하여 미국 정치와 군사 권력의 정점에 있던 처칠의 동지들도 그의 견해를 공유했다. 맥키는 그들도 역시 "나치를 공포에 떨게 함으로써 〔소비에트〕 공산주의자들을 협박한다는" 아이디어에 열광했다고 말한다.[16] 미국의 드레스덴 공습 참여는 정말로 불필요했다. 영국 공군 혼자서도 드레스덴을 쓸어버릴 수 있는 능력이 충분했기 때문이다. 그러나 본질적으로 불필요한 미국의 가세로 인한 '과잉살상' 효과는 영국과 미국 공군력의 치명적인 힘을 (소비에트에) 과시한다는 목적에 완벽하게 들어맞았다. 또한 처칠이 끔찍한 도살자라는 악명을 영국 혼자 지게 되기를 원하지 않았을 수도 있다. 이것은 '공범'이 필요한 '범죄'였다.

선더크랩 유형의 (말 그대로 대규모) 작전은 표적이 된 도시에 어떤 군사와 산업, 통신시설이 있건 간에 당연히 피해를 줄 것이고, 따라서 이미 비틀거리고 있는 적 독일에 그만큼의 타격을 입히게 된다. 그러나 그 작전이 드레스덴을 복표로 삼아 최종적으로 시행되었을 때는 독일의 패망을 앞당기기 위해서라기보다 소비에트를 위협하기 위한 목적이 훨씬 더 강했다. 미국 사회학의 기능적 분석학파의 용어를 써서 말하자면, 독일을 가능한 한 강력하게 타격하는 것이 그 작전의 '현재적 기능'이었다면, 소비에트를 위협하는 것은 그보다 훨씬 더 중요한 '잠재적' 또는 '숨겨진' 기능이었다. 드레스덴에 가해진 엄청난 파괴는 불운한 상황들이 조합된 결과가 아니다. 이것은 독일에 치명적인 일격을 날리기 위해서가 아니라, 붉은 군대에는 그에 상응하는 무기나 적절한 방어 수단이 없는 서방 연합군의 무기를, 그것이 독일을 상대로 얼마나 강력하고 성공적이건 간에 그저 소비에트에 시위하기 위해 계획된(다시 말해서 그런 '기능을 하는') 일이었다.

미국과 영국의 많은 장군과 고위 관료들은 드레스덴 파괴의 이 숨은 기능을 당연히 알고 있었고, 그런 행위를 승인했다. 그리고 그것은 현장에 있는 영국과 미국 공군 지휘관들과 '편대장들master bombers'에게도 전달되었다. (전쟁이 끝난 후, 편대장 두 사람이 이 공습은 "소비에트에 우리 폭격 부대의 강력한 힘을 각인"시키기 위한 것이라고 들은 것을 똑똑히 기억한다고 주장했다.)[17] 그러나 그때까지 나치 독일과의 전쟁에서 가장 큰 공을 세웠으며, 가장 큰 손실과 상처를 입었을 뿐 아니라 스탈린그라드 등지에서 가장 눈부신 전과를 올린 소비에트는 폭격기 승무원들을 포함한 미국과 영국군의 하급 장교 및 병사들 사이에서 많은 공감을 얻고 있었다. 이 지지자들은 소련을 위협하기 위한 종류의 계획에, 그들이 참여해야 할 (상공에서 독일의 도시를 없애버리는) 그 계획에 찬성하지 않을 것이 틀림없었다. 그래서 이 작전의 목적은 공식적인 명분 뒤로 숨을 필요가 있었다. 다시 말해서, 그 공습의 내재적 기능은 '밝힐 수 없는 것'이었기 때문에, '밝힐 수 있는' 현재적 기능이 조작되어야 했다는 것이다. 그래서 지역 사령관과 편대장들에게 지시해 승무원들의 공익에 맞는, 바라건대 신용할 수 있는 목표를 말해주도록 했다. 각 부대마다 승무원들이 알고 있던 작전의 목표가 서로 달랐으며, 때로는 기발하고 심지어는 모순적이기까지 했던 이유도 이런 관점에서 보면 이해할 수 있다. 대부분의 지휘관은 군사적 목표를 강조하며, 확실하지 않은 '군사적 표적', 가상의 '중요한 탄약공장'과 '무기 및 군수품을 실은 트럭', 드레스덴이 '요새도시'의 역할을 하고 있다는 추정, 그리고 심지어는 그 도시에 '독일군 지휘본부'가 있다는 등의 이야기를 부하들에게 해주었다. '중요한 산업시설'과 '철도 조차장'과 같은 모호한 표현도 자주 사용되었다. 어떤 지휘관들은 산업시설이 있는 도시 외곽이 아니라 역사적인 도시 중심부를 표적으로 삼는 이유를 승무원들에게 설명하기 위해 '게슈타포 지휘본부'나 '거대한 독가스 공장'의 존재를 언급해야 했다. 몇몇 지휘관들은 그런 가상의 표적을 고안해낼 수 없었거나, 혹은 어떤 이유로든 그렇게 하지 않으려 했다. 그들은 자기 부하들에게 '건물이 밀집한 드레스덴 한복판'에, 또는 그냥 간단히 말해서tout court '드레스덴'에 폭탄을 투하해야 한다고 간결하게 이야기했다.[18]

군사와 산업, 그리고 통신시설에 최대한 많은 피해를 입히기를 기대하면서 독일 도시의 중심부를 파괴하는 것은 연합군, 또는 적어도 영국군의 '지역 폭격' 전략의 본질이었다.[19] 승무원들은 이 피할 수 없는 인생의 현실, 혹은 차라리 죽음의 역겨운 현실을 받아들이는 법을 배웠지만, 드레스덴의 경우에는 많은 사람들이 불편함을 느꼈다. 테일러가 그의 책에서 제기했듯이, 그들은 지시된 작전의 목표에 의문을 품었고, 이 공습이 뭔가 이상하고 의심스러우며, 이번 임무가 '일상적인' 업무는 확실히 아니라는 느낌을 받았다.[20] 예를 들어 B-17 폭격기의 무선 통신사는 비밀이 보장된 한 대화에서 "〔그(와 다른 이들이)는〕 이 임무가 평소와 다르다는 느낌을 받은 유일한 경우"였다고 밝혔다.[21] 승무원들이 경험한 불안은 지휘관의 상황 설명이 승무원들의 사기를 올리지 않고 오히려 차가운 침묵에 빠지게 하는 경우가 많았다는 사실에서도 드러난다.[22]

직접적으로든 간접적으로든, 의도했건 의도하지 않았건, 승무원들에게 전해진 작전 지시와 상황 설명은 때로 공습의 진짜 기능을 폭로하기도 했다. 예를 들어 1945년 2월 13일 공습 당일 영국 공군이 일단의 폭격 편대들에게 내린 지령은 그들의 의도가 "동시에 러시아인들이 도시에 도착했을 때 우리 폭격 편대가 무엇을 할 수 있는지 보여주는 것"이라고 명시적으로 진술했다.[23] 상황이 이러니 많은 승무원들이 그들이 소비에트를 겁주기 위해 지도에서 드레스덴을 지워야 한다는 사실을 분명히 이해한 것도 놀랄 일은 아니다. 이를테면 폭격기에 탑승했던 캐나다의 한 승무원은 전쟁이 끝나고 오랜 시간이 지난 다음, 그 임무의 목적이 무엇이었느냐는 한 역사학자의 구두 질문을 받고 다음과 같이 대답했다.

내 생각에 거기서 진짜로 일어났던 일은 이런 겁니다. 러시아가 아주 잘 해내고 있었고, 그래서 [서방] 연합군은 우리가 강력한 육군뿐 아니라 환상적인 공군도 있다는 걸 러시아에 보여주기로 한 거죠. 그렇게 해서 러시아가 알아서 잘 행동하지 않으면 우리는 똑같은 일을 러시아 도시들에서도 할 수 있다는 걸 분명하게 말해준 겁니다. [드레스덴은] 처칠 같은 사람들의 아이디어였어요. 그건 의도적으로 계획된 대학살이었습니다. 그렇게 확신합니다.[24]

드레스덴의 너무나도 끔찍한 파괴 소식은 동맹국 소비에트에 깊은 동정을 느끼던 영국과 미국 시민들 사이에서도 불편한 감정을 불러일으켰다. 공습 관련 소식을 들은 시민들도 마찬가지로 이 작전이 뭔가 이상하고 의심스러운 느낌을 풍긴다는 것을 감지했다. 정부 당국은 대중의 우려를 몰아낼 필요성을 느꼈고, '전선에 뛰어드는' 방식으로 실천했다. 그들은 일찍이 승무원들에게 그랬던 것처럼, 대중에게도 그 공습이 붉은 군대의 전진을 돕기 위한 노력이었다고 설명했다. 1945년 2월 16일, 해방된 파리에서 열린 영국 공군 기자회견에서였다. 회견에 참석한 기자들은 러시아가 '계속해서 승승장구'할 수 있게 해주려는 바람으로 '러시아의 전선'에서 가까운 곳에 있는 '통신시설'을 파괴할 마음이 생겼다는 이야기를 들었다. 이것이 그저 오늘날 '대변인spin doctor'(어떤 일에 대해 특정인에게 유리한 해석을 내리는 사람 – 옮긴이)이라 불리는 자들이 사후에 꾸며낸 명분에 지나지 않는다는 것을 군 대변인 자신이 폭로해버렸다. (지금과는 대조적으로) 당시에는 아직 사건의 공식적인 설명에 도전할 수 있었던 기자들의 질문에 답하다가, 그는 이것이 '아마도' 소비에트를 도우려는 의도였을 거라고 단지 '생각할' 뿐임을 어설프게 시인하고 만 것이다.[25]

드레스덴 공습이 처음부터 끝까지 소비에트를 위협하기 위한 것이었다는 가설은 (영국과 미국 공군이 전례 없이 공동 작전을 펴며 세 번에 걸쳐 공습한) 그 작전의 엄청난 규모뿐만 아니라, 표적의 선택도 설명해준다. 선더크랩 작전의 입안자들은 항상 베를린이 완벽한 표적이라고 여겨왔다. 그러나 처칠이 그 계획을 부활시킨 1945년 1월은 독일의 수도에 이미 여러 차례 폭격을 가한 뒤였다. 그런 도시에 또다시 공습을 가해 아무리 궤멸적인 피해를 입힌들, 소비에트가 그 도시에 입성했을 때 기대했던 효과를 얻을 수 있을까? 깨끗하고 '순결한', 즉 아직 한 번도 폭격의 표적이 되지 않았던 도시가 24시간 이내에 파괴되는 것이 훨씬 더 볼 만하리라는 건 분명했다. 운 좋게도 아직 폭격을 당한 적이 없어서 '제국의 공습 피난처Reichsluftschutzkeller'로 불리던 드레스덴이 불행하게도 이 모든 기준을 충족시켰다. 게다가 영국과 미국의 지휘관들은 소비에트가 며칠 내로 작센의 주도에 도착해 영국과 미국 공군이 단 한 번의 작전으로 이룰 수 있는 것을 이제 곧 두 눈으로 볼 수 있으리라고 기대했다. 이것이 드레스덴이 표적으로 선택된 이유이다. 그러나 붉은 군대는 영국과 미국이 기대했던 것보다 한참 후인 1945년 5월 8일에야 드레스덴에 입성했다. 그럼에도 드레스덴의 파괴는 여러 가지 점에서 기대했던 효과를 얻어냈다. 소비에트의 전선들이 그 도시에서 겨우 200킬로미터 떨어진 곳에 있었기 때문에, 붉은 군대의 병사들은 드레스덴의 지옥불이 작열하는 한밤의 지평선을 감탄하며 바라볼 수 있었을 것이다. 그 불빛은 300킬로미터 거리에서도 보였을 것으로 추정된다.

　소비에트를 위협하는 것이 드레스덴 파괴의 '잠재적인', 다시 말해서 진정한 기능이었다고 보면, 작전의 규모뿐만 아니라 시간 또한 설명이 된다. 일부 역사학자들에 따르면 그 공격은 1945년 2월 4일에 이루어졌어야 했지만, 악천후 탓에 2월 13~14일로 연기되었다고 한다.[26] 2월 4일은 얄타회담이 진행 중이던 때였다. 만일 드레스덴의 불꽃이 그날에 타올랐다면 중요한 순간에 스탈린에게 생각할 거리를 던져줄 수 있었을 것이다. 붉은 군대가 최근에 거둔 성과에 기분이 들뜬 데다가 서방의 동지들을 '안방에서 맞이한 이점'까지 누리고 있을 소비에트 지도자를 미국과 영국 공군으로 위협해 정신이 번쩍 들게 해주고, 그럼으로써 회담 석상에서 자신감을 꺾고 더 온순하게 협상하도록 만드는 것이 바로 그들이 희망했던 바였다. 이런 기대는 연합군 파견군 최고사령부Supreme Headquarters Allied Expeditionary Force의 일원이던 미국 장성 데이비드 M. 슐라터David M. Schlatter가 얄타회담 일주일 전에 밝힌 다음과 같은 의견에도 분명하게 반영되어 있다.

　나는 우리 공군이 종전 후 협상 테이블에 우리가 가져갈 수 있는 블루칩이며, [드레스덴 그리고/또는 베를린을 폭격하기로 계획된] 이 작전이 그 카드에 헤아릴 수 없는 힘을 더해주거나, 또는 더 정확하게 말하면 러시아에 그 힘을 알려줄 것이라고 생각한다.[27]

　폭격은 연기되어야 했지만 취소되지는 않았다. 크림반도의 회담이 끝난 다음에라도 이런 식으로 군사적 역량을 시위하는 것에는 심리적인 효과가 있었기 때문이다. 소비에트가 곧 드레스덴에 입성할 것이고, 그러면 영국과 미국의 공군이 한밤중에 자기 기지에서 멀리 떨어진 도시에 어떤 타격을 입힐 수 있는지 보게 될 것이라는 기대에는 변함이 없었다. 훗날 얄타에서 체결된 모호한 조약이 실천으로 옮겨질 때, 자신들이 드레스덴에서 본 것을 분명히 기억할 것이고 그로부터 바람직한 결론을 이끌어낼 터였다. 싸움이 막바지를 향해가면서 미국 군대는 소비에트보다 먼저 드레스덴에 입성할 기회가 있었다. 처칠은 아이젠하워에게 그것을 허락하지 말라고 충고했다. 영국 수상은 최후의 순간까지도 소비에트가 드레스덴 폭격의 전시 효과로부터 교훈을 얻기를 원했던 것이 분명하다. 영국과 미국이 독일의 영토를 가능한 한 많이 점령하기를 갈망했음에도, 처칠은 드레스덴을 소비에트가 점령하기를 고집했다.

드레스덴은 단순히 폭격당한 것이 아니고, 단지 심하게 폭격당했던 것도 아니었다. 미국과 영국 공군의 폭격기들이 수백 킬로미터 떨어진 기지에서 이륙해 죽음과 파괴를 내리는 막강한 화력을 시위하여 소비에트를 위협하기 위해, 지표면에서 사실상 사라졌을 정도로 말살당한 것이었다. 만일 그들이 필요하다고 여긴다면 붉은 군대의 전선 뒤 소련에서도 같은 일을 할 수 있음을 보여주기 위한 것이었다. 드레스덴 폭격은 그것이 독일에 대하여 얼마나 위력적이고 성공적인 공격인지와 관계없이 그저 서방 연합군의 막강한 공군력을 (그에 대응할 만한 무기나 마땅한 방어수단이 없는) 붉은 군대에게 보여주기 위한 무력시위였다.

이런 해석은 드레스덴 폭격에 얽힌 수많은 기이한 점들을 설명해준다. 작전의 규모, 영국과 미국 공군의 이례적인 합동 공습, 표적의 선택, (의도된) 엄청난 파괴, 공격 시점, 그리고 마지막으로 중요한 또 한 가지 사실로, 대단히 중요하다던 철도역과 도시 외곽의 공장들과 독일 공군비행장은 목표로 삼지 않았다는 점들이 그것이다. 작센의 주도를 폭격하는 것은 그 시점에는 사실상 끝난 것이나 다름없던 나치 독일과의 전쟁에서 별로, 혹은 전혀 중요하지 않았다. 이것은 드레스덴의 남녀노소, 또는 안전한 곳을 찾아온 독일과 동유럽의 수많은 피난민들, 또는 단순히 그 도시를 지나가다가 그 작전의 희생자가 된 사람들과는 아무 관계도 없는 일이었다. 드레스덴의 파괴는 단지 미국과 영국이 엉클 조에게 보내는 메시지일 뿐이었다.

냉전 중에는 제2차 세계대전 말기에 붉은 군대가 유럽 전체를 침략할 태세였고, 만일 미국과 영국이 그 시나리오를 저지하지 않았다면 반드시 그렇게 되었을 것이라는 주장이 종종 제기되었다. 이보다 진실에서 먼 이야기도 없을 것이다. 소련은 초인적인 노력과 막대한 희생으로 나치의 침공으로부터 간신히 살아남았다. 가장 최근의 추산에 따르면, 소비에트 병사와 시민 3,000만 명(전쟁 전 인구의 약 15퍼센트)이 제2차 세계대전 중에 목숨을 잃었고, 국토의 상당 부분이 완전히 파괴되었다.[28] 자기 나라가 그런 상태인데, 그 나라 지도자들이 본진에서 수천 킬로미터나 떨어진 곳에서 당장 새로운 전쟁을, 그것도 드레스덴의 10배에 달하는 피해를 소련에 입힐 수 있는 공군력을 보유한 예전 동맹들을 상대로 정복 전쟁을 벌이려고 했다면 그건 완전히 정신 나간 짓이었을 것이다.

스탈린은 미치지 않았다. 나치의 침공에서 살아남았고, 그 끔찍한 전쟁에서 영토를 넓혔다. 자기 나라가 예전에 없던 영향력과 특권을 갖게 된 것만으로도 이미 엄청난 성공임을 소비에트 지도자가 날카롭게 인식하고 있었다는 증거는 넘쳐난다. 그는 붉은 군대가 영국과 미국 연합군의 강력한 공군력과 잠시 후에 등장하는 핵폭탄을 당해낼 수 없으며, 따라서 절대 그들을 자극하지 않고 협조적으로 행동하며 양보하여 호의를 얻을 생각을 하는 게 훨씬 더 낫다는 것을 아주 잘 이해하고 있었다. 미국 자신도 소비에트가 군사적으로는 자신들에게 어떠한 실제적 위협도 될 수 없음을 잘 알고 있었다. 미국의 합동참모본부는 1945년 초에 소련이 "영국, 미국과의 갈등을 피하고자" 할 이유가 대단히 많다고 보고했다. 소비에트가 1945년에 유럽 전체를 침략할 준비가 되어 있었다는 주장은 냉전 시대에 넘쳐나던 신화들의 수많은 설화 중 한 편의 동화에 지나지 않는다.[29]

이 포스터는 제2차 세계대전을 미국 독립전쟁과 유사한 '자유를 위한 투쟁'으로 그려냈다. 실제로는 미국의 지도자들이 각자 자신들의 경제적 이해를 염두에 두고 있었다.

(워싱턴 DC 문서보관소)

루스벨트와 처칠은 1941년 8월 14일 〈대서양헌장〉에서 나치독일과의 투쟁이 언론의 자유, 종교의 자유, 궁핍으로부터의 자유, 공포로부터의 자유라는 '네 가지 자유'를 수호하기 위한 전쟁이라고 선언했다. 노먼록웰의 감상적인 일러스트로 채워진 이 포스터는 이것이 나치 독일에 대항하는 전쟁의 모든 것이라는 이야기를 전파하는 데 이용되었다.

(워싱턴 DC 문서보관소)

◀ 헨리 포드는 미국에서 가장 악명 높은 반유대주의자로서, 히틀러를 경애하고 재정적으로 지원했으며, 1920년대에 출판된 자신의 반유대주의 저서 《국제 유대인》으로 히틀러에게 영감을 주기도 했다. 사진은 히틀러가 열심히, 만족스럽게 읽던 그 책의 독일어 판본이다.

(위키미디어 공용)

▲
헨리 포드는 1938년 7월 30일, 그의 75세 생일에 나치 독일이 외국인에게 수여할 수 있는 최고의 훈장을 받았다. 클리블랜드 주재 독일 영사가 히틀러를 대신해 이 훈장을 수여했다. (《디트로이트 프리 프레스Detroit Free Press》)

1918~1920년, 윌슨 정부는 러시아 내전에 볼셰비키 '적군'에 대항하여 싸우는 '백군'을 지
원하여 군대를 파견했다. 사진은 미군 병사들이 블라디보스토크에서 행진하는 모습이다.

(워싱턴 DC 문서보관소)

쾰른에 있는 포드의 독일 지사 공장 포드-베르케는 1930년대에 히틀러가 노동
조합을 없애고 재무장 계획을 시작해준 덕분에 막대한 돈을 벌었다. 사진에서
히틀러는 1936년 베를린 자동차 쇼에서 포드의 신제품을 감탄하며 바라보고
있다. (쾰른 나치 피해자 안내 상담소)

▲
모든 종류의 군수품을 공급하는 렌드리스는 영국에게 굉장히 필요하던 지원을 제공했으나, 또한 미국을 대공황에서 끌어내는 데도 도움을 주었다. 사진은 미국 항구에서 폭격기들이 선적되는 모습이다.

(프랭클린 루스벨트 도서관)

▲
포드는 거대한 윌로 런 공장에서 사진 속의 B-24 리버레이터 등 수천 대의 항공기를 생산했다. (프랭클린 루스벨트 도서관)

제너럴모터스의 독일 자회사인 오펠은 전쟁 중 나치 독일을 위해 항공기와 트럭을 대량생산했다. 히틀러는 1943년 오펠에 '모범적인 전쟁기업Kriegsmusterbetrieb'이라는 명예로운 칭호를 부여함으로써 감사를 표했고, 그것이 회사 사보 《전우 오펠Der Opel Kamerad》의 표지에 자랑스럽게 공고되었다. (뤼셀스하임 시립기록보관소)

석유는 제2차 세계대전 때부터 이미 매우 중요한 역할을 했다. 스탠더드오일이나 텍사코 같은 미국 기업들이 미국 공군에 납품했다. 하지만 그들은 히틀러에게도 연료를 공급했다. 이 연료는 폴란드, 프랑스, 그리고 소련을 상대로 전쟁을 수행하는 데 쓰였다. (워싱턴 DC 문서보관소)

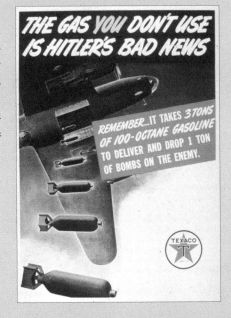

전시 미국에서 나치와 일본의 지도자들은 전형적인 악당으로 그려졌다. 독일에 자회사 오펠을 두고 히틀러의 전쟁 수행을 도왔던 제너럴모터스가 미국이 피에 굶주린 악당들에게 얼마나 위협받고 있는지 보여주는 이 포스터를 재정적으로 지원했다.

(워싱턴 DC 문서보관소)

붉은 군대가 모스크바에서 반격을 시작해 전쟁의 '조류를 바꾼' 1941년 12월 4일 《시카고트리뷴》에 이 캐리커처를 기고한 작가는 나치즘과 소비에트 공산주의라는 두 마리의 위험한 야수들이 서로를 죽이도록 바란다는 설명을 덧붙였다.

(조지 레더George Roeder, 《검열된 전쟁The Censored War》 중에서)

워싱턴은 주로 차관을 통해 전쟁 자금을 마련했으며, 수백만 명의 미국인이 많지 않은 예금으로 이 자율이 꽤 높은 전쟁채권에 투자했다. 그러나 전쟁채권은 은행과 보험회사, 그리고 미국의 부유층에게 가장 수익성 좋은 투자 형태였다. (워싱턴 DC 문서보관소)

미국의 적을 무찌르는 데는 이 포스터의 메시지가 말하는 것처럼 주로 산업에서의 노력이 요구되었다. 그러나 이 노력은 또한 '더러운 30년대'에 미국을 파괴하던 경제적 위기에서 나라를 이끌어냈다.

(워싱턴 DC 문서보관소)

▶
1944년 8월 말 미국과 프랑스의 군대와 레지스탕스 전사들이 파리를 해방시켰다. 미국 병사들이 에펠탑 꼭대기에서 펄럭이는 것이 프랑스의 삼색기가 맞는지 확인하고 있다. (프랭클린 루스벨트 도서관)

▲
1944년 12월부터 1945년 1월 사이, 벨기에의 아르덴에서 벌어진 '벌지 전투'에서 미국은 일시적으로 수세에 몰렸다. 사진은 1944년 12월 27일 바스토뉴 근처 눈 덮인 풍경 속에서 작전 중인 미군 병사의 모습이다. (워싱턴 DC 문서보관소)

▲
1945년 2월 13~14일 밤, 드레스덴은 '화력'을 시위하여 소비에트를 위협하는
것을 주된 목적으로 하는 영국과 미국의 전례 없는 합동 공습에 파괴되었다.
사진에서 도시 중심부의 파괴된 건물 잔해와 쌓아올린 시체더미를 볼 수 있
다. (독일 연방기록보관소)

▲
1945년 3~4월, 독일은 영국과 미국에 대한 저항을 사실상 포기하고 그들과
함께 소련에 대항한 '십자군'을 일으키고자 했다. 덕분에 미국은 동쪽으로 빠
르게 전진할 수 있었다. 사진은 어느 전차대원들이 코부르크 중앙광장에서 휴
식을 취하는 모습이다. (워싱턴 DC 문서보관소)

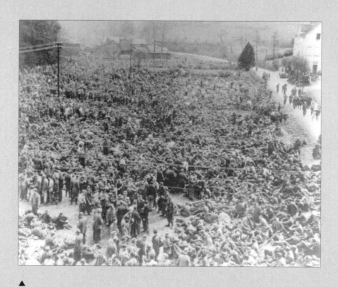

▲
1945년 3~4월 서부전선에서 독일군 수십만 명이 항복했다. 처칠과 패튼 등 영국과 미국의 지휘관들은 그들을 붉은 군대에 대항한 공동 십자군으로 이용하려는 꿈을 품었다. 사진은 루르 지방의 어느 길가에서 야영 중인 독일 전쟁포로들의 모습이다.

(프랭클린 루스벨트 도서관)

▲
1945년 4월 25일, 엘베 강변의 도시 토르가우 인근에서 미국 정찰대와 붉은 군대 선봉이 우연히 마주쳤다. (워싱턴 DC 문서보관소)

1945년 7월 포츠담회담에서 해리 트루먼 대통령은 마침내 최초의 원자폭탄이 그 달 16일 뉴멕시코 앨러머고도에서 성공적으로 실험을 마쳤다는 보고를 받았다. 그것이 소련에 대한 미국의 치명적인 '원자외교'의 시작이었다. (워싱턴 DC 문서보관소)

1945년 9월. 맥아더 장군이 미군 전함에서 일본의 공식적인 항복을 받아들였다. 소련, 영국, 그리고 다른 동맹 국가들의 대표단이 조연으로 참석했지만, 미국은 패배하여 점령당한 일본에 그들이 개입하는 것을 허락하지 않았다. (워싱턴 DC 문서보관소)

▲
전쟁이 끝나고 더는 붉은 군대가 필요 없어지자 미국의 지도층과 미디어는 소비
에트를 새로운 적으로 선언했다. 얼마 전까지 인기 있던 '엉클 조' 스탈린이 여
기서는 히틀러의 제자이자 모방자로 묘사되고 있다.
《세인트루이스 포스트디스패치St. Louis Post-Dispatch》)

14장

스탈린을 어떻게 다룰까?: 루스벨트의 '온건노선'에서 트루먼의 '강경노선'으로

1945년 초 영국과 미국의 지도층 전체를 통틀어 처칠이 제1인자primus inter pares였다는 데는 의심의 여지가 없다. 이는 서방 연합군이 나치 독일과 거래를 맺을 가능성이 있다는 루머나 드레스덴 폭격 같은 상스러운 책략을 통해 소비에트를 협박하고자 했던 사실에서 드러난다. 루스벨트 대통령은 그 정책을 계속 이어갔지만 다른 한편으로는 소비에트의 입장을 상당히 이해해주는 모습도 보여주었다. 그는 1942년에도 제2전선을 전개해달라는 스탈린의 급박한 요청에 긍정적으로 답할 의향이 있었다. 미국 대통령은 개인적으로 테헤란회담에서의 경험에 근거하여 소비에트 지도자와 손을 잡을 수 있다고 믿었다. 그는 또한 소련이 나치즘에 대항한 그 거대한 투쟁에서 많은 것을 이루어냈으며, 그 공동의 승리 이후 독일과 유럽의 종전 후 운명을 정하는 결정 과정에서 스탈린이 다른 누구보다도 더 많이 개입할 자격이 있다는 것도 아주 잘 이해하고 있었다. 이러한 면에서 루스벨트의 태도는 종종 그의 후계자이자 스스로 스탈린에 대한 처칠식 강경노선의 옹호자임을 드러낸 해리 트루먼과 대비된다. 그러나 두 미국 대통령의 대對소비에트 정책의 분명한 차이점은 '역사 속의 위대한 인물들' 유형의 책들이 흔히 이야기하는 것처럼 개인의 성격에 있지 않았다. 루스벨트 사망 후, 새 대통령은 물론 전임자의 외교 정책을 보좌하다가 역시 처칠식 강경노선으로 돌아선 수석고문 등 워싱턴의 의사 결정권자들이 직면한 전황과 여러 상황의 급격한 변화가 가장 중요한 결정 요소였다. 그들은 완전히 다른 유형의 난관과 기회를 내포한 전혀 새로운 상황과 마주쳤다. 냉혹하게도 이 새로운 환경의 성운은 소련과의 관계를 비롯한 미국 외교 정책 전반에 새로운 방향을 제시했다. 그렇다면 루스벨트가 죽고 트루먼이 백악관에 입성하던 그 시기에 전황이 어떻게 변하고 새롭게 전개되었을까?

첫째, 1945년 초까지 루스벨트는 일본과의 전쟁이라는 문제, 그의 후임자는 이제 곧 걱정에서 놓여날 문제에 대해 깊이 걱정했다. 우리는 이미 이 전쟁이야말로 루스벨트와 미국의 파워엘리트가 진정으로 원하고 일부러 일으키기까지 한 전쟁임을 살펴보았다. 워싱턴이 유럽의 적 독일을 먼저 처리하기로 영국과 합의했음에도, 미국 지도층은 처음부터 유럽의 갈등보다 일본과의 전쟁에 더 관심이 깊었다. 태평양과 그 주변에서 벌어진 전쟁에서 미국은 일본의 진주만 습격 이후 몇 달 동안 심각한 난관에 부딪혔다. 일본은 심각하게 저평가되어왔고, 대단히 끈질긴 적수였던 것이다. 진주만 습격 이후 그들은 인도네시아를 점령했고, 엉클 샘의 극동 진출 교두보인 필리핀에서 미군을 몰아내기까지 했다. 이는 일본과 진짜 전쟁을 시작해 미국 파워엘리트가 이 전쟁의 모든 것으로 여기는 극동지방 지배권을 확립하기 전에, 미군이 태평양을 가로지르며 아주 여러 번 '이 섬 저 섬으로 이동' 해야 한다는 것을 의미했다. 일본 육군의 주력은 멀리 중국에 발이 묶여 있어서 미군과의 교전에 투입되기가 쉽지 않았는데도 일본은 예상했던 것보다 훨씬 더 깨기 힘든 호두였다. 일본군 대부분은 도쿄의 계속된 침략에 저항하는 마오쩌둥毛澤東(1893~1976)의 공산당, 장제스蔣介石(1887~1975)의 국민당 등 중국인들과 싸우기 위해서만이 아니라, 소련의 극동 지역을 따라 이어진 사신들의 속국 만주국의 국경을 지키기 위해서 그곳에 주둔해 있었다. 도쿄와 모스크바는 1939년에 그곳에서 잠시 동안 국경전쟁을 벌였고, 그 전쟁은 일본의 관점에서 그리 성공적이지 못했다. 특히 붉은 군대가 독일군과 싸우느라 바쁘다는 사실이 도쿄를 유혹하기 시작했을 1941년 초여름 이후로, 많은 이들이 이 싸움이 다시 불붙으리라고 믿고 있었다. 도쿄의 몇몇 정치가와 군 지휘관들은 실제로 소련을 겨냥하는 '북방전략'에 찬성했다. 그러나 도쿄는 동남아시아의 고무와 석유의 필요성이 더 크다고 보고, 결국 소련이 아니라 미국과 대치하게 되는 '남방전략'을 선택했다. 그럼에도 일본군 대부분은 계속해서 중국에 주둔했다.

이렇게 예상하지 못했던 복잡한 사정들과 난관에 부딪힌 워싱턴은 일본과의 전쟁이 길어져 비용이 아주 많이 들지도 모른다고 생각했으며, 당연히 이것이 루스벨트가 걱정하는 주된 원인이었다. 만일 소련이 일본에 전쟁을 선포하고 중국 북부에서 일본군을 공격해준다면 미국에 엄청난 도움이 되었다. 소비에트가 궁지에 몰린 채 싸우고 있었을 때는 그런 시나리오가 애초에 불가능했지만, 1942년 가을 독일의 카프카스 유전지대 공격이 흐지부지되고 독일군 대군이 스탈린그라드에서 저지되면서 실행 가능한 일이 되어가기 시작했다. 루스벨트는 스탈린에게 소비에트가 나치와 싸울 수 있도록 렌드리스 원조를 해주는 대가로 소비에트가 가능한 한 빨리 일본과의 전쟁에 가담해주기를 기대한다고 알렸다. 그러나 소련은 두 개의 전선에서 전쟁을 벌이는 사치를 감당할 여유가 아직 없었다. 일본 역시 비슷한 곤경을 겪고 있었다. 1941년 12월, 도쿄는 히틀러의 희망과 달리 소련에 전쟁을 선포하지 않았다. 일본은 자신들이 태평양에서 미국과 그 동맹국 호주 같은 나라들과 싸우기도 벅차다는 것을 너무나 잘 알고 있었다. 마찬가지로 스탈린도 붉은 군대가 나치 군단을 맞아 생사를 건 투쟁에 묶여 있는 한 일본에 전쟁을 선포할 여유는 없었다.

앞서 이야기했듯이 루스벨트는 1943년 테헤란회담에서 유럽의 전쟁이 끝나면 늦어도 3개월 안에 소련이 일본에 전쟁을 선포하겠다는 스탈린의 약속을 듣고 만족했다. 그러나 프랭클린 루스벨트는 스탈린이 약속을 지키지 않을까봐 걱정했다. 루스벨트가 얄타에서 소비에트 지도자에게 극동 지방의 일부 영토를 약속하면서 협조적인 태도를 보인 가장 큰 이유는 그가 약속을 지키지 않을 핑계를 주지 않으려는 것이었다. 스탈린은 그에 호응하여 일본에 전쟁을 선포하겠다는 약속을 다시 반복했을 뿐 아니라, 독일을 분할하여 점령하는 데도 동의했다. 스탈린에 대한 루스벨트의 온건노선 정책은 상당한 액수의 배당금을 지불하는 것으로도 나타났다. 그럼에도 동맹 소비에트를 향한 루스벨트의 호의는 과대평가되어서는 안 된다. 상당수의 대통령 보좌진이 강경노선을 선호하는 처칠의 주장을 지지했으며, 그들의 주장이 루스벨트에게 아무런 인상도 주지 못하지는 않았을 것이다. 고집 센 당나귀를 일하게 하는 방법에는 당근과 채찍, 두 가지가 있다. 루스벨트는 당근을 이용하는 쪽을 선호했지만, 또한 언제든지 채찍을 휘두르거나 최소한 그것으로 위협할 준비도 되어 있었다. 영국 공군

혼자서도 수행할 수 있었던 드레스덴 폭격 계획에 미국이 참여한 것은, 처칠이 옹호하는 전형적인 강경노선의 위협 책략들을 가끔 사용하는 것에 루스벨트도 반대하지 않았음을 보여준다.

루스벨트가 1945년 4월 12월에 사망하자, 스탈린에 대한 강경노선을 단호하게 지지하는 해리 트루먼이 뒤를 이었다. 마이클 퍼렌티는 "트루먼이 백악관에 가지고 간 것은 크레믈린을 '엄하게 다루는' 긴급안건"이었다고 말한다. 신임 대통령은 곧 소비에트를 드러내놓고 엄하게 다루었으나, 모스크바에 대한 루스벨트의 좀 더 섬세했던 정책을 포기한 주된 이유는 얄타회담과 루스벨트의 죽음 사이 두 달이 지나는 동안 전쟁의 환경과 미국 외교 정책의 선택지가 극적으로 변했기 때문이었다.

스탈린과의 대화와 협력은 붉은 군대가 훌륭하게 전진하며 영토를 획득했을 때, 특히 서방 연합군이 제대로 해내지 못하고 있을 때 항상 선호되던 방식이었다. 얄타회담으로 예시되는 루스벨트의 가장 최근의 대소비에트 온건노선 선택은, 붉은 군대의 일련의 중요한 군사적 성공과 함께 영국과 미국 군대의 군사적 실패를 고려하여 이해해야 한다. 주코프 장군은 얄타회담 때 이미 베를린에서 100킬로미터도 안 되는 거리의 오데르 강에 서 있었다. 그때 미국은 아직 아르덴에서 폰 룬트슈테트의 반격으로 입은 상처나 핥고 있었다. 그러나 이후로 붉은 군대는, 소비에트의 대규모 공세 이후에는 예전에도 늘 그랬듯이, 몇 주 동안 계속해서 움직이지 않았다. 루스벨트가 죽었을 때도 주코프는 여전히 오데르의 진흙투성이 강둑 위에 멈춰 있었다.

그러는 동안 서부전선에서 상황이 극적으로 바뀌었다. 2월 초, 미국과 영국과 캐나다는 라인란트에서 공세를 펼쳤다. 처음에는 일이 부드럽게 풀리지 않았지만, 결국 미국이 3월 7일 코블렌츠 인근 레마겐에서 처음으로 라인 강을 건넜고, 3월 23일에는 영국이 훨씬 북쪽인 베젤에서 뒤를 이었다. 그때부터 놀라운 진전이 이루어졌다.[1] 미군 선봉대가 사실상 아무런 저항도 받지 않고 베를린으로 진격할 때 동행했던 종군기자 할 보일Hal Boyle(1911~1974)은 "이것은 역사상 가장 위대한 무장 드라이브"라고 말했다.[2] 붉은 군대가 언제든지 베를린 근처를 공격할 것으로 예상되어 독일이 점점 더 많은 군대를 동부전선으로 이동시킴에 따라, 서부전선에서 독일의 저항은 봄 햇살 속의 눈처럼 녹아 없어졌다. 3월 말에는 동쪽에서 150개 사단 이상이 소비에트에 대항하는 동안 영국과 미국에 맞선 독일군 사단은 30개도 되지 않았다. 이것은 독일을 가로지르는 경주에서 서방의 군대들이 몇 달 전에는 꿈에서나 기대할 수 있었던 것보다 더 많은 독일 영토를 차지할 가능성과 기회를 열어주었다. 루스벨트가 사망했을 때, 마침내 다시 전진할 준비를 마친 소비에트와 미국은 베를린으로부터 같은 거리에 있었다.[3]

다른 곳에서도 이제 소비에트가 방대한 영토를 획득할 수 없게 되었음이 분명해졌다. 불과 얼마 전까지만 해도 서방 측은 붉은 군대가 덴마크를 해방시켜서 종전 후 소비에트가 스칸디나비아를 지배하게 될까봐 두려워하고 있었다. 하지만 그런 시나리오는 독일군의 심각한 저항이 없었던 덕분에 영국이 뤼베크 인근 발트해 연안에서 대단히 빠르게 전진함으로써 저지되었다. 멀리 남쪽에서는 미국이 몇 달 전까지만 해도 자신들과 영국이 감히 욕심도 낼 수 없었던 유럽 부동산의 또 다른 조각, 체코슬로바키아의 플젠과 프라하 방면으로 좋은 성적을 기록했다.

결국은 붉은 군대가 처음으로 베를린에 입성했다. 소비에트는 4월 20일에 독일 수도를 향해 포문을 열었다. 4월 25일에 도시를 완전히 포위했고, 같은 날 선봉대가 멀리 남서쪽 엘베 강 토르가우에서 미국 정찰대와 마주쳤다. 베를린은 1942년 5월 2일에 항복했으나, 붉은 군대는 독일 수도를 점령하기 위해 적어도 10만 명 이상이 희생되었다. 이 숫자는 미국이 제2차 세계대전 동안 유럽의 전장 전체에서 입은 피해와 맞먹는 대가였다.[4]

유럽의 전쟁이 막바지에 다가감에 따라, 서방 연합군의 전략적 상황은 소련에 비해 단 두 달 만에 극적으로 호전되었다. 붉은 군대는 베를린에 자리 잡고 앉을 것이 뻔했지만, 영국 및 캐나다, 프랑스는 얄타회담 때는 감히 꿈도 못 꿀 정도로 넓고 중요한 독일 영토를 정복했다. 일부 지역에서는 미군이 얄타에서 승인된 점령 구역들 사이의 경계선, 크림반도에서 회담이 열릴 때만 해도 서방 연합군에 유리한 것으로 보였던 그 경계선 동쪽을 침범했다. 미군 선봉대가 소비에트에 할당된 점령 구역 한가운데 있는 라이프치히 시를 점령한 것이다.

미국과 영국이 독일에서 가장 넓고 중요한 곳들을 점령하고 중유럽 깊숙이 침투한 지금, 스탈린을 향한 온건노선은 전보다 훨씬 덜 매력적이었다. 처칠도 (패튼 장군 같은) 미국의 몇몇 지도층도 소련을 위해 이 땅을 비워주어야 한다는 것이 마음에 들지 않았고, 훗날 '냉전 시대의 정치가들'도 당시 이 매파의 시각이 널리 받아들여지지 않았다는 사실에 종종 애도를 표했다. 그러나 얄타회담을 그렇게 천박하게 위반하는 것은 역효과를 낼 수 있었다. 그렇게 했다가는 소비에트 역시 얄타회담에서 협의되어 훗날 서베를린이 될 베를린 서쪽을 내주기를 거부할 것이 틀림없었기 때문이다.[5] 1945년 6월 중반쯤 트루먼 대통령이 한참을 머뭇거린 끝에 마지못해 미군 병력을 훗날 서독과 동독 사이의 국경이 되는 경계선 뒤로 철수하라고 명령한 것도 바로 이런 이유 때문이었다.[6]

그렇게 국제적이지는 않은 미주리 주 출신의 소박한 정치가인 미국의 신임 대통령은 그때까지 3국 정상의 섬세한 협상에 임한 적이 없었다. 게다가 트루먼은 연합군을 위해 위험을 무릅쓴 나라의 지도자인 스탈린의 걱정이나 포부를 별로 또는 전혀 이해하지 못했고, 미국의 파워엘리트를 대표하는 다른 수많은 사람들과 마찬가지로 그 나라가 공산주의의 메카라는 이유로 그를 경멸했다. 전쟁을 둘러싼 환경들은 루스벨트에게 당근으로 소련을 다루는 것의 이점을 가르쳐주었다. 이제 바뀐 환경은 트루먼에게 채찍의 잠재력을 신뢰할 이유를 주었다.

미국과 영국이 1945년 3~4월에 거둔 군사적 성공으로 더 넓은 독일 지역을 점령하자 트루먼은 입지가 강해지고 자신감이 생겼다. 게다가 그가 백악관에 입성한 직후, 미주리 출신의 이 남자는 가까운 미래에 워싱턴의 의지를 소련에게 강요하는 완전히 새로운 수단을 마음껏 쓸 수 있게 될 것임을 알았다. 그것은 바로 원자폭탄이었다. 하지만 1945년 봄에는 미국의 외교에서 원자폭탄이 아직 중요한 역할을 하지 못했다. 트루먼은 전쟁 막바지, 즉 1945년 여름에서야 원자외교라는 카드를 사용할 수 있게 되었다.

15장 **반소비에트
십자군?**

서방 연합군은 독일과 따로 휴전협정을 체결하는 매혹적인 가능성에 잠시 동안 현혹되어 있었다. 그런 합의는 미국과 영국이 붉은 군대를 동유럽에서 몰아낼 목적으로 독일과 협력하여, 1917년 이후로 자본주의 세계 질서에 눈엣가시와도 같았던 소련을, 또는 적어도 그 지도층을 아예 없애버릴 수도 있는 가능성을 보여주었다. 동맹을 그렇게 반전할 가능성은 미국과 영국에게 단지 이론으로서도 유용했다. 그것이 스탈린에게 드레스덴에서 영국과 미국의 공군의 우위를 시위했을 때처럼 고민거리를 던져주고, 그럼으로써 그로 하여금 붉은 군대가 가장 큰 성공을 거두었을 때조차 협조적인 태도를 유지하게 할 수 있었기 때문이다. 한쪽 편에 미국과 영국, 그리고 다른 한쪽 편에 독일이 서서 동맹을 맺을 가능성, 소위 저먼 옵션German Option은 소련에 대한 강경노선, 영국과 미국이 1945년 봄과 초여름에 점점 더 손에 들려고 하던 '채찍'의 중요한 요소가 되었다. 게다가 역설적이게도 그런 시나리오는 유럽의 전쟁 막바지에 더욱 현실적인 것이 되었다.

　워싱턴과 런던이 나치와 거래하는 것은 생각할 수도 없는 일이었다. 반면 미국 전략사무국 OSS(Office of Strategic Services의 약자로 CIA의 전신 – 옮긴이)은 이미 한동안 베를린에서 나치에 반하여 미국과 영국의 파트너로 받아들여질 수 있는 누군가가 정권을 잡을 가능성을 고려했다. 그것은 독일군 장군들이 계획한 쿠데타의 형식으로 이루어질 수 있었다. 그런 회담 상대라면 미국이 적어도 서부전선에서라도 독일이 항복하고, 그 항복 이후 서방 연합군이 독일 영토를 빠르게 점령하고, 그 동안 독일군은 동부전선에서 싸움을 계속하고, 결국에는 소비에트에 공동전선을 펼칠 가능성에 대해 이야기해볼 희망을 품을 수 있었다. OSS가 그런 시나리오에 관심을 가진 것은 우연이 아니었다. 독일의 역사학자 위르겐 브룬Jürgen Bruhn은 그 비밀조직에 대해 다음과 같이 말한다.

> 사회적으로 말해서, 미국 산업계의 최고 경영자들, 월스트리트 증권 중개인과 변호사, 과학자, 군 고위층, 정치가, 그리고 소위 '방위 전문가secret organization'들의 혼합체였다. OSS는 명백히 미국 지배계급을 대표했다. …… OSS 요원들은 여전히 독일의 국가사회주의를 물리치는 일에 사로잡혀 있었지만, 그들은 이미 소련을 하나의 국가로서 '제거'해버리거나, 적어도 종전 후 유럽에서 그 영향력을 최소화하기 위한 계획을 세우고 있었다.[1]

제2차 세계대전이 발발하기 한참 전부터 반볼셰비키적이자 친파시스트적 성향을 드러내왔으며, 전쟁 중에도 중립국가들을 통해 '존경할 만한' 독일인들과 계속해서 밀접한 관계를 맺어온 미국의 경제인, 법조인, 정치인 집단이 OSS의 정책에 크게 영향을 미쳤다. 그래서 OSS는 역사적으로 반나치적인 반대세력으로 인정받는 독일의 몇몇

군 지휘관 및 정치인들과 접촉하고 있었다. 그들 대부분은 히틀러가 승승장구할 때 그를 열렬히 지지하던 사람들이었다. 당시 스위스에서 활동하던 OSS 요원 앨런 덜레스는 이 다양한 집단의 사람들을 '브레이커스breakers'라는 암호명으로 지칭했다. 덜레스는 미국과 독일의 비즈니스 관계에 특화된 로펌 설리번 앤드 크롬웰 뉴욕 지사의 파트너 변호사였다. 그러나 그는 OSS에 들어가 스위스 주재 요원이 되어, 그곳에서 독일에 있는 오랜 고객들과 계속 연락을 취하기 위해서 그 돈 잘 버는 법률업무를 포기했다. ('와일드 빌'이라는 이름으로 더 잘 알려진 OSS 국장 윌리엄 조지프 도노반William Joseph Donovan(1883~1959)도 독일에 상당한 인맥이 있는 전직 월스트리트 변호사였다.)[2]

'브레이커스' 중 상당수가 미국의 '저먼 옵션'을 자기들 방식으로 이루는 것에 큰 기대를 걸고 있었다. 그들의 시나리오는 서방 연합군과 반소비에트 조약을 맺음으로써 나치 정권을 다른 군사정권으로 대체하는 것이었다. 그들은 그렇게 함으로써 히틀러가 동유럽에서 얻은 영토를 최대한 많이 지키고자 했다. 그러나 OSS와 브레이커스의 접촉은 아직 어떤 구체적인 결과를 내지 못했고, 1944년 7월 20일 히틀러 암살 기도가 실패로 돌아가면서 독일 내 반대세력 지도자들 대부분이 나치에 의해 제거되자 독일과 미국의 거래는 사실상 무위로 돌아가는 것처럼 보였다.[3] 1945년 4월 30일 히틀러가 자살한 다음, 미국과 영국은 독일에서 훌륭한 파트너를 찾을 수 있는 새로운 기회, 어쩌면 마지막이 될 수도 있는 기회를 얻었다. 무장친위대 SS의 대장 하인리히 힘러Heinrich Himmler(1900~1945) 같은 나치당원들도 그런 역할을 맡게 되기를 간절히 원했지만, 그들은 존경할 만한 인물이 못 된다는 점에서 가장 중요한 기준을 만족시키지 못했다. 반면 옳건 그르건 간에 서구 사회에서 오늘날까지도 고결한 사람이라는 명성을 누리는 폰 룬트슈테트와 같은 전통적인 프러시아 귀족 융커 유형의 독일군 고위 장성들은 어쩌면 서방 연합군에게 프러시아판 바돌리오, 보수적인 독일인 파트너가 되어, 휴전을 성사시키고 붉은 군대에 대항한 공동의 십자군 원정을 수행할 수도 있었다. 어쨌건 이러한 소위 융커 옵션은 히틀러의 후계자 되니츠Karl Dönitz(1891~1980) 제독이 전쟁 막바지에 또 한 명의 광적인 나치가 아니라 존경할 만한 군인으로 드러나 갑자기 미국의 정책에 현실적인 계획으로 부상했다. 히틀러도 그런 시나리오를 원하여 나치의 광신자들 중 한 명이 아니라 제독을 후계자로 선택했을 가능성도 없지 않다.

영미와 독일 사이의 거대한 동맹과 소비에트를 향한 공동의 십자군은 실현되지 않았다. 그러나 워싱턴과 런던이 그런 계획에 보인 관심은 이론에 그치지 않았으며, '만약을 위한' 구체적인 준비가 실제로 진행되었다. 일례로 포로로 잡은 독일군 부대들이 언제든지 붉은 군대와 싸울 수 있도록 비밀리에 준비시켜두었다. 그로부터 한참이 지난 1954년 11월, 육군 원수 몽고메리Bernard Law Montgomery(1887~1976)는 독일 군인들의 전투 능력을 높이 평가했던 처칠이 전쟁 막바지에 자신에게 그런 취지의 명령을 내렸다고 공개적으로 시인했다.[4] 그는 소련과 싸우게 될 때 독일 북서부와 노르웨이에서 항복한 독일군 부대들을 이용할 수 있도록 그들의 군복과 무기를 그대로 두고 독일군 장교들의 통제하에 두었다. 네덜란드에서는 캐나다군에 항복한 독일군 부대들이 1945년 5월 13일에 탈영병 두 명을 처형하는 데 자신들의 무기를 사용하도록 허락받았다. 미국은 포로로 잡은 케셀링Albert Kesselring(1902~1967) 같은 장군들이 그들의 부대를 계속 통솔하게 하고 병사들 사이를 자유롭게 오갈 수 있게 허락했다. 총통의 후계자도 영국으로부터 위와 같은 이례적인 대우를 받았다. 되니츠 제독은 자신의 취임식 때 라디오 방송을 통해 독일은 이제부터 오직 '볼셰비즘'만을 상대로 전쟁을 수행하기를 원한다고 선언했다. 그는 자신을 잠재적으로 소비에트에 대항하는 서방 연합군의 파트너로 분명히 인식했다. 해군을 지나치게 좋아하는 영국은 아마도 자신들이 그 제독에게서 함께 반소비에트 사업을 완수할 수 있는 존경할 만한 독일 지도자의 모습을 보았다고 믿었을 것이다. 어쨌거나 처음에 영국은 히틀러의 후계자와 그 동료들을 아주 신중하게 다루었다. 되니츠와 그의 측근들은 독일이 항복한 지 2주 뒤인 1945년 5월 23일 아이젠하워 장군이 특별 명령을 내린 다음에야 공식적으로 구금되었다.[5]

독일군 병사들은 붉은 군대와 싸우는 데 쓸 수 있다고 보고 따로 떼어두었는데, 그게 다가 아니었다. 투옥된 독일군 장교들은 동부전선에서 소련과 싸운 경험에서 배운 점들을 설명하는 보고서를 제출하도록 지시받았다. 이 보고서들에는 〈러시아 숲과 습지에서의 전투〉 또는 〈북쪽 끝의 땅에서 치르는 전쟁〉과 같은 제목이 붙었다. 그러한 임무수행 보고서들에서 얻어낸 정보는 특히 미군 지휘관들에게 매혹적이었다. 그것을 통해 히틀러의 소련 침공작전이었던 바르바로사의 새로운 버전을 계획할 수 있었기 때문이다. 미국 정부는 오리지널 바르바로사 작전의 대실패를 반복하지 않기 위해서 가능한 모든 이점을 다 사용하기로 단단히 마음먹은 것이 분명했다. 미국은 심지어 라인하르트 겔렌Reinhard Gehlen(1902~1979) 같은 나치 스파이들과 SS의 고위 간부들까지도 뻔뻔스럽게 이용했다. 그들은 소련과 싸운 자신들의 경험을 미국 정보국과 공유하고, 또 붉은 군대 등 뒤에서 활동하는 나치 요원들과 연결시켜줄 준비가 되어 있었다. 그러다보니 요제프 멩겔레Josef Mengele(1911~1979)와 클라우스 바리비Klaus Barbie(1913~1991)와 같은 수많은 악명 높은 전쟁범죄자들까지도 미국의 보호를 받았다. 보고서를 제출한 전쟁범죄자들은 관례대로 위조서류를 받고 미국 남부나 북부로 보내져 새로운 삶을 보장받았다.[6]

미국이 이렇게 온갖 전쟁범죄자들을 중앙유럽과 동유럽에서(독일 뿐만 아니라 크로아티아, 우크라이나 등에서 대부분 이탈리아를 통해) 탈출시킨 데는 특히 바티칸의 적극적인 협력이 있었다. 바티칸은 전쟁 전은 물론 전쟁 중에도 파시스트 정권들을 지지했으며, 교황 비오 12세는 나치와 그 부역자들의 전쟁범죄로부터 시선을 돌리고 그들을 간절히 보호하고자 했다.

그러나 그 당시 미국과 해방된 유럽 국가들의 여론이 독일과 함께 반소비에트 십자군을 시작하는 것을 용인했는지는 대단히 의심스럽다. 일례로 제1차 세계대전 직후 러시아 내전 때 볼셰비키에 반하여 개입한 역사적 선례를 생각해봐야 했다. 그때 개입을 단념했던 것은 모든 서방 국가들에서 대중의 지지를 전혀 받지 못했기 때문이었다. 게다가 미국의 정부와 언론은 1941년 말 이후로 국민들에게 적은 소비에트가 아니라 나치이며, 붉은 군대 병사들과 미군 병사들, 영국군 동지들이 정의와 자유를 위해 서로 힘을 합쳐 싸웠다고 설득해왔다. 미국 국민들이 정반대의 이미지, 즉 나치가 아니라 소련이 악당의 역할을 하던 1941년 이전의 그림에 다시 익숙해지게 만들려는 일종의 집단적 세뇌 작업이 곧 이루어지리라는 무언의 신호가 있었던 것은 사실이다. 그러나 1945년 봄에는 유럽이나 다른 지역에 주둔하는 미군 병사들과 미국 국민들은 동맹국 소비에트에 상당히 호의적이었다.[7]

1945년 3월의 갤럽 조사에 따르면 미국 국민의 55퍼센트 이상이 종전 후에도 소련과 동맹 관계를 유지하기를 원했다.[8] 소련에 대항하는 십자군 원정에 이용되어야 할 유럽 주둔군을 포함한 미군 병사들은 거의 예외 없이 붉은 군대의 동지들에게 동정과 찬탄 및 존경을 표했다. 훗날 한 참전용사는 그 시기를 다음과 같이 회상하며 감상에 젖었다.

우리는 러시아 사람들이 동부전선에서 엄청난 희생을 감수하며 독일군의 척추를 부러뜨렸다는 것을 알았다. 그들이 없었다면 우리는 비교도 할 수 없을 만큼 더 많은 사상자를 내고 비참한 상황에 놓였을 것이다. 우리는 그들에게 마음이 기울었다. 나는 만일 우리가 그들과 만난다면 주저하지 않고 입을 맞추겠다고 말하던 것을 기억한다. 러시아에 반대하는 이야기는 들어보지도 못했다. 나는 만일 우리가 그들과 맞서 싸운다면 우리는 아마도 두 번째로 강한 군대가 될 것임을 알 만큼 충분히 현실을 직시하고 있었다고 생각한다. …… 우리는 패튼 부대 소속으로 바이에른에서 마지막 작전을 펼쳤다. 패튼은 우리가 〔모스크바까지〕 계속 전진해야 한다고 말했다. 그건 나로서는 생각도 할 수 없는 일이었다. 러시아인들이 우리를 학살할 것 같았다. …… 나는 병사들이 러시아인들과 싸울 생각이 전혀 없었다고 생각한다. 우리는 언론과 뉴스영화에서 충분

한 정보를 들어 스탈린그라드에서 있었던 일에 대해 잘 알고 있었다.[9]

소비에트에 대한 미군 병사들의 긍정적인 감정은 미국의 정치 및 군 당국이 1945년 봄에 많은 주의를 기울인 여론조사 결과에서도 분명하게 나타났다. 워싱턴은 군과 일반 국민의 분위기를 아주 정확하게 파악했다. 게다가 전쟁이 끝났을 때 마닐라, 호놀루루, 서울, 런던, 프랑크푸르트, 파리, 그리고 랭스에 주둔하던 미군 병사들이 청원과 시위를 통해(다시 말해서 집단행동이라는 무서운 무기를 통해) 그들이 유럽이나 또 다른 지역에서 반소비에트 또는 다른 군사적 행위에 이용될 준비가 되어 있지 않음을 아주 분명하게 보여주었다. 그리고 미국 본토에서도 노동자들이 집으로 돌아오고 싶어 하는 군인들과 연대하여 수많은 파업을 일으켰다. 1945년 봄에 나치 또는 나치의 뒤를 이은 베를린의 누군가와 연계하는 반소비에트 십자군이 미국과 영국의 지도자들 눈에 아무리 매력적으로 보였다 하더라도, 이런 상황에서는 도저히 이룰 수 없는 꿈이었다.[10]

미국과 영국의 지도자들은 독일이 몇 번이나 제안했던 안, 즉 독일군이 현재 빠르게 서쪽으로 밀려나고 있는 동부전선에서 소련과 싸움을 계속하게 해준다는 조건하에 그들이 서부전선에서만 항복한다는 안에 매혹되었던 것으로 드러났다. 그런 조건부 항복은 명백히 동맹의 협정에 위배되지만, 그 잠재적 이익은 미국과 영국에게 너무나도 매력적이었다. 예를 들어 이것은 영국과 미국이 소비에트보다 더 많은 독일군 부대를 포로로 잡아서 그들을 붉은 군대에 대항하는 서방-독일 연합 십자군에 이용할 수도 있음을 의미했다. 그런 시나리오는 되니츠를 비롯한 수많은 독일군 지휘관들뿐만 아니라, 독일과 어깨를 나란히 하고 모스크바로 진격할 꿈을 감추지 않는 서방 연합군의 수많은 고위 장교들의 희망 사항이었다.[11] 패튼 장군은 아이젠하워를 대리하는 조지프 T. 맥너니Joseph T. McNarney(1893~1972) 장군과의 전화 통화에서 이런 주장을 반복했다.

> 빠르건 늦건 간에 그들[소련]과 싸우게 될 겁니다. …… 우리 군대가 생생하고 저 빌어먹을 러시아 놈들이 긴장을 풀고 석 달 동안 러시아에 엉덩이를 주저앉힐 지금 싸우는 게 어떻습니까? 우리 손에 있는 독일군을 무장시키고 함께 데리고 가기만 하면 쉽게 이길 수 있습니다. 그들은 저 야만인들을 증오합니다. 저는 열흘 안에 우리와 함께 저 개자식들과 싸울 충분한 부대를 확보할 수 있고, 이것이 그들의 잘못인 것처럼 보이게 만들 수 있습니다. 그들의 잘못이 너무 커서 우리가 그들을 공격하는 것이 완벽하게 정당해 보이도록 말입니다.[12]

상황을 이런 식으로 바라본 미국의 지도층은 패튼만이 아니었다. 미국의 역사학자 러셀 D. 부하이트Russell D. Buhite와 윌리엄 크리스토퍼 하멜William Christopher Hamel은 많은 군 지휘관과 정치가들이 "1945년 [소비에트에 대항하는] 예방전쟁을 고려하기 시작했다"고 강조한다.[13]

만약 반소비에트 십자군 공동전선이 성사되지 않는다 하더라도, 서부전선에서만 항복하겠다는 독일의 제안은 서방 연합군의 시각에서 여전히 매력적이었다. 소비에트가 독일 육군 또는 무장친위대의 마지막 저항을 진압하기 위해 추가로 오랫동안 싸우고 있을 때, 미국과 영국은 이미 전쟁의 피로에서 회복하기 시작했다. 그 싸움으로 소비에트가 더 약해질수록 워싱턴과 런던에는 더 좋았다. 설사 모스크바가 파트너로 남는다 하더라도, 강한 파트너보다는 약한 파트너가 더 나았다. 파트너가 약하면 국경 조정, 폴란드 문제, 독일의 배상금 등 민감한 주제를 다룰 앞으로의 협상에서 양보를 요구하기가 더 쉬울 것이기 때문이다.

미국과 영국은 소비에트를 배제하고 독일의 전면 항복을 받아들일 수는 없었다. 그것은 동맹의 협정을 너무나 뻔뻔하게 위반하는 것이었기 때문이다. 반면 미국이나 영국이 어떤 이익을 얻어낼 수 있는 독일의 '국지적' 또는 '개별적', 그리고 아마도 순수하게 '군사적'인 항복이라면 받아들이지 못할 이유가 없었다. 미국은 그런 국지적 항복에 관해 독일과 논의하기 위해서 전쟁 마지막 날들에 이를 때까지 기다리지 않았다. 예를 들어, 1945년 3월에 벌써 미국 정보원 앨런 덜레스와 SS 장군(이자 악명 높은 전쟁범죄자인) 카를 볼프Karl Wolff(1900~1984)가 스위스 수도 베른에서 협상을 벌였다. 워싱턴의 인가를 받아 선라이즈Sunrise 작전이라는 이름하에 진행된 베른에서의 협상 내용은 이탈리아 전선에서 독일군의 항복 가능성에 관한 것이었다. 미국은 소비에트에는 당연히 비밀로 하며 이중의 이익을 노렸고, 볼프는 미국에 자신의 전쟁범죄를 사면해주는 형태로 보상을 기대했다. (볼프는 소련에서 SS-처형부대Einsatzgruppe 지휘관으로서 약 30만 명의 죽음에 책임을 져야 할 사람이었다.) 미국이 추구하는 두 가지 이익은 첫째로, 이탈리아 북부에서 독일이 항복할 경우 독일군의 도움으로 영향력 있는 공산당 게릴라들을 군사적으로나 정치적으로 제거할 수 있다는 것이고, 두 번째는 독일이 항복하면 미국과 영국군이 이탈리아에서 북동쪽으로 빠르게 진격해 유고슬라비아의 공산주의 게릴라 지도자 티토Tito(본명은 Josip Broz, 1892~1980)의 이탈리아와 오스트리아 국경 방면 전진을 저지할 수 있다는 것이었다.

소비에트도 결국 베른에서 벌어지는 일을 알게 되었지만, 그들도 협상에 참여하겠다는 요청은 거부당했다. 의심 많은 스탈린이 강력하게 항의했으나 루스벨트는 이 문제를 두고 모스크바와 대립하는 위험을 감수하고 싶지 않았다. 그렇지 않아도 덜레스의 접촉이 유용한지 회의가 들던 차였기에 선라이즈 작전은 조용히 마무리 지어졌다. 그러나 그러는 동안 덜레스와 볼프는 친한 친구가 되었고, 덜레스는 전쟁이 끝난 다음 그 SS 장군이 자기가 저지른 전쟁범죄 때문에 괴로운 일을 겪지 않도록 도와주었다. 베른협상의 최종 결론은 서방 연합군과 소련의 관계를 철저히 망쳐놓았다는 것뿐이었다. 소비에트는 그때부터 국지적 항복이 주제로 떠오를 때마다 특별히 의혹을 품게 되었다. 그럼에도 미국과 영국은 동맹국 소비에트의 등 뒤에서 제시되는 독일의 그러한 제안에 응하고 싶은 유혹을 이겨내지 못했다. 독일의 최후가 다가올수록, 미국과 영국 수뇌부에는 항복 제안이 더 자주 전해졌다.[14]

1945년 5월 초에 한 미국 지휘관이 엘베 강가에서 독일의 국지적 항복을 받아들였다. 그 결과 그때까지 소비에트와 싸우던 벵크 장군Walther Wenck(1900~1982)의 제12군이 미군의 전선 뒤로 사라질 수 있었다. 미국의 이 제멋대로인 행동은 미국의 적 독일의 수천이나 되는 병력이 소비에트의 손에서 벗어날 수 있도록 큰 도움을 주었고, 반대로 벵크 부대 후위의 결사적인 저항을 사흘이나 더 마주해야 했던 미국의 동맹 소비에트에는 문젯거리를 안겨주었다. 그 항복 또는 벵크 부대의 구조는 그곳에서만 우연히 일어난 사건이 아니었다. 독일의 쿠르트 폰 티펠스키르흐Kurt von Tippelskirch(1891~1957) 장군에 따르면, 전쟁 마지막 며칠 동안 "독일군 전체가 마지막 순간에 미국의 전선 뒤로 모습을 감출 수 있었다". 전하는 바에 따르면, 그 수는 동부전선에서 싸우던 독일 육군의 약 절반에 해당하는 수십만 명에 달했다. 미군 지휘관들이 인도적인 차원에서, 즉 독일의 민간인 피난민들이 복수를 갈망하는 소련으로부터 도망칠 수 있게 해주려고 독일군의 그러한 국지적 항복을 받아들였다고 주장되어왔다. 그러나 이 주장은 몇 가지 이유에서 설득력이 없다. 첫째, 개별적인 항복은 독일 군대에게 우선권을 주어서, 일반 시민들은 미국의 전선 뒤로 제때 숨지 못하는 일이 많았다. 둘째, 독일 피난민들은 종종 그런 국지적 항복의 결과로 더 비참한 운명을 견뎌내야 했다. 무슨 일이 벌어지고 있는지 알아차린 소비에트가 탈출로에 추가로 포격을 퍼부어댔기 때문이다. 벵크 군을 구조할 때는 일반 시민들뿐 아니라 다수의 미군 병사들도 엘베 강가에서 희생되었다. 셋째, 1944~1945년 겨울 소비에트가 동프로이센을 침공할 때 시민들에게 가혹하게 보복하며 끔찍하게 응징한 이후로 붉은 군대는 다시 규율을 되찾았다. 1945년 봄에 독일을 정복할 때는 대체로 잔혹한 행위 없이 전진했으므로 미국이 독일 시민들 편에 서서 '인도적으로' 개입하는 것은 불필요했다. 넷째, 미국의 그러한 인도주의는 독일인들, 즉 미국의 적들에게 휴식을 주었을 테지만, 미국의 동맹 소비에트에게는 불필요한 희생을 안겨주었다. 벵크 장군의 군대에 관해 연구한 독일의 한 학자는 이 항복에서 미국의 역할이 "동맹국 소비에트에 대하여 의심의 여지없이 옳지 못한 일"이었다고 강조한다.[15] 만일 거기에 어떤 인도주의가 개입되었다면 그것은 입 밖으로 말할 수 없는 반소비에트적인 목적을 위한 극도로 기능적인, 아주 선별적인 인도주의였을 것이다. 마지막으로 반드시 고려되어야 할 요인이 하나 더 있다. 국지적 항복들 덕분에 무고한 시민들이 온갖 부당한 보복에서 벗어날 수 있었던 것도 사실이지만, 그런 항복은 또한 전쟁 범죄자들이 마땅히 받아야 할 응징을 피하게 해주었다는 점이다. 멩겔레와 바리비 같은 자들은 소비에트로부터 남미행 티켓을 받기를 기대할 수 없었기 때문이다.

마지막으로 서쪽으로 탈출하지 못했거나 이미 소비에트의 포로가 된 독일 병사들에 관해서도 살펴보아야 한다. 소비에트는 당연히 서부전선에서 이루어지는 개별적인 항복이 정말로 사심 없는 인도주의가 아니라, (여러 가지 목적 중에서도) 서방 연합군과 독일이 소련에 대항하여 공동전선을 펼치기 위해 가능한 한 많은 독일군 부대를 확보할 목적으로 의도적으로 계획된 행동이라고 느꼈다. 그때도 이미, 그리고 한참 후 서독을 재무장시킬 때도 역시 모스크바는 독일의 실지회복론자와 군국주의자들이 서방의 후원 아래 새로운 모습의 바르바로사 작전을 시도할 가능성을 생각해야 했다. 이 점을 고려해야 소비에트가 오랫동안 독일군 포로 석방을 망설인 이유도 이해할 수 있다. 그들 또한 새로운 반소비에트 십자군이 될 수 있었기 때문이다. (물론 그들을 붙잡아둔 데는 또 다른 이유도 있었다. 독일이 충분한 전쟁보상금을 지급하지 않았다는 것. 독일군 포로의 노동력이 소련이 입은 전쟁 피해를 보상하는 한 형태가 될 수 있었다는 것

등을 이유로 들 수 있다.) 독일군 수십만 명이 소비에트의 포로로 죽거나 전쟁이 끝나고 수년이 지나서야 독일로 돌아갈 수 있었던 것은, 1945년 봄 그들의 수많은 동료들이 영국과 미국의 전선 뒤로 숨을 수 있었다는 사실에 대한 일종의 대가였던 셈이다.

16장   **독일의
항복(들)**

미국과 영국은 독일과의 비밀 협상에 관심이 많았고, 베른과 다른 여러 곳에서 실제로 협상이 열렸다. 논의된 사안들은 국지적 항복 같은 것들이었다. 독일 육군 부대가 소비에트의 포로가 되지 않게 하여 서방 연합군이 소비에트에 대항하는 공동 프로젝트와, 미국과 영국이 독일 전선 너머(예를 들면 이탈리아)를 해방하기 전에 그곳에서 급진적이고 그래서 불쾌한 저항세력을 제거하기 위한 전략 등을 수행할 때 그 부대들을 질서 정연하게 이용할 수 있도록 하는 방법이었다. 그런 접촉은 명백히 독일과 개별적인 협상을 금지하기로 한 카사블랑카회담까지 거슬러 올라가 동맹 내 협정의 정신을 위반하는 것이었다.

그러나 미국, 영국, 그리고 소련에 대한 독일의 무조건적인 항복은 언젠가는 어딘가에서 이루어질 일이었다. 명예만을 생각했을 때, 서방 연합군은 그것이 서부전선에서 이루어지기를 원했다. 따라서 영국과 미국이 독일과 접촉한 것은 가능한 국지적 항복들의 이익만을 따져서가 아니라 곧 다가올 전면적이고 무조건적인 항복이라는 견지에서 행한 일이었다. 그렇게 하면 항복 장소와 같은 아주 흥미로운 세부사항들을 소비에트 측의 개입 없이 사전에 정할 수도 있을 터였다. 이런 측면에서는 여러 가지 가능성이 있었다. 독일이 먼저 미국과 영국에 계속해서 접근하여 서방 연합군과 부분적으로 임시 휴전협정을 체결하기를 원했고, 그것이 불가능하다면 가능한 한 많은 독일 육군 부대를 미국이나 영국군에 개별적으로 항복시키기를 희망했기 때문이다.

1914~1918년에 있었던 제1차 세계대전은 분명하고 명료한 휴전, 즉 모든 사람이 1918년 11번째 달 11번째 날 11번째 시에 효력이 발생했다는 것을 알고 있는 독일의 무조건적인 항복이라는 형식으로 막을 내렸다. 반면 제2차 세계대전은, 최소한 유럽에서는 음모와 혼란 속에서 서서히 멈추어서 오늘날까지도 독일의 항복 장소 및 시간에 관한 많은 오해가 존재한다. 제2차 세계대전은 독일의 단 한 번의 전면적인 항복이 아니라, 계속해서 이어진 투항 잔치 전체를 통해 유럽의 무대에서 막을 내렸다.

시작은 1945년 4월 29일 이탈리아에서 유럽 남서부의 독일군들이 영국 육군 원수 알렉산더가 이끄는 연합군에 투항한 것이었다. 독일 측 서명인 중에는 SS 장군 카를 볼프도 포함되어 있었다. 그는 예전에 미국과 영국이 생각하는 종전 후의 이탈리아에서 설 자리가 없었던 그 나라 반파시스트 게릴라를 무력화하는 등의 미묘한 주제들에 관해 미국 정보원과 스위스에서 비밀스럽게 협상을 벌인 적이 있었다. 스탈린은 또다시 서방 연합군과 이탈리아의 독일군 사이에서 이루어지는 합의에 관해 걱정을 드러냈지만 결국에는 그 항복을 인정했다.

영국에는 오늘날까지도 독일군이 독일 북부 뤼네부르크 히스에서 또 한 사람의 영국 육군 원수 몽고메리 본부에 항복함으로써 그 전쟁이 끝났다고 굳게 믿는 사람들이 많다. 그러나 그 의식은 유럽에서 마지막 총성이 울리기 적어도 5일 전인 1945년 5월 4일에 있었고, 그 항복은 그때까지 네덜란드와 독일 북서부에서 몽고메리가 이끄는 제 21 영국-캐나다 연합군단과 싸우던 독일군 부대들에만 한정된 것이었다. 캐나다는 안전을 기하여 그 다음날인 5월 5일 네덜란드 동부 헬데를란트에 있는 바헤닝언에서 의식이 치러질 때가 되어서야 독일군 부대의 항복을 받아들였다.[1] 미국과 서유럽은 뤼네부르크 히스에서 벌어진 사건을 독일의 결정적인 항복과 그에 따른 정전의 전조로 인식하기는 했으나, 그래도 그것이 아주 제한된 국지적 항복이라고 정확하게 바라보았다. 미국, 프랑스, 벨기에, 그리고 그 외 다른 나라들은 독일의 이 결정적인 항복이 1945년 5월 7일 새벽 랭스 시의 낡은 학교 건물에서, 서부전선 연합군 최고사령관 아이젠하워 장군의 본부에서 이루어졌다고 생각한다. 그러나 이 휴전은 그 다음날인 5월 8일 오후 11시 1분에야 효력이 발생했다. 그래서 미국과 서유럽의 기념행사는 지금도 5월 8일에 열린다.

그러나 랭스에서 벌어진 이 중요한 사건도 마지막 항복 의식은 아니었다. 히틀러의 후계자 되니츠 제독의 승인하에, 독일의 대변인들이 아이젠하워의 방문을 두드렸다. 서방 연합군하고만 휴전협정을 맺거나, 만일 그것이 실패한다면 서부전선에서의 국지적 항복을 통해 조금이라도 더 많은 독일군 부대를 소비에트의 손에서 구해내기 위한 것이었다. 아이젠하워 개인적으로는 독일이 서방 연합군에만 전면적으로 항복하는 것은 고사하고 더 이상의 국지적 항복을 승인하고 싶지 않았다. 그러나 그는 어떤 식으로든 독일군 대부분이 소비에트가 아닌 영국과 미국의 포로가 되면 서방 측에 잠재적 이익이 쌓일 것이라는 점을 인정했다. 그는 또 이것이 절박한 독일군으로 하여금 자기 본부에서 동맹 내 협정에 어긋나지 않는 서류 형식으로 전면적이며 무조건적인 항복에 동의하도록 유도할 수 있는 유일한 기회라는 사실도 알았다. 그렇게 된다면 미국의 특권을 상당히 강화해줄 것이 분명했다.

랭스에서 이것은 아주 복잡한 시나리오로 구현되었다. 먼저 동맹의 협력 관계가 요구하는 구색을 맞추기 위해 파리에서 상대적으로 계급이 낮은 소비에트 연락관 이반 수슬로파로프Ivan Susloparov(1897~1974) 소장을 데려왔다. 둘째로, 서부전선에서만 부분적으로 항복하는 안은 있을 수 없음을 독일 측에 분명히 밝히는 한편, 휴전협정은 45시간 후에 효력이 발생한다고 동의하는 것으로 양보해주었다. 이것은 가능한 한 많은 독일군 부대를 소비에트 대신 영국과 미국에 항복시키고자 하는 새 독일 지도자의 소망을 들어주기 위한 조치였다. 그 보류 기간은 독일이 군대를 여전히 수그러들지 않는 격전이 벌어지는 동쪽에서, 뤼네부르크와 랭스에서 협정에 서명한 후로는 더 이상 총성을 듣기 어려워진 서쪽으로 이동시킬 기회를 주었다. 요들 장군이 이끄는 독일 대표단은 5월 7일 오전 2시 41분에 아이젠하위의 사령부에서 항복 문서에 서명했다. 그러나 앞서 언급했듯이, 총성이 멈춘 것은 5월 8일 오후 11시 1분이었다. 미국의 지휘관들은 독일의 항복이 실제로 효력을 발휘하기 시작한 후에야 독일군이 미군 전선 뒤로 탈출할 수 있도록 발포를 중지했어야 했다. 그랬다면 이 샴페인의 도시(랭스-옮긴이)에서 맺은 거래가 사실 완전히 무조건적인 항복은 아니었다고 주장할 수도 있었다.[2]

랭스에서 서명된 협정서는 정확히 미국이 원하던 것, 즉 독일이 아이젠하워 사령부에서 전면적으로 항복했다는 명예를 제공해주었다. 독일도 그들이 꿈꾸던 서방 연합군에만 항복하는 안이 좌절된 상태에서 희망할 수 있는 최선의 것, 거의 이틀에 가까운 '효력 발효 연기'를 얻어냈다. 그 시간 동안에는 사실상 동부전선에서만 싸움이 계속되었고, 셀 수 없이 많은 독일군 병사들이 영국과 미국의 전선 뒤로 숨을 기회를 얻었다.[3]

그러나 랭스의 항복 문서는 미국과 영국과 소비에트가 예전에 독일의 전면적인 항복을 뜻하는 내용으로 동의했던 표현에 완전히 부합하지는 않았다. 또 소련의 대표 수슬로파로프가 정말로 그 서류에 연서할 자격이 있는 사람이었는지도 의심스럽다. 서부전선의 싸움이 사실상 끝났는데도 독일군이 붉은 군대와 계속 전투를 벌일 수 있도록 허락받았다는 사실을 소비에트가 달갑게 여겼을 리 없다는 것도 당연하다. 따라서 랭스에서 합의된 것은 독일군이 실제로는 동맹의 협정에 반하여 서부전선에서만 항복한 것이라는 인상을 받게 된다. 이런 상황을 개선하기 위해서 최종적인 항복 의식을 열기로 결정하여 랭스에서의 항복이 하나의 순수하게 군사적인 항복으로서, 최종적인 항복의 서막에 해당하는 것이었던 것처럼 소급하려고 하기도 했다. 그러나 미국과 서구 유럽은 랭스의 항복을 유럽에서 벌어진 전쟁의 진정한 종결로 계속해서 기념하고 있다.[4]

군사적인 동시에 정치적이고 최종적인 독일의 전면 항복은 1945년 5월 8일 베를린의 주코프 원수 사령부에서 합의되었다. 또는 다르게 표현하여, 모든 동맹국들이 그 전날 랭스에서의 독일의 항복을 정당한 것으로 인준했다고도 할 수 있다. 카이텔Wilhelm Keitel(1882~1946), 랭스에도 있었던 폰 프리데부르크Hans-Georg von Friedeburg(1895~1945), 그리고 슈툼프Hans-Jürgen Stumpff(1889~1968) 장군이 되니츠 제독의 지시에 따라 독일을 대표해 서명했다. 주코프가 아이젠하워보다 계급이 낮았기 때문에 아이젠하워는 그 독일 수도의 잔해에서 거행된 의식에 참석하지 않을 완벽한 구실이 있는 셈이었다. 그는 그다지 주목받지 못하던 영국의 테더 원수를 자신의 대리인으로 보내 서명하게 했는데, 그럼으로써 베를린의 의식은 당연히 랭스의 의식에 비해 빛이 바래게 되었다.[5]

소비에트와 대다수 동유럽인들이 보기에는 유럽에서 벌어진 제2차 세계대전은 5월 8일 베를린의 항복 선언으로 끝을 맺었다. 그 선언으로 다음날인 5월 9일에 무기를 내려놓게 되었다. 미국과 대부분의 서유럽인들에게는 여전히 5월 7일에 서명되고 5월 8일부터 효력이 발휘된 랭스의 항복이 '진짜'였다. 전자가 언제나 5월 9일에 종전을 기념하는 반면, 후자는 변함없이 5월 8일을 기념한다. (네덜란드는 5월 5일을 기념한다.) 가브리엘 콜코가 말하듯이, 역사상 가장 거대한 드라마 중 하나가 유럽에서 그렇게 혼란스럽고 격에 맞지 않은 결말을 맞은 것은 피할 수 없는 독일의 항복으로부터 미국과 영국이 자신들에게 가능한 모든 종류의 크고 작은 이익(그리고 소비에트는 불이익)을 추구한 방식에서 비롯된 필연적인 결과였다.[6]

제1차 세계대전은 1918년 11월 11일의 휴전협정으로 사실상 끝났고, 1919년 6월 28일의 적법한 베르사유조약으로 법적으로도 결말을 맺었다. 제2차 세계대전은 일련의 항복들 전체를 통해 끝이 났지만, 최소한 독일에 대하여 베르사유식 평화협정은 끝내 체결되지 않았다. (일본, 이탈리아 등에 대한 평화협정은 각각 적절한 때에 체결되었다.) 그 이유는 승자들이 서방 연합군과 소비에트로 갈려 독일의 운명에 대해 합의에 도달하지 못했기 때문이다. 그 결과 전쟁이 끝나고 몇 년이 지나서 두 개의 독일이 등장했다. 이는 양쪽 모두가 받아들일 수 있는 평화협정이 나타날 가능성을 사실상 배제한 것이다. 그리고 독일과의 그러한 평화협정, 즉 독일의 동쪽 국경 문제를 비롯하여 종전 후에 해결되기를 기다리는 모든 종류의 문제들에 대한 최종 결정은 두 독일의 재통일이 현실적인 명제가 되었을 때, 즉 베를린 장벽이 무너진 이후에야 비로소 실행 가능한 일이 되었다. 그것은 1990년 여름과 가을, 한편으로는 두 개의 독일을 하나로 통일하는 방안을 찾고, 그럼으로써 다른 한편으로 제2차 세계대전의 가장 큰 승리자인 미국, 영국, 프랑스, 그리고 소련 4개국이 독일 재통일에 각자의 조건을 제시한 '2+4' 협상으로 이루어졌다. 4개국은 자기 나라의 이익뿐만 아니라 폴란드를 비롯한 유럽의 다른 주변국들의 이익도 고려하여 새롭게 통일된 나라의 상황을 정리했다. 이 협상의 결과가 1990년 9월 모스크바에서 체결된 회담이고, 적어도 독일 입장에서는 달리 좋은 기준이 없으므로faute de mieux 그것이야말로 제2차 세계대전의 공식적인 결말을 뜻하는 평화협정이라고 볼 수 있을 것이다.[7]

17장

**미국의
걱정과
자신감**

일단 나치가 붕괴되자 일본과의 전쟁도 그리 오래가지 않으리라는 걸 모두가 알았다. 그래서 미국은 점점 전쟁 이후의 세계로 생각의 방향을 돌렸다. 미국의 지도층은 미래의 모습을 마음속으로 그려보면서 낙관론과 자신감으로 가득 찼지만, 거기에는 몇 가지 우려할 만한 점도 있었다.

미국이 전 세계적인 갈등이라는 시련에서 다른 어느 나라보다 더 나은 모습으로 부상했다는 것은 이미 명백한 정도가 아니었다. 미국의 경제사학자 리처드 B. 두 보프Richard B. Du Boff는 "[전쟁이] 끝났을 때 미국의 적이 무너지고 동맹국들이 경제적으로 쓰러졌다"고 말했다.[1] 독일과 일본은 정복되고 폐허가 되었고, 프랑스는 옛 대국grande nation의 그림자에 지나지 않았으며, 지치고 사실상 파산한 영국은 세계 최강대국이던 예전의 지위 대신 밀접하지만 대단히 비대칭적인 영미 동맹에서 부하 역할을 맡게 되었다. 엄청난 피해에 신음하는 소비에트는 전쟁이 끝났을 때 세계적인 강대국이 되거나 미국의 잠재적인 경쟁자가 될 것으로 보이지 않았다. 미국의 GNP는 소련의 3배, 영국의 5배에 달했다. 미국의 피해는 30만 명을 조금 넘는 사망자와 100만 명의 부상자로 상대적으로 적었고, 환상적인 군사력뿐만 아니라 비교할 곳을 찾을 수 없는 산업적 잠재력을 보유하고 있었다. 그리고 미국은 막대한 달러와 자본을 보유함으로써 전 세계의 부러움의 대상이 되었다. 그 보유량은 전 세계 금의 3분의 2와 전체 투자자본의 4분의 3에 달했다![2]

미국은 최대의 승리자로서 세계에서 가장 강력한 나라가 되었으며, 사실상 유일무이한 '초강대국'이었다. 미국은 세계의 정점에 올랐으며, 스스로 그 사실을 알고 있었다. 그 누구도 그 무엇도 그들이 하고 싶은 대로 하는 걸 막을 수 없다는 사실을 알기에, 그들은 자신감을 가지고 미래를 맞이할 수 있었다. 《라이프》지 발행인 헨리 루스의 표현대로, 미국에서는 20세기가 '미국의 세기'가 되리라는 예측이 일반적이었다. 많은 미국인들이 목격했듯이, 인류가 미국 덕분에 유럽의 파시즘과 일본의 군국주의에서 벗어났으니, 이제는 모든 곳에서 자유와 정의와 민주주의에 관한 그들의 생각을 진작시킬, 다시 말해서 그들의 비전에 따라 새로운 세상을 창조할 차례라고 느꼈다. 미국의 작가이자 《하퍼스 매거진Harper's Magazine》의 편집장인 루이스 래펌Lewis Lapham은 그 점에 관하여 "미국이 지구를 물려받았다"고 말하며 그 시대 미국인들은 "그들이 신의 선택을 받았다"고 믿었다고 논평했다.[3]

1945년 봄에는 미국의 지도층과 국민 모두가 낙관적인 분위기였지만 걱정이 아주 없지는 않았다. 본질적으로 과잉생산에서 비롯되었던 1930년대의 경제 위기는 이제 과거의 일이었다. 미국은 전쟁 중에 렌드리스와 미국 자신의 군수품 주문량으로 경제적 수요 부족이라는 핵심 문제를 제거했다. 나라의 군비 지출은 1940년에서 1941년 사이에 벌써 6배로 증가했고, 정부는 1940년에서 1945년 사이에 탱크, 항공기, 함정을 비롯한 모든 종류의 군수품을 구입하는 데 적어도 1,850억 달러 이상을 지출했다.[4] 두 보프의 말대로 이것은 국가 경제에 '엄청난 자극제'가 되었다.[5] 1939년~1944/1945년에 약 900억 달러에서 2,000억 달러 정도로 증가한 미국 GNP에서 군비 지출이 차지하는 비중은 1939년 1.5퍼센트에 지나지 않던 것이 1944/1945년에는 대략 40퍼센트로 증가했다. 이런 성장을 가능하게 하려면 국가 산업의 생산 능력이 말할 수 없을 만큼 새롭고, 더 크고 더 현대적인 방식으로 확장되어야 하고, 생산 공장도 더 많이 필요했다. 미국의 모든 공장들과 다른 생산시설들의 총가치는 1939년 400억 달러에서 1945년에는 660억 달러로 증가했다. 미국 경제는 이렇게 전쟁 기간 동안 위험한 의존성을 바탕으로, 즉 군비 지출이라는 마약에 의존하는 방식으로 발전했다.[6]

전쟁이 끝나고 겪을 '금단현상'을 심각한 걱정거리로 여길 이유가 있었다. 전쟁의 끝이 보인다는 것은 군수품 주문이라는 원천이 곧 고갈되리라는 의미였다. 상품의 총 공급량이 역대 최대이던 바로 그때 수요가 붕괴될 징후가 보인 것이다. 미국 병사 수십만 명이 제대하여 집으로 돌아가 시민으로서 직업을 찾아야 할 때, 수많은 공장들이 문을 닫고 노동자들을 해고해야만 하는 상황을 피할 수 없었다. 운명적으로 닥칠 이러한 실업사태는 미국 국민의 구매력을 약화시키고, 그로 인해 수요는 더욱 줄어들 터였다.[7] 이 점에 대하여 콜코는 다음과 같이 말했다.

종전 후에 닥칠 대규모 실업에 대한 걱정은 1942년 이래로 경제 계획자들 사이에 널리 퍼져 있었다. 종전 후에 무역 거래량, 원자재 수급, 그리고 공공기관과 사기업과 개인의 투자 기회가 충분하지 못한 데서 오는 위험에 관한 비관적인 연구와 연설이 쏟아져 나왔다.[8]

1970년 노벨 경제학상을 수상했지만 당시에는 '젊은 혁신파young Turk' 경제학자이던 폴 새뮤얼슨Paul Samuelson(1915~2009)도 불길한 예감에 시달리던 전문가 중 한 사람이었다. 그는 싸움이 끝난 뒤 "정부 수요 감축의 결과로 미국 국민 500만 명이 일자리를 잃거나, 최소한 노동시간이 상당히 줄어들 것"이라고 내다봤다.[9] 미국의 파워엘리트, 그중에서도 특히 재계의 엘리트들은 미국 경제가 평화시로 전환되면서 그들에게 풍요를 안겨주고 재산을 급증시켜주었던 전시 호황이 갑작스럽게 끝나버릴 위험에 처해 있었다. 평시 경제로 돌아가면 그들은 광범위한 실업과 관계된, 급진적이고 혁명적이기까지 한 변화를 요구하는 문제들에 직면하게 될 터였다. 미국은 '더러운 30년대'의 대공황보다도 더 충격적일지도 모르는 위기를 맞을 각오를 해야 했다.[10]

그러나 이런 괴로운 시나리오가 현실이 되지 않도록 막을 방법이 있었다. 만일 미국 산업이 전 세계에서 시장을 개척하여 수요 붕괴의 위협을 무효로 만든다면 경제호황은 연장될 수 있었다. 그 당시 대단히 영향력 있는 정치가였던 딘 애치슨Dean Acheson(1893~1971) 미국 국무부 장관은 1944년 11월에 이미 국회위원회에서 연설하며 미국이 "해외시장 없이는 완전고용과 번영을 이루지 못할 것"이라고 말했다.[11] 미국의 정재계 지도자 대부분이 이런 견해를 공유했다. 미국 파워엘리트의 대변자들은 해외무역을 상당히 확장하는 것에 미국 자본주의

체제의 존망이 달려 있다고 연극적인 어조로 선언하기까지 했다.[12]

1930년에는 모든 나라가 높은 관세를 비롯한 여러 가지 보호무역주의적 수단으로 자국의 부실한 산업을 보호했다. 앞서 언급한 바 있는 영국 제국 내 특혜관세가 대표적인 예이다. 미국도 1930년에 홀리-스무트 관세법Hawley-Smoot Act으로 관세를 50퍼센트 이상 올렸다.[13] 만일 전쟁이 끝난 후 그런 관례를 없앨 수 있다면, 그리고 그 대신 자유무역 원리를 일반적으로 받아들이게 할 수 있다면, 미국의 산업이 전 세계에서 훌륭한 성과를 거둘 수 있었다. 그럴 수 있는 한 가지 이유는 미국의 산업이 대량생산에 따른 원가 절감이라는 경쟁력을 지닌다는 점이었다. 거기에 더하여 전쟁 중에 요구되었던 현대화와 합리화는 미국 산업을 최고로 효율적이며 대단히 경쟁력 있게 만들어주었다.

영국 제국은 19세기에 자유무역의 원리를 적극적으로 전파했다. 자신들이 최고로 강력한 산업 생산력을 보유하고 있었기에 그 원리를 적용하는 것이 이익이었기 때문이다. 100년 후, 제2차 세계대전이 끝났을 때 국무부 장관 코델 헐Cordell Hull(1871~1955)을 필두로 한 미국 정부가 전 세계적인 자유무역이라는 복음을 열렬히 전파했던 것도 정확히 같은 이유에서였다. 미국은 자유무역을 세상을 병들게 하는 모든 경제적 해악과 심지어 정치적 병폐의 치료제로 제시했다. 다소 단순화하자면, 보호무역주의는 갈등과 위기와 전쟁과 관계된 것인 반면, 자유무역은 국가 간의 평화나 다름없다는 것이었다.[14]

미국은 자유무역에 기초한 '헐 방식의Hullian' 이 새로운 세계 질서의 토대를 쌓기 위해서 전쟁이 끝날 때까지 기다리지도 않았다. 영국에 대한 렌드리스 원조에는 영국 제국의 닫힌 경제를 열어 미국 상품을 장기적으로 수출할 수 있는 시장으로 삼기 위한 조건들이 달려 있었다. 소련에 대한 렌드리스 협정에도 비슷한 기대가 작용했다. 영국처럼 전쟁 중에 경제적 상황이 안 좋아져서 미국의 원조에 의존했던 다른 많은 나라들도 미래 경제 질서의 규칙들을 받아들이도록 설득되었다.[15] 역사학자 하워드 진은 다음과 같이 말했다.

> 미국의 외교관과 기업가들은 전투와 폭격이라는 표제 뒤에서 전쟁이 끝났을 때 미국의 경제력이 세계 제일이 되도록 소리 없이 열심히 일했다. …… 동등한 접근을 보장하는 문호개방 정책이 아시아에서 유럽으로 확대될 참이었다.[16]

문호개방의 원리, 즉 미국의 상품과 투자자본이 자유롭게 드나들 수 있도록 모든 문을 활짝 열어주는 자유무역이라는 새로운 정책은 1944년 여름 뉴햄프셔 브레턴우즈에서 최소한 44개국의 대표가 참석한 가운데 열린 회의에서 비준되었다. 이 회의에서 국제통화기금IMF과 세계은행 등의 새로운 경제 정책의 원리를 실행에 옮길 제도적 장치가 만들어졌다. 미국은 이 국제기구들을 그때부터 지금까지 계속해서 장악하고 있다.[17] 미국 정부는 이와 매우 유사한 정치적이고 경제적인 이유들로 국제연합UN을 창설하고 이 국제기구의 본부를 뉴욕에 두려고 열을 올렸지만, 그 역사는 이 책의 범위를 벗어나는 내용이다.[18]

워싱턴은 미국이 해방시킨 나라들부터 기꺼이 자유무역에 협조하고 미국 투자자본에 문호를 개방하기를 기대했다. 미국은 기꺼이 문호를 개방할 정부들만 자신들이 해방시킨 나라에서 집권하게 했다고 해도 무방하다. 나아가 미국은 종전 후 유럽의 다른 나라들, 즉 독일과 동유럽 국가들에도 미국에 큰 이익이 될 것으로 기대되는 자유주의 경제 정책에 우호적인 정부가 들어서기를 희망했다. 무엇보다도 파괴된 독일을 재건하는 일이 전례가 없는 비즈니스 기회를 보장해주었고, 미국의 산업은 라인 강과 오데르 강 사이에 곧 도래할 노다지에서 영광스럽게 돈을 벌어들일 작정이었다. 19세기 미국 서부지방의 경계선은 미국의 경제적 사회적 발전 동력의 역할을 했다. 제2차 세계대전이 끝난 후 유럽의 새로운 동쪽 경계선은 미국인에게 신의 섭리를 느끼게 했다. 무엇보다도 독일의 경계선은 미국에 무한한 경제적 기회의 풍요로움을 제공해줄 터였다.[19]

소련의 재건 또한 어마어마한 사업 전망을 열어줄 수 있었다. 미국이 이 거대한 작업에 참여할 가능성은 여전히 남아 있었고, 재계의 거물들은 "러시아와의 대규모 무역을 통해 막대한 수익을 얻는다는 기대"로 입맛을 다셨다. 바로 직전까지도 소비에트 체제에 대한 혐오감을 감추지 않던 사람들도 이 점에서는 마찬가지였다. 소련에 대한 연간 수출 예상액은 10~20억 달러로 추산되었다.[20]

미국의 지도층은 미국의 수출 상품뿐 아니라 그에 수반되는 개인의 자유, 민주주의, 자유기업, 그리고 자유무역의 기치를 든 미국의 세계관으로 세상을 범람시키기로 작정했다. 이것이 유럽을 비롯한 전 세계, 그리고 당사자인 미국에서 자신들의 새로운 경제 질서를 장려하기 위해 이용된 이데올로기였다. 미국의 노골적인 자본주의 체제와는 다른 사회적 경제적 '대변혁'을 꿈꾸던 유럽의 레지스탕스 전사들 같은 사람들이 다른 생각을 가지고 있다는 사실은 미국 지도층에게는 고려할 가치도 없는 일이었다. 그들은 자유기업의 원리를 침해하며 일부 기업과 산업 부문을 국유화하려는 프랑스의 〈레지스탕스 헌장〉과 같은 급진적, 진보적 사회경제 계획을 거의 또는 전혀 이해하지 못했다. 온건하지만 거의 좌파에 가까운 유럽의 사회주의자 또는 사회민주주의자들의 사상 또한 입맛에 맞지 않기는 마찬가지였다. 그러나 미국인의 눈에 가장 역겨운 신조는 공산주의였다. 공산주의가 자본주의를 완전히in toto 거부하는 혁명적 이데올로기이며, 1917년 소련이 근본적으로 다른 사회경제 체제를 건설하여 자본주의가 자신과 정반대되는 체제와 원치 않은 경쟁을 벌이게 만들었을 때부터 신봉자들이 심취하기 시작한 이데올로기였기 때문이다.

1920년대와 1930년대 미국의 정재계 엘리트들은 반공산주의자였고, 그래서 파시즘에 호의적이었다. 그러나 진주만 습격 이후 파시스트들은 미국의 적이 된 반면, 소련은 전쟁의 장난으로 엉클 샘의 동맹으로 모습을 바꾸었다. 이전에는 활활 타오르던 반공산주의의 횃불이 전쟁 중에 희미해졌던 이유는 그것뿐이었다. 그러는 중에도 미국의 종교, 정치, 그리고 군사 지도자들 대다수는 계속해서 공산주의야말로 진정한 적이라고 생각하고 있었다. 심지어 가톨릭 저널리스트들은 진주만 습격 이후에도 여전히 '신을 믿지 않는' 공산주의보다 바티칸이 찬동한 파시즘을 선호하는 전쟁 전의 정설에 충실한 경향이 있었다. 수많은 미국의 지도층들이 미국이 '틀린 적'과 싸우고 있다며 공공연하게 한탄했으며, 상원의원 태프트William Howard Taft(1857~~1930)는 "공산주의의 승리가 파시즘의 승리보다 미국에 훨씬 더 위험하다"고 목소리 높여 경고하기도 했다.[21] 미국의 군사 엘리트를 양성하는 웨스트포인트의 육군사관학교에서는 일부 장성들이 미국이 엉뚱한 편에 서서 전쟁에 휘말려들었다고 드러내놓고 불평했다. 이런 대실수에 대한 책망은 히틀러가 한 말과 거의 일치하는 '유대인 프랭클린 D. 로젠펠드'라는 비아냥과 함께 고스란히 루스벨트 대통령의 책임으로 돌려졌다. "우리는 히틀러가 아니라 공산당 놈들과 싸워야 한다"는 것이 그 장군들의 결론이었다.[22]

이 모든 것이 실제로 의미하는 바는 미국 정부 당국이 전쟁 중에 진짜 또는 허구의 공산주의자들을 체계적으로 괴롭혔다는 사실이다. 공산주의자 사냥은 오래전부터 J. 에드거 후버가 이끄는 FBI의 전문 분야였지만, 전쟁 중에는 의회가 반파시스트 위원회로 설립한 하원반미反美활동조사위원회House Un-American Activities Committee: HUAC가 이 방면에서 FBI의 강력한 경쟁자로 떠올랐다. 미국의 학자 노아 아이젠버그Noah Isenberg는 FBI와 HUAC가 "인종적인 이유나 정치적인 이유로" 나치의 독재에서 도망쳐 미국에 정착한 토마스 만Thomas Mann(1875~1955)과 하인리히 만Heinrich Mann(1871~1950) 형제, 에리히 마리아 레마르크Erich Maria Remarque(1898~1970), 그리고 베르톨트 브레히트Bertolt Brecht(1898~1956) 같은 독일인들을 주로 표적으로 삼았다는 것은 '[미국] 역사의 큰 아이러니'라고 말한다. 아이젠버그에 따르면, "외국의 공산주의자들이 침투하지 못하도록 나라를 지킨다고 자처하는" J. 에드거 후버의 지맨G-men(FBI 수사관-옮긴이)들은 이 독일인 망명자들이 나치 요원이라고 의심해서가 아니라, 그들의 정치적 성향이 정부 당국이 보기에 너무 좌편향적이었기 때문에 그들을 감시하며 자주 괴롭혔다.[23]

스터드 터클의 제2차 세계대전에 관한 유명한 구술사 인터뷰《좋은 전쟁The Good War》에서 한 미국 적십자 회원은 소련과의 전시 동맹은 미국 지도자들의 '본심'이 아니었다고 말한다.[24] 이것은 상당히 옹호할 만한 발언이다. 미국의 파워엘리트에게 나치 독일과의 전쟁은 실제로 그들의 뿌리 깊은 반공산주의 사상과 계획을 일시적으로 방해한 이례적이고, 계획되지 않았고, 원치 않았고, 예기치 못했던 막간극이었으며, '틀린 적'과의 싸움이 끝나는 대로 그들의 사상과 계획에 다시 집중하는 것을 막을 수 없었다. 이탈리아의 역사학자 필립포 가자는 다음과 같이 말했다.

초점은 볼셰비즘과의 싸움과 세상이 사회주의 노선에 따라 변하는 것을 막는 데 맞추어져 있었다. 이런 의미에서 제2차 세계대전은 볼셰비즘 파괴 계획이라는 훨씬 더 광범위한 그림에서 벗어나는 이차적인 현상이었다.[25]

1945년 봄, 유럽에서 파시즘을 격파함으로써 미국에서 다시 반공산주의를 부흥시키기 위한 조건이 갖추어졌다. 이제는 공산주의가 미국의 이데올로기와 경쟁할 수 있는 유일한 이데올로기이자 민주주의, 개인의 자유, 사유재산, 그리고 마지막으로 미국의 재계와 파워엘리트가 큰 희망을 품고 있는 국제적 자유무역의 최대의 적으로 보였기 때문에 혐오감이 훨씬 더 컸다. 제2차 세계대전의 잿더미 속에서 미국의 보호하에 일어선 이 멋진 신세계에서, 1945년을 원년으로 하는 미국의 세기에 공산주의가 들어설 자리는 없었다.

18장

**원자외교,
그리고
냉전의 시작**

1945년 5월 초 독일이 항복하면서 유럽의 전쟁은 끝났다. 3대 승전국은 이제 종전 후 유럽의 개편이라는 복잡하고 미묘한 문제와 직면했다. 미국과 영국은 서유럽에서 거의 1년 전부터 새로운 질서를 이미 건설했고, 스탈린도 그것을 받아들였다. 반면 동유럽에서는 소비에트 지도자가 붉은 군대의 존재 덕분에 뚜렷한 우세를 보였다. 그럼에도 여전히 서방 연합군은 동유럽의 재편에도 상당 부분 개입하고 싶어 했다. 스탈린은 그곳에서 공산주의자와 그 동조자들에게 유리하게, 그리고 사실이건 아니건 간에 반공산주의적이거나 반소비에트적으로 보이는 모든 사람들에게 불리하도록 신중하게 처신했지만 그때는 여전히 모든 것이 가능했다.[1] 게다가 서유럽은 처칠의 세력권 방식과 알타에서 체결된 앞선 협정들 덕분에 동유럽의 문 안으로 한 발을 들여놓고 있었다. 서방 연합은 독일에서 크레믈린의 동지들보다 유리한 상황이었다. 알타에서 비준된 협정의 결과로 미국과 영국이 훨씬 더 넓고 중요한 부분과 베를린의 노른자를 차지했기 때문이다.

서유럽에서는 이미 모든 것이 자리를 잡았지만, 동유럽과 독일에서는 아직 어떤 일이든 일어날 수 있었다. 독일이 점령 구역으로 나뉜 채 오랫동안 지속되고, 동유럽이 반세기 동안이나 소비에트의 손에 쥐어진 채 유지된 것은 피할 수 없는 일이 전혀 아니었다. 훗날 이 모든 불편한 일들의 책임을 거의 다 뒤집어쓴 스탈린은 사실 독일과 동유럽에 협조할 훌륭한 이유들이 있었다. 그는 영국과 미국에 대해 비합리적인 요구를 하거나 고집을 부리는 것이 매우 위험하다는 사실을 알고 있었다. 드레스덴에서 확실히 보여주었던 그런 행동이 소련을 폐허로 만들 수도 있었던 것이다. 게다가 스탈린은 일본에 전쟁을 선포하겠다고 약속하며, 소련의 재건과 같이 사실상 인간의 능력을 넘어서는 과업에서 미국의 도움을 받는 등의 과실을 맺을 선의와 협력을 희망했다.

스탈린은 공포와 희망이 뒤섞인 동기로 미국 및 영국과 협력할 준비가 되어 있었으나, 그 또한 승전국에 마땅하다고 여겨지는 혜택을 수확하기를 크게 기대하는 건 당연했다. 예를 들어 그는 특정 영토의 획득(또는 소련이나 그 전신인 제정러시아가 잃어버린 땅에 대한 보상), 독일로부터 받을 상당한 배상금, 인접 국가의 반소비에트적인 정권을 참아내지 않아도 될 권리의 인정, 그리고 마지막으로 소련에서 사회주의 사회를 계속 건설해나갈 기회 등을 생각하고 있었다. 미국과 영국은 스탈린에게 이런 기대가 비합리적이라고 한 번도 지적한 적이 없었다. 반대로 이러한 소비에트의 전쟁 목적들의 적법성을 테헤란, 얄타, 그리고 다른 여러 곳에서 명시적으로든 암묵적으로든 몇 번이나 인정했다.

스탈린과 말할 수도 있었지만 그런 대화에는 소비에트의 관점에 대한 이해와 인내가 요구되었으며, 소련이 빈손으로 협상 테이블을 떠날 준비가 되어 있지 않다는 사실을 인정하고 대화해야 했다. 그러나 트루먼은 그런 대화를 나눌 생각이 없었다. 그는 소비에트의 가장 기본적인 기대에 대한 이해조차 없었으며, 소련이 그들의 희생에 대한 대가를 받고 그럼으로써 공산주의 사회 프로젝트를 재개할 기회를 얻는다는 생각에 치를 떨었다. 다른 많은 미국 지도층과 마찬가지로 이 대통령은 아무 보상도 주지 않고 독일과 동유럽에서 소비에트를 몰아내고, 전 세계에 심지어 미국에까지 퍼져 있는 공산당과 급진주의자 및 혁명가들의 영감의 원천으로 남아 있는 그들의 공산주의 실험을 어떻게든 끝장내버릴 수 있기를 희망했다.[2]

트루먼도 처칠처럼 대스탈린 강경노선을 택해 '채찍'을 드는 것이 온건노선이라는 '당근'보다 훨씬 더 낫다고 생각했다. 이것이 1945년 3월과 4월 독일에서 서방 연합군의 군사적 상황이 극적으로 호전된 것과 많은 관련이 있다는 사실을 앞에서 이미 살펴보았다. 그러나 그것은 미국의 신임 대통령이 스탈린을 상대로 하는 게임에서 곧 손에 쥐게 될 것으로 기대되는 아마도 환상적일 카드에 비하면 사소한 이점에 불과했다. 1945년 4월 25일, 트루먼은 맨해튼 프로젝트 또는 S-1이라는 암호명으로 불린 원자폭탄 계획에 대해 보고받았다. 미국의 과학자들은 여러 해 동안 이 강력한 신무기를 개발해왔다. 그것이 거의 준비되었고, 곧 테스트될 것이며, 곧이어 실전에 사용될 수 있게 될 예정이었다. 원자폭탄은 1945년 봄 유럽과 극동아시아에서 미국이 추진한 새로운 정책에서 매우 중요한 역할을 했다. 트루먼과 그의 보좌진은 미국의 저명한 역사학자 윌리엄 애플먼 윌리엄스가 '전능한 힘의 비전vision of omnipotence'이라 칭한 무언가에 매료되어 있었다. 그들은 원자폭탄으로 소련에 자신들의 의지를 강요할 수 있으리라고 전적으로 확신했다.[3] 트루먼 자신의 표현대로, 원자폭탄은 '크렘린 녀석

들'의 머리 위로 휘둘러댈 '망치'였다.[4]

원자폭탄 보유는 강경노선의 주역들에게 이전에는 생각할 수도 없었던 온갖 유리한 전망들을 열어주었다. 원자폭탄 덕분에 스탈린에게 예전의 협정을 무시하고 붉은 군대를 독일에서 철수시키라거나 종전 후 그 나라의 일들에 대해서는 입도 열지 말라고 강요할 수 있게 되었다. 또한 폴란드 등 동유럽 국가들에 친서구적이고 반공산주의적인 정권을 세우고, 스탈린이 어떤 영향력도 발휘하지 못하게 하는 것도 이제는 가능한 일로 보였다. 심지어는 소련마저 미국 투자자본과 정치 및 경제적 영향력에 문호를 개방하여, 이 공산주의 이교도를 보편적인 자본주의 교회의 품으로 돌아오게 하는 것도 생각할 수 있게 되었다. 독일의 역사학자 요스트 뒬퍼Jost Dülffer는 트루먼이 핵폭탄을 독점하는 것이 "미국의 생각을 새로운 세계 질서로 이행하게 하는 만능 열쇠"라고 믿었다는 "증거가 있다"고 말한다.[5]

강경노선 정책, 즉 핵폭탄이라는 전능한 채찍을 이용하는 정책은 루스벨트의 섬세하고 때로는 난해한 온건노선 정책과 비교할 때 단순하고, 효과적이고, 그래서 대단히 매력적이었다. 루스벨트가 살아 있었다면 그도 아마 이 노선을 택했을 것이다. 그의 후계자 트루먼은 당근식 접근은 경험해본 적도 없었다. 미주리에서 온 이 섬세함이 부족한 사나이에게는 이 새로운 강경노선의 단순성과 잠재력 전부가 저항할 수 없을 만큼 매혹적이었다. 그리하여 미국의 수정주의 역사학자 가르 알페로비츠가 아주 재미있고 명료하게 설명한 원자외교가 시작되었다.

원자폭탄의 독점은 미국이 소련에 자신들의 의지를 강요할 수 있게 해주어야 했다. 그러나 독일이 항복한 1945년 5월 당시에는 폭탄이 아직 준비되지 않았다. 하지만 트루먼은 오래 기다릴 필요가 없다는 걸 알고 있었다. 그래서 그는 "민주주의 진영의 군대가 해산하기 전에", 즉 미국 군대가 유럽에서 철수하기 전에 가능한 한 빨리 스탈린을 만나 동유럽과 독일의 운명에 대해 논의하라는 처칠의 조언을 무시했다. 트루먼도 결국은 베를린에서 3대 전승국 정상회담에 동의하지만, 그것은 폭탄이 준비된 여름이 되어서였다.

1945년 7월 17일부터 8월 2일까지 지속된 포츠담회담에서, 트루먼은 마침내 오랫동안 기다리던 소식을 전해 들었다. 7월 16일 뉴멕시코 앨러머고도에서 원자폭탄 테스트를 성공적으로 마쳤다는 이야기였다. 미국 대통령은 이제 움직일 때가 됐다고 느꼈다. 이제 더는 스탈린에게 어떤 안을 제시하느라 애쓸 필요 없이 그냥 모든 것을 요구하기만 하면 되며, 그와 동시에 독일의 전쟁배상금 문제 등 지난번 얄타회담에서 합의된 내용을 포함한 소비에트 측의 모든 제안을 거부해버릴 수 있을 터였다. 그러나 기대와 달리 스탈린은 트루먼이 그의 귓가에 대고 미국이 믿을 수 없을 만큼 강력한 무기를 손에 넣었다고 속삭이며 위협했을 때조차 기꺼이 항복하려는 태도를 보이지 않았다. 스파이들에게서 이미 맨해튼 프로젝트에 관한 보고를 받은 게 틀림없는 그 소비에트의 스핑크스는 무표정하게 듣고만 있었다. 트루먼은 소비에트를 포기시키려면 원자폭탄의 위력을 실제로 보여주는 수밖에 없다고 결론지었다. 그 결과 포츠담에서는 중요한 문제들에 대한 어떤 일반적인 합의에 이르지 못했다.[6]

그러는 동안 극동아시아의 일본은 철저히 절망적인 상황에서 싸우고 있었다. 미국이 요구하는 무조건적인 항복은 아니었지만, 사실 그들은 항복할 준비가 되어 있었다. 일본인의 정서에 무조건적인 항복이란 천황 히로히토가 강제로 하야하고 전쟁범죄자로 기소될 수도 있는 최고의 수치였다. 미국의 지도자들은 이 점을 알고 있었으며, 알페로비츠가 말하듯 해군부 장관 제임스 포레스탈James Forrestal(1892~1949)을 위시한 일부는 "일본인들에게 '무조건적인 항복' 이 천황의 강제 퇴위를 의미하지는 않는다고 확약해주면 전쟁을 끝낼 수 있을 것"이라고 믿었다. 히로히토에 대한 사면 요구에도 불구하고 일본의 항복을 이끌어내는 건 사실 가능한 일이었다. 앞에서 살펴본 대로, 독일이 3개월 전 랭스에서 전혀 무조건적이지 않게 항복한 전례도 있었다. 게다가 도쿄의 사정은 사실 본질과는 거리가 멀었다. 훗날 일본으로부터 무조건적인 항복을 쥐어짜낸 다음, 미국은 히로히토에게 어떠한 책임도 묻지 않았다. 그가 수십 년 동안이나 더 천황으로 남을 수 있었던 것은 워싱턴 덕분이었다.[7]

일본은 왜 자신들이 여전히 항복에 조건을 다는 사치를 누릴 수 있다고 여겼던 걸까? 그 이유는 중국에 있는 그들의 주력부대가 아직 건재했기 때문이다. 그들은 이 군대로 일본을 지키게 할 수 있으며, 그렇기에 미국이 언젠가는 승리하더라도 그에 상응하는 값비싼 대가를 치러야 하리라고 생각했다. 그러나 이런 그림은 소련이 극동아시아의 전쟁에 개입하지 않아야만 가능했기에 일본은 중국 본토에 병력을 주둔시킬 수밖에 없었다. 소비에트가 중립을 지키면 도쿄는 작은 희망을 품을 수 있었다. 그것은 물론 승리의 희망이 아니라 미국과 협상하여 조금이라도 좋은 조건으로 항복한다는 희망이었다. 일본과의 전쟁이 길어진 것은 얼마간은 소련이 아직 개입하지 않았기 때문이었다. 그러나 스탈린은 1943년 테헤란에서 이미 독일이 항복하면 3개월 안에 일본에 전쟁을 선포하겠다고 약속했고, 가장 최근에는 1945년 7월 17일 포츠담에서 그 약속을 다시 한 번 반복했다. 그래서 워싱턴은 소비에트가 8월 중순에는 일본을 공격하리라 믿었다. 미국은 일본이 가망이 없는 상황에 놓여 있음을 너무나 잘 알고 있었다. 트루먼은 자기 일기에서 소련이 곧 극동아시아의 전쟁에 개입할 것에 대하여 언급하면서 "그러면 일본 놈들은 끝나는 것"이라고 기록했다.[8] 거기에 더하여 미국 해군은 일본이 미국의 침략에 대비해 본토를 방어할 목적으로 중국에서 병력을 수송하는 것을 막을 수 있다고 워싱턴에 장담했다. 마지막으로 막강한 미국 해군이 그 섬나라를 봉쇄하고 항복할지 굶어 죽을지 선택하게 할 수 있는데 굳이 일본 본토를 침략할 필요가 있는지도 의심스러웠다.

트루먼에게는 더 의상의 희생을 피하며 일본과의 전쟁을 끝내기 위한 매우 매력적인 선택지가 몇 가지 있었다. 천황을 사면해달라는 사소한 조건을 받아들일 수도 있었고, 붉은 군대가 중국에 주둔한 일본군을 공격할 때까지 기다려 도쿄에 무조건적인 항복을 종용할 수도 있었으며, 해상 봉쇄를 통해 일본을 굶주리게 만들어 도쿄가 조만간 화평을 청하도록 강제할 수도 있었다.[9] 그러나 트루먼과 그 보좌진은 이 중 어느 것도 선택하지 않았다. 대신 그들은 원자폭탄으로 일본을 초토화시키기로 결정했다. 민간인 수십만 명의 목숨을 대가로 치른 이 치명적인 결정은 미국에 상당한 이점을 제공해주었다. 첫째, 그 폭탄으로 소련이 아시아의 전쟁에 뛰어들기 전에 도쿄로 하여금 항복을 선택하도록 유도할 수 있다는 점이었다. 그럼으로써 종전 후 (한국과 만주국 등) 일본이 점령하고 있던 영토나 극동 및 태평양 지역 전체에 대한 처우를 결정할 때 모스크바에게 발언권을 줄 필요가 없어졌다. 그리하여 미국은 그 지역의 완진한 패권을 차지하게 되었다. 이것은 워싱턴이 겉으로는 말할 수 없는 일본과 싸운 진짜 목적이었다.

이 점은 더 자세히 들여다볼 필요가 있다. 미국의 입장에서 볼 때 소련이 극동아시아의 전쟁에 개입하면, 유럽의 전쟁에 상대적으로 늦게 개입한 미국이 얻었던 것과 같은 혜택을 아시아에서 소비에트에게 주어야 할 위험이 있었다. 즉 새로운 국경선을 설정하고, 종전 후의 사회경제적, 정치적 구조를 결정하는 등 패배한 적에게 미국의 의지를 강요함으로써 수많은 특혜와 이권을 얻고자 할 때 소비에트와 협상 테이블에 함께 앉아야 한다는 것이다. 그러나 워싱턴이 소련의 그런 개입을 원했을 리가 없다. 미국은 그 지역에서 강력한 제국주의 경쟁 세력을 제거했다. 거기서 새로운 잠재적 경쟁 세력, 특히 자신들이 경멸하는 공산주의 이데올로기가 수많은 아시아 국가들에게 위험한 영향을 끼칠 수 있는 경쟁 세력을 짊어지고 싶지 않았다.

미국의 지도자들은 일본의 중국 강탈과 영국, 프랑스, 그리고 네덜란드 등 전통적인 식민주의 세력들이 몰락한 이후, 그리고 그들 자신이 일본을 물리친 이후, 극동아시아에서 완전한 패권을 쥔다는 꿈을 실현하기 위해서 이제 오직 그곳에서 소련을 몰아내는 (단지 형식적인 절차로만 보이는) 일만 남았다고 믿었다. 전쟁이 끝난 후 소비에트가 북한에 영향력을 행사하게 되고, 중국을 마오쩌둥의 공산당에게 '잃었을' 때 그들이 느낀 실망과 분노는 그 무엇보다도 컸다. 게다가 예전에는 프랑스령 인도차이나로 알려졌던 베트남에서 호치민胡志明(1890~1969)이 이끄는 민중독립운동이 미국이 아시아에서 품은 거대한 야망과 양립할 수 없음이 드러나자 상황은 더 나빠졌다. 한국과 베트남에서 전쟁이 벌어지고, '중공'에서도 거의 무력충돌이 일어날 뻔했던 것은 놀랄 일이 아니다.

하지만 우선 워싱턴이 원자폭탄의 힘으로 소비에트라는 원치 않는 불청객이 그들의 파티를 망치는 일 없이 극동아시아를 차지하는 희망을 품을 수 있었던 1945년의 여름으로 돌아가보자. 원자폭탄은 미국 지도자들에게 추가적으로 중요한 이점을 준 것으로 보였다. 트루먼은 포츠담에서의 경험으로 이 신무기를 실제로 사용해야만 스탈린을 굴복시킬 수 있다고 생각하게 되었다. 일본의 핵폭발은 크레믈린을 향한 또 다른 신호로, 드레스덴의 불꽃은 작은 윙크 하나 정도로 보이게 만들 신호로 작용할 수 있을 터였다.[10]

일본을 무릎 꿇게 만들기 위해서라면 트루먼은 원자폭탄을 사용할 필요가 없었다. 종전 후 미국 전략폭격조사단은 "원자폭탄이 투하되지 않았어도, 러시아가 전쟁에 뛰어들지 않았어도, 그리고 일본 침략이 계획되거나 예측되지 않았어도, 일본은 1945년 12월 31일 이전에 확실히 항복했을 것"이라고 단언했다.[11] 그러나 트루먼은 폭탄을 사용하고 싶은 이유가 있었다. 핵폭탄은 소련이 개입하기 전에 도쿄에 무조건적인 항복을 강요할 수 있었고, 소비에트의 지도자들을 공포에 질리게 하여 워싱턴으로 하여금 유럽의 일들에 관한 자신들의 의지를 크레믈린에 강요할 수 있게 해주리라는 것이었다. 히로시마와 나가사키는 이런 이유로 먼지가 되었다.[12] 미국의 수많은 역사학자들이 이 사실을 아주 잘 알고 있다. 그중 션 데니스 캐시먼은 다음과 같이 말한다.

> 시간이 지나면서, 많은 역사학자들이 그 폭탄이 정치적인 이유로 사용되었다고 결론지었다. …… [미국 과학연구개발국 국장] 바네바 부시 Vannevar Bush(1890~1974)는 그 폭탄이 "제때 떨어져서 전쟁이 끝났을 때 러시아에 어떤 양보도 할 필요가 없어졌다"고 말했다. 트루먼 대통령 비서실장 제임스 F. 번즈James F. Byrnes(1882~1972)는 소련에 미국의 힘을 보여주어 유럽에서 [소비에트를] 좀 더 쉽게 다루기 위해 그 폭탄을 이용했다는 의혹을 한 번도 부인하지 않았다.[13]

그러나 트루먼 자신은 위선적이게도 두 번에 걸친 핵폭격의 목적이 "청년들을 집으로 돌아오게 하기 위한 것"이었다고, 즉 미군이 더 이상 심각한 인명 피해를 입지 않고 전쟁을 빨리 끝내기 위한 것이었다고 선언했다. 이 설명은 미국에서 아무런 비판도 없이 미디어를 통해 전파되어 다수의 미국 역사학자들이 열심히 퍼뜨린 신화를 형성했고, 그것이 지금까지도 널리 믿어지고 있다.[14]

원자폭탄은 소련이 극동아시아에 개입할 기회를 얻기 전에 제때 사용되도록 준비되어 있었다. 그럼에도 1945년 8월 6일 히로시마의 핵폭발은 소련이 일본과의 전쟁에 뛰어드는 것을 막기에는 너무 늦은 시점이었다. 이것은 트루먼의 섬세한 시나리오를 최소한 부분적으로는 망쳐버렸다. 도쿄는 히로시마의 끔찍한 파괴에도 불구하고 독일이 베를린에서 항복한 지 정확히 석 달째 되는 날이자 소련이 일본에 전쟁을 선포한 1945년 8월 8일까지도 항복하지 않았다. 다음날 붉은 군대가 중국 북부 만주국에 주둔한 일본군을 공격했다. 워싱턴이 일본과의 전쟁에 소비에트가 개입해주기를 바란 것은 그리 오래전 일이 아니었지만, 그 개입이 실현되려던 1945년 여름 트루먼과 그 보좌진은 스탈린이 약속을 지키려고 한다는 사실에 결코 기뻐할 수가 없었다. 이제는 소련이 일본에 입힐 피해를 가능한 한 최소화하기 위해 전쟁을 빨리 끝내는 게 중요해졌다.

히로시마 폭격에도 도쿄는 기대했던 무조건적인 항복이라는 즉각적인 반응을 내놓지 않았다. 처음에는 일본 정부가 히로시마에서 정확히 무슨 일이 벌어졌는지 이해하지 못했던 게 분명하다. 수많은 전통적인 폭격들이 그와 같은 재앙을 낳아왔기 때문이다. 예를 들어 1945년 3월 9~10일 일본 수도에 투하된 수천 개의 폭탄은 히로시마에서보다 더 많은 희생자를 낳았다. 일본 정부 당국은 단 한 대의 폭격기가 단 하나의 폭탄으로 그런 피해를 입혔다는 사실을 즉시 알아차리지 못했다. 그것이 미국이 갈망하던 무조건적인 항복까지 시간이 걸린 이유였다. 그렇게 항복이 연기된 탓에 소련이 일본과의 전쟁에 뛰어든 것이다. 워싱턴은 극도로 조급해졌다. 소비에트가 전쟁을 선포한 다음날인 1945년 8월 9일에 벌써 두 번째 폭탄이 이번에는 나가사키에 투하되었다.[15] 전 미군 소속 사제 한 사람은 수많은 일본 가톨릭 신자가 사망한 이 폭격에 대해 훗날 이렇게 말했다. "나는 그게 두 번째 폭탄을 떨어뜨린 이유 중 하나라고 생각한다. 그저 서두르려고. 러시아 사람들이 오기 전에 그들이 항복하게 하려고."[16] (이 사제는 아마도 나가사키에서 "순간적으로 소각되고, 탄화되고, 증발한" 7만 5,000명의 인간 중에는 수많은 일본인 기틀릭 신자와, 그 수를 알 수 없는 연합군 전쟁포로들이 있었다는 사실을 몰랐을 것이다. 포로들이 그 도시에 있다는 사실은 미 공군사령부에 전해졌으나 아무 소용이 없었다.)[17] 그런데도 일본은 닷새가 더 지난 8월 14일까지도 항복하지 않았다. 트루먼과 그 보좌진은 대단히 유감스러웠겠지만, 그러는 동안 붉은 군대는 상당한 진전을 이룰 수 있었다. 결국 미국은 극동아시아에서 소비에트와 함께해야 할 것처럼 보였다. 그러나 트루먼은 그런 일은 일어나지 않을 것임을 확실히 했다. 그는 유럽에서 세 강대국이 협력했던 것이 아무런 선례도 남기지 않은 것처럼 행동했다. 패배한 해가 뜨는 나라에 소비에트의 점령 구역을 달라는 스탈린의 요구를 거절해버린 것이다. 1945년 8월 15일에 벌어진 일이었다. (소비에트가 뒤늦게 일본과의 전쟁에 뛰어든 것은 사실이지만, 미국도 1941년 12월 초 모스크바에서 전황이 바뀐 다음에야 독일과의 전쟁에 참전한 것은 마찬가지 아니던가?) 1945년 9월 2일 맥아더 장군이 도쿄항에 정박한 미군 전함 미주리호에서 공식적으로 일본의 항복을 접수할 때, 소련과 영국, 네덜란드를 포함한 극동아시아의 다른 동맹국들의 대표들은 아무 의미도 없는 들러리로서 그 자리에 참석했다. 일본은 독일과 달리 점령 구역으로 쪼개지지 않았다. 패배한 미국의 적은 전적으로 미국에 의해서만 점령되었고, 맥아더 장군은 도쿄 주재 미국 총독으로서 공동의 승리에 공헌한 정도에 상관없이 다른 어떤 세력도 일본의 종전 후 문제에 개입하지 못하게 했다.[18]

정복자 미국은 자신들의 사상과 이해관계에 맞게 해가 뜨는 나라를 뜯어고쳤다. 1951년 9월, 이제 만족한 엉클 샘은 일본과 평화조약을 맺었다. 그러나 자신들의 이해관계가 한 번도 고려되지 못한 소련은 이 조약에 서명하지 않았다.[19] 소비에트는 중국에서 밀려났지만, 전쟁 막바지에 붉은 군대가 점령한 사할린과 쿠릴열도 등 일본 영토에서는 철수를 거부했다. 미국에서는 이런 상황이 미국 정부의 태도와는 아무런 관계도 없다는 듯 소비에트를 무자비하게 비난했다. 소비에트가 일본에 전쟁을 선포한 것은 워싱턴이 몇 년 전부터 그렇게 해달라고 모스크바에 요구했기 때문이었음에도, 전쟁이 끝나자 소비에트가 이미 패배한 나라를 비겁하게 공격한 것으로 묘사되었다.

미국은 적어도 부분적으로는 원자폭탄 덕분에 패전국 일본에서 독점적인 권력을 행사했다. 그러나 유럽에서는 트루먼의 원자외교가 비극적인 결말을 맞았다. 루스벨트의 뒤를 이어 백악관에 입성한 그는 핵의 위력을 보여주면 스탈린이 독일과 동유럽에서 미국의 요구를 들어주리라 기대했지만 그런 희망은 충족되지 않았다. 가르 알페로비츠는 1945년 초가을 일본에 폭탄을 투하한 직후 충분히 위협을 느낀 소비에트 지도자가 헝가리, 루마니아, 불가리아 등 발칸반도 국가들에서 정치적 다원주의와 자유선거를 허용하는 등 양보한 내용을 아주 자세히 기술했다. 미국에서는 미디어가 이런 변화들에 주목하고 크게 찬사를 보내며, 1945년 8월 29일 《뉴욕 헤럴드 트리뷴》의 표현대로 "원자폭탄을 등에 업은 트루먼의 강경책"에 주저 없이 신뢰를 보냈다. 그러나 트루먼 정부가 소피아와 부쿠레슈티의 정부 조직 등과 관련해 새로운 요구를 계속하고, 얄타와 포츠담회담에 근거를 둔 대화에는 더 이상 관심도 없이 동유럽에서 소비에트의 영향력을 몰아내려고 하는 것이 분명해지자, 스탈린도 태도를 바꾸어 붉은 군대가 점령한 모든 나라에 무조건적인 친소비에트 성향의 배타적 공산주의 정권을 수

립해버렸다.[20]

스탈린은 분명히 대화의 의지가, 즉 나치 독일에 대항한 전쟁에서 함께 승리한 동지 사이의 동등한 대화를 나눌 의지가 있었다. 핀란드와 오스트리아의 종전 후 처분에 관한 그의 합리적인 접근에서도 드러나듯, 한참 후에도 그는 여전히 그런 대화에 관심이 있었다. 붉은 군대는 이 나라들에 공산주의 정권을 수립하지 않고 적절한 때에 철수했다. 1945년에(그리고 그 이후에도) 동등한 대화에 관심을 보이지 않은 것은 스탈린이 아니라 트루먼이었다. 엉덩이에 핵이라는 권총을 찬 미국 대통령은 그런 무기를 갖지 못한 '크레믈린 녀석들'을 동등한 존재로 대할 필요를 느끼지 못했다. 가브리엘 콜코는 "미국의 지도층은 독선으로 뒤덮여 러시아를 맹비난했고, 단지 그들이 자랑하는 경제력과 군사력이 결국에는 세계의 질서를 정의할 수 있다고 느꼈기 때문에 어떠한 진지한 협상도 거절했다"고 말했다.[21]

소비에트의 입장에서 보면 미국의 원자외교는 핵을 이용한 협박일 뿐이었다. 처음에는 스탈린도 겁을 먹었지만 결국에는 그런 협박에 굴하지 않기로 마음먹었고, 트루먼은 원자외교로부터 어떠한 결실도 거두지 못했다. 그 이유는 첫째, 소비에트의 지도자가 동유럽에서 아무리 양보해봤자 미국의 요구는 점점 더 심해질 뿐이며, 워싱턴은 소비에트가 폴란드와 헝가리 같은 나라들에서 일방적이고 무조건적으로 철수하라는 도저히 받아들일 수 없는 요구가 충족되기 전에는 만족하지 않으리라는 사실을 알게 되었기 때문이다.

냉전 시기의 전통적인 방식과 반대로, 붉은 군대가 자본주의 사회경제적 기반시설을 거의 그대로 두고 점령한 나라들에서 철수하는 협상도 스탈린은 받아들일 수 있었다. 이 점은 핀란드의 경우에서 분명하게 드러난다. 나치 독일의 편에 서서 소련과 싸웠던 이 나라가 소비에트의 위성국가가 되지 않은 이유는, 핀란드 학자 유시 하니마키Jussi Hanhimaki가 강조하듯이 소비에트가 그들이 추구하는 것을 얻음으로써, 즉 "북서쪽 경계의 안정과, 특히 그 나라가 다시는 소련을 공격하기 위한 기지로 이용되지 않도록 보장"받음으로써 거래가 이루어졌기 때문이다. 하니마키가 말했듯이, 미국은 "핀란드에서 너무 공격적으로 굴면 그들이 핀란드도 인민민주주의 진영에 포함시킬 수도 있다고 믿었다". 핀란드의 경우는 스탈린과 거래하는 것이 불가능한 일이 아니었음을 보여준다. 반면 폴란드와 동유럽의 나머지 지역에서는 트루먼 정부가 엉덩이에 찬 핵 권총을 너무 과신한 나머지 지나치게 공격적으로 행동하며 소비에트가 원하는 안전 보장을 거절했다. 그렇게 함으로써 사실상 이 나라들을 소비에트 위성국가들의 진영에 "포함시켜"버리고 만 것이다.[22]

둘째, 히로시마와 나가사키의 교훈을 이해할 시간을 가진 소비에트의 전략가들은 서방의 일부 군사 전문가들과 마찬가지로, 원자폭탄이 있어도 공군만으로는 전쟁에 이길 수 없다고 믿게 되었다는 점이다. 스탈린과 그의 장군들은 핵의 위협에 대한 최선의 방어는 붉은 군대를 동유럽과 중유럽의 해방되거나 점령된 땅에서 최대한 미군 전선에 가깝게 배치하는 것이라는 결론을 내렸다. 그런 조건에서는 미군 폭격기가 소련에 폭탄을 투하하기 위해 장거리 비행을 할 필요가 없지만, 붉은 군대의 전선에 폭탄을 투하하면 자기네 군대도 위험해질 수밖에 없다. 이것은 붉은 군대가 전진하여 서방 연합군과 소비에트의 점령 구역 사이의 경계선을 따라 진을 치는 것을 의미했다.

1944년과 1945년에는 스탈린이 붉은 군대가 점령한 헝가리, 루마니아, 그리고 독일의 점령 구역에서 사회적이거나 정치적인 변화를 거의 혹은 전혀 일으키지 않았으며, 심지어는 반소비에트와 반공산주의 활동들을 허용하기까지 했다. (예를 들어 모스크바는 1945년 여름 루마니아에서 미하이 왕 등이 주도한 반소비에트 운동을 용인했다.) 모든 변화는 미국의 원자외교의 압력하에 빠르게 이루어졌다. 무조건적으로 친소비에트적인 공산주의 정권들이 모든 곳에 수립되었고, 더 이상 반대는 용인되지 않았다. 1945년 말에야 발트해의 슈테틴(폴란드 서북부 항구도시 – 옮긴이)과 아드리아해의 트리에스테(이탈리아 북동부 항구도시 – 옮긴이) 사이에 '철의 장막'이 드리웠다. 이 표현은 1946년 3월 5일 처칠이 트루먼의 고향인 미주리 주의 도시 풀턴에서 연설하며 처음으로 사용했다. 트루먼의 원자외교가 없었다면 유럽이 철의 장막으로 나뉘는 일도 없었으리라는 점에서 적합했다고 할 수 있다.[23]

19장   유용한 새 적

거의 반세기나 이어지며 세상을 핵전쟁의 공포 속에 살게 했던 냉전은 미국의 지도층이 원자폭탄으로 소비에트를 마음대로 조종할 수 있다고 믿으면서 시작되었다. 워싱턴의 원자외교가 원하는 열매를 낳지 못하리라는 것은 금세 명백해졌다. 그러나 냉전이라는 발상 그 자체가 미국의 파워엘리트에게 전혀 다른 방식으로 유용하다는 사실이 드러났다. 워싱턴의 정책이 일으킨 소비에트와의 새로운 갈등을 미국과 서유럽의 대중들에게 설명하기란 대단히 어려운 일이었다. 모든 공격적인 의도의 원천으로 여겨지는 크레믈린의 배후를 정면으로 비난하는 것이 훨씬 나았다. 그때까지 소비에트는 나치즘에 대항한 십자군의 영웅적인 동맹으로 그려져왔다. 이제는 소련을 자유진영의 악귀로 탈바꿈시켜야 했다. 미국의 파워엘리트가 그러한 변화로부터 막대한 이익을 얻을 수 있었기 때문이다. 이제부터는 적대적인 소련이 같은 편인 소련보다 훨씬 더 유용했다. 첫째, 그렇게 함으로써 미국에서 소수의 공산주의자들뿐만 아니라 (이 점이 훨씬 더 중요한데) 어느 정도 좌파 성향에 급진적인 신념을 지닌 수많은 미국인을 '반-미국인 반역자들'로 매도하며 불신하게 할 수 있게 되었다. 둘째, 적으로 규정된 소비에트의 존재는 막대한 '방위비' 지출을 정당화하여 전쟁 후에도 나라 경제를 최고 속도로 회전하게 할 수 있었다. 이 두 가지 중요한 점에 집중할 필요가 있다.

소련은 많은 부분이 부족했음에도, 적어도 이상적인 형태의 소련은 전쟁 전 미국에서 상대적으로 소수였던 공산주의자들뿐만 아니라 노동조합 지도자들과 급진적이고 진보적인 미국 시민들에게, 다시 말해서 견고하기로 악명이 높은 자기 나라의 자본주의 체제에 다소 좌파적인 사회경제적 대안을 제시하고자 하는 결코 무시할 수 없는 수의 미국인들에게 영감의 원천으로서 기능해왔다. 거기에 더하여, 이 볼셰비키 국가는 나치의 침략이라는 끔찍한 시험을 견뎌냈다. 스탈린그라드 전투 이후로 소비에트의 산업과 군사적 성과는 대단히 뛰어났다. 이런 성취는 볼셰비키 실험의 생존력과 장점을 보여주었고, 미국 시민들 사이에서 소련의 인기와 신망을 강화해주었다. 앞에서 살펴보았듯이, 전쟁 중에는 미국 정부와 미디어, 그리고 할리우드가 소비에트의 이미지를 대단히 좋게 만들어주기도 했다. 어쨌거나 소비에트의 성공은 모든 종류의 좌파 성향의 급진주의자와 노동조합주의자들의 정신을 자극하는 역할을 했다.

마르크스주의자가 아닌 영국의 저명한 역사학자 아서 마윅도 전쟁 중 미국 노동자들은 마르크스주의가 말하는 계급의식을 갖게 되었다고 논평했다. 계급의식은 말과 행동으로 표현되었다. 미국의 노동자들은 '노동자'와 '노동자계급' 같은 어휘들을 점점 더 많이 사용했고, 기득권층은 이런 담화를 계급투쟁의 군사적 관용구로, 소련이 영감과 모델을 제공한 일종의 사회적 혁명의 언어적 선봉으로 이해했다.[1] 그러나 호전적인 계급의식의 더욱 걱정스러운 징후가 있었다. 전쟁 중 미국 노동자들은 상당히 급진적인 노동조합에 대거 가입했고, 조합의 지시를 받거나 받지 않는 수많은 파업을 통해 고용주들로부터 더 높은 임금을 받아낼 수 있는 힘을 얻었다. 정작 미국의 공산주의자들은 더 온건한 노동조합 운동에 소속되어 이런 파업이 미국의 소련 원조에 해가 될까 두려워하고 있었는데, 미국의 보수층은 이런 사태의 변화 배후에 모스크바의 공작이 있었을 것이라고 믿었다. 1944~1945년, 전쟁에서 최종 승리를 거두기도 전에, 노동계가 종전 후에 국내 사회의 전선에서 대규모 공세를 펼칠 준비가 되어 있음을 보여주는 새로운 파업의 물결이 나타났다. 미국의 노동자들은 이제 높은 임금 외에도 '노동자들의 천국' 소비에트의 같은 계급이 꽤 오래전부터 이미 누리고 있는 연금과 실업수당, 건강보험, 그리고 유급휴가 등의 사회적 혜택을 요구했다.[2] 《포천 매거진》이 전쟁 기간 내내 조사하여 1945년 9월에 발표한 바에 따르면 미국인들은 "부의 재분배, 평등, 경제적 안전 그리고 …… 교육 기회" 등 소비에트가 이룬 성취를 매우 훌륭하게 여기고 있었음을 알 수 있다.[3]

전쟁 중에는 계급의식을 지닌 노동자들뿐만 아니라 모든 분야의 지식인, 종교 지도자, 정치가, 그리고 경제인들까지도 '진보적인' 사상을 포용하고 지지했다. 소위 미국 중산층 자유주의자들은 국가가 사회보장연금, 완전고용, 산업적 민주화를 보장하고 사회적 경제적 삶에서 더욱 적극적으로 기능하는 체제를 추구했다. 그들 역시 최소한 부분적으로는 낭만적으로 그려진 소련의 모델에서 자극을 받았다. 자유주의자들이 공산주의자나 공산당원은 아닐지라도, 적어도 일부 보수주의자들의 눈에는 볼셰비즘의 '동조자'이자 모스크바의 꼭두각시인 '빨갱이'들이었다. 전통적으로 자유기업주의를 신봉하던 지식인들, 예를 들어 '미국의 케인스'로 유명한 하버드대학 교수 앨빈 한센Alvin Hansen(1887~1975)을 비롯한 미국의 뛰어난 경제학자들도 생각을 바꾸어 완전고용을 추구하는 등의 비정통적 정책들을 옹호하기 시작했다.[4]

'더러운 30년대'의 암흑을 빠져나와 전쟁의 길고 어두운 밤 동안 희생을 치른, 미국과 서구 사회의 수많은 국민들은 사회의 새로운 여명이 떠오르기를 기대하고 있었다. 영국에서는 처칠 같은 보수당 지도자들의 반대에도 불구하고 이러한 사회적 '대변혁'에 대한 희망이 상당히 충족되었다. 보수당을 지지하던 영국인들이 1945년 여름 총선거에서 진정으로 개혁적인 노동당 정부로 돌아선 데는 이런 이유가 있었다. 그리하여 저 유명한 베버리지 사회보장계획의 청사진에 바탕을 둔 사회보장연금의 광범위한 시스템이 영국에서 시작되었고, 영국은 곧 복지국가로 알려지게 되었다.[5]

종전 이후 영국의 모델은 캐나다와 호주, 그리고 서유럽의 여러 나라들에서 비슷한 사회적 개혁을 불러일으켰지만 미국에서는 그렇지 못했다. 이것은 흔히 말하는 미국인의 타고난 개인주의 때문이 아니었다. 미국이 복지국가가 되지 못한 것은 핵심 권력층이 사회적 개혁의 압력을 피할 수 있는 방법, 즉 냉전이라는 것을 발견했기 때문이다. 로버트 그리피스Robert Griffith는 '사회주의로 향하는 흐름'을 느끼고 깜짝 놀란 이 나라의 재계 지도자들이 자유기업으로 대표되는 '미국 경제 체제'를 지키기 위한 다면적인 캠페인을 벌였다고 말한다.[6] 이런 맥락에서 볼 때, 최근까지 이상적인 나라로 그려지던 소련을 악마로 만드는 건 큰 의미가 있었다. 소련을 미국 국민의 적으로 선언함으로써 모든 '반미국적' 급진주의적 사상, 노동조합의 요구, 그리고 거의 모든 형태의 사회보장연금이 소련과 볼셰비즘에 어느 정도 연관되어 있다고 비난할 수 있게 되었다.[7]

소련이 경제적 삶에 대한 국가의 개입과 정부의 계획이 실제로 구현된 나라이기 때문에라도 그 나라를 악마로 묘사하는 것은 유용한 일이었다. 미국은 1930년대에 이미 루스벨트의 뉴딜정책이라는 형태로 국가통제주의 계획에 따른 실험을 거쳤고, 1940년대에는 이러한 방식으로 군사와 산업 분야의 국가적 사업이 성공적으로 조화를 이루었다. 미국의 자유주의자들은 '적극적인' 정부가 나라의 사회적 경제적 미래를 위한 그들의 희망을 실현시켜주리라고 믿었다. 그러나 미국의 파워엘리트는 전쟁이 끝나면 국가의 개입과 정부의 계획 때문에, 다시 말해서 '계획경제'가 성장함으로써 자유기업, 즉 사업가와 기업들의 특권이 더 줄어들까봐 두려워했다. 또한 소련을 적으로 삼음으로써 모든 형태의 경제적 국가통제주의를 공산주의 또는 최소한 반미국적인 것으로 비난할 수 있고, 반대로 '자유기업주의'는 미국의 모든 애국자들의 생득권으로, 오직 성조기를 배반한 자들만이 비난하는 '미국인의 삶의 방식'으로 옹호할 수 있게 되었다.[8]

그리하여 미국에서는 전장의 마지막 총성이 울리기도 전에 반공산주의, 반소비에트 캠페인이 시작되었다. 이 캠페인은 상원의원 조지프 매카시Joseph McCarthy(1908~1957)가 이 종교재판에서 토르케마다Tomás de Torquemada(1420~1498, 1만 220명을 화형에 처한 스페인의 초대 종교재판 소장 – 옮긴이) 역을 맡았기 때문에 역사에 '매카시즘'으로 기록되었다. 미국인들을 전쟁터로 달려가게 한, 미국이 원칙적으로 숭배하는 양심의 자유와 표현의 자유라는 숭고한 이상과 〈대서양헌장〉의 훌륭한 원리는 여러 해 동안 이어진 매카시의 마녀사냥에서 계속해서 침해되고 더럽혀졌다. 매카시는 얼마 되지도 않는 미국의 공산주의자들뿐만 아니라 정치, 노동운동, 심지어 학계와 문화계의 좌파적, 급진적, 진보적, 사회적 의식, 또는 아주 미세한 비정통적인 요소들까지 모두 다 공격했다. (앨버트 아인슈타인, 찰리 채플린, 그리고 베르톨트 브레히트도 매카시즘 때문에 미국을 떠나야 했다.) 나아가 매카시즘의 마녀사냥은 노동조합에 대한 대규모 공세와 관련지어야만 논리적으로 말이 된다. 숨 막히는 체제 순응적 분위기는 이 자칭 표현의 자유와 개인주의의 요람이라는 나라를 1960년대까지 지배했다. 덧붙여 말하자면, 미국이 보여준 모범은 그와 (대부분이 훨씬 덜 병적이기는 하지만) 유사한 소위 '자유진영'의 반공산주의와 반소비에트 캠페인에도 영향을 주었다.[9]

소련의 성공과 신망뿐만 아니라 그 존재 자체가 정치와 사회적 삶에서 좌파 세력들에게 너무나 용기를 준다고 여겨졌다. 그러나 소련은 반세기 동안 계속해서 존재했고, 서구 세계에서는 철의 장막 저편의 노동자들보다 못한 임금, 노동시간, 휴일, 연금으로 노동자들을 진정시키기란 오랫동안 불가능한 일이었다. 예를 들어 부유한 독일연방공화국(서독 – 옮긴이)과 미국은 자기들보다 훨씬 더 가난한 독일민주공화국(동독 – 옮긴이)의 노동자들이 서방 노동자들보다 돈은 적게 벌지만, 여러 가지 면에서 서독이 제공하는 것보다 더 나은 사회적 복지를 누린다는 수치스러운 사실을 오랫동안 감수해야 했다.[10]

(미국처럼) 더 높은 임금을 주거나 (영국과 캐나다, 그리고 대부분의 서유럽 국가들처럼) 어느 정도 설득력 있는 사회보장 제도를 제공하면, 기존의

사회경제적 체제에 비해 더 많은 국민들의 민심을 확보할 수 있었다.[11] 따라서 우리는 왜 소련이 소멸한 다음에 고용인들과 실업자, 그리고 여성들이 냉전 기간 동안 당연하게 누렸던 모든 종류의 사회적 혜택의 몰수를 참고 견뎌야만 하게 되었는지 이해할 수 있다. 기존의 자본주의적 사회경제 질서에 더 이상 경쟁자가 없으므로, 더 많은 임금이나 높은 수준의 사회복지 제도를 통해 민심을 잡고자 노력할 필요가 없어진 것이다.[12] 마이클 퍼렌티는 소련이 존재할 때 "대안이 되는 경제 시스템과의 경쟁이라는 압력이 서구의 정치경제 지도자들로 하여금 자신들의 노동 인구를 함부로 대하는 정도를 제한"했다고 말한다. 퍼렌티는 소비에트가 사라지자 그 지도자들이 이제 다음과 같은 때가 왔음을 느꼈다고 덧붙였다.

모든 족쇄를 벗어서 그것을 고용인 계급에 씌우자. 마음과 정신을 다하던 경쟁은 끝났다. 대안이 될 체제도, 그것을 계속할 생각을 하는 장소도 더는 없다. 대자본이 최종 승리를 거두었으니 이제 국내외에서 우리 마음대로 할 수 있게 되었다. …… 더 이상의 협상은 없다.[13]

전쟁 중 소련은 미국의 동맹으로서 쓸모 있는 존재였다. 전쟁이 끝나자 소비에트는 곧 미국, 아니 그 나라 파워엘리트에게 유용한 적이 되어주었다. 만약 제2차 세계대전이 끝났을 때 소련이 없었더라면 미국은 이런 '악의 제국'을 만들어내야 했을 것이다. 미국의 적으로서의 소련 또한 대단히 유용한 존재였기 때문이다. 미국이 강력하고 위험한 적에게 위협받고 있어야만 막대한 예산을 방위비로 지출하는 군비 계획을 계속 정당화할 수 있다. 새로운 적색공포가 더욱 과장될수록, 더욱 향상된 폭탄과 항공기와 탱크를 주문하는 데 예산을 사용하는 펜타곤에 온갖 자금을 다 지원하라고 의회를 설득하기가 더 쉬워진다.[14] 이런 계획은 군사 케인스주의Military Keynesianism, 펜타곤 시스템, 전시경제, 또는 복지국가welfare state에 빗대어 전쟁국가warfare state 등의 다양한 이름으로 불려왔다. 이 시스템 덕분에 종전 후 미국의 산업이 다시 위기로 되돌아가지 않을 수 있었다. 물론 펜타곤 시스템의 주된 수혜자들은 워싱턴에 항상 막대한 영향력을 행사하는 대기업들이었다. 전쟁 중에 그들은 펜타곤과 함께 대단히 수익성 높은 사업을 벌이는 법을 배웠고, 냉전 덕분에 더욱 엄청난 부를 쌓았다. 펜타곤 시스템은 결국 "국가가 보조하여 개인이 이익을 챙기는", 즉 일반 대중이 낸 세금으로 개인과 사기업들이 엄청난 수익을 올리게 해주는 계획이었고, 지금도 여전히 그러하다. 오래지 않아 방위산업이라는 말로 순화된 무장산업은 전쟁 중에 이미 미국 경제의 원동력이 되었다. 이 경제는 전쟁이 끝났는데도 전시경제로의 퇴보를 멈추지 않았다. 다시 말해서 펜타곤의 주문이라는 마약에 더욱 의존하게 된 것이다.[15] 결과적으로 미국의 권력은 점점 더 군산복합체를 이루는 군 장성, 관료, 그리고 기업 경영자들의 손에 집중되었다. 아이젠하워 대통령은 이 군산복합체에 대하여 점잖게 경고했지만, 불행하게도 그때는 이미 그 자신도 백악관에서 8년 동안 일하며 이런 이상에 열정적으로 귀의한 뒤였다.[16]

제2차 세계대전이 끝나고 반세기 이상이 지난 뒤, 그리고 냉전이 끝나고 수십 년이 지난 다음에도, 펜타곤 시스템은 필요하다면 사담 후세인과 같은 새로운 적이나 1991년의 걸프 전쟁, 1999년 코소보 내전, 그리고 더욱 최근에는 2001년 9월 11일의 테러 공격 등의 도움으로 여전히 모든 엔진을 가동하고 있다. 미국의 군사 예산은 1996년 2,650억 달러, 2002년 3,500억 달러, 2007년 4,500억 달러에 달했고, 2010년의 펜타곤은 총 6,800억 달러라는 믿기 어려운 금액을 방위비로 지출했다. 그리고 정부가 과거에 군비를 충당하기 위해 발행한 채권의 이자, 참전용사 지원금, 그리고 사실상 "군사 예산 수치에 포함되지 않는 연방 예산 외의 추가 지출"로 치러진 이라크와 아프가니스탄에서의 전쟁 비용과 같은 비공식적인 군비까지 더하면, 이 전쟁국가의 군비는 조 단위에 달한다. 2010년 미국의 군비 총액은 1조에서 1조 3,000억 달러 사이로 추산된다.[17]

지금도 제2차 세계대전과 냉전 시대와 마찬가지로, 군비 지출은 대기업들이 올리는 믿기 어려울 만큼의 높은 수익의 원천이며, 그것이 부유한 경영인들과 주주들의 주머니를 채워주고 있다. 게다가 이 지출 비용은 지금도 대부분 차관을 통해서 충당되고 있으며, 그 이자는 주로 채권을 구입할 여유가 있는 개인과 기업들에게 지불되고 있다.[18] 그리하여 제2차 세계대전 때 이미 엄청나게 올라간 미국의 국가부채는 1945년 이후에도, 그리고 냉전이 끝난 1990년 이후로도 계속해서 증가해왔다.[19] 그러나 미디어와 학술연구들은 대개 비난의 화살을 재앙과도 같은 펜타곤 시스템이 아니라 사회복지 사업에 대한 국가의 지나친 지출에 돌린다. 어쨌거나 그 모든 국가부채를 '떠맡는' 것은 좋건 싫건 간에 세금으로 그 비용을 부담해야 하는 평범한 미국 시민들이다.

저술한 책들이 대학생 수백만 명의 교재로 쓰이는 폴 새뮤얼슨 같은 경제학자들은 국방은 그로부터 혜택을 받는 모든 시민이 어쩔 수 없이 비용을 부담해야 하는 공공재라고 주장한다. 하지만 그들은 펜타곤 시스템의 수익이 편리하게도 기업과 부유층에 엄청난 이익으로 사유화되고, 그 비용은 평범한 미국인들의 손해로 무자비하게 사회화된다는 사실은 결코 지적하지 않는다.[20]

냉전은 엄청나게 많은 요인들로 유발된 매우 복잡한 역사적 현상이다. 그 요인 중 일부는 1917년 러시아혁명으로까지 거슬러 올라간다. 그런 의미에서 냉전은 제1차 세계대전이 끝나가고 있을 때 이미 시작되었으며, 그것을 러시아혁명에 대한 전 세계의 반응, 즉 소련이 무너져야만 끝나는 반혁명적 계획으로 정의해도 좋을 것이다. 그러나 일단 냉전이 역사의 무대에 등장하자, 그것은 다양한 목적들에 유용하게 쓰일 수 있다는 사실이 드러났다. 예를 들어, 비록 이러한 특수한 기능을 수행하도록 치밀하게 계획된 것이 아님은 분명하지만, 냉전은 독일과 일본에 대항한 싸움이 끝난 뒤에도 미국 산업의 엔진을 최고 속도로 가동시켜 재계에 엄청난 이익을 안겨주었다. 게다가 이 새로운 갈등은 미국의 파워엘리트에게 또 다른 공헌을 해주었다. 미국에서 축적된 것과 같은 부의 문제를 해결하지 못한데다가 전쟁으로 사실상 폐허가 된 소련으로 하여금, 끊임없이 속도를 올리는 미국의 군비 경쟁에 뒤처지지 않기 위한 처절한 노력의 일환으로 국부의 대부분을 무한히 긴 시간 동안 무장 계획에 투자하도록 강요한 것이었다. (여담이지만 '군비 경쟁arms race'이라는 표현은 동등한 두 경쟁자 사이의 자발적이고 공정한 경쟁이라는 잘못된 인상을 준다.) 그리하여 소비에트가 사회주의 사회를 성공적으로 건설할 가능성은 점점 더 낮아졌다. 그 대신 비록 미국의 파워엘리트가 승리의 순간을 맞기까지 거의 50년이나 기다려야 했지만 결국에는 그렇게 되었듯이, 이 과업이 대실패로 끝날 가능성은 상당히 커졌다.[21]

20장   **나치와
미국 기업들의
이익 1**

1945년 봄의 시작과 함께 미국은 독일의 나치즘을 비롯한 파시즘과 계산을 청산할 기회를 얻었다. 독일에 한정하여, 이 작업은 '비-나치 화De-Nazification'라는 이름으로 역사에 기록되었다. 그러나 비-나치화가 나치의 모든 흔적을 근절하려는 단호하고 일관적인 노력이었다고 믿는다면 그건 엄청난 실수이다.

　나치즘과 파시즘의 진정한 본성을 만천하에 드러내는 것은 미국 파워엘리트에게 좋을 게 없었다. 파시즘은 은행가, 사업가, 대지주, 군대, 그리고 (이탈리아뿐만 아니라 독일에서도) 가톨릭교회 수뇌부와 같은 보수적인 집단의 정책과 책략에 의해 독일과 이탈리아에 도래할 수 있었던, 사회적으로나 정치적으로나 반동적인 현상이었다. 다른 나라들에서도 비슷한 계층의 보수적인 집단들이 자국과 타국의 파시즘에 동조하고 있었다. 기존의 사회경제적 질서를 옹호하는 독일의 나치와 다른 나라들의 파시스트들은 노동조합, 사회주의자, 그리고 공산주의자들의 치명적인 적이었다. 그리고 미국의 경제인들은 그들이 "사업에 좋다"고 말하곤 했다. 유럽의 권력층과 마찬가지로, 미국의 파워엘리트도 거의 '파시스트 애호가', 즉 파시즘에 동조하고 파시스트 운동 및 그 정권과 협력하여 수확할 수 있는 이익의 진가를 인정하는 사람들이었다.

미국은 반파시스트 정서, 특히 반나치 정서 때문에 전쟁에 뛰어든 것이 결코 아니었다. 워싱턴이 결국 나치 독일(그리고 이탈리아 파시스트)과의 전쟁에 개입한 것은, 독일 제국에 있는 미국 기업의 공장들에서 이루어지는 수익성 높은 사업을 위협하지 않으면서도 독일의 적 영국과 유리한 거래를 할 수 있는 가능성이 열렸기 때문이었다. 그러다가 일본이 진주만을 기습하자 히틀러가 먼저 전쟁을 선포하는 바람에 미국은 나치 독일과의 전쟁으로 '끌려들어간' 것이다.

이 예기치 않은 사태의 전환으로, 미국 국민들에게 이제부터는 지금까지 비방해오던 소련이 아니라 히틀러의 독일이 적이라는 사실을 이해시키기 위한 상당한 노력이 필요했다. 파시스트 애호가이던 보수 집단은 서둘러 그들과 거리를 두어야 할 필요를 느끼며 나치와 파시스트를 범죄자 집단으로 악마처럼 묘사했다. 그러려면 파시즘의 진정한 본질로부터 사람들의 주의를 돌려야 했다. 이것이 미국에서 '국가 사회주의 갱스터 이론'이 만들어져 전파된 이유이다. 그때부터 히틀러와 무솔리니는 일종의 사회경제적 공백에 갑자기 불쑥 나타나 오직 자기 이익만을 추구하는, 권력에 굶주린 만화 주인공 같은 악당으로 묘사되었다. 파시스트는 사디스트적인 갱스터이자, 피에 굶주린 협잡꾼이며, 그들이 독일에서 권력을 쥐었다는 것은 역사의 비극이지만 원인을 설명할 수 없는 비극으로 그려졌다. 이런 관점에서 볼 때, 비-나치화 작업은 간단했다. 범죄자들을 끌고 와 법정에 세우고, 독일의 악몽이 끝나기를 희망하며 잠재적인 모방자가 생기지 않도록 그들을 처벌하는 것이 전부였다.[1]

악명 높은 뉘른베르크 재판으로 가장 잘 대표되는 일련의 전쟁범죄자 재판들에서 눈에 띄는(그리고 눈에 잘 띄지 않는) 나치당원들이 사형을 포함한 중형을 선고받았다. 그러나 분하게도 나치를 '가능하게 한' 보수적인 집단과 부역자들은 가벼운 벌을 받거나 사면되는 식으로 제외되었다. 히틀러의 경제상이었던 샤흐트는 사면되었고, 히틀러를 위한 길을 열었던 교활한 정치가 폰 파펜Franz von Papen(1879~1969)도 마찬가지였다. 비-나치화의 한계는 소유주, 경영진, 대주주 등 가장 중요한 인물들이 1933년 이전부터 오랫동안 나치를 도와 히틀러의 재무장 계획과 정복 전쟁으로 큰 이익을 얻었던 독일 은행과 기업들을 처벌할 때 특히 분명해졌다. 많은 경우 그들은 나치당과 히틀러가 이끄는 사악한 SS와 밀접한 협력을 맺어 이윤을 얻는 방법도 알고 있었다. 예를 들어 독일의 유력한 회사들은 부대 집결지와 아우슈비츠를 포함한 죽음의 수용소 근처에 공장과 실험실을 건설했다. 그들은 SS에 후한 재정적 지원을 해주는 대가로 수용자들을 노예처럼 부렸으며, 심지어는 인간 기니피그처럼 생체 해부를 하는 경우도 있었다. 전쟁이 끝난 후, 미국 점령 정부는 이 회사들을 거의 손대지 않았다. 미국은 오히려 독일의 반파시스트주의자들, 수용소의 생존자들, 유대인 조직, 소련 등 이 사업가들이 나치와 똑같은 수준의 전쟁범죄자라고 여기는 사람들로부터 그들을 열심히 변호해주었다.

미국이 홀로 치밀하게 계획하고 훗날 미국 검찰관이 '상징적인 조치'라고 무례하게 묘사했던 뉘렌베르크 이후의 재판들에서는 나치와 관계를 맺었던 독일의 기업가와 은행가들을 부드럽게 대했고 자주 사면해주었다. 형을 (대체로 가볍게) 선고받은 사람들은 모두 미국 점령 정권이 3년 내에 특별사면을 해주었다.[2] 히틀러를 지원하고 그의 독재로 부터 이권을 챙긴 독일 재계의 특권층은 엉클 샘으로부터, 미국의 역사학자 크리스토퍼 심슨Christopher Simpson의 표현으로 일종의 '사실상의 사면'을 받은 셈이었다.[3]

나치와 SS에 열정적으로 협력했던 많은 독일 기업들이 미국 덕분에 독일뿐 아니라 유럽 전체와 전 세계에서 지금도 훌륭하게 사업을 이어가고 있다. 매우 헌신적으로 히틀러를 지원했고, SS가 제공한 풍부한 노예 노동을 이용해 막대한 부를 쌓았으며, 자회사 데게슈에서 치클론 B 독가스를 생산해 아우슈비츠 가스실에 공급하고 SS 재무관으로부터 막대한 비용을 결재받은 독일의 거대한 기업 이게파르벤을 대표적인 예로 들 수 있다. 이게파르벤도 미국 당국에 의해 법정에 서기는 했으나, 회사의 수뇌부들은 미국 감찰관 요시야 두보이스Josiah DuBois(1913~1983)의 말처럼 "닭 도둑도 기뻐할 만큼 가벼운" 벌을 받는 데 그쳤다.[4] 거대한 카르텔이 여러 개의 후계 회사들로 나뉘었지만, 대대적인 개혁을 요구하는 대중의 목소리에도 불구하고 그것은 재산 관계와 기업의 힘이 보존되는 피상적인 방법으로 이루어졌다. 이게파르벤 경영진은 요제프 압스Josef Abs(1901~1994)와 루트비히 에르하르트Ludwig Erhard(1897~1977) 같은 은행가와 경제인들의 도움으로 이 순수하게 비즈니스적인 '비-나치화'를 유리하게 진행할 수 있었다. 바이엘Bayer, 훽스트Hoechst, 바스프BASF 등 이 '새로운' 회사들 중 가장 중요한 회사들은 오늘날까지도 이게파르벤에서 배당금을 받아 주머니를 채우던 익명의 주주들을 대신하여 돈을 벌고 있다.[5] AEG, 지멘스Siemens, 다임러-벤츠Daimler-Benz, 그리고 BMW 같은 다른 독일 회사들, 오늘날 독일의 일류 중의 일류Crème de la Crème 기업들도 SS에 열심히 부역했다.[6] 몇몇 독일인들이 미국이 실행한 비-나치화가 '대어the big fish'를 너무 쉽게 그물에서 빠져나가게 해주었다고 불평하는 것도 무리가 아니다.[7]

크게 성공을 거둔 영화 〈쉰들러 리스트〉는 실제 사실에 근거를 두었지만, 독일 사업가가 SS에 협력한 것이 드물게 개인적으로 이루어진 일이며 생명을 구하는 데도 기여했다는 인상을 주었다는 점에서 역사적 사실을 왜곡했다고 할 수 있다. 사실 SS는 크고 작은 수많은 독일 기업들과 체계적으로 협력했고, 그 협력의 대가는 노예 또는 기니피그로 이용된 수많은 사람들의 목숨이었다. 아마도 할리우드는 미국 기업들의 자회사였거나 협력 관계였던 독일의 일류 기업들과 SS 사이의 진짜 관계를 다룬 영화를 앞으로도 만들지 않을 것이다.

전쟁 중 전통적인 연구 방법과 함께 사악한 SS와의 협력을 통해 독일 기업들이 이루어낸 과학적, 기술적 발전은 종전 후 대체로 미국의 것이 되었고 소련도 전리품의 일부를 차지했다. 미국은 1945년 봄부터 미국 기업들이 사용할 수 있도록 특허권, 도면, 설계도 등 모든 종류의 노하우를 자기 점령 구역이 아닌 곳에서도 몰수하기 시작했다. 이것은 진정한 '지적 강탈' 또는 미국 상무부의 기술서비스국 관리 존 C. 그린이 선호하는 표현으로 '지적 배상금'이나 다름없었다.[8] 이뿐만 아니라 인간 생체실험에 참여한 난민캠프의 수많은 의사들도 다른 과학자와 전문가들과 함께 최대한 빨리 미국으로 이송되었다. 이 작전의 암호명은 원래 오버캐스트Overcast였는데, 나중에 페이퍼클립Paperclip으로 바뀌었다. 미국은 이 사람들의 과거 나치 행적에서는 눈을 돌린 채 그들에게 이민서류를 주었고, 그들 중 상당수는 미국 시민권마저 획득했다. 그 대가로 그들은 펜타곤을 비롯한 여러 공공기관이나 사기업에서 일했다. 워싱턴은 특히 전 SS 대원 베르너 폰 브라운Wernher von Braun(1912~1977)의 전문 분야인 독일의 로켓 기술과, 독가스를 비롯한 모든 종류의 화학적 세균 병기 생산에 관심이 많았다. 그리하여 끔찍한 범죄를 저지른 수많은 나치당원들이 나치즘을 혐오하여 전쟁에 뛰어들었다는 나라에서 오래오래 행복하게 살 수 있었다.[9]

미국 정부 당국은 제3제국 시대에 독일의 산업 엘리트들이 "평상시와 다를 바 없이 행동하라business as usual"는 좌우명에 따라 행동했다는 사실을 아주 잘 이해하고 있었다. 미국의 대기업들도 마찬가지로 전쟁에서 돈을 버는 법을 알고 있었다. 게다가 미국 지도층은 새로운 독일을 사유재산과 자유기업 제도가 미국에서만큼이나 신성불가침인 나라로 건설하는 데 독일 기업들이 반드시 필요한 파트너라고 생각했다. 이 기업들 수뇌진의 과거 나치 행적은 비밀에 부쳤다. 이 '전문가들'의 도움 없이는 독일의 재건이라는 험난한 과업을 이룰 수 없었기 때문이다. 히틀러의 자본가들, 이게파르벤의 경영진, 무기 재벌 크루프 등을 사형시키라고 외치는 사람들은 자유기업의 적, '빨갱이들'로 비난받았다.[10]

마지막으로 중요한 또 한 가지는 미국의 이러한 아량이 미국의 영향력 있는 기업들이 수많은 독일 회사들과 수익성 높은 관계를 밀접하게 유지해왔다는 사실에서 비롯된 결과이기도 하다는 점이다. 미국 기업들은 1920년대에 독일에 자회사를 설립하고, 회사들을 인수하고, 또는 독일 회사들과 전략적인 제휴를 맺었으며, 대공황의 암흑기에 그곳에서 높은 수익을 올리며 사업을 해나갔다. 전쟁이 발발한 다음에도, 심지어는 진주만 습격 이후에도 독일 회사들과의 이러한 관계는 어떤 식으로든 유지되었다.[11]

일례로 에센의 코카콜라 공장은 전쟁으로 번창했다. 독일 육군이 승리를 거두며 프랑스와 벨기에 같은 나라들을 점령하면 그곳에 코카콜라 판매 및 병입 회사들이 진출했다. 진주만 습격 이후 미국에서 코카콜라 원액을 수입할 수 없게 되었을 때도 환타라는 청량음료 신제품을 만들어 사업을 계속했고, 1943년 한 해에만 거의 300만 상자를 판매했다. 마크 팬더그라스트Mark Pendergrast는 적국 나치의 나라에서 이루어진 코카콜라의 전시 경영은, 애틀랜타에서 온 이 청량음료가 "미군 병사들이 수호하고자 싸우는 …… 미국인의 자유를 비롯한 모든 좋은 것들을 …… 상징한다"는 본국의 이미지와는 양립하기 어려웠다고 말한다. 그러나 코카콜라와 나치문장swastika과의 관계는 미국 기업들이 나치 독일에서 전시에 한 활동들 중 상당히 무해한 편에 속한다. 적어도 IBM, ITT, 포드, 그리고 제너럴모터스 같은 기업들이 독일에서 벌인 사업들에 비하면 그렇다.[12]

에드윈 블랙에 따르면, 나치와 그들의 군대는 IBM의 노하우 덕분에 "그만한 규모와 속도와 효율성을 획득"할 수 있었다. 블랙은 IBM이 독일 자회사 데호마그를 통해 "전격전Blitzkrieg에 전격blitz을 부여"했을 뿐만 아니라, 컴퓨터의 전신인 그들의 펀치 카드 기술 덕분에 나치가 "박해를 자동화"할 수 있었다고 주장한다. 블랙은 계속해서 IBM이 "추방 대상자인 유대인과 다른 희생자들의 명단을 작성하고, [강제수용소의] 수감자를 등록하고, 강제노동자를 찾아내는 데" 사용된 홀러리스 계산기를 비롯한 여러 장비들을 히틀러 정권에 제공했기 때문에 "엄청난 규모의 홀로코스트가 발생했다"고 덧붙였다. (아우슈비츠를 포함한 모든 강제수용소와 죽음의 수용소에는 홀러리스 부서Hollerith Abteilung라 불리는 IBM 사무소가 있었다.) 블랙의 연구에 대한 비판이 주장하듯, IBM의 기술이 없었어도 나치가 그 치명적인 효율을 이루어냈을 가능성은 매우 크다. 그러나 IBM의 사례는 미국 대기업들이 최신 기술을 나치에게 제공했다는 사실, 그리고 히틀러와 그 친구들이 그것을 어떻게 사용하는지에 대해서는 별로 관심을 보이지 않았다는 사실을 보여준다. 어쨌건 블랙은 IBM이 진주만 습격 이후에도 "유럽의 자회사를 앞세워" 계속해서 나치 독일에서 사업을 이어갔으며, 그 과정에서 수백만 달러를 벌어들였다고 주장한다.[13]

친파시스트주의자인 소스신스 벤이 이끄는 ITT는 1930년대에 독일 군용기 포케불프Focke-Wulf의 4분의 1을 생산했다. 따라서 항공기 수백 대를 격추시킨 전투기를 제조한 이 회사는 적어도 간접적으로는 전쟁에 영향을 끼친 셈이다. (ITT의 포케불프를 비롯한 독일의 다른 전투기들 연료의 핵심원료는 합성 테트라에틸이었다. 이것은 에틸GmBH, Ethyl GmbH라는 이름의 회사가 생산했는데, 이 회사는 스탠더드오일과 그 회사의 독일 파트너 이게파르벤, 그리고 제너럴모터스 세 회사가 공동으로 세운 자회사였다. 종전 후 미군이 발견한 한 독일 문건에는 "테트라에틸 없이는 우리 방식의 [전격] 전투를 꿈도 꿀 수 없다"고 쓰여 있었다.)[14] ITT의 독일 생산시설들은 스웨덴, 스위스, 스페인 등 중립국의 시설들과 함께 전쟁이 끝날 때까지 독일 군대에 전투기뿐 아니라 다른 여러 가지 전쟁용 장난감들을 공급했다.[15] 찰스 하이엄의 구체적인 설명을 들어보자.

진주만 습격 이후 독일의 육군, 해군, 공군은 전화 교환대, 전화기, 비상 벨, 부표, 공습경보 장비, 레이더 설비, 그리고 포탄에 쓸 뇌관을 매달 3만 개씩 생산 공급하도록 ITT와 계약을 체결했다. ······ 1944년에는 뇌관 주문량이 매달 5만 개로 늘어났다. ITT는 또 런던을 공격했던 로켓탄의 재료, 건식 정류기에 쓰이는 셀레늄 광전지, 고주파 라디오 장비, 그리고 요새 및 야전 통신 장비도 공급했다. 이런 중요한 자재들을 공급받지 못했다면 독일 공군이 미국과 영국 병사들을 죽이고, 육군이 연합군과 싸우고, 영국을 폭격하고, 연합군 함정들을 해상에서 공격하는 일들은 불가능했을 것이다.

ITT가 제공한 정교한 통신장비가 없었다면 독일은 전쟁 초기에 공군과 육군의 수준 높은 연계로 이루어진 전격전으로 적들에게 치명적인 일격을 가하지 못했을 것이다. 진주만 공습 이후, ITT는 미국의 외교 암호문을 해독할 수 있는 더욱 발전된 통신 시스템을 독일에 제공하여 미국에 해를 입혔다.[16]

아마도 거대한 자동차 회사 제너럴모터스가 나치의 나라에서 부정한 짓을 저지른 미국 대기업 중 가장 눈에 띄는 사례일 테지만, 경쟁 회사 포드 또한 나치의 전시 지원 체제에 상당한 공헌을 한 회사이다. 포드는 전쟁 중에 수많은 트럭뿐만 아니라, 독일 육군이 운용하는 모든 기종의 예비 부품과 엔진도 생산했다. 쾰른에 있는 포드-베르케 공장뿐만 아니라, 독일이 점령한 프랑스, 벨기에, 네덜란드, 덴마크와, 나치 동맹국인 핀란드와 이탈리아 등의 자회사들에서도 생산했다.[17] 제너럴모터스의 독일 자회사는 1939년 9월 19~20일 베를린에서 고위간부 무니가 히틀러와 괴링을 만난 이후로 완전히 전시생산 체제로 전환했다. 그 당시 괴링은 독일 공군의 수장이자 독일 경제의 제일인 자였다. 그 결과 1935년에 세워진 오펠의 브란덴부르크의 공장은 독일 육군을 위한 '블리츠Blitz' 트럭을 생산하는 시설로 전환되었고, 뤼셀스하임 공장에서는 그때부터 주로 독일 함대의 주력 폭격기 JU-88과 같은 항공기들을 조립했다. 전하는 바에 따르면 제너럴모터스와 포드는 한때 독일의 전체 탱크 생산량의 절반 이상을 담당했다고 한다. 독일 전차의 "공격 한 방으로 불이 붙는다"는 이유로 미군 병사들이 론슨(미국의 라이터 상표)이라는 냉소적인 별명을 붙였던 미국의 셔먼 탱크보다 독일 탱크의 성능이 더 뛰어났던 것은 우연이 아니었다. 그것은 당시 론슨 라이터 광고 문구("한 번에 불이 붙습니다" – 옮긴이)이기도 했다.[18]

전문가들은 제너럴모터스와 포드가 전시에 이룬 최고의 기술적 혁신들이 연합군을 위해 생산하는 미국이나 영국의 공장들보다 주로 나치 독일의 자회사들에 더 이로웠다고 믿는다. 예를 들어 동부전선의 진창과 북아프리카의 사막에서 특히 유용했던 전륜구동 오펠 트럭, 그리고 최초의 제트전투기 Me 262의 엔진이 뤼셀스하임 오펠 공장에서 조립되었다. 쾰른의 포드-베르케는 1939년에 차량 외의 전쟁물자를 생산하기 위해 '위장 회사' 아렌트 GmbH를 설립했으며, 이 공장은 런던과 앤트워프를 폐허로 만든 저 악명 높은 V-2 로켓의 터빈을 개발하는 일급기밀 임무를 수행했다. 제3제국 경제성 등 전쟁과 관련된 여러 나치 당국의 수뇌부들이 미국 기업들의 독일 자회사들을 '기술 개발의 선구자'로 바라본 데는 그만한 이유가 있었다.[19]

제너럴모터스, 포드, ITT 등 미국의 거대기업들이 전쟁 기간 동안 독일에서 '나치즘의 무기고' 역할을 했다는 사실을 아는 사람은 거의 없다. 이 기업들이 이 민감한 주제에 대하여 항상 침묵을 지키는 것은 당연하다.[20] 게다가 사실을 아는 사람들조차 이 독일 자회사들이 진주만 습격 이후 나치에 무자비하게 징발당했으며 전쟁이 끝난 다음에야 미국의 소유주와 경영진에게 경영권이 돌아왔다고 생각하는 경향이 있다. 이것은 사실이 아니다. 독일의 전문가 한스 헬름스Hans Helms는 "나치는 그 끔찍한 집권기 내내 포드나 오펠의 소유권에 변화를 주려는 미세한 시도조차 한 적이 단 한 번도 없다"고 단언한다.[21] 포드는 전쟁 기간 동안 쾰른 소재 포드-베르케 주식의 52퍼센트를 보유했으며, 제너럴모터스는 오펠의 단독 소유주였다. (이게파르벤도 포드-베르케 주식 상당량을 관리하고 있었다.) 미국인 소유주와 경영진은 독일이 미국에 전쟁을 선포한 이후에도 종종 자신들의 독일 자회사에 상당한 영향력을 행사했다. 미국 본사와 독일 자회사가 중립국 스위스의 자회사들을 통해 간접적으로 연락을 주고받았건, 최신 통신장비를 이용해 직접 연결되었건 간에 계속해서 접촉하고 있었다는 증거가 있다. ITT는 (자신의 합작 투자 회사인) 트랜스라디오, (또 다른 미국 기업) RCA, 그리고 독일 회사 지멘스, 텔레푼켄과 협력하여 최신 통신장비를 제공했다. 헨리 포드의 아들 에드셀 포드는 그 덕분에 쾰른의 포드-베르케와 독일에 점령된 프랑스에 있는 포드 공장들의 경영에 계속해서 직접 개입할 수 있었다.[22] 에드윈 블랙에 따르면, 전쟁 기간 중 IBM의 유럽 총책임자이던 네덜란드인 유리안 W. 쇼테Jurriaan W. Schotte가 사실상 뉴욕 본사에 머물며 그곳에서 "자기 고향 네덜란드와 벨기에 같은 나치 점령지의 IBM 자회사들과 계속해서 정기적으로 연락을 주고받았다".
블랙은 계속해서 IBM이 "중립국의 자회사들", 특히 "독일 및 점령지와
중립국가들을 자유롭게 드나들 수 있는" 스위스인이 관리하는 스위스
제네바의 자회사를 통해 "유럽을 감시하고 권력을 휘두를" 수 있었다
고 말한다. 마지막으로 다른 많은 미국의 대기업들과 마찬가지로 IBM
역시 독일 점령지나 중립국가에 주재하는 미국 대사의 외교 행랑을
이용해 메시지를 전달할 수 있었다. 블랙은 "뉴욕의 IBM이 [독일을
비롯한 유럽 전역의] 자회사들에 전혀 관여하지 않았다는 것은 잘못
된 환상이며, 계속해서 그날그날의 작업에 핵심 역할을 했다. …… 전
쟁 내내 평시와 다름없이 행동했다"고 결론지었다.[23] 나치는 고맙게
도 미국 소유주들의 독일 자회사 소유권을 인정했으며, 일정 정도의
경영권까지 허락해주었다. 나아가 오펠과 포드-베르케에 대한 나치
의 간섭도 최소화했다. 독일이 미국에 전쟁을 선포한 이후에는 미국
인 직원들이 일선에서 사라졌지만, 미국에 있는 상사들의 막역한 친
구인 독일인 경영진은 자리를 지키며 계속해서 미국 본사와 주주들의
이익을 위해 사업을 이어갔다. 오펠의 경우에는 제너럴모터스의 미국
본사가 뤼셀스하임 지사의 경영권을 사실상 완전히 유지했다. 최소한
미국의 역사학자 브래드포드 스넬Bradford Snell은 그렇게 생각한다. 그
는 1970년대에 이미 이 주제를 깊이 파고들었지만, 제너럴모터스는
그의 발견들을 반박했다. 그러나 독일의 연구자 아니타 쿠글러의 최
신 연구는 더욱 자세하고 미묘한 그림을 제시하며 스넬 주장의 정확
성을 확인해준다. 그녀는 독일이 미국에 전쟁을 선포하고 나서 처음
에는 나치가 오펠 경영에 전혀 간섭하지 않았다고 말한다. 베를린이

'적국 자산 관리인'을 지정한 것은 진주만 습격으로부터 거의 1년이 지난 1942년 11월 25일이 되어서였다. 그러나 이 움직임도 그저 상징적인 것에 불과했음이 드러났다. 나치는 단지 100퍼센트 제너럴모터스 소유이며 전쟁 내내 그대로 유지된 기업이 독일의 것이라는 이미지를 만들어내고 싶었을 뿐이다. 쿠글러의 자세한 설명을 들어보자.

> 오펠과 제너럴모터스가 만들어낸 전설과 달리, 반미 나치는 독재적으로 신탁관리 업무를 제한하지 않았다. …… 관리인은 외부의 독재정권이 아니라, 1935년에 미국인들 자신이 이사회의 이사로 선택해 고위 관리직으로 임명한 사람들이었다. …… 게다가 그들은 당연히 이사회의 결정에 사실상 종속되었다. …… 심지어 그들은 총경영자의 지위에도 미치지 못했다.[24]

포드-베르케에서는 로베르트 슈미트Robert Schmidt (1864~1962)라는 열혈 나치당원이 전쟁 중 총경영자로 일했는데, 그의 직무 수행은 베를린의 정부 당국과 미국의 포드 경영진 양쪽 모두를 크게 만족시켰다. 에드셀 포드가 서명한 결재 및 축하 메시지들이 미시건 주 디어본의 포드 본사에서 정기적으로 전해졌다. 나치 역시 슈미트의 일처리 덕분에 아주 행복했다. 나치는 슈미트를 '군사 경제 분야의 선도자'라는 이름으로 요란하게 치하했다. 진주만 습격 한 달 후 적국 재산 관리인이 쾰른의 포드 공장을 관리할 때도 슈미트는 모든 권한을 유지한 채 자유롭게 행동했다. 슈미트는 국가사회주의에 헌신하고 SS에 열정적으로 협조했기 때문에 전쟁이 끝난 다음에는 한동안 일선에서 물러나는 쪽을 택했지만, 1950년부터 포드-베르케의 지휘권자로 복귀하여 1962년 사망할 때까지 그 자리를 지켰다.[25]

미국 기업들은 적국 재산 관리인이 자신들의 자회사를 관리하는 것에 그다지 개의치 않았다. 미국의 소유주들에게는 적국 자산이 독일에서 제1차 세계대전 때와 마찬가지로 취급되리라고 예상할 만한 합리적인 이유가 있었고, 실제로 미국에서도 제2차 세계대전 내내 독일의 투자액이 그렇게 관리되고 있었다.[26] 에드윈 블랙이 강조하듯이, 양측의 투자자들은 일시적으로 동결되었던 수익이 전쟁 종료와 함께 해제됨으로써 적국에서 자기 재산이 "안전하게 보호되고 적절하게 관리될 것이며, 갈등이 끝나면 무사히 되돌아올 것"이라고 기대할 수 있었다. 나치도 미국과 마찬가지로 국제 자본주의의 성문화되었거나 성문화되지 않은 규칙들에 따랐으며, 블랙에 따르면 "나치의 관리인이 부지런히 [적국의] 자회사들을 관리"했고, "그들의 돈 [즉, 수익]은 전쟁이 끝날 때까지 거기서 기다"린 것이 분명하다. 블랙은 또 관리인을 두는 데는 "관련 사실을 그럴듯하게 부인할 수 있다"는 장점이 있다고 지적한다. 적국 자산 관리인의 존재는 미국 본토의 소유주와 경영자들이 적과 협력하여 돈을 벌어들이면서도 그 과정에서 행하는 불법 행위에 대한 책임을 부인할 수 있게 해주었다.[27] 전시 독일(그리고 프랑스, 벨기에 등 여러 점령지)의 적국 자산 관리인 제도는 IBM에도 나쁠 게 전혀 없었다. 블랙에 따르면 "그들은 열성적으로 재산을 보호하고, 생산성을 확장하고, 이윤을 증가시켜주었다". 더구나 "기존의 IBM 경영자들이 실무자 자리를 지켰고, 때로는 적국 자산 관리인 대리로 임명되기도 했다." 블랙은 또 데호마그를 관리한 헤르만 B. 펠링거Herman

B. Fellinger가 "왓슨이 직접 고를 수 있는 그 어떤 회사 중역보다도 더 큰 상업적 열정과 IBM에 대한 헌신을 보였다"고 말한다. 독일이 항복한 뒤에도 펠링거가 데호마그의 최고 관리직을 유지한 것은 당연한 일이었다.[28]

나치는 기업 소유주의 국적이나 관리자의 정체성 같은 것들보다 생산성에 더 관심이 많았다. 소련에서 전격전 전략이 실패한 이후로, 포드-베르케 등이 대량으로 생산하는 항공기와 트럭이 점점 더 부족해졌기 때문이다. 헨리 포드가 조립라인을 비롯한 '포드주의적' 생산 기법을 도입한 이후로 미국 기업들은 대량생산 분야의 선두주자로 자리매김했으며, 제너럴모터스의 오펠을 포함한 자회사들도 예외가 아니었다. 이 점을 아는 괴링과 슈페어 등 나치 수뇌부는 오펠 경영에 급진적인 변화를 주면 뤼셀스하임과 브란덴부르크의 생산성이 떨어질 것임을 아주 잘 이해하고 있었다. 오펠의 생산량을 최고 수준으로 유지하려면 담당 관리자가 계속 일하게 해야 했다. 그들이 미국의 효율적인 생산 방법에 가장 익숙했기 때문이다. 이것이 바로 진주만 공습 이후에도 오펠 공장이 "평시와 다름없이"라는 슬로건에 따라 가동된 가장 큰 이유이다. 베를린이 할당한 생산량은 오히려 초과 달성되었고, 나치 당국은 제너럴모터스 자회사를 '모범 전쟁기업'으로 표창했다. 생산 분야에서 아주 성공적이었던 오펠의 관리자들은 나치로부터 점점 더 많은 '기업적 자유'를 허락받았다. 아니타 쿠글러는 제너럴모터스의 자회사인 오펠이 "생산과 연구 결과 전부를 나치에 제공하여, (객관적으로 말해서) 전쟁을 장기적으로 수행할 수 있는 능력을 강화해주었다"는 결론에 도달했다.[29]

제너럴모터스와 포드의 경영진과 소유주들에게 누가 독일 자회사에서 관리자로 일하는지, 그리고 조립라인에서 어떤 상품이 생산되고 있는지는 그리 중요한 문제가 아니었고, 독일 자회사들의 활동이 전쟁을 연장시키고 있을 가능성에도 별로 또는 전혀 개의치 않았다. 그들과 주주들이 중요하게 여기는 것은 결국 이윤뿐이었다. 미국 기업의 독일 자회사들이 전쟁 중 엄청난 돈을 벌어들였으며, 이 돈은 나치가 차지하지 않았음을 아는 사람은 너무나 드물다. 포드-베르케의 경우는 정확한 수치도 남아 있다. 디어본의 독일 자회사가 올린 수익은 1939년 120만 라이히스마르크에서 1940년 170만, 1941년 180만, 그리고 1943년에는 210만 라이히스마르크로 증가했다.[30] 미국의 거대기업들이 나치의 전시체제에 산업적으로 공헌한 또 다른 장소인 프랑스와 네덜란드, 벨기에 등 점령지의 포드 자회사들도 그와 비슷한 놀라운 성공을 거두었다. 예를 들어 전쟁 전에는 그리 번창하는 회사가 아니었던 포드-프랑스는 독일에 대한 무조건적인 협조 덕분에 1940년 이후로 수익성이 아주 높아졌다. 이 회사는 1941년에는 5,800만 프랑의 수익을 기록했고, 에드셀 포드는 이러한 성과에 대해 따뜻한 축하의 말을 전했다.[31]

　　오펠의 경우는 상세한 수익 기록이 남아 있지 않지만, 제너럴모터스의 이 독일 자회사 또한 아주 승승장구했다고 알려져 있다. 아니타 쿠글러에 따르면, 전쟁 중 오펠의 현금 유동성을 따라갈 수 있었던 독일 기업은 거의 없었으며, 이 제너럴모터스 자회사의 유동자산은 매달 더욱더 증가했다. 오펠의 수익은 나치의 경제성이 발표를 금지할 정도로까지 치솟았다. 이것은 허리끈을 더 졸라매라는 말만 듣는 독일 국민들이 미국 자회사의 수익이 같은 국민Volksgenossen(나치 용어), 즉 게르만 '동족'들의 것이 아님을 깨닫고 반감을 품지 않게 하기 위한 조치였다.[32]

에드윈 블랙은 IBM의 독일 자회사의 수입이 전쟁 중 '급등'했다고 말한다. 데호마그는 1939년에 이미 기록적인 수익을 올렸으며, 전쟁이 진행됨에 따라 그 부는 "나치가 벨기에, 폴란드, 프랑스를 점령한 이후로 특히 더 빠르게 증가하여……" 제3제국의 IBM 자회사의 가치가 "하루가 다르게 치솟았다". 포드의 경우와 마찬가지로, 프랑스 점령지의 IBM의 이윤이 치솟은 주된 이유는 독일 점령 정권에 열성적으로 협력함으로서 발생한 사업 때문이었으며, 그를 위해서 새 공장들을 지어야 했다. 그러나 블랙의 말을 믿는다면, IBM이 성공한 이유는 무엇보다도,

독일을 비롯한 점령 국가들에서 유대인 수백만 명을 식별하고, 추방하고, 격리하고, 노예로 삼고, 결국 처형하기 위한, 다시 말해서 홀로코스트를 준비하기 위한 기술적 도구들을 나치에게 제공했기 때문이다.[33]

나치는 미국 투자자본이 전쟁 중 독일에서 막대한 이익을 얻는 데 반대하지 않았다. 전쟁이 일어나기 한참 전부터 독일과 미국의 재계로부터 존경받고 지지받던 파시스트들이 자본주의 게임의 규칙을 존중한 것은 전혀 이상한 일이 아니다. 히틀러와 그 동료들은 나치가 '각자 알아서to each his own'라고 한마디로 요약한 이 규칙을 끝까지 준수했다. 나치는 공산주의자가 아니었고, 미국의 미디어가 흔히 그려내는

것과 달리 제3제국에서 기업의 수익금은 노동자나 국가가 아니라 기업 소유주와 주주들에게 주어졌다. 비록 수익금이 미국 본사로 직접 송금되지는 않았지만, 미국 기업의 자회사들에도 같은 규칙이 적용되었다.

전쟁 중 미국 기업의 자회사들이 독일에서 올린 수익이 어떻게 되었는지는 명확하게 드러나지 않지만 관련된 정보가 아주 없지는 않다. 전쟁이 시작되기 전 1930년대부터 미국 기업들은 기업 이익의 본국 송환을 금지하는 나치의 법안을 우회하기 위한 몇 가지 전략을 개발하고 있었다. 예를 들어 뉴욕의 IBM 수뇌부는 자회사 데호마그에 저작권 사용료, 억지 융자 상환금, 그리고 다양한 수수료와 비용을 부과했다. 이러한 복잡한 회사 내부 거래는 독일의 수익을 최소화하는 동시에 효과적인 세금 회피 전략이 되어주었다. 블랙이 '복잡하고 과세 불가능한 회사 내 이동'이라 부른 그런 '회계학적 편법'을 동원한 미국 기업이 IBM뿐이었을 리는 없다. 이런 이전移轉 가격 조작(특수 관계에 있는 둘 이상의 기업 간 거래에서, 설정하는 가격을 조작하여 조세 부담을 경감하려는 행위 - 옮긴이)을 비롯한 선배들의 여러 가지 비법들은 오늘날에도 다국적 기업들이 세금을 피하고 이윤을 극대화하기 위해 지구촌 곳곳에서 널리 사용하고 있다.[34]

기업 이익을 본국으로 소환하지 못하게 하는 법을 피하기 위해 독일 내에서 재투자하는 방법도 앞에서 이미 살펴보았다. 그러나 1939년 이후로 이 방법은, 적어도 이론적으로는 더 이상 허용되지 않았다. 그럼에도 미국의 많은 자회사들이 계속해서 그런 방법으로 자산을 불렸다. 오펠은 1942년 라이프치히의 주물공장을 인수해 한동안 그곳에 엔진블록을 공급했다. 물론 공장 기반 시설을 현대화하고 개선하는 데도 수익금을 사용할 수 있었다. 오펠도 그렇게 했다.[35] 포드-베르케의 총 자산은 1939년부터 1945년 사이 6,040만 라이히마르크에서 6,880만 라이히마르크로 증가했고, 기업 가치는 전쟁 중에 두 배로 뛰었다.[36] 유럽 점령 지역들에서도 사업 확장의 기회가 있었다. 프랑스의 포드 자회사는 1941년 수익금을 알제리 오란에 탱크 공장을 짓는 데 사용했다. 이 공장이 롬멜의 아프리카 군대가 엘아라메인 방면으로 진군하는 데 필요한 병기를 제공했다고 전해진다. 쾰른의 포드-베르케가 포드-프랑스와 밀접한 관계를 맺고 있었으니, 나치 독일의 포드가 자신의 수익금을 알제리의 자회사에 일부 투자했을 가능성도 있다.[37]

제3제국에 누적된 이익금 중 최소한 일부는 스위스를 경유해 미국으로 송금되기도 했다. 에드윈 블랙에 따르면, 중립국은 "나치 시대에 상업 활동을 위한 배전반 같은" 역할을 했다. 미국 기업들이 그곳에서 운영한 사무실은 미국 본사와 적국이나 점령국에 있는 자회사들 사이의 중개자로서 기능했다. 에드윈 블랙은 IBM과 스위스 지사의 관계를 기술하며 그 사무실들이 '수익의 통로'와 관련되어 있었다고 말한다.[38] 스위스에 있는 국제은행과 스위스 은행들은 이 점에서 아주 유용했다. 예를 들어 편리하게도 스위스와 독일 국경에 있는 바젤 시에 기반을 둔 국제결제은행BIS이 그랬다. 이 국제 은행은 제1차 세계대전 이후 독일의 배상금 지불을 앞당기려는 영 플랜Young Plan의 일환으로 1930년에 설립되었다. 미국과 (샤흐트 같은) 독일 은행가들이 처음부터 BIS를 장악했고, 이 금융기관에서 편안하게 협력했으며, 그것은 전쟁 중, 심지어 진주만 습격 이후에도 계속 이어졌다. 파울 헤츨러Paul Hechler라는 이름의 나치당원이 관리를 책임지고, 미국인 토머스 H. 맥키트릭Thomas H. McKittrick(1889~1970)이 회장직을 맡았다.

1997년 독일 주간지 《슈피겔Der Spiegel》이 "한가로운 중립국에서 멀리 떨어진 모든 전선에서 각자의 나라 군인들이 서로를 무자비하게 죽이고 있었다"고 말했던 전쟁 기간 내내, BIS는 미국과 독일의 은행가와 사업가들이 친목을 도모하고 서로의 이익을 추구하는 일종의 사교클럽과 같은 역할을 했다.[39] (시인 폴 발레리Paul Valery(1871~1945)는 제1차 세계대전이 끝났을 때 "전쟁이란, 서로 잘 알지만 상대를 죽이지 않는 사람들의 이익을 위해, 서로 모르는 사람들이 상대를 대량으로 학살하는 것"이라고 표현했다.) BIS는 미국과 독일의 은행가, 사업가, 법률가 등이 바글대는 벌집과도 같았다. 독일 측 인사 중에는 살해당한 유대인들로부터 약탈한 금을 가지고 스위스에 온 SS의 거물들을 비롯한 상당수의 나치 고위층도 포함되어 있었다. 그들은 그 금으로 스웨덴의 철광석, 포르투갈의 텅스텐 등 전쟁을 가능한 한 오랫동안 수행하는 데 필요한 모든 종류의 수입품목의 값을 치렀다.[40] BIS 주위를 맴돌던 미국인 중에는 맥키트릭의 친구이자 1942년부터 스위스에 주재한 OSS 요원인 앨런 덜레스가 단연 눈에 띄었다. 그러는 동안 그의 동생 존 포스터 덜레스는 뉴욕에서 BIS 변호사로 일했다. BIS가 독일에 있는 미국 자회사들이 올린 수익을 본국으로 송환하는 데 연루되었으리라고 의심한다면, 즉 어디에나 존재하는 덜레스 형제의 고객과 동료들이 돈을 숨겼으리라고 의심한다면 터무니없는 것일까? 그런 거래에 참여한 기업과 은행들이 언제나 철저하게 비밀을 지키는 건 당연한 일이다. 그러나 그럼에도 몇 가지 사실이 밝혀졌다. 예를 들어, BIS는 함부르크에 근거를 둔 석유왕 윌리엄 로즈 데이비스William Rhodes Davis(1889~1941)의 자회사 유로탱크 합명회사Eurotank Handelsgesellschaft가 올린 수익의 일부를 리스본과 부에노스아이레스를 경유하여 송환해줄 만큼 친절한 은행이었다.[41]

21장

나치와
미국 기업들의
이익 2

고용주(그리고 국내외 투자자들)에게 더욱더 높은 이윤을 보장해주기 위해 끊임없이 감축되는 인원으로 점점 더 열심히 일할 것을 요구하는 현대의 다운사이징이라는 현상은, 높은 상품 가격과 값싼 원자재뿐만 아니라 낮은 임금으로도 이윤이 크게 증가한다는 사실을 분명하게 보여준다.[1] 노동 임금이 낮을수록 자본가의 수익은 높아진다. 그런 점에서 다운사이징을 실행하는 사람들은 제2차 세계대전 때 미국 기업들이 독일 자회사에서 한 경험으로부터 무언가를 배웠는지도 모르겠다. 전부는 아닐지라도 대부분의 독일 기업들이 전쟁 전부터 노동조합을 제거해주는 나치의 호의에 힘입어 큰 이익을 얻었다. 이러한 중재 조치는 독일 노동자계급의 힘을 빼앗고, 그 당시 공적인 삶과 사적인 삶에 널리 퍼졌던 권위적인 상명하복의 '총통전권주의Fuhrerprinzip'에 따르게 하여, 노동자들을 고용주에게 무조건적으로 따르는 무력한 '종Gefolgschaft'으로 만들어버렸다. 나치 독일의 수익이 빠르게 상승하는 동안 실질임금이 그만큼 떨어진 것은 놀랄 일이 아니다.

전쟁 중 독일의 노동자들은 전장에서 총알받이 역할을 해야 했다. 짧은 전쟁으로 완전한 승리를 거둔다는 전격전 개념에 따르면 이것은 일시적으로 감내해야 할 불편이어야 했지만, 소련에서 번개 같은 전쟁이 실패로 돌아감에 따라 수백만 명의 노동 인구가 현장으로 돌아가지 못하게 되고 말았다. 그들은 동부전선에 발이 묶였고 무수히 많은 사람들이 영원히 독일로 돌아가지 못했다. 그렇게 노동력이 부족해졌으니 수요 공급의 법칙에 따라 임금이 상승하고 이윤은 줄어들어야 정상이었다. 그러나 교활한 나치는 임금을 1939년 9월 4일 수준으로 동결한다고 공표하여 이런 불편한 상황을 미연에 방지했다. 그러자 임금은 점점 줄어들고 노동시간은 늘어나는데, 물가는 계속해서 오르는 상황이 초래되었다. 미국 기업의 자회사들에서 일하는 노동자들도 같은 처지였다. 1940년 5월부터 더 적은 임금으로 주당 60시간을 일해야 했던 오펠의 노동자들은 몇몇 직원들이 '임금 절도'라고 표현한 이 상황에 항의하기 시작했다. 그럼에도 뤼셀스하임의 주당 노동시간은 점점 더 길어져서, 1942년 말에는 노동자들이 일주일에 66시간을 일해야 했다.[2]

나치는 공장의 노동력 부족을 타개하기 위해 점점 더 많은 외국인 노동자를 비인도적인 조건으로 투입하는 방법에 의존했다. 소련 등의 전쟁포로 수십만 명과 강제수용소 재소자 등의 이 시민권 없는 외국인 노동자Fremdarbeiter들은 SS에 아주 적은 보상만 지불하면 어떤 회사든지 마음대로 노동력을 착취할 수 있는 거대한 강제노동 가용자원이었다. 게다가 SS는 노동자들에게 필요한 훈육과 강력한 명령을 내려주었다. 그에 따라 임금은 오늘날 다운사이징을 추구하는 사람들이 꿈에서나 그릴 수 있을 수준으로 떨어졌고, 기업의 이윤은 그만큼 증가했다. 미국 기업들의 독일 자회사들도 시민권 없는 외국인 노동자뿐만 아니라 전쟁포로와 강제수용소 수감자 등 나치가 제공하는 노예 노동을 간절히 이용하고 싶어 했다. 슈테판 H. 린드너Stephan H. Lindner 에 따르면, 라인란트의 펠베르트에 있는 예일 앤 타운 매뉴팩처링Yale & Towne Manufacturing은 '동유럽의 노동력 원조'에 의존해 '막대한 이윤' 을 얻었고, 코카콜라는 환타 공상에서 진쟁포로와 외국인 노동자들을 이용하는 혜택을 받았다. 미국 기업이 독일 슈트트가르트와 베를린- 쾨페니크에 설립한 자회사였던 코닥도 강제노동을 이용했다.[3] 그러나 미국 기업이 강제노동을 이용한 가장 눈에 띄는 사례는 포드와 제너 럴모터스에서 찾을 수 있다. 포드-베르케는 1942년부터 소련과 프랑 스, 벨기에, 그리고 다른 점령 국가들의 전쟁포로와 외국인 노동자들 을 "열정적으로, 적극적으로, 그리고 성공적으로" 이용하기 시작했고, 미국의 본사도 이 점을 분명히 알고 있었다. 포드-베르케의 전시 활동 을 꼼꼼히 조사한 캐롤라 핑스는 다음과 같이 기록한다.

> [포드는] 나치와의 사업을 훌륭하게 해냈다. 전쟁 중 생산의 가속이 임금
> 을 낮은 수준으로 유지하기 위한 완전히 새로운 기회를 열어주었기 때문
> 이다. 포드-베르케의 임금은 1941년 이래로 사실상 동결되었다. 그러나
> 가장 큰 이윤은 동부의 노동자Ostarbeiter를 이용함으로써 성취되었다.[4]

포드-베르케에 투입된 외국인 강제노동자 수천 명은 일요일 12시 간 휴식을 제외하고 매일 노예처럼 일하고도 임금은 아예 받지도 못 했다. 1944년 여름에 포드-베르케로 보내진 상대적으로 적은 수의 부 헨발트 강제수용소 수감자들의 처우는 그보다 더 나빴을 것이다. 포 드-베르케와 대조적으로, 오펠은 적어도 뤼셀스하임과 브란덴부르크

의 주요 공장들에서는 강제수용소 수감자를 한 번도 이용하지 않았다. 그러나 제너럴모터스의 이 독일 자회사는 전쟁포로 등 다른 종류의 강제노동에 대해서는 지칠 줄 모르는 탐욕을 보였다. 1940년 여름에 벌써 첫 번째 전쟁포로가 뤼셀스하임 공장에 투입되었고, 그들 중에는 프랑스인들도 있었다. 나중에는 거기에 다수의 소비에트 전쟁포로가 가담했는데, 그들은 특히 나쁜 대우를 받았다. 대부분 동유럽 출신이지만 서유럽인들도 포함된 강제추방 시민 노동자들도 오펠에 투입되었다. 역사학자 아니타 쿠글러는 오펠 공장의 노예 노동이 특히 러시아인들과 관련되었을 때 "착취가 가장 심했고, 가능한 최악의 대우를 했으며 …… 아주 작은 죄만 지어도 극형에 처했다"고 말한다. 게슈타포가 이 외국인 노동자들의 감시와 관리감독을 맡았다.[5]

전쟁 중 미국 대기업들은 동맹뿐만 아니라 적과 사업을 벌이며 돈을 버는 요령을 익혔다. 그러나 야심차고 (부유한) 젊은 외국인과 미국인 학생들에게 미국의 기업가 정신을 가르치는 미국의 유명한 경영대학원들이 이 대단히 흥미롭고 도움이 되는 성공담에 관심이나 주는지는 의문이다. 이 기업들의 어느 정도 공식적인 연대기나 헨리 포드 같은 거물들의 전기도 이 주제를 거의 또는 전혀 조명하지 않는 것이 보통이다. 북미 미디어는 전쟁 중 노예 노동으로 이익을 챙긴 폭스바겐 같은 독일 기업들과, 유대인 희생자들로부터 나치가 강탈한 금을 훔친 스위스 은행의 비리를 캐는 데만 집중하는 경향이 있다. 그러나 그들은 미국 기업들과 나치의 관계에 대해서는 거의 한마디도 하지 않는다. 포드와 제너럴모터스가 중요한 자회사들을 소유하고 있는 미국과 캐나다에서는 신문과 잡지, 그리고 TV 채널들이 포드와 코카콜라 같은 기업들의 과거를 캐 광고 수입을 잃을 위험이 생기면 널리 찬양받던 언론의 자유(더 일반적으로 말해 표현의 자유)도 한계에 부딪히는 것처럼 보인다. (한 유명 회사가 어떤 TV 프로그램들은 '제작 가능'하다고 허락하지만, 다른 많은 프로그램들은 기업의 광고 때문에 제작이 불가능해지는 식이다.)

대학에서도 비슷한 자기검열이 일어날 수 있다. 학문의 자유가 최우선이지만 그건 그저 이론에 불과할 뿐이다. 제3제국과 제2차 세계대전사 전문가이지만 이름을 밝힐 수 없는 한 미국인 학자는 얼마 전 그 전쟁에 관한 1,000페이지가 넘는 책을 쓰면서 포드-베르케 또는 그냥 포드, 제너럴모터스와 그 자회사 오펠을 단 한 번도 언급하지 않았다. 그가 미시건 주의 자동차 회사들의 재정적 후원에 크게 의존하는 대학들 중 하나인 미시건 대학에서 경력을 쌓았다는 사실에 비추어보면 충분히 이해할 수 있는 일이다.

다시 미국으로 돌아와서, 독일 자회사들의 모기업들은 적국 나치의 땅에서 이루어진 모든 활동에 걸쳐 거의 어려움을 겪지 않았다. 이 기업들이 자기 사업의 양상에 대해서 대단히 과묵하고 심지어 비밀엄수주의를 고수하는 것은 지극히 자연스럽다. 그래서 대다수 미국인들은 전쟁 중 미국의 자본이 쾰른과 뤼셀스하임 등 독일 전역에서 무슨 음모를 꾸몄는지 전혀 알지 못한다. 게다가 이 기업들은 과장된 언어와 몸짓으로 미국 내 여론이 그들의 애국심을 확신하게 하려고 대단히 열심히 노력했다. 그 결과 평범한 미국인은 미국에서 반독일 포스터 제작에 자금을 지원하는 제너럴모터스가 멀리 라인 강에서는 거의 반역에 가까운 활동을 벌이고 있으리라고는 상상조차 하지 못했다.[6]

워싱턴은 일반인들보다 훨씬 더 많은 정보를 알았지만 미국 정부는 '제너럴모터스의 이익이 미국의 이익'으로 규정되는 불문율을 준수했으며, 미국 기업들이 제3제국에 투자하거나 그들과 거래함으로써 부를 축적하는 것을 눈감아주었다. 루스벨트 정부에는 1930년대에 괴링의 친구였으며 1940년까지 제너럴모터스 회장을 역임한 윌리엄 누젠 같은 전 제너럴모터스 고위 간부들이 포진하고 있었다. 일본의 진주만 공습으로부터 겨우 일주일이 지난 1941년 12월 13일에 루스벨트 대통령은 사려 깊게도 미국 기업들이 적국(또는 적에게 우호적인 중립국)과 사업을 하는 것을 특별 권한으로 허락하는 포고령을 발표한다. 이 명령은 모든 형태의 '적성국 교역Trading with the Enemy'을 엄격하게 금지하는 법을 분명하게 위반하는 것이었고, 쿠바에 대해 오늘날까지 시행되는 유사한 법과 극명하게 대비된다. 지금도 미국 시민들은 캐나다에서 아바나 시가를 사서 미국으로 반입하지 못한다.[7]

워싱턴은 또 전쟁을 성공적으로 끝내기 위해 대기업들과 적극적으로 협력했다. 찰스 하이엄이 기록했듯이, 루스벨트 정부는 "전쟁에 이기기 위해 석유 회사들과 잠자리를 같이해야 했다". 그 결과 정부 관료들은 곤란할 질문을 할 여유가 없었고, 미국 투자자본이 외국 특히 독일에서 행하는 비애국적 행위를 눈감아주어야 했다. 하이엄에 따르면 "여론을 만족시키기 위해" 1942년에 "적성국 교역법" 위반자로 가장 잘 열려진 스탠더드오일에 형식적인 소송이 제기되기도 했다. 그러나 스탠더드오일은 자신들이 "육군과 해군과 공군 상당 부분에 원료를 공급하여 미국이 전쟁에 이길 수 있게 만들고 있다"고 지적했다. 록펠러 기업은 결국 '미국을 배신한 죄'로 약간의 벌금을 내기로 동의했지만, 미국의 적들과 계속해서 수익성 좋은 사업을 이어가도록 허락받았다.[8] IBM이 적국 나치의 땅에서 벌인 거의 틀림없는 반역 행위에 대한 부실한 조사 역시 미국도 나치만큼이나 IBM의 기술이 필요했다는 이유로 마찬가지로 좌절되었다. 에드윈 블랙은 다음과 같이 말한다.

> IBM은 어떤 점에서 전쟁보다 더 거대했다. 꼭 필요한 그 회사의 기술이 없으면 양쪽 모두 전쟁을 수행할 수 없었다. 히틀러에게는 IBM이 필요했다. 그리고 그것은 연합군도 마찬가지였다.[9]

엉클 샘은 스탠더드오일과 IBM을 잠시나마 비난했지만, 히틀러와 사업을 벌인 대다수 기업들의 소유주와 경영진은 아예 건드리지도 않았다. ITT의 소스신스 벤과 나치의 관계는 워싱턴에서 공공연한 비밀이었으나 그는 그것을 이유로 단 한 번도 곤란을 겪지 않았다. 찰스 하이엄은 이렇게 설명한다.

> 미국 정보국의 모든 부서가 언제 어디서나 벤을 감시하고 …… 그가 무엇을 하는지 모두가 정확하게 알고 있었음에도 그 무엇도 그를 막지 못했다. 전쟁이 끝나감에 따라, 미국 정부 내부의 비판의 목소리는 아무리 온건하더라도 독일의 항복에 이어 소련과 대치할 전망에 의해 빠르게 잠재워졌다.

벤은 미국의 군사 지도자들과 밀접한 관계를 맺고 있었으며, 미국 육군에 값을 헤아릴 수 없는 공헌을 했다며 시민 최고훈장인 공로훈장Medal for Merit까지 수여받았다. 벤은 마지막에는 알링턴 국립묘지에 편안히 잠들었다. 그의 자리는 존 F. 케네디의 무덤과 그리 멀지 않으며, 그의 친구 나치와 싸우다가 목숨을 잃은 수천 명의 미군 병사들 무덤과 가까운 곳에 있다.[10]

대기업들은 적에게 공헌한 결과로 본국에서 아무런 심각한 어려움도 겪지 않았다. 게다가 서방 연합군의 지휘본부는 독일에 있는 미국 소유 기업들에 가능한 한 쉽게 들어가고자 열을 올렸다. 그래서 역사적 도시 쾰른의 중심부가 반복된 폭격으로 폐허가 될 때, 도시 외곽에 있는 거대한 포드 공장은 공습이 이루어지는 동안 가장 안전한 장소라는 명성을 누릴 수 있었다. 지역 주민들이 들려준 이 이야기에는 아마도 다소 과장이 있었을 테지만, 연합군의 폭격이 이루어질 때 포드-베르케가 놀라울 정도로 적은 피해를 입었고 회사의 기반 시설들은 완전히 무사해서 쾰른에 있는 포드의 자회사가 공격이 끝남과 동시에 조업을 재개할 수 있었다는 것은 분명한 사실이다. 종전 후 첫 번째 트럭은 1945년 5월 8일, 독일이 항복한 바로 그날 생산되었다. 독일의 전문가 한스 헬름스에 따르면, 루스벨트 대통령의 고위급 고문이던 버나드 바루크Bernard Baruch(1870~1965)가 독일의 특정 공장들은 폭격하지 말거나 아주 가볍게 폭격하라고 명령했다고 한다. 미국 기업들의 자회사들이 그 범주에 들어간 것은 당연한 일이다. 헬름스는 포드-베르케가 "가장된 공격을 제외하면 폭격당해서는 안 되었고, 그래서 폭격되지 않았다"고 단언한다. 그래서 1944년 8월 15일과 18일, 노동자들의 막사 인접 지역이 연합군 공습의 표적이 되기도 했다. 레버쿠젠의 바이엘도 이게파르벤을 통해 스탠더드오일과 관계를 맺은 또 하나의 기업이다. 헬름스는 이 회사가 열대병을 치료하는 특정 유형의 의약품을 생산했는데, 독일이 스위스와 포르투갈을 경유해 이 약을 필요로 하는 태평양의 미군에게 제때 공급했다고 주장한다.[11] 뤼셀스하임의 오펠 공장은 실제로 폭격당해 건물의 절반이 파괴되었지만, 그 시점은 전쟁이 끝나가는 1944년 7월 20일과 8월 25일, 26일이었다. 그리고 그때는 이미 암호명 '분산Auslagerung'이라는 작전하에 가장 중요한 기계와 생산시설들이 이미 시골 지방으로 옮겨진 뒤였다. 그리하여 1945년 3월 25일 미군 병사가 뤼셀스하임에 도착했을 때도 계속해서 생산이 가능했다.[12]

　IBM의 독일 공장들도 전쟁의 우여곡절 속에서 놀랄 만큼 적은 피해를 입었다. 에드윈 블랙에 따르면, 슈투트가르트 인근 진델핑겐에 있는 데호마그 공장에 처음으로 들어간 미군 병사들 중에는 전직 'IBM 병사', 즉 군복무 때문에 일시적으로 회사를 떠난 사람들이 있었다. 그들은 모든 것이 "100퍼센트 그대로"이며 "모든 도구와 기계가 잘 보존되어 당장 일을 시작할 수 있을" 만큼 "아주 좋은 상태"였다고 말했다. 그들은 흥분하여 토머스 왓슨에게 "공장 전체가 멀쩡하며, 알 수 없는 이유로 우리 공군들로부터 보호받았다"고 보고했다. 백악관을 포함한 워싱턴의 모든 신경중추에 자유롭게 접근할 수 있는 특권을 지녔던 왓슨은 그 이유를 당연히 알고 있었다. 그러나 베를린에 있던 IBM 공장은 독일의 수도에 가해진 연합군의 수많은 공습으로 파괴되었다. 하지만 블랙은 뤼셀스하임에서 제너럴모터스의 공장 대부분을 보호한 것과 유사한 분산 작전으로 "거의 모든 부서가 독일 남부의 다른 장소로 이동"하기 전에 폭격되지는 않았다고 독단적으로

단언했다.[13]

종전 이후, 독일과 일했던 제너럴모터스 등의 미국 기업들은 단지 처벌받지 않았을 뿐만 아니라, 영국과 미국의 폭격으로 독일 자회사들이 입은 피해를 보상받기까지 했다. 미국 정부는 제너럴모터스에 3,300만 달러, ITT에 2,700만 달러를 일부는 세금 공제의 형태로 보상해주었다. 포드-베르케는 전쟁 중 상대적으로 적은 피해를 입었으며, 나치 정권으로부터 10만 달러 이상의 보상금을 받았다. 동시에 포드의 프랑스 공장은 비시 정부로부터 3,800만 프랑의 보상금을 뜯어냈다. 그럼에도 포드는 워싱턴에 또 700만 달러의 피해 보상금을 요구했으나, 최종으로 50만 달러보다 조금 많은 돈을 받아내는 데 그쳤다. 금액이 많건 적건 간에 이런 보상은 미국 재무부가 충격적일 만큼 인심이 후했음을 보여주는 사례이다. 특히 이 기업들이 이미 전쟁 중 독일에서 잃어버린 것으로 추산되는 자산만큼 세금 우대 조치를 받았다는 점에서 더욱 그렇다. 예를 들어 제너럴모터스는 1941년 오펠에 투자한 금액 전체에 대한 연방세를 탕감받았는데, 그 절세액은 약 2,270만 달러에 달했다. 이것은 이론적으로 미국 정부가 오펠의 재산을 몰수할 권리를 가지는 것을 의미한다. 그러나 전쟁이 끝난 이후 1948년에 제너럴모터스는 고맙게도 회사가 1941년에 받았던 세금 우대보다 거의 2,100만 달러나 적은 180만 달러의 세금을 납부함으로써 이 독일 자회사를 다시 소유하도록 허가받았다. 포드도 비슷한 묘기를 부렸다. 포드-베르케는 1943년에 입은 약 800만 달러의 손실을 공제받았고, 1954년에는 '적절한 금액'인 55만 7,000달러에 공식적으로 회사를 되찾았다. 미국 기업의 소유주와 경영자들은 그들의 독일 자산

이 사라졌다는 사법적 허구 덕분에 독일 사회사의 활동에 대한 책임
도 부인할 수 있었다.[14]

　　만일 미국 정부 당국이 종전 후에 나치에 직접적으로 부역한 독일
기업들을 곤란하게 했다면 몇 가지 불편한 사실들도 드러났을 것이
다. 대중은 미국의 산업이 나치와 아주 밀접하게 관계되어 있고, 포드
와 제너럴모터스 같은 회사들이 미국뿐만 아니라 독일군에도 무기를
공급하는 환상적인 사업을 벌였으며, 적국과 교역한 이 회사들이 비
애국적으로 행동한 정도가 아니라 일종의 반역행위를 했음을 이해하
게 되었을 것이다. 제2차 세계대전 말 미국 정부의 독일 정책에 관한
전문가인 캐롤린 우즈 아이젠버그는 미국의 독일 점령 정부가 나치와
거대기업들 간의 관계를 깊이 파고들기를 주저한 여러 가지 이유 중
하나는 "독일 기업의 카르텔이 특정 미국 기업들의 의심스러운 활동
들과 쉽게 분리될 수 없었다는 점"이었다고 말한다. 이게파르벤과 같
은 독일 회사를 일관되게 법적으로 기소하면 프랑스가 자동차 회사
르노에 했던 것처럼 몰수하고 국유화해야 했고, 그러면 미국의 모기
업이나 동업 회사는 심각한 소실을 입게 될 참이었다.[15] 슈미트는 '히
틀러의 은행가'로서 뉘른베르크 피고석에서 심문받던 중 한 미군 장교
에게 "[히틀러]를 도와준 [독일] 기업가들을 기소하고 싶으면 당신네
기업가들도 기소해야 할 것"이라고 말했다.[16]

　　독일과 관계된 미국 대기업들의 소유주들은 전쟁 중 자신의 재산
과 영향력과 권력을 몇 배로 늘렸다. 전쟁이 끝난 뒤에도 이들 권력층
은 미국 정부가 패전국 독일을 다루는 방법에 터무니없을 정도로 많
은 영향력을 행사했다. 미국의 독일 점령 정부에도 제너럴모터스와

ITT 같은 기업들의 영향력 있는 인사들이 많이 포진했다. 캐롤린 우즈 아이젠버그에 따르면, 그들 중 상당수는

[그 자리에 임명된 이유가] 독일 기업들과 관계한 개인적 경험 때문이었고, 또는 그들의 회사가 전쟁 전부터 이미 독일에서 사업을 하고 있었기 때문이었다. 그래서 제너럴모터스 …… 그리고 [ITT 지부인] ATT 간부들이 포함되었다. 관리자[IBM의 토머스 왓슨의 친구인 윌리엄 드레이퍼William Draper]는 …… 1920년대부터 독일에 상당한 규모의 투자를 한 대형 금융기관 딜론, 리드 앤드 컴퍼니 출신이었다. …… 이들 중 많은 사람들이 독일 대기업들과 개인적으로 관계를 맺고 있었다.

미국 재계는 이렇게 자신들이 독일에서 벌인 의심스러운 전시 활동이 드러나지 않게 하고, 독일 자회사와 동업자들이 심각한 어려움을 겪지 않도록 조치했다. 전쟁 중 막대한 수의 외국인 노동자들을 독일 기업에 공급한 노예 감독자 자우켈Fritz Sauckel(1894~1946) 같은 소수의 나치당원들만이 그들에게 마땅한 교수형을 선고받았다. 그러나 독일 기업과 미국의 자회사들에서 그 노동력을 이용한 주요 인물들이 불편을 겪는 일은 거의 없었다.[17]

미국은 종전 후 일본에서도 비슷한 방식으로 일을 진행했다. 얼마간의 전쟁범죄자들은 그들에게 마땅한 처벌을 받았지만, 히로히토 국왕을 비롯해 너무 많은 군국주의 '대어'들이 지나치게 관대한 대우를 받았다. 미국의 지도자들과 일본의 점령 정부가 전쟁이 끝난 후 새로운 일본을 위한 진보적인 계획을 내놓으며 모습을 드러낸 반파시스트

석이며 민주적인 집단보다 전쟁범죄에 책임이 있는 그 나라의 보수적인 정재계 특권층에 더 공감했기 때문이다. 미국의 눈에 후자는 일본에 견고한 자본주의 체제를 구축하기 위해 함께 일할 수 있는 존중할 만하고 진지한 사업가이자, 확실한 반공산주의자로서 신뢰할 만한 정치가로 보였다. 반면 전자는 위험한 좌파 혁명가이자 잠재적으로 모스크바에 동조할 것 같은 사람들이었다. 결국 점령지 일본의 미국 총독 맥아더 장군의 후원하에 숙청은 서둘러 끝이 났고, 비록 민주주의적 광택이 얇게 한꺼풀 덮여 있기는 했지만 그 나라의 전통적인 권위주의적 구조가 금세 복원되었다. 노동조합은 무력화되었고, 일본의 민주주의자와 반파시스트들은 종전 후에 그들의 나라를 재건하는 데 조금도 참여하지 못했다.

이 정책이 상징하는 바는 히로히토 국왕의 처우에서 드러난다. 미카도(일본 왕 – 옮긴이)라 불린 일본의 우두머리는 전쟁범죄자로 여겨질 수 있었지만, 미국은 그를 처벌하지 않았을 뿐만 아니라 그의 가장 가까운 부역자들을 전쟁범죄로 기소한 재판에 회부조차 하지 않았다. 노엄 촘스키는 워싱턴이 일본의 군주를 세탁함으로써, 이 해가 뜨는 땅에 어떤 새로운 민주주의가 자리 잡지 못하게 하고 전통적인 보수적 질서를 회복하기로 결정했다고 말한다.[18]

22장

**미국과 소련,
그리고
독일의 운명**

유럽도 미국과 마찬가지로 신문 기사, 영화, 그리고 역사책들에서 제
2차 세계대전 말 유럽의 상황을 일반적으로 훨씬 더 단순화해서 보여
준다. 서부시대의 영웅이 지역 주민들의 존경 어린 시선은 신경도 쓰
지 않고 말에 올라타 조금 전 자신이 악당들을 모두 없애버린 마을을
천천히 떠나는 것처럼, 미국은 해방된 구대륙에서 조용히 빠져나와
대서양 반대편으로 사라지고 싶어 했다는 식이다. 여기에는 이 매혹
적인 장면이 실현되지 않은 것이 사악한 소비에트의 잘못이었다는 암
시가 숨어 있다. 소비에트는 미국이 철수하자마자 서유럽 전체를 무
자비하게 정복할 셈이었다는 것이다. 이것은 냉전 시대의 전형적인
거짓말이다. 역사적 진실은 이것과 전혀 다르다. 소비에트와 미국이
1945년 5월 이후 유럽에서 수행한 역할이라는 흥미로운 주제는 제2
차 세계대전 연구의 범주를 훌쩍 뛰어넘는다. 그러나 잠시 동안 종전
후 독일이라는 주제에 초점을 맞춰볼 필요는 있다. 싸움이 끝난 다음
에는 전쟁을 시작한 나라와 계산을 끝낼 필요가 있으며, 그 자체가 어
렵고 복잡한 과제이기 때문이다. 1945년 5월 이후 수개월 수개년 동
안 라인 강과 오데르 강 사이에서 벌어진, 미국과 소비에트가 아주 밀
접하게 관련된 중요한 사건들을 이 연구의 틀 안에서 개괄하고 간략

하게 설명하는 것은 유용할 것이며, 또 사실상 필요한 일이기도 하다. 먼저 모스크바의 관점을 검토하는 것으로 시작해보기로 하자.

소비에트의 종전 후 정책은 단 하나의 독일을 (재)창조하는 것이 목표였다. 그렇게 하는 것이 독일을 분할하는 것보다 더 이익이 될 것 같다는 단순한 이유에서였다. 모스크바는 승전국의 자격으로 패전국 독일에서 두 가지 중요한 권리를 얻어내고자 했다. 얄타회담에서 미국과 영국이 적어도 이론적으로는 승인했던 내용으로서 전혀 비합리적이라고 할 수 없는 것이었다. 그 내용은 첫째가 상당한 금액의 배상금이고, 둘째는 전쟁 후 독일이 보복 정책을 펼치지 않는다는 보장이었다.

배상금과 안전보장은 소련이 나라를 재건하고, 특히 외부의 간섭 없이 자기 땅에 사회주의 사회를 일으켜 세우기 위해서 매우 중요한 문제였다. '한 나라에 사회주의'를 건설하는 것은, 스탈린이 자신의 라이벌이자 정적인 트로츠키가 주창하는 또 다른 공산주의 전략인 전 세계에서 공산당 혁명을 조장하는 것보다 늘 훨씬 더 중요하게 여겨온 과제였다. 소비에트의 이러한 계획은 독일이 막대한 배상금을 지불할 수 있을 만큼 충분히 번영할 수 있는지에 그 실현 여부가 크게 좌우되었다.[1] 또 독일이 그렇게 번영한다면 강력한 나라가 되는 것도 피할 수 없으므로, 연합군의 모든 승전국들이 함께 독일이 의무를 다하도록 강요해야만 했다. 종전 후 독일이 어떤 모습으로 변할지는 소련에게 상대적으로 덜 중요한 문제였다. 그들은 독일이 공산주의자 국가가 될 것이라고는 조금도 기대하지 않았다. 그런 조건을 밀어붙였다가는 미국, 영국과 반드시 갈등을 빚게 되리라는 걸 아주 잘 알고 있었다. (이 점에 대해서 스탈린은 "독일에 공산주의를 정착시키는 것은 암퇘지 등에 안장을 얹는 것과 같다"는 풍자로 서방의 동맹국들을 안심시키려 한 적도 있었다.) 소비에트는 사실상 새로운 모습의 바이마르 공화국, 즉 워싱턴과 런던이 받아들일 수 있는 서양식 의회민주주의를 예상했다. 모스크바는 미국, 영국과 계속해서 오랫동안 협력하기를 간절히 원했다. 그러한 동맹 내 협력만이 새로운 독일이 보상금을 지불하고 소련을 위협하지 않도록 보장해줄 수 있었기 때문이다. 그래서 소비에트는 종전 후의 독일을 자신들에게 가장 이익이 되는 형태인 하나의 통일된 민주주의 국가로 마음속에 그렸다. 소련이 처음부터 1950년대까지 독일의 분할을 일관되게 반대한 이유가 바로 이것이다.[2]

독일에 관한 소비에트의 계획은 전혀 비합리적이지 않았고, 그 내용은 대부분 얄타회담 등에서 서방 연합군들의 승인을 받았다. 그러나 미국은 독일의 패전 이후 상황을 완전히 새롭게 바라보며 그 안을 거부했다. 종전 후의 독일을 단 하나의 국가로 만들면, 미국은 자신들이 그 나라를 정치적으로도 경제적으로도 장악해야만 이익을 기대할 수 있었다. 트루먼의 공격적인 원자외교로도 그런 목표는 이룰 수 없음이 분명해지자, 워싱턴은 이미 점령 구역들로 분할되어 있는 독일을 당분간 그대로 유지하는 것이 더 이익이라는 것을 깨달았다.[3]

미국의 독일 정책은 무엇보다도 경제적 요인에 따라 결정되었다. 본국에 새로운 경제 위기가 닥치지 않게 하기 위해 워싱턴은 미국의 상품을 수출할 세계 시장의 문을 열려고 했다. 따라서 가급적이면 전 세계에, 그렇지 못하다면 최소한 전쟁의 결과로 미국의 세력권으로 들어온 나라들에게 문호 개방 원칙이 적용될 필요가 있었다. 미국의 지도층은 특히 독일이 미국 상품의 시장이 될 수 있으며, 나아가 곧 시작될 그 나라의 재건은 확실한 노다지라고 생각했다. 전쟁이 끝나자 미국 재계의 지도자들은 전 세계를 샅샅이 뒤져서 자신들의 상품을 팔 새로운 시장뿐 아니라, 전쟁으로 벌어들인 막대한 수익을 투자할 새로운 기회를 찾으려 했다. 미국의 투자자본에게도 그 당시 독일은 부를 축적할 기회가 넘쳐나는 게르만의 엘도라도, 약속의 땅으로 보였다.[4]

자유무역에 뿌리를 둔 새로운 '헐 방식의' 세계 경제 질서로 독일을 편입시키는 것이 가장 시급했다. 그러나 그런 계략은 전쟁의 최종 승리에 크게 기여하고 나치의 침략에 너무나도 심하게 고통받은 소비에트의 계획과 조화를 이루기가 대단히 어려웠다. 소비에트는 얄타회담의 협정에 기대어, 새로운 독일의 경제적 잠재력이 주로 전쟁 보상금을 지불하는 방식으로 그들에게 이익이 될 수 있기를 기대하고 있었다. 그러나 트루먼 대통령은 당연히 적법성 따위와 관계없이, 소련의 필요보다 미국 재계의 기대에 훨씬 더 민감했다. 만일 독일이 무한정 긴 시간 동안 소련을 위해 배상금을 토해낸다면, 미국의 수출업자와 투자자들이 다가올 독일의 재건과 관련하여 마음에 품고 있는 수익성 높은 사업을 추진하기가 어려울 터였다. 더 나쁜 소식은 그들이 독일에 소유하고 있는 자산을 일부, 또는 전부 잃을 수도 있다는 것이었다. 이들의 자산은 전쟁 전에도 이미 어마어마했고, 전쟁 중에도 상대적으로 적은 피해를 입으며 계속해서 크게 성장했다. 미국 기업들의 독일 자회사들은 대부분 전쟁으로부터 사실상 무사히 살아남았으며, 전쟁이 끝났을 때 이미 또는 얼마 지나지 않아서 생산을 계속할 수 있었다.[5] 1945년에 미국 기업들은 독일에 예전보다 더 많은 자산을 보유하고 있었고, 곧 다가올 그 나라의 재건을 통해 상당한, 어쩌면 전례가 없을 정도의 수익을 기대하고 있었다. (그 기대는 옳았다. 예를 들어 독일 IBM은 1946년 말에 벌써 750만 라이히마르크의 수익을 보고하며 5,600만 라이히마르크 이상의 가치를 평가받았다.)[6] 그러나 합의된 배상금 지급 계획에 따라, 이 수익은 소련에 대한 독일의 막대한 전쟁부채를 탕감하는 데 쓰여야 했다. 뤼셀스하임의 오펠 경영자도 독일이 항복한 이후로 오랫동안 그들의 회사가 이 배상금 지급에 참여해야 할까봐 두려워했다.[7] 나치의 지배하에서 데호마그가 독일 회사라는 거짓말로 막대한 수익을 올린 IBM도 이제 이 독일 자회사가 적국의 자산으로 분류되어 배상금 지급에 동원될까봐 크게 걱정하고 있었다. 에드윈 블랙에 따르면, "IBM은 [배상금 건에서] 제외되기를 아주 간절히 원한" 나머지 그 자회사가 "배상금 지급의 후보가 되지" 않도록 "책임의 영역에서 벗어나게" 하는 일에 착수했다.[8]

독일에 있는 미국의 자회사들이 배상금 계획에 포함되는 것을 막기 위해서 미국 대기업들의 로비스트들이 워싱턴에 투입된 것은 당연한 일이다. 이제 소련에는 더 이상 동맹이 필요가 없었다. 게다가 미국의 수도에서는 종전 후 독일의 부가 무기한 소련의 공산주의를 위해 싹쓸이되는 건 견딜 수 없다는 생각과 함께 다시금 반공산주의 정서가 영향력을 얻기 시작했다. 그들은 미국의 '자유기업'이 독일에서 축적한 자본이 예정대로 미국인 주주들의 주머니로 들어가지 않고, 무한정 긴 시간 동안 소비에트의 땅에서 공산주의를 건설하기 위해 제공되어야 한다는 생각을 참을 수가 없었다.

엉클 샘은 독일에 관한 소비에트의 계획이 아무리 적법하고 온건하건 간에 도저히 받아들일 수가 없었다. 워싱턴은 소비에트가 독일(그리고 유럽 전반)을 재건하는 섬세한 과제를 미국의 노하우에 맡겨두고 그냥 독일에서 사라지기를 원했다. 만일 소비에트가 자발적으로 물러설 준비가 되어 있지 않다면, 미국은 원자폭탄의 이점을 이용하여 강제로 그렇게 할 준비가 되어 있었다. 이미 살펴본 대로 트루먼 대통령의 원자외교는 스탈린을 위협해 붉은 군대가 독일과 동유럽에서 일방적으로 철수하게 하려는 목적이었다. 그러나 이 전략은 의도와 정반대되는 결과를 낳았다. 모스크바는 원자폭탄에 대응하기 위해 군대를 동독을 포함하여 가능한 한 서쪽에 배치시켰다. 소비에트는 자신들의 독일 점령 구역에도 주둔했지만, 정치적인 수준에서는 여전히 독일 문제에 관하여 그들이 가장 선호하는 해법인 통일을 추진했다.[9] 그러나 워싱턴은 현상 유지, 즉 얄타에서 정해진 지역 간 경계선에 따른 독일의 분할을 선호했다. 무엇보다도 이 분할은 미국(그리고 동맹국 영국과 프랑스)에 북해의 항구들과 고도로 산업화된 루르 지방과 자르 지역, 부유한 라인란트, 그리고 독일의 텍사스 바이에른 등 독일에서 가장 중요한 지역의 통제권을 주었다. (비록 전부는 아닐지라도) 거의 모든 미국 기업의 자회사들이 우연히도 훗날 독일연방공화국FRG을 구성할 그 지역들에 있었다.[10] 독일의 심장부를 장악하고 그곳에서 사업할 수 있는 특권, 그리고 역으로 소련에는 이 모든 것이 불가능하다는 점에 비하면, 소련이 자신들의 점령 구역에서 전쟁 피해를 복구하기 위한 배상금을 되찾는 등 일시적으로나마 자기들이 원하는 대로 하게 내버려두는 것은 미국 입장에서 충분히 감수할 수 있는 작은 대가에 불과했다. 훗날 독일민주공화국GDR이 될 소비에트의 점령 구역은 전쟁의 피해를 더 많이 입었을 뿐만 아니라, 훨씬 더 좁고 인구도 적으며 서쪽에 비해 경제적으로도 뒤떨어져 있었기 때문에 사실상 아주 값싼 대가였다. (전쟁 전에 독일 동쪽, 즉 오데르와 나이세 강 동쪽 지역의 상당 부분이 소련이 회복한 커즌라인 동쪽 영토에 대한 보상으로 폴란드에 할양되었다.)[11]

이런 맥락에서 전쟁의 마지막 주간 동안 미국이 앞서 언급했던 도시 라이프치히를 포함한 작센 주와 튀링겐 등 소비에트 점령 지역의 상당 부분을 점령했던 사실을 지적해야 한다. 1945년 6월 말 그 지역에서 서쪽으로 철수할 때 그들은 지멘스, 텔레푼켄, BMW, 크루프, 융커스, 그리고 이게파르벤 등 일류 기업들과 예나의 칼자이스 등에서 1만 개가 넘는 철도 차량에 최고 최신의 장비와 특허권과 설계도들을 싣고 돌아왔다. 이 동쪽의 전리품 중에는 노르트하우젠의 나치 V-2 공장에서 약탈한 4~5억 달러의 가치가 있다고 평가되는 로켓과 기술 문건 및 악명 높은 베르너 폰 브라운Wernher von Braun(1912~1977)을 위시한 약 1,200명에 달하는 독일의 로켓 기술 전문가들도 포함되어 있었다.[12] 마지막으로 미국은 그곳에서 SS가 전쟁 막바지에 미처 스위스로 빼돌리지 못한 (비교적 적지만 여전히 중요한 부분을 차지하는) 유대인에게 강탈한 금Totengold der Juden을 상당히 많이 가지고 돌아왔다. 이 보물은 미군 병사들이 튀링겐 메르케르스의 소금광산과 부헨발트 강제수용소에서 발견했다. 이렇게 금과 기술을 비롯한 모든 종류의 재산을 가져가버린 것은 가뜩이나 심각하게 불균형을 이루던 독일의 동쪽과 서쪽 점령 구역의 차이를 분명 더 크게 벌이는 일이었다.[13]

우리는 미국이 작센과 튀링겐에 있는 기업들의 은행 예금과 금고에 아무것도 남겨놓지 않았으리라는 것도 짐작할 수 있다. 그러나 경제적으로 더욱 큰 타격을 주었던 것은 아마도 미국이 작센과 튀링겐의 공장과 대학과 집에서, 최고의 과학자들은 물론 관리자와 기술자 등 (독일 동부의 두뇌라고 할 수 있는) 수천 명에 달하는 모든 유형의 전문가를 서쪽 점령 구역에서 미국을 위해 일하게 하거나 단순히 동쪽에서 일하지 못하게 하려고 납치해버렸다는 사실이었을 것이다. 이 작전의 대상자 중에서 강제추방된 극소수 중 한 명으로서, 미국에 복종할 필요가 없었던 독일의 한 역사학자가 이에 대하여 기탄없이 이야기한 바 있다. 그는 미국이 소비에트 점령 구역에서 피를 뽑아간 것이나 다름없는 이 행위를 '강제이송'이자 '납치'였다고 묘사했다. 그는 또 이 행동을 게슈타포가 나치 정권의 적을 강제수용소로 보낸 저 악명 높은 '밤과 안개' 강제추방에 비유했다. 어쨌거나 이 재산과 인적 자원 이송이 미국과 독일연방공화국 또는 '서독'에 엄청난 이익이 된 반면, 독일민주공화국 또는 '동독'에는 엄청난 불이익이 되었다는 점만은 부인할 수 없다.[14]

더 작고 가난한 독일 동부를 소비에트에게 내어줌으로써, 미국은 더 넓고 부유한 그 나라 서부에서 원하는 일을 마음껏 할 수 있게 되었다. 이것 또한 독일을 분할하는 것이 워싱턴에 더 이익이 되는 이유 중 하나였다. 나치즘은 파시즘이 다 그렇듯 기존의 자본주의적 사회경제 질서를 존중할 뿐만 아니라 노동조합과 사회주의자, 공산주의자 등 모든 종류의 좌파 세력을 제거하여 자본가들에게 큰 도움을 준 일종의 극우 현상이었다. 그것이 바로 이게파르벤, 티센, 크루프 등 독일의 거대기업들이 나치가 정권을 손에 넣으려 할 때 재정적으로 넉넉하게 지원해준 이유이고, 나치가 정권을 잡은 다음에는 그들과 친밀한 관계를 맺고 협력한 이유이며, 정적을 숙청하고, 유대인을 징발하고, 재무장하고, 다른 나라를 침략하는 등 이 파시스트 국가의 전형적인 정책들로부터 수익을 창출한 이유이기도 하다.[15] 막스 호르크하이머Max Horkheimer(1895~1973)는 파시즘은 결국 자본주의의 한 형태, 자본주의의 현현이므로 파시즘에 대해 말하려는 사람들은 자본주의에 대해 침묵할 수 없다고 명쾌하게 말한 바 있다.[16] 1945년 독일을 비롯한 유럽 세계에서는 파시즘과 자본주의 사이의 친밀한 관계와, 자본주의 체제 속에서 파시즘의 위치를 모두가 분명히 알고 있었다. 또는 에드윈 블랙이 홀로코스트에서 IBM이 수행한 역할을 연구한 자신의 저서에서 말했듯이, "세상은 기업의 공모가 히틀러라는 공포를 가능하게 했음을 이해했다".[17]

이 중요한 통찰은 훗날 "파시즘이 사회경제적 공백에서 등장했으며, 역사의 무대에 갑자기 등장한 히틀러와 같은 철저하게 사악하고, 범죄적이며, 독재적인 인간이 저지른 짓"이었다는 (미국식) 설명이 제시되기 시작하자 모두 사라져버리고 말았다. 앨런 불록Alan Bullock(1914~2004)이 1952년에 발표하며 다른 수많은 정신분석적 전기 및 역사서들의 모범이 된 유명한 히틀러 전기는 파시즘, 특히 나치즘이라는 사회경제적 현상에 대한 진정한 이해 대신 단순한 '깡패 이론'을 선호하도록 바꾼 이 '치환' 과정에서 핵심 역할을 했다. 그 뒤로 계속해서 히틀러가 권력을 잡은 역사적 배경을 제시하려는 나치즘 연구조차도 독일 역사에 일어난 이상한 일, 베르사유조약의 불공정한 조항, 그리고 물론 독일 민중들의 지지와 같은 요인들에만 주목하며 독일의 경제적 이익의 영향력은 간단하게 무시해왔다.

독일의 나치즘과 유럽의 파시즘이 소멸한 이후, 일반적인 분위기는 (짧은 몇 년 동안) 단호하게 반파시스트적인 동시에 다소 반자본주의적이었다. 유럽의 거의 모든 곳에서 독일 반파시스트 단체 또는 안티파스Antifas 같은 급진적인 풀뿌리 조직들이 자발적으로 등장해 상당한 영향력을 행사했다. 노동조합과 좌파 성향 정당들도 특히 독일에서 성공적으로 부활했고, 이것이 영국 점령 지역과 독일 중부 헤센 주 등의 지역 선거 결과에 분명하게 반영되었다.[18] 좌파 성향 정당과 노동조합은 독일 은행가와 사업가들이 나치를 지원하고 히틀러 정권에 부역했다고 비난하고, 특정 기업과 산업 부문을 사회화 또는 국유화하는 등의 다소 급진적인 반자본주의적 개혁을 제안하며 대중의 폭넓은 지지를 받았다. 훗날 미국식 자유기업 제도의 강력한 수호자로 변신하게 될 보수적인 CDUChristlich-Demokratische Union(독일기독교민주연합)조차도 당시에는 반자본주의적 분위기에 맞추어야만 했다. 1947년 초의 이 알렌 프로그램Ahlen Program은 자본주의 체제를 날카롭게 비판하고 새로운 사회경제적 질서를 제안했다. 그러나 그런 개혁 계획은 사유재산과 자유기업이 신성불가침하다는 미국의 신조에 어긋나는 것이었다.[19]

미국은 또 민주적으로 선출되어 회사일에 개입하려고 하는 노사협의회의 등장이 전혀 기쁘지 않았다. 설상가상으로 노동자들은 종종 공산주의자를 위원으로 선출했다. 이런 일들이 미국의 가장 중요한 자회사들, 즉 포드-베르케와 오펠에서 일어났다. 공산주의자들은 제너럴모터스가 공식적으로 오펠 경영을 재개하여 신속하게 노사협의회를 해체한 1948년까지 오펠의 노동자 협의체에서 중요한 역할을 했다. 이런 협의회들은 분명 미국인 소유주와 경영자들이 별로 원하지 않는 산업 민주화의 한 형태였다. 더구나 이 노사협의회는 많은 사람들에게 1917년 볼셰비키 혁명의 군사 및 노동자 위원회들과, 제1차 세계대전이 끝났을 때 독일에서 실패했던 공산당 혁명의 노사협의회를 떠올리게 했다.[20] 미국 정부 당국은 이러한 역사적 선례를 날카롭게 인지했다. 예를 들어 노동 전문가 루이스 와이즈너는 자기 상관에게 "독일의 노사협의회는 (러시아에서 그랬듯) 지난번 전쟁[즉 제1차 세계대전] 이후에 혁명적 변화를 시도하던 기관"이라고 경고하며, 이 협의회를 "쓸데없이 독일 노동자들에게 도입하면 그들의 혁명적 전통을 일깨우는" 역할을 하리라고 주장했다.[21] 1870~1871년 프로이센-프랑스 전쟁과 제1차 세계대전이 각각 파리코뮌과 10월혁명을 가져왔던 것처럼 제2차 세계대전이 사회주의 혁명에 생명을 불어넣어줄까봐 두려워하는 사람들이 노사협의회 때문에 불안해했던 것만은 분명하다.[22]

미국의 지도층에는 골칫거리인 급진적 사회화와 위원회 프로젝트는 소비에트 점령지의 정권의 지지와 지원을 받았을 뿐만 아니라, 적어도 일시적으로는 1945년 7월 총선거 이후 클레멘트 애틀리 수상이 이끄는 온건한 좌파 성향 노동당이 정책을 주도한 영국 측의 이해도 상당 부분 얻었다. 영국의 노동당 정부는 이론적으로 사회경제적 개혁에 반대하지 않았고, 그들 자신이 영국에서 복지국가로의 사회적 개혁뿐만 아니라 광범위한 국유화 계획을 도입할 각오가 되어 있었다. 영국은 중요한 산업지대인 루르 지방을 포함한 독일 북서쪽의 점령 구역에서 그 지역의 안티파스, 노동조합, 노동자사회민주당의 독일 자매당SPD, 그리고 다른 좌파 세력들과 연대하여 대규모 국유화 작업을 수행할 준비가 되어 있었다.[23] 이것은 미국이 통일된 독일에 좌파 풍조가 생기고 (붉은색) 소비에트와 (분홍색) 영국의 지원으로 광범위한 개혁이 도입되는 것을 막는 것이 아주 불가능하지는 않더라도 매우 어려워진다는 것을 의미했다. 그렇게 되면 미국 기업의 독일 자회사들마저 국유화의 희생양이 될 수도 있었다.[24]

독일을 계속 분할시키는 대안의 이점을 생각해보자. 이 대안을 택하면 미국은 서쪽 점령 지역에서 (이제는 양쪽의 상황에서 엉클 샘의 상대가 되지 못하는) 영국뿐만 아니라 좌파와 반파시스트, 즉 어떤 식으로든 반자본주의적인 독일인들에게 자신의 의지를 강요할 기회가 생긴다. 실제로 미국 정부 당국은 체계적으로 반파시스트에 반대하고 그들의 사회경제적 개혁 계획을 방해했다. 공공 행정과 개인 사업 등 모든 차원에서 그렇게 했다.[25] 예를 들면, 미국 정부 당국은 뤼셀스하임의 오펠 공장에서 마지못해 반파시스트와 협력하는 시늉을 하며, 새로운 노동조합이 확립하지 못하도록 방해하고 노사협의회가 회사 경영에 대해 발언하지 못하도록 온 힘을 다했다.[26] 쾰른의 포드-베르케에서는 반파시스트가 미국에 압력을 가해 나치 전력이 있는 총책임자 로베르트 슈미트를 해고하게 했지만, 그를 비롯한 많은 나치 경영자들은 디어본과 미국 점령지 정부 덕분에 곧 다시 돌아와 자기 자리를 견고하게 지켰다.[27]

미국은 자기들의 힘이 미치는 모든 곳에서 '밑에서부터 위로' 진행되는 계획된 민주주의 개혁이 꽃을 피우도록 허용하는 대신 권위적인 '상명하복' 구조를 복원했다. 그들은 반파시스트들을 배척하고, 독일 서부에서 전통적인 권력 관계를 유지하는 일에 도움을 받을 수 있는 수많은 전 나치당원들을 포함하여, 보수적이고 권위적인 우익 인사들을 선호했다. 이것은 미국이 이탈리아 같은 해방된 나라들에서 이미 일관적으로 시행해온 익숙한 정책이었다. 이 정책은 1944년 가을 독일에서, 미국이 첫 번째 도시 아헨을 손에 넣었을 때 처음 시작되었다.[28] 미망에서 깨어난 미국의 한 참전용사의 말에 따르면, 이후로도 같은 일들이 독일에서 계속해서 반복하여 일어났다.

독일에서는 반파시스트 단체들이 활동하고 있었습니다. 우리가 저지른 죄는 이런 겁니다. 우리는 작은 도시를 점령해 시장을 비롯한 거물들과 도시를 장악한 반파시스트들을 체포했습니다. 그리고 사흘 뒤에 그 마을로 되돌아가, 모든 관료들을 석방하고 그들에게 권력을 돌려주었지요. 그러자 그들이 다른 사람들을 모두 몰아내버렸습니다. 이런 일이 항상 일어났습니다. 그러니까 우리가 온 다음에 군사정권이 인수하는 거죠.[29]

독일계 미국 역사학자 미카엘라 호에닉케Michaela Hoenicke는 "수많은 노골적인 나치당원, 나치 동조자, 또는 그 밖에 비민주적인 사람들이 …… 미국 군사정권의 호의를 얻는 …… 방법"을 찾았다고 말한다.[30]

콘라트 아데나워Konrad Adenauer(1876~1967)와 루트비히 에르하르트 두 사람이 미국의 이러한 정책에서 가장 핵심적인 보수적인 인사였다. 종전 후 독일의 '경제 기적'의 설계자로 알려진 에르하르트는 제3제국 때부터 이미 국가의 개입에 반대하며 자유기업의 이익을 열렬히 보호해왔으며, 사회주의 실험에 반대하고 경제적 질서의 연속성을 옹호했다. 그에 관해서는 이게파르벤의 가짜 기업집중배제의 대부로 이미 언급한 바 있다. 독일에서 '늙은 여우'로 유명한 아데나워는 나치에 투옥된 적이 있지만 그렇다고 그가 민주주의에 헌신했다는 뜻은 아니었다. 오히려 그는 독일의 전형적인 권위주의자로서, 역사학자 T. H. 테텐스T. H. Tetens는 그를 '보수적 국가주의자'이자 '극단적인 정치적 보수주의의 상징'이며 심지어 '반동적인 독재자'라고까지 묘사했다. 아데나워는 독일연방공화국의 재무부 장관을 지내며 히틀러에게 권력을 쥐어주었던 독일의 기업가와 은행가들의 부끄러움을 모르는 보호자로서, 악명 높은 전쟁범죄자들을 포함한 모든 유형의 전 나치들을 보호해주었다.[31]

미국의 지도자들은 반파시즘을 좋아하지 않았다. 그들이 자신들의 보호 아래 건립된 독일연방공화국의 관리를 역시 반파시즘을 싫어하는 아데나워 같은 사람들에게 맡긴 것은 놀랄 일이 아니다. 서독에서 반파시스트는 환영받지 못했다. 반자본주의자와 동일시될 만한 이유가 있었기 때문이다. 같은 이유로 동독에서는 반파시즘이 열정적으로 장려되었다. 그러나 두 개의 독일이 통일된 이후로, 또는 더 정확하게 말해서 독일연방공화국과 독일민주공화국이 합병된 이후로, 반파시즘은 거리와 광장, 전쟁 기념물의 이름을 고치고 기념박물관을 폐쇄하거나 '방향을 전환'하는 등의 방식으로 체계적으로 독일의 동쪽에서 사라졌다. 도대체 어떻게 독일 전체에서 그 나라의 영웅적인 반파시스트 전사들의 이름이 대중의 시야와 공식적인 기록에서 제거되고, 베를린에 아이젠하워 정부의 국무부 장관으로 일하던 존 포스터 덜레스 상원의원과 CIA 장관이 된 앨런의 이름을 딴 주요 도로들이 생길 수 있는지 참으로 부끄러운 일이다.[32] 서독에서는 반파시즘에 대항하는 캠페인이 훨씬 오래전부터, 즉 1984년 로널드 레이건 대통령이 헬무트 콜 수상과 함께 비트부르크의 국립묘지에서 SS 단원들의 묘에 화환을 바쳤을 때 이미 승리를 거두고 있었다. 아마도 통일된 독일에서 이루어진 반파시즘에 대항하는 사악한 캠페인은 파시즘 자체를 복원하고, 나라 전역에서 네오나치즘이 고개를 들게 하는 데 어떤 식으로든 결정적인 역할을 했을 것이다.

미국 정부는 반파시즘에 대응하기 위해 바티칸에서 아주 열성적이고 유용한 동지를 찾았다. 미국은 교황의 협력으로 좌파 성향 반파시즘이 지나치게 나아간 모든 곳에서 아데나워 같은 보수적인 가톨릭 정치가들을 등용하고 지지했으며, 가톨릭 정당 또는 독일의 기독민주당Christian Democratic Union이나 미국이 선거자금을 지원한 이탈리아의 부패한 기독교민주당Democrazia Cristiana처럼 가톨릭이 장악한 더 나은 형태의 기독교 정당을 조직할 수 있었다. 미국은 바티칸과 협력하며, 공산주의자와 사회주의자가 승리한다고 위협했던 저 악명 높은 1948년 이탈리아 선거 캠페인의 경우에서처럼 동원 가능한 모든 방법으로 좌파와 싸우며 그들의 평판을 떨어뜨렸다. 반파시즘에 대항하는 국제적 캠페인에서 바티칸의 큰 도움을 받은 미국의 특권층은 1949년 자신들의 후원으로 서독이 건립될 때도 로마의 친구들을 잊지 않았다. 바티칸은 가톨릭교회가 1933년 히틀러와 맺은 협약으로 얻었던 특권을 상당수 유지해준 서독의 기본법에 크게 만족했을 것이다. 그런 특권에는 수많은 독일인들이 불쾌하게 여기는데도 국가가 계속해서 징

수한 교회세도 포함되어 있었다. 또 준糸중세적인 '십일조'로 독일은 미국 다음가는 바티칸의 재정적 후원자가 되었다. 작지만 감동적인 감사의 표시로, 교황은 1930년대 이후로 독일 자동차(폭스바겐이 아니라 메르세데스)를 구입해왔다.[33]

마지막으로 독일의 분단은 미국에 군사적으로도 유리했다. 독일이 분단되지 않았다면 그 나라는 모든 승전국들을 공평하게 대해야 했을 것이고, 따라서 중립을 취했을 것이다. 게다가 만일 분단되지 않은 독일이 좌파 성향 정부를 선택하는, 결코 불가능해 보이지 않는 시나리오가 실현되면 그 나라는 소련에 동조할 것이며, 그것은 독일이 분단되었을 때 제공되는 기회에 비하면 워싱턴에게 매력적이지 않은 건 분명했다.[34] 분단은 그 자체로도 유럽 대륙에서 군사적으로 가장 강력한 나라인 서독의 지배권을 미국에 안겨주었다. 그 군사력과 전략적 위치 덕분에 그 나라는 훗날 나토NATO의 모습으로 실현된 유럽의 반소비에트이자 반공산주의 연합의 핵심으로 부상했다. 다시 말해서, 분단이 독일 또는 최소한 그 나라의 가장 넓고 중요한 부분을 볼셰비키에 대항하는 성채이자 반소비에트 방어 거점으로 이용할 가능성을 제공한 것이다. 전쟁 전에 체임벌린이 품었던 그런 희망이 전쟁이 끝나자 서구 사회의 특권층을 매료시키며 다시 되살아났다. 독일을 서방의 후원하에 반소비에트 전략에 가담시킨다는 꿈은 1954년 아데나워가 서독을 재무장시켜 나토에 가입하게 함으로써 정식으로 실현되었다.[35] 독일과 미국의 관계를 연구한 전문가는 이것을 두고 "[미국이] 서독을 개편하여 예전 동맹이던 소련에 대항하는 부하로 삼은 것"이라고 표현했다.[36]

이런 상황으로 볼 때, 독일이 반세기 동안이나 분단된 채로 유지되게 한 중요한 행동들의 책임은 당연히 모스크바가 아니라 워싱턴에 있었다. 트루먼은 1945년 여름 포츠담에서 이미 소비에트가 가장 중요하게 생각한 배상금 지급 문제에 대해 스탈린에게 미국 기업에는 아무것도 기대하지 말 것과, 배상금을 소비에트의 점령 지역에서 알아서 해결해야 한다는 뜻을 분명히 전하려 했다. 미국으로서는 원통하게도, 소비에트는 루르 지방에서 분해된 산업 장비 일부를 얼마 동안 받아냈다.[37] 비록 동독의 곡창지대에서 난 식량을 충분한 대가로 지불하기는 했지만. 마지막으로 1946년 5월 3일, 미군이 점령한 독일 지역 사령관 루시우스 클레이Lucius Clay(1897~1978)는 소비에트가 전쟁 중 독일 전체의 이름으로 가해진 파괴에 대한 배상금을 서쪽 점령 구역에서 요구할 권리를 일방적으로, 그리고 단호하게 거부했다. 그리고 같은 해에 미국과 영국의 점령 구역이 합병되었다. 프랑스 점령 구역도 그보다 늦은 1949년 4월에 합병되었다. 이것은 1949년 5월 8일 공식적으로 독일연방공화국을 출범시키기 위한 피할 수 없는 수순이었다.[38]

1947년 여름, 워싱턴은 저 유명한 마셜 플랜을 도입하여 독일 서쪽 지역에 분리된 국가를 창조하는 여정의 또 다른 중요한 이정표를 세웠다. 이 계획은 유럽에 대한 대규모 재정적 '원조' 프로젝트라는 식으로 다소 모호하게 기술되는 것이 보통이다. 렌드리스의 경우와 마찬가지로, 많은 사람들이 이것을 순수하게 인도적인 원조, 즉 자비로운 엉클 샘의 선물 같은 것으로 생각했다. 그러나 사실은 전혀 그렇지가 않다. 이 유명한 계획은 무료 선물 같은 것이 아니었다. 수십억 달러에 달하는 너그러운 선물이 아니라, 채권과 신탁의 복잡한 조합이었다. 지금도 모든 종류의 금융기관과 회사들이 신용이 있는 고객들에게 이와 아주 유사한 종류의 채권과 신탁을 (종종 신용카드와 같은 형태로) 제공한다. 이 계획의 실행은 현대적 시장거래의 중요한 원리, 즉 고객을 확보하기 위한 신용거래의 확대와 고객을 공급자에게 귀속시키는 것의 잠재력에 대한 이해를 반영한다. 마셜 플랜은 일종의 공동 신용카드로서, 서유럽을 미국 산업의 고객으로 확보하고 그 지역을 경제적으로 더 나아가 정치적으로도 미국에 종속시키는 역할을, 그것이 전부라고 할 수는 없지만 분명히 가장 중요한 역할로서 수행했다. ('개발원조' 계획들은 대부분 제3세계 국가들을 고객 또는 속국으로 확보하고 유지하려는 비슷한 목적을 지닌다.) 캐롤린 우즈 아이젠버그는 마셜 플랜에 대해, 종전 후의 유럽을 '미국의 정치경제적 사리추구'를 위해 필요한 방식으로 재건한 것이라고 정확하게 표현했다.[39]

경제적 관점에서 볼 때 마셜 플랜은 미국 경제의 엔진을 계속해서 풀가동하고, 독일 서부 지역과 유럽 전체가 미국에 더 의존하게 하며, 그 지역을 '헐 방식의' 새로운 세계경제로 더 가까이 편입시키는 기능을 수행했다. 널리 칭송받는 마셜 플랜은 유럽의 '미국화' 과정, 또는 제3세계에서 종종 냉소적으로 표현하듯이 '코카콜라화' 과정이었다고 말할 수 있다. 마셜 플랜의 정치적인 목적은 서유럽을 미국이 이끄는 반소비에트 진영으로 편입시키는 것이었다. 독일에서는 이 계획이 친미국적이고 반소비에트적인 서독을 창조하는 수순이자, 그 나라의 오랜 분단으로 가는 길의 이정표였다.[40]

마셜 플랜 신용거래는 소련에도 제공되었으나, 미국도 아주 잘 알고 있는 대로 도저히 받아늘일 수 없는 조건이 달려 있었다. 이 조건들은 사실상 소비에트가 그들의 공산주의 유산을 포기하고 진정한 자본주의적 신념의 품으로 돌아올 것을 요구하는 것이었다. 오늘날에는 국제통화기금과 세계은행이 모든 형태의 공산주의와 사회주의를 거부하고, 결국에는 채무자가 아니라 채권자에게 유리한 것이 당연한 국제 자본주의 게임의 규칙을 준수하겠다고 약속한 제3세계와 동유럽 국가들에게만 이와 아주 유사한 형태의 신용거래를 제공한다.[41]

소비에트는 독일의 분단을 거부하며, 독일의 공산당원들에게 그 나라에 사회주의를 건설하는 것이 아니라 독일의 통일성을 보존하는 데 집중하라고 분명하게 명령을 내렸다. 독일을 분단으로 이끈 일종의 외교적 의사 방해의 책임은 소비에트가 아니라 미국에 있었다. 미국의 협조를 얻지 못해 좌절한 소비에트는 일시적으로 베를린을 봉쇄하기까지 했으나 그 방식은 대단히 비효율적이었다. 미국 항공기가 소비에트 점령 지역 영공 위를 지나 베를린에 상품을 공급하도록 허용했기 때문이다. 봉쇄는 역효과마저 낳았다. 미국이 이 조치로부터 막대한 홍보 효과를 얻었기 때문이다. 소련은 그 후로도 오랫동안 계속해서 하나의 독일을 주창했다. 독일연방공화국이 탄생한 다음에야 자신들의 점령 지역에 독일민주공화국이라는 형태로 사회주의 국가를 건설했지만, 그때도 그들은 내키지 않아 했다. 그러나 미국은 그 나라의 동쪽을 소비에트로부터 강탈할 기회를 기다리는 쪽을 선호했으며, 1989년에 마침내 그 기회가 찾아왔다. 그러는 동안 그들은 수익성 높은 사업을 계속할 수 있는 크고 부유한 서독이 한쪽에 있고, 빈약한 자원마저 배고픈 소비에트가 마음대로 사용할 수 있도록 허락해야 하는 작고 가난한 동독이 다른 한쪽에 있는, 자신들에게 가장 이익이 되는 독일의 상황을 계속 고수했다.[42]

독일의 역사학자 빌프리트 로트가 말하듯이, 소비에트의 입장에서 볼 때 독일민주공화국은 사실상 '사랑받지 못하는 아이', 즉 부족한 독일의 배상금에 집착하는 소비에트가 이데올로기적으로는 덜 가깝지만 더 부유한 (서쪽의) 독일과 기꺼이 바꾸고 싶어 할 그런 아이였다. 모스크바는 동독에 대하여 실제로 못된 계모처럼 굴었다. 소비에트가 그곳에 공산주의 정권을 수립한 다음에도 그랬다. 부유한 서독이 손에 닿지 않게 되자, 소비에트는 동독의 (이미 미국이 약탈해간) 빈약한 찬장에서 전쟁 피해의 보상이 될 수 있는 모든 것을 가져가버렸다. 심지어 그들은 서방과 전쟁을 벌일 경우 군대를 수송하기 위해 반드시 필요한 동독의 철도마저 철거해버렸다.[43] 이런 환경에서 동독이 결국에는 비교적 높은 생활수준을 유지하게 된 것이야말로 진정한 '경제적 기적'이라고 할 수 있다. 서독에 비해서는 훨씬 낮은 수준이었지만, 동독은 소련보다, 미국의 슬럼가 거주자 수백만 명보다, 셀 수도 없이 많은 미국의 가난한 백인들보다, 그리고 좋든 싫든 간에 무조건 자본주의 시스템으로 편입당한 대부분의 제3세계 국가들보다 높은 생활수준에 도달했다.

독일민주공화국의 경우는 공산주의가 필연적으로 가난을 낳는다는 논리적(그리고 누군가에게 특히 기쁜) 결론을 허용하지 않는 것으로 보인다. 독일의 (상대적) 빈곤은 수도 더 많고 부유한 서독 사람Wessis들이 미국의 후원 덕에 배상금을 한 푼도 부담하지 않은 반면, 수도 적고 가난한 동독 사람Ossis들이 나치의 야만적인 침략의 대가를 치러야 했다는 반박할 수 없는 사실에 주로 기인한다는 점에는 의심의 여지가 없다. 독일연방공화국은 루르 지방에서 해체한 산업 장비 등의 형태로 소비에트에 총 6억 달러의 배상금을 지급했다. 미국의 역사학자 존 H. 백커는 이 액수가 너무 적다고 보고, 서독이 미국 덕분에 '상당한 배상금 부담'을 면제받았다고 결론지었다.[44] 훨씬 더 작고 가난한 독일민주공화국에는 정반대의 원리가 적용되었다. 서독의 전문가 외르크 피슈는 동독이 소련에 지급한 배상금이 "절대적인 액수로나 상대적인 비율로나 지나치게 많다"고 말한다. 피슈는 "적게 잡은 추정치"로도 독일민주공화국이 적어도 45억 달러, 독일연방공화국의 7배에 달하는 배상금을 토해냈으며, 이것은 동독이 이미 미국에 약탈당한 이후에 일어난 일이었다고 말한다. 그 결과는 '심각한 비산업화'였다.[45] 동독에 자본주의 체제가 들어섰어도 그런 불공정한 길을 걸으면 폐허가 되었을 것이며, 사람들이 더 부유한 건너편 독일에서 구원을 찾으려 하지 못하도록 장벽을 쌓아야 했을 것이다. 가난한 자본주의 국가의 국민들도 더 부유한 국가로 도망쳤고, 계속해서 도망치고 있다. 그러나 극도로 가난한 아이티에서 망명해온 수많은 흑인들은 미국을 비롯한 전 세계가 냉전 중 동독을 탈출한 망명자들에게 보여준 것과 같은 종류의 너그러운 동정을 받지 못한다. 멕시코 정부가 북쪽El Norte으로 탈출하려는 가난한 국민들을 막기 위해 리오그란데에 '베를린 장벽'을 쌓기로 결정하면, 워싱턴은 분명 동베를린의 그 악명 높은 건설 계획을 비난했던 것과 달리 그런 조치를 비난하지 않을 것이다.

따라서 독일민주공화국의 슬픈 역사는 공산주의의 (비)효율성과 관련된 어떠한 논리적 결론도 이끌어내지 못한다. 미국 자본주의와 소비에트 공산주의의 내부 문제를 흥미롭게 조명할 뿐이다. 소비에트가 가난에 시달리는 동독에 정당한 대가를 부과하도록 미국이 강요했으며, 그러는 동안 그들은 부유한 서독의 부를 노략했다고 말할 수 있다. 그럼으로써 미국 자본주의 체제에 새로운 불경기에 대한 해독제를 투여한 것이다. 그리고 동시에 그들은 (혁명에 따른 끝없는 문제들, 적군과 백군의 내전, 외세의 간섭, 스탈린의 숙청, 그리고 히틀러의 살인적인 침략을 모두 겪어낸) 소비에트가 독일 전체가 지급할 막대한 배상금으로 자신들의 공산주의 실험을 계속하여 성공을 거두지 못하도록 방해했다.

소련이 두 개의 독일에서 받은 배상금은 모두 합해도 51억 달러도 되지 않으며, 이것은 얄타에서 비교적 적은 액수로 합의된 100억 달러의 절반을 가까스로 넘는 정도에 불과하다. 소련이 실제로 입은 전쟁 피해액 추정치 1,280억 달러에 비하면 20분의 1에도 미치지 못하는 액수이다. 이 수치가 천문학적으로 들리겠지만 이것으로도 전쟁 중 소련이 입은 피해의 규모를 다 전달하기는 어렵다. 그 참상을 더 생생하게 묘사하는 방식도 있다. 미국의 전문가들은 소련이 1930년대 내내 급격한 (그리고 고통스러운) 산업화를 통해 축적한 모든 부를 잃어버렸다고 추정한다. 소비에트 경제 규모는 1941년에서 1945년 사이에 20퍼센트 감소했다. 그리고 전쟁으로 인한 피해는 1960년대 초까지도 다 복구되지 못했다. 영국의 역사학자 클라이브 폰팅의 말에 따르면, 소비에트가 겪은 전쟁 피해는 최소한 국민총생산 25년치에 달한다.[46]

소비에트는 독일로부터 그들이 마땅히 받아야 할 것보다, 그리고 나라를 재건하기 위해 필요한 것보다 훨씬 더 적은 배상금을 받았다. (그럼에도 소련은 제2차 세계대전의 고된 시련을 극복하고 세계에서 두 번째로 강력한 나라로 부상했으며, 이 사실은 공산주의가 본질적으로 비효율적이라는 이론이 거짓임을 입증한다.) 반면 배상금을 요구할 수 없었던 미국은 앞에서 살펴보았듯이 패전국 독일의 자국 점령 구역뿐 아니라 소비에트 구역에서까지 일류 기업들의 노하우와 기술들을 약탈함으로써 사실상 독일로부터 막대한 보상을 받은 셈이다. 미국의 전문가 존 짐벨John Jimbel은 "설사 미국이 제2차 세계대전 이후 독일로부터 보상을 받았다고 하더라도 그 액수는 미미하다는 신화는 여전히 인기가 있지만 …… 명백히 떨쳐낼 필요가 있다"고 말하며, 그 "지적인 약탈"이 "독일로부터 모든 과학적 정보를 획득하기 위해 진공청소기 방식"을 사용했다고 지적하고 약탈 품목을 다음과 같이 정리했다.

> 터널, 테이프 레코더, 합성 연료와 고무, 디젤 엔진, 컬러 필름 처리, 직물과 직조 장비, 공작 기계, 아세틸렌 화학, 도자기, 광학과 광학 유리, 압축 기계, 강철의 냉간 압축, 중장비, 축전기, 전자 현미경, 다이 캐스팅 장비를 비롯한 기나긴 목록을 망라하는, 사실상 독일 산업과 기술의 모든 측면.

짐벨은 미국의 과학과 산업이, 소비에트가 약탈할 수 있었던 이미 낙후된 기계들보다 총가치가 훨씬 더 큰, "패전국 독일의 가장 귀중한 [지적] 자원"을 도용했다고 결론지었다.[47]

한마디로 말해서, 독일의 분단은 전쟁에서 수익을 올렸지만 평화의 경제적 함의에 위협을 느끼던 미국의 자본주의가 더 부유해지고 다시 활기를 띠게 해주었으나, 반면에 전쟁에서 너무나 큰 고통을 겪

고 난 다음 평화로부터 수익을 올리기를 기대하던 소련에게는 아무것
도 남겨주지 않았다고 요약할 수 있다.

23장

1945년 이후:
좋은 전쟁에서
영구 전쟁으로

미국에서는 제2차 세계대전을 두고 종종 '좋은 전쟁the good war'이라고 지칭한다. 미국의 역사학자 마이클 C. C. 애덤스가 이 전쟁에 관한 자신의 책에 《역사상 최고의 전쟁The Best War Ever》이라는 제목을 붙인 것도 불과 몇 년 전 일이다. 하워드 진도 '전쟁 중 최고best of wars'라는 거의 비슷한 표현을 사용하지만 거기에는 역설적인 의미가 담겨 있다. 제2차 세계대전은 여러 가지 면에서 미국에 정말로 '좋은' 전쟁이었으며, 아마도 그 나라의 역사상 최고의 전쟁이었을 것이다. 첫째, 1939~1945년 사이의 이 전 세계적 충돌은 체로키를 비롯한 북미 토착민을 상대로 벌인 수많은 '인디언 전쟁'들로 예시되는 미국 역사의 나쁜 전쟁들과 비교해볼 때 정말로 좋은 전쟁이었던 것처럼 보인다. 이 인디언 전쟁들은 사실상 일련의 대학살이자 강제추방이었다. 그들이 일으킨 일종의 종족 대량학살은 히틀러의 존경심을 불러일으켰고 동유럽에서 '생활권'을 정복하려는 시도에 영감을 주었다. 열등하다고 간주되는 토착민을 희생시키며 독일의 식민지가 될 운명인 광활한 '변경'을 개척하는, 미국 서부 개척의 유럽판이었던 셈이다.[1] 미국이 저지른 나쁜 전쟁의 불명예의 전당에는 수많은 (자랑스러운) 미국인이 제국주의적이고 비도덕적인 사업이라고 비난했던 잔인한 베트남 전쟁도 물론 들어간다. 게다가 제2차 세계대전은 하워드 진의 표현으로 '말도 못할 정도로 사악한 적'과 싸웠다는 점에서도 좋은 전쟁이었다.[2] 그 적이란 파시즘, 특히 그것의 독일 버전인 나치즘으로서, 국내에서는 억압으로, 외국에서는 침략으로, 끔찍한 전쟁범죄로, 대량학살로, 비교적 짧은 기간에 수백만 명의 목숨을 희생시킨 몰록Moloch(성서에 나오는 아이를 제물로 바치고 섬긴 신으로, 큰 희생을 요구하는 것을 비유하는 말 - 옮긴이)으로 영원히 남을 체제이자 이데올로기였다. 비록 (미국, 영국, 그리고 소련 등) 승리자들이 파시즘에 대항한 이 '십자군 전쟁'에서 드레스덴, 카틴Katyn(소련이 자행한 폴란드인 대량학살 사건 - 옮긴이), 그리고 히로시마와 나가사키의 이름이 우리에게 상기시켜주듯 깨끗한 손으로 돌아오지는 못했다고 하더라도, 그런 악과 맞서 싸우는 전쟁은 필연적으로 좋은 전쟁이었다. 어쨌거나 그 아마겟돈에서 파시즘이 아니라 그 적들이 승리한 것은 좋은 일이었다. 이 승리가 쉽지는 않았다. 연합군 모두의 엄청난 노력이 필요했고, 미국은 그들의 공헌에 마땅히 존경과 칭찬을 받아야 한다.

그러나 제2차 세계대전은 미국에 어떤 의미에서 좋은 전쟁이었을까? 누구에게, 무엇을 위해 좋은 전쟁이었는가? 미국의 파워엘리트, 특히 대기업과 은행들에게는 제2차 세계대전이 의심의 여지없이 대단히 좋은 전쟁이었다고 말할 수 있는 몇 가지 이유가 있다. 첫째, 그 전쟁은 경제적 수요를 다시 불러일으킴으로써 대공황을 끝내주었다. 다시 말해서 그 전쟁은 최소한 미국에 관한 한, 자본주의 경제 체제에 닥친 커다란 위기에 해법을 제공해준 것이다. 미국의 작가 로런스 위트너Lawrence Wittner는 "그 전쟁이 미국 자본주의를 회춘시켰다"고 간결하게 논평했다.[3] 끝나면 평화가 되돌아올 그 전쟁이 전해준 치료제가 과연 일시적인 완화 이상이었는지는 전혀 확실하지 않지만, 그것은 자본주의의 위기에 대한 이런 종류의 해법이 비혁명적이었다는, 즉 체제의 생존 자체를 위태롭게 하지는 않았다는 사실에 비하면 중요하지 않은 문제이다. 둘째, 그 전쟁은 그 자체로 막대한 수익을 가져다주었기 때문에 미국의 파워엘리트에게 좋은 전쟁이었다. 셋째, 그 전쟁은 재계 지도자들의 특권을 강화해주었는데, 더욱 중요한 사실은 워싱턴 권력의 회랑 배후의 특권을 더욱 강화해주었다는 점이다. 미국의 파워엘리트에게 제2차 세계대전은 단순히 좋은 전쟁이 아니라 정말로 환상적인 전쟁이었다. 20세기의 그 거대한 아마겟돈이 끝났을 때 미국은 위대한 승리자였고, 전 세계가 미국의 수출 상품과 투자자본에 문을 활짝 연 채 기다리고 있었다. 다가오는 팍스아메리카나pax americana(미국이 주도하는 세계 평화−옮긴이)는 미국의 지도자들이 종전 후에도 기업들이 영속적으로 수익을 올리고 보편적으로 번영하기 위한 필수불가결한 요소sine qua non로 여기는 전 세계적 자유무역을 약속해주었다.

미국의 중산층과 노동자계급, 즉 상류층과 대조되는 평범한 사람들, 고용주와 대조되는 고용인들, 자본가와 대조되는 노동자들에게도 제2차 세계대전은 좋은 전쟁이었다. 대공황과 그 비참함, 특히 실업이라는 저주를 끝낸 것은 루스벨트의 뉴딜정책이 아니라 바로 그 전쟁이었다. 갑자기 모두에게 일자리가 생겼고, 집단 교섭(그리고 필요할 경우 파업) 덕분에 임금이 유례가 없을 정도로 상승했다. 생활수준이 크게 향상됨에 따라 노동자와 중산층 자유주의자들은 그들에게 건강보험과 유급휴가 등의 사회복지가 제공되는 더욱 영광스러운 내일을 꿈꾸기 시작했다. 평범한 미국인들에게 그 전쟁은 더 나은 미래와 새로운 사회적 여명의 가능성을 맛보게 해주었다. 제2차 세계대전은 그들에게도 좋은 전쟁이었다. 그러나 전쟁이 끝났을 때는 기대했던 많은 것들이 충족되지 않은 채로 남아 있었다.

미국의 파워엘리트에게 그 전쟁은 좋은 전쟁이었고 환상적이기까지 했으나, 완벽하지는 않았다. 완벽해질 수도 있었지만, 현실화된 이익을 고용인들과 나누어야 했기 때문에, 다시 말해서 그 전쟁이 부를 온당하게 재분배했기 때문에 그렇지가 못했다. 높은 임금이라는 형태의 양보가 없었다면, 기업은 더 많은 부를 축적할 수도 있었다. (노예 노동자들을 무급으로 부린 덕분에 전례가 없을 정도의 수익을 창출한 미국 기업들의 독일 자회사의 경우가 이러한 경제적 삶의 진실을 분명히 보여주지 않는가?) 미국 노동자들의 전시 수입은 어떤 면에서 미국 기업의 손실이기도 했다. 더구나 미국 재계는 종전 후 노동자들과 중산층의 자유주의자들의 계획에 대해서 깊이 걱정하고 있었다. 그 계획에는 고용주들이 최소한 부분적으로는 비용을 부담해야 하고, 국가가 개입하여 경제를 통제함으로써 자유기업의 전통적인 특권을 저해하려는 모든 종류의 사회보장 제도가 포함되어 있었다. 게다가 경제학자들은 종전 후에 경제가 정상으로 복구되면 30년대식 대공황과 같은 형태의 일련의 위기가 닥칠 수도 있다고 경고했다. 해외 무역이 치료제가 될 수 있었지만, 전 세계가 미국의 수출 상품과 투자자본에 문호를 개방해줄지는 미지수였다. 좋은 전쟁의 유산인 이러한 불완전성들을 바로잡기 위해서는 새로운 전쟁이, 제2차 세계대전보다도 더 좋은 완벽한 전쟁이 필요했다. 그 전쟁이 바로 냉전이었다.

　미국 파워엘리트의 시각에서 볼 때, 냉전은 무엇보다도 완벽한 적과 싸운다는 점에서 완벽한 전쟁이었다. 웨스트포인트 사관학교의 몇몇 장군들이 말했듯이, 제2차 세계대전은 '엉뚱한 적과 싸운 전쟁'이었다. 사실 독일의 나치즘(그리고 파시즘 일반)은 미국의 지도층에게 사회경제적으로, 그리고 정치적으로 자연스러운 적이 아니었다. 그들은 파시즘이 무엇을 추구하는지, 즉 그것이 사업에 유리하게 작용하는 자본주의의 현현임을 본능적으로 알아차렸기 때문이다. 그래서 미국의 파워엘리트는 파시즘에 대항하는 십자군 전쟁에 착수하기를 망설였다. 히틀러에 대항하는 전쟁에 뛰어든 것은 순전히 우연이었으며, 진주만 습격 이후에도 그들과의 사업은 계속되었다. 그리고 전쟁이 끝났을 때는 나치즘과 파시즘을 진정으로 근절시키는 일에 관심도 두지 않았다. 웨스트포인트의 장군들은 또 "우리는 빨갱이들과 싸워야 한다"고 말했는데, 그 발언에는 제2차 세계대전이 발발하기 한참 전부터 적색 공포에 사로잡혀 있던 미국 파워엘리트의 시각에서 본 현실이 반영되어 있었다. 그들의 현실이란 1941년부터 1945년까지 일시적으로 그렇게 유용한 동맹이었음에도 불구하고, 공산주의와 그 모국 소비에트야말로 미국의 천적이라는 것이었다. 사실 제2차 세계대전이 끝났을 때 소련과 그들의 공산주의 이데올로기는 1930년대보다도 더 골치 아픈 존재로 부상했다. 자본주의에 대한 사회주의적 '대안'이라는 존재는 미국 내에서조차 급진주의자와 혁명론자들을 이끄는 영감의 원천으로서 늘 강하게 비난받아왔다. 그리고 1945년 소비에트는 자본주의의 보편적인 교회의 품으로 돌아오는 대신 사회주의 사회

건설을 위한 과업을 재개하기로 결정했다. 게다가 소련은 공산주의의 조국과 동유럽의 문호를 미국 수출 상품과 투자자본에 개방할 준비가 되어 있지 않았다. 소련은 또 미국의 시장과 자본의 세계적 확장을 가로막는 걸림돌이자, 문호를 개방할 것으로 기대되는 다른 나라들에게 극악무도한 사례가 된다고 인식되었다. 실제로 소련은 1945년에 자유무역 대신 폐쇄적 경제, 자유기업주의 대신 국가통제주의, 단호한 개인주의 대신 복지주의, 자본주의 대신 사회주의 등 미국의 파워엘리트가 역겨워하고 두려워하는 모든 것을 상징화했다. (독재 대 민주주의라는 이분법을 여기서 끌어낼 필요는 없다. 미국의 파워엘리트가 말로는 민주주의의 이론적인 이상에 완전히 헌신할 것을 선언하면서, 자본주의적 사회경제 질서와 미국이 원하는 문호 개방을 옹호하는 동안은 끝없이 반복해서 독재와 똑같은 모습만을 보여주기 때문이다.) 제2차 세계대전이 끝나가자, 미국의 부유한 권력층의 눈에 소련은 남아 있는 모든 불완전성의 원인이자 종전 후에 자신들의 꿈을 실현시키는 데 가장 큰 걸림돌로 비치기 시작했다.

미국의 파워엘리트는 제2차 세계대전에서 막대한 이익을 보았다. 그러나 그 전쟁에서 가장 큰 적이었던 두 나라에 대해서 말하자면, 미국의 파워엘리트는 일본과의 전쟁을 원했고, 기대했고, 심지어 직접 일으키기까지 했으며, 독일과의 전쟁은 거의 피할 수 없었음에도 그것을 원하지도, 계획하지도, 기대하지도 않았다고 주장할 수 있다. 어쨌건 미국을 유럽의 전쟁으로 끌어들이기 위해서는 히틀러의 비이성적인 결정이 필요했다. 반면 소련을 상대로 한 냉전은 미국 정부가 대단히 원했고 획책한 전쟁이었다. 제2차 세계대전이 끝을 향해 달려감에 따라, (앞서 언급했던 악명 높은 웨스트포인트의 장군들과 명성이 자자한 그들의 동료 패튼 장군 등으로 대표되는) 파워엘리트는 혐오스러운 소련과 대결을 벌이기를 갈망했다. 그들은 남아 있는 나치의 군대와 나란히 서는 본격적인 전쟁hot war을 선호했으나, 국내외 여론이 그런 모험을 허락할 것 같지 않았다. 그래서 패튼은 모스크바로 진군해도 좋다는 허가를 받지 못했다. 그러나 미국은 이제 원자폭탄을 보유하고 있었고, 트루먼의 표현으로 그 '해머'를 이용해 '크레믈린 녀석들'이 동유럽에 관련된 문제들로 시작해서 미국의 요구를 모두 받아들이도록 강요할 수 있다고 느꼈다. 모스크바가 그에 따르기를 거부하자, 냉전이 시작되었다.

미국 파워엘리트의 시각에서 볼 때 냉전은 완벽함을 달성했거나, 최소한 그에 접근했다. 처음부터 완벽한 적에 집중했기 때문만이 아니다. 냉전은 적의 본질이나 정체성과 관계없이 단지 그것이 평화가 아니라 전쟁이라는 이유만으로도 환상적인 것이었다. 독일과 일본이 패망함에 따라 (상대가 누구이건 어떤 방식이건 간에) 새로운 갈등은 신의 축복이었다. 그로 인해 막대한 군비 지출을 유지할 수 있고, 그럼으로써 전시 호황을 이어갈 수 있었기 때문이다. 새로운 갈등 덕분에 군비는 1945년 이후로도 계속해서 미국 경제의 케인스주의적 동력으로 기능할 수 있었다. 냉전의 발발은 새로운 불황의 가능성 등 경제가 평화시로 돌아갔을 때의 위험요소들로부터 미국 경제를 보호해주었다. 게다가 끝없이 상승하는 군비 경쟁이라는 냉전의 핵심적인 특징은 제2차 세계대전 동안 군비 지출을 이용하는 방법을 배운 대기업들에게 마르지 않는 수익의 원천을 제공해주었다. 그래서 1945년에는 상대가 누구건 어떤 방식이건 간에, 새로운 갈등이 미국 파워엘리트의 환영을 받았다. 그러나 냉전에는 새로운 적이 예전의 파시스트와 달리 진정한 이네올로기직 적수인 공산주의의 고향 소련이었기 때문에 갖는 또 다른 이점도 있었다. 그런 적을 상대함으로써, 미국 내의 공산주의자들뿐만 아니라 급진적 변화를 추구하는 모든 사람들을 반-미국적 위험 인물이자 소련의 첩자로 의심할 수 있었던 것이다. 냉전, 특히 매카시즘의 시기는 반대를 잠재우는 역할을 수행했다.

소련은 냉전 내내 완벽한 적이었다. 그러나 소련에게 냉전은 피를 더 적게 흘릴 뿐 어떤 점에서는 저 끔찍한 제2차 세계대전에서 경험했던 것보다 훨씬 더 치명적인 전쟁이었다. 소련은 히틀러의 전격전의 포화를 영광스럽게 이겨내고 승리자로 부상했지만, 미국의 길고, 느리고, 그리고 차가운 버전의 바르바로사 작전의 결과는 수치스러운 멸망이었다. 소련은 제2차 세계대전을 통해 경제적으로 수십 년이나 후퇴했다. 1945년 모스크바는 종전 후 독일의 배상금이라는 형태로 투입될 두둑한 자본으로 재건의 시동을 걸기를 기대했으나, 그런 전망은 독일의 부의 대부분을 통제하며 그것을 자신의 이익을 위해 사용할 계획인 미국이 사실상 거부권을 행사함으로써 무산되었다. 게다가 미국 경제학자 제임스 R. 밀러James R. Millar(1936~2008)가 지적했듯이, 소비에트는 자신의 자원조차 (사회주의 노선에 따라) 자기 나라를 재건하는 데 온전히 사용할 수 없었다. 냉전이 시작되면서 그들에게 미국과의 군비 경쟁에 뒤처지지 않기 위한 대규모 무장 계획을 강요했기 때문이다.[4] 따라서 냉전은 종전 후 소련의 재건을 방해하는 하나의 형식이기도 했다. 냉전의 한 결과로(그리고 물론 본질적인 문제들 등의 다른 요인들의 결과로), 비록 소비에트 국민이 사실상 많은 미국인들, 남미 인구의 대부분, 나머지 제3세계 국민들, 그리고 오늘날 자본주의 러시아의 국민들 대다수보다 실질적으로 더 부유하기는 했지만, 소련은 결코 높은 수준으로 번영하지 못했다. 그리고 내전 당시와 1930년대, 그리고 제2차 세계대전 때 이미 그랬던 것처럼 외부의 위협이 내부의 억압을 유발했다는 점 또한 소비에트 입장에서는 냉전의 또 다른 사악한 부산물이었다. 이 점에 대해서 마이클 퍼렌티는 소비에트 체제가 사면초가에 몰려 필연적으로 매력 없고 무자비한 모습의 사회주의인 '포위된 사회주의Siege Socialism'의 한 형태였다고 지적했다.[5]

미국의 군사력과 보조를 맞추는 동시에, 자국과 '위성국가' 국민들을 통제하기 위해서는 엄청난 노력이 필요했고, 소련은 그것을 오랫동안 해내지 못했다. 공산주의의 고향은 1980년대 말에 항복을 선언했고, 70년 넘게 전 세계를 희망 또는 공포에 사로잡히게 했던 볼셰비키 프로젝트도 막을 내렸다. 이 종언에는 물론 소비에트 관료주의의 비효율성을 비롯한 다른 여러 가지 요인들도 작용했지만, 독일 작가 위르겐 브룬이 저술했듯이 냉전이 소련을 의도적으로 '죽음의 군비 경쟁'으로 몰아넣었기 때문이라는 것이 가장 중요한 진실이다.[6] 소비에트의 냉전 패배는 서방 세계에 공산주의의 본질적인 비효율성의 증거로 제시되었다. 그러나 그런 견해에는 1917년 러시아에서 시작된 공산주의 실험이 외부의 압력, 특히 소련의 완전한 파괴를 목표로 하는 어마어마한 군사적 침략 등에 의해 처음부터 끝까지 체계적으로 침해되고 방해받았다는 부인할 수 없는 사실에 대한 숙고가 결여되어 있다. 가장 눈에 띄는 방해 공작은 물론 1941년의 바르바로사 작전, 히틀러의 침공이었다. 패튼도 소비에트 동굴에 사는 공산주의라는 용을 살해하기를 꿈꾸는 또 한 사람의 성 조지St. George(서기 303년 순교한 기독교의 성인으로, 회화에서 주로 용을 살해하는 모습으로 그려진다 - 옮긴이)로서, 만일 그가 모스크바로 진군했다면 전격전보다도 더 극적인 장면이 연출되었을 테지만 그런 일은 일어나지 않았다. 결국 화려함과는 거리가 멀지만 길고 냉혹했던 이 전쟁이 소비에트의 실험을 끝냈다. 히틀러는 그런 성과에 대하여 자신의 공로를 주장하고 싶겠지만, 그 일을 실제로 해낸 사람들(그리고 그들의 국내외 지지자 및 선전 담당자들)은 우리가 소련의 붕괴에는 누구의 도움도 필요치 않았다고 믿기를 바란다.

냉전은 피할 수도 있었을까? 역사학자들은 대체로 역사적 과정의 대안, 다시 말해서 일어날 수도 있었던 일에 대해서 생각하는 것이 그리 쓸모 있는 일이 아니라고 생각한다. 그러나 이 경우에는 잠시 동안 그런 사색에 빠져볼 만한 가치가 있다. 모든 것은 달라질 수 있었다. 전쟁이 끝났을 때, 미국의 지도자들은 소비에트와 대화하고 그들과 협력할 수도 있었다. 스탈린은 (드골이나 처칠과 마찬가지로) 대화하기 쉬운 상대가 아니었다고들 하지만, 그가 세계에서 가장 강력한 나라와 대립하기보다는 대화와 협력을 선호했다는 증거는 차고도 넘친다. 미국이 소련이 전쟁의 결실을 수확하도록 허락하지 않겠다는 뜻을 분명히 보여준 뒤 한참 후에도 소비에트 지도자는 여전히 협력할 준비가 되어 있었다. 이것은 핀란드와 오스트리아 등의 점령 구역 분할을 끝내고, 그 나라들이 법적으로 중립을 유지한다는 조건하에 붉은 군대가 기존의 자본주의 체제를 전혀 손대지 않고 지체 없이 철수하는 등 긍정적인 결과도 낳았다. 소비에트가 독일에서 철수하는 문제는 주로 배상금 논쟁에 대한 공정한 해결에 달려 있었다. 다시 말해서, 분단되지 않은 독일이 나치가 소련에 입힌 막대한 피해를 보상해야 했다는 것이다. 종전 후의 독일 경제는 분명 막대한 배상금을 지불할 수 있을 만큼 충분히 튼튼했다. 1945년 이후 경제적으로 약해진 영국이 수년에 걸쳐 전쟁 비용을 지불했음에도 여전히 상당한 수준의 부를 유지할 수 있었던 것만 봐도 알 수 있다. 독일이 배상금을 지불하는 공정한 평화협상을 맺고, 전쟁 중 동맹이었던 나라들과 냉전을 벌이는 대신 좋은 관계를 유지하기만 했더라면 소련 역시 전쟁이 끝난 다음 더 나은 결과를 얻을 수 있었다. 실제로 소련은 제2차 세계대전 이전에 이미, 1930년대 대공황 시기에조차 엄청나게 빠른 경제 발전을 이루지 않았던가? 충분한 배상금이 지불되고, 군비 경쟁의 막대한 재정적 부담을 지지만 않았더라면, 소련 경제는 1950년대와 1960년대에 '비상'하여 국민들에게 더 나은 삶의 질과 더 큰 개인적 자유라는 형태로 배상금을 지불했을 것이다.

독일 문제의 공정한 해결은 소련의 국민과 체제 모두에 이익이 되었을 것이다. 그러나 미국, 또는 적어도 미국의 파워엘리트에게는 그렇지 못했을 것이다. 분단되지 않은 (중립국) 독일은 미국의 경제적 침투에 서독만큼 쉽게 문을 열어주지 않았을 것이기 때문이다. 예를 들어 독일이 분단되지 않고 소련에 배상금을 지불하는 데 전념했다면, 서독처럼 미국 수출 상품의 훌륭한 고객이 될 수는 없었을 것이라는 이야기이다. 그리고 소련에 채무를 진 통일된 중립국 독일에서 미국의 자회사들이 올린 수익은 주주들을 부유하게 해주는 데 사용되지도 못했을 것이다. 독일에 경제적으로 특권이 부여된 구역이 없었다면, 미국은 필연적이라고는 할 수 없을지라도 아마도 경제적 불황으로 되돌아갔을 가능성이 높다. 비적대적인 소련이 경제뿐 아니라 정치와 사회적 발전을 경험했다면, 미국은 오늘날의 중국과 그렇게 하듯이 그들과 아주 수익성 높은 사업을 함께할 수 있었을 것이다. 반면 이것이야말로 미국의 지도자들이 마음속 깊은 곳에서 숙고하던 정말로 중요한 부분인데, 소련의 번영은 미국의 노동조합, 자유주의자, 사회주의자, 급진주의자, 그리고 (아주 드물게) 혁명론자들에게 영감의 원천이 되어줌으로써 아주 위험한 요인으로 작용했을 것이다. 미국의 파워엘리트는 독일 문제를 공정하게 해결함으로써 발생할 수 있는 위험 요소를 짊어지는 대신, 더 안전하고 유리한 길을 가기로, 즉 독일과 유럽을 분단하고 냉전에 돌입하기로 결정했다. 트루먼은 1947년 3월 텍사스 연설에서 자기 자신을 비롯한 미국의 수많은 지도층 인사들이 소련이 종전 후 경제적으로 부활할 가능성을 염려하고 있다고 시인했다. 그는 소비에트가 부활할 경우 사회주의 경제 계획의 모델이 언젠가는 미국을 포함한 전 세계에 복제될 "다음 세기의 모범"이 될 수도 있다고 설명했다. 트루먼은 그런 시나리오를 저지하여 미국의 자유기업 체제를 수호하기 위해서는 단 한 가지 방법밖에 없다고 덧붙였다. 그 방법이란 미국의 체제를 전 세계에서 실행에 옮기고, 소비에트 모델이 지구상에서 사라지게 하는 것이었다.[7]

냉전은 결국 트루먼이 분명하게 공식화했던 전쟁의 목표를 달성했다. 소련은 지구상에서 사라졌고, 미국의 자본주의 체제가 동독과 동유럽, 그리고 이제는 소멸한 소비에트 영토 전역에 입성하여 마침내 전 세계에서 승리를 거둘 수 있게 되었다. 이런 의미에서 20세기의 마지막 10년은 미국의 세기였다. 그보다도 더 중요한 것은 사회주의적 '대안'이 소멸함으로써 (미국을 비롯한 전 세계에서) 자본주의가 더 이상

노동자 등 여러 피지배자들의 충성심에 대해 걱정하며 (오직 필요한 곳에만) 상대적으로 더 높은 임금을 주거나 사회복지를 확대하는 방법으로 충성심을 유지하려고 노력할 필요가 없어졌다는 사실이다. 제2차 세계대전 직후 급진적이고 심지어 혁명적이기까지 한 변화의 분위기가 가득했을 때는, 서구 사회에서도 상대적으로 높은 임금과 넉넉한 사회복지 제도를 제공하는 체제의 도입이 신중하게 고려되었다. 복지국가로 상징되는 이런 양보는 마지못해 이루어졌기 때문에, 시도되기도 전에 철회되는 것은 시간문제였다. 1980년대에는 영국의 마거릿 대처Margaret Thatcher(1925~2013)와 미국의 로널드 레이건의 비호 아래 복지에 대한 사악한 공격이 개시되었다. 그러나 복지국가를 해체하고, 사회적 혜택들을 다시 빼앗아오고, 소위 '다운사이징'이라는 것으로 노동자와 그 밖의 다른 고용인들을 탄압하고도 사실상 무사할 수 있었던 것은 소련이 사라졌기에 가능한 일이었다. 냉전의 종식은 자본주의로 하여금 다시 19세기에 처음 현현했을 때 같은, 그리고 제3세계에서 항상 그래왔던 모습의 잔인한 착취체계로 되돌아가도록 허락해주었다. 마이클 퍼렌티는 자본주의가 일시적으로 '인간의 얼굴을 지닌 자본주의'가 되었으나, 소련이 무너진 이후로 점차 '안하무인인 자본주의'로 변해갔다고 말했다.[8]

제1차 세계대전 때는 윌슨 대통령 같은 선동가들이 '모든 전쟁을 끝내기 위한 전쟁' 또는 '전 세계 민주주의를 수호하기 위한 전쟁'이라고 말했다. 그와 유사하게 냉전에 관해서도 '자본주의의 모든 대안을 끝내기 위한 전쟁' 또는 '전 세계 자본주의를 수호하기 위한 전쟁'이라고 말할 수 있었을 것이다. 소련의 몰락으로 자본주의의 모든 대안은 자취를 감춘 것으로 보였다. 마거릿 대처는 "대안이 없다"고 떠들어 댔다. 세상은 이제 자본주의의 것이, 더 정확하게 말하면 미국이 낳은 단호한 자본주의의 것이 되었다. 냉전의 종식은 미국의 파워엘리트에게 완벽하게 달성된, 그 행복한 순간에 시간을 멈추고 싶을 만한 해피엔딩이었다. 이 과업은 기업이 장악한 언론이 칭송할 수밖에 없는 저서 《역사의 종언과 최후의 인간The End of History and the Last Man》에서 '역사의 종언'을 선언한 학문적 용병, 프랜시스 후쿠야마Francis Fukuyama에 의해 완성되었다.[9]

그러나 그 이후로도 역사는 가차 없이 행진했고, 남아 있는 심각한 문제들을 폭로했다. 우선 한 가지는 제2차 세계대전이 미국의 부자와 권력자들에게는 아주 좋은 전쟁이었고, 평범한 사람들에게도 좋은 전쟁이었다는 점이다. 그러나 냉전은 전자에게는 정말로 환상적인 전쟁이었던 반면 후자에게는 전혀 그렇지가 못했고, 그 가장 큰 이유는 평범한 미국인들이 이 기나긴 갈등의 막대한 비용을 부담해야 했다는 것이었다. 냉전은 펜타곤 시스템의 승리로 묘사되지만, 이 군사적 케인스주의는 공공의 부채를 까마득한 높이까지 상승시켰다. 제2차 세계대전이 끝나고 냉전이 시작된 1945년에는 약 2,600억 달러이던 공공부채가 1990년 냉전이 끝났을 때는 약 3조 2,000억 달러에 달해 있었다. 부채는 백악관에 노벨평화상 수상자가 있을 때조차 계속해서 엄청나게 증가했다. 2009년에는 부채가 100조 달러에 이르렀고, 2010년에는 135조, 2013년에는 170조 달러에 근접했다.[10]

케인스 이론에 따르면, 워싱턴은 펜타곤 시스템의 혜택을 받은 대기업들에 세금을 부과해 장부의 균형을 맞출 수 있었다. 그러나 그런 문제는 한 번도 제기되지 않았다. 1945년에는 기업들이 미국 전체 소득세의 50퍼센트를 차지했다. 냉전 중에는 그 비율이 계속해서 떨어져서 오늘날에는 10퍼센트에도 미치지 못한다. 이것은 제2차 세계대전 이후 미국의 대기업들이 다국적(또는 초국적)기업, 즉 미국의 한 작가가 ITT에 관계된 글에서 쓴 표현으로 "어디에나 있고 어디에도 없는" 기업이 되었기 때문에 가능한 일이었다.[11] 다국적기업들은 자회사들이 전 세계에서 수익을 올리는 동안 그 지사들이 설립된 나라의 국세청에 자신들이 많은 비용을 부담했음을 보여주기 위해 '이전移轉 가격 조작'을 비롯한 (일부는 나치 독일의 자회사들이 개척한 것이 분명한) 온갖 종류의 회계 트릭을 이용한다. 그럼으로써 다국적기업들은 막대한 양의 세금 납부를 피할 수 있으며, 그것은 냉전이 만들어준 사업이 항상 최고의 수익을 보장해주는, 진짜 본사가 있는 미국에서도 마찬가지이다. 1991년에는 미국 다국적기업의 37퍼센트(그리고 외국의 모든 다국적기업의 70퍼센트 이상)가 미국에 단 1달러의 세금도 내지 않았고, 나머지 다국적기업들도 1퍼센트 이하의 세금만 부담했다.[12] 즉 놀랄 만큼 어마어마했던 냉전의 군비 지출은 펜타곤 시스템으로 수익을 올리고 국가 부채의 이자로 주머니를 채운 사람들이 아니라, 노동자계급과 중산층의 평범한 미국인들이 부담했던 것이다. 냉전 중 펜타곤 시스템은 엄청난 사취詐取로 타락했고, 미국의 부는 매우 부유한 사람들에게 유리하고 나머지에게 불리하도록 불법적으로 재분배되었다. 권력층은 점점 더 부유해지는 동안, 평범한 미국인들이 냉전 중에 쌓은 부는 천천히 사라지고 그들의 삶의 질도 점차 기울어져갔다. 1945년 이후에 도입되었던 빈약한 사회보장 제도들도 너무 비용이 많이 든다며 삭감되거나 완전히 폐지되었다. 냉전이 끝나긴 1989년에는 13퍼센트가 넘는 미국인(약 3,100만 명)이 공식적인 빈곤선(최저한도의 생활을 유지하는 데 필요한 수입 - 옮긴이)보다 더 낮은 수입을 기록했다. (2013년에는 미국의 빈곤층 비율이 공식적으로 14.9퍼센트까지 올랐다.)[13] 미국은 아마도 지구상에서 가장 부유한 나라일 테지만 그 부는 극단적으로 불공평하게 분배되었고, 부자가 더 부유해지는 동안 가난한 사람은 더 가난해지고 있다. 따라서 냉전의 막대한 비용은 미국 파워엘리트에게 전혀 문제가 되지 않았다. 평범한 미국인들은 냉전이 끝났을 때 한숨을 돌렸다. 그들은 이제 그 나라의 무한한 자원이 냉전이건 전면전이건 간에 전쟁을 목적으로 이용, 아니 남용되기를 멈추리라는 희망을 품고, 소위 '평화 배당금'을 거두기를 기대했다. 파워엘리트들에게는 그것이 골칫거리였다. 냉전(완벽한 전쟁)의 종결로 미국의 파워엘리트는 그 존재 자체로 반세기 동안이나 펜타곤 시스템의 수익성 높은 군비 지출을 정당화해주던 완벽한 적을 잃었다. 1945년에 그랬듯이 새로운 적, 또는 적들이 시급하게 요구되었다. 미국 경제의 진정한 비군사화는 수익의 주된 원천을 마르게 할 뿐만 아니라, 자본주의 체제의 국가가 지닌 핵심적인 경제 문제, 즉 불충분한 경제적 수요의 문제에 직면하게 할 수 있었다. 이 문제는 대공황에서 극적으로 드러났고, 제2차 세계대전과 냉전 중에 실행되었던 군사적 케인스주의라는 처방은 이 문제에 대한 진정한 해결책이 될 수 없었다. 이런 체제적 문제에 직면하면 민중을 자극해 '붉은 30년대'에 그랬던 것처럼 급진적이거나 심지어 혁명적인 변화에 관심을 가지게 할 것이고, 그것은 분명 파워엘리트에게 좋을 게 없었다.

적이 없다는 문제는 사담 후세인 같은 '새로운 히틀러'의 데우스 엑스 마키나 식 도래로 재빨리 해결되었다. 이 책 어디에도 히틀러가 괜찮은 사람이었다는 말은 없고, 후세인에 대해서도 마찬가지이며, 그 일당은 잔인한 독재자들일 뿐이다. 그러나 워싱턴은 피노체트와 수하르토 같은 잔인한 독재자들을 지지한 역사가 있었고, 엉클 샘은 사담이 독재자로서 경력을 쌓기 시작하던 초기에는 그를 좋은 친구로 인식했다. 냉전이 가까스로 끝나자 사담이 갑자기 주된 위협으로 탈바꿈하며, 협상이 불가능한 것도 아닌데 대규모 군사적 개입을 요구했던 것이 과연 우연이었을까? 소비에트의 위협이 사라지고 '평화 배당금'에 대한 귀찮은 요구가 점점 강해지자, 시급히 필요해진 새로운 위협이 조작되었고, 후세인으로 대표되는 그 위협은 전쟁을 정당화하고 미국을 완전히 무장시키기 위하여 말할 것도 없이 극도로 과장되었다. 걸프 전쟁이 끝났을 때 사담 후세인이 바그다드에서 계속 집권하도록 허락받아, 워싱턴이 그의 존재로 대변되는 거대한 위협을 계속 들먹이며 이익을 추구한 것도 도저히 있을 수 없는 일은 아니었다.

세르비아 지도자 밀로셰비치Slobodan Milosevic(1941~2006)도 사용하기 좋은 또 다른 '새로운 히틀러'로 무대에 등장해 군사행동은 발칸반도로 향했다. 그다음 조지 W. 부시가 대통령이 되고, 중국이 일시적으로 미국의 악마 역할을 맡았다. 그러나 이 악당들은 미국의 거대한 무기고가 홀로 증가하고 유지되는 것을 정당화할 만큼 충분히 위협적이지 못했다. 그러나 2001년 9월 11일 뉴욕에서 끔찍한 범죄가 자행되자 그 기회는 철저히 이용되었다. 이 전례가 없는 테러 행위는 즉시 일본의 진주만 공습에 비유되었고, 대통령과 미디어는 제2차 세계대전에 빗대어 '좋은 전쟁'이라는 말을 지겹도록 반복하며 워싱턴이 '테러와의 전쟁'에 뛰어들 준비가 되어 있음을 시사했다. 그런 비유는 몇 가지 이유에서 말이 되지 않는다. 미국의 분노furor americanicus의 희생자가 된 아프가니스탄 국민은 물론 그 나라 정부조차도 9월 11일의 테러 행위에 책임이 없었다. 게다가 전쟁이라는 것이 '테러리즘' 같은 추상적이고 모호한 개념을 상대로 수행될 수 있는 것인가? 그런 적을 상대로 한 전쟁은 분명한 승리, 또는 어떤 종류의 만족스러운 결론도 이끌어내지 못한다. 오히려 그런 '전쟁'은 더 많은, 그리고 잠재적으로 더 심각한 테러 행위를 가져오리라 예상할 수도 있다. 그러나 그 당시 대통령 조지 W. 부시로 의인화되는 미국 파워엘리트의 시각에서는 그런 전쟁이 의미가 있었다. 그것이 냉전의 종식으로 유발된 문제에 해결책을 제공해주었기 때문이다. 불분명한 적과의 전쟁, 지리적 한계가 없는 전쟁, 대통령이 계속되어야 한다고 말하는 한 계속될 전쟁. 테러리즘의 편에 서 있다는 의혹을 받기 싫은 사람이라면 누구나 무조건적으로 지지해야만 하는 전쟁은 사실상 궁극의 만병통치약이었다. 그것이 펜타곤 시스템으로 이익을 얻는 사람들이 언제까지나 크게 만족할 수 있도록 보장해주기 때문이다. 일반적으로 전쟁광으로 인식되는 부시가 2008년 퇴임하고, 평화를 사랑하는 것으로 보이는 대통령 버락 오바마가 그 자리를 대신했음에도 이런 현실은 조금도 바뀌지 않았다. 그리고 누가 대통령으로 당선되건 상황이 몇 년 안에 바뀌리라고 믿을 이유는 전혀 없다. 영구적인 전쟁의 멋진 새 시대에 온 것을 환영한다!

'테러와의 전쟁'은 최근 리비아, 시리아, 그리고 이라크 같은 나라들에서 불타올랐고, 이제 그것은 러시아와의 새로운 냉전으로 대체되고 있다. 미국의 파워엘리트가 모든 것을 좌우한다면 이란, 북한, 그리고 심지어 중국까지도 언젠가는 새로운 '좋은 전쟁'의 상대가 될 것이다. 그런 전쟁을 막는 것은 쉬운 일은 아니지만 분명히 가능하다. 부시와 블레어는 우리 미디어 대다수의 열성적인 지지를 얻고도 이라크와의 전쟁을 '팔아먹기'가 어렵다는 걸 깨달았다. 미국에게 전쟁을 그만두도록 계속해서 강요한다면, 진실의 순간이 미국 경제에 도래할 것이다. 미국의 자본주의는 평화가 '발발'해도 살아남을 수 있는가? 끝없이 포위당했던 나라 소비에트의 사회주의는 살아남지 못했다. 미국의 자본주의는 포위되지 않고도, 적이 없어도, 위협받지 않아도, 그것이 '좋은' 전쟁이건 아니건 간에 전쟁을 하지 못해도 과연 살아남을 수 있을까?

감사의 말

이 책에 어떤 방식으로든 도움을 준 사람들의 이름을 모두 다 열거할 수는 없다. 그러나 그들 중 몇몇은 특별히 언급해야 마땅하다. 그중에서도 맨 앞에 놓여야 할 이들은 나의 부모님과 할머니, 삼촌과 숙모들, 형제자매들, 그 밖에 여러 친척들과 이웃, 친구들, 그리고 제2차 세계대전을 경험한 여행의 동반자들이다. 그 경천동지할 충돌에 관하여 그들이 들려준 흥미진진한 이야기들이 마지막 폭탄이 떨어진 다음에야 세상에 태어나는 행운을 누린 한 아이의 관심을 불러일으켰다. 역사에 더 체계적이고 비판적으로 접근하고자 하는 마음은 주로 벨기에 에클로 시의 작은 플랑드르 마을의 역사 교사 카를로스 드라메라르 선생님께서 북돋아주셨다. 겐트대학의 잰 동트Jan Dhondt 교수님으로부터 현대 역사에 관한 거장의 개론 수업을 듣는 특권도 누렸다. 그리고 토론토 요크대학의 미카엘 카터Michael Kater 교수님이 안 계셨다면 나는 히틀러의 제3제국에 대해서는 아무것도 몰랐을 것이며, 제2차 세계대전에 관해서도 모르는 게 너무 많았을 것이다. 길게 연장된 내 학창 시절의 황혼기에는 크리스찬 베이Christian Bay, 스티븐 클락슨Stephen Clarkson, 수전 솔로몬Susan Solomon, 마이클 트레빌콕Michael Trebilcock, 캐럴린 투오히Carolyn Tuohy를 비롯한 토론토대학의 많은 정치학자, 경제학자, 그리고 여러 사회과학자들이 이 시대에 마땅히 누려야 할 인기를 누리지 못하고 있는 학문 분야인 정치경제학의 기본 원리들을 이해시켜주었다. 또한 나에게 깊은 감명을 주었던 몇몇 저자들의 이름을 (알파벳 순서로) 소개하고자 한다. 머리 에덜먼Murray Edelman, 가브리엘 콜코Gabriel Kolko, 토머스 쿤Thomas Kuhn, 라인하르트 퀴늘Reinhard Kühnl, 죄르지 루카치Georg Lukács, 마이클 퍼렌티Michael Parenti, 그리고 하워드 진Howard Zinn이 그들이다. 파시즘과 공산주의, 자본주의, 그리고 제2차 세계대전에 관하여 대단히 생산적인 토론을 나누었던 유럽과 북미의 여러 친구들도 잊어서는 안 될 것이다. 장-프랑수아, 존 힐, 한스 오펠, 마크 리핀코트, 마이클 퀸, 하워드 우드하우스가 그들이다. 나는 또한 내 미국인 친구 조지와 캐시 트리펠 부부를 비롯한 캐나다인, 미국인, 독일인, 벨기에인, 그리고 영국인 여행자들과 함께 관광가이드로서 대서양 양쪽을 여행하는 영광을 누리며 제2차 세계대전에 관하여 어마어마하게 많은 것들을 배웠다.

연구 및 집필 시기에는 베르트 드미트나르Bert De Myttenaere, 캐롤라 핑스Karola Fings, 앨빈 핀켈Alvin Finekel, 휴고 프란센Hugo Franssen, 위르겐 하러Jürgen Harrer, 미힐 혼Michiel Horn, 안드레아 노이게바우어Andrea Neugebauer, 앤 윌먼Anne Willemen, 그리고 사이 스트롬Cy Strom과 제니퍼 허친슨Jennifer Hutchison으로부터 귀중한 도움을 받았다. 그리고 내 아들 데이비드와 딸 나탈리에게도 고마움을 전한다. 이들을 비롯한 여러 사람들이 없었다면 이 책은 아마 지금과 굉장히 다른 모습이었을 것이다. 아니, 아예 이 책을 쓰지도 못했을 것이다.

이 연구의 약점과 부정확한 점, 그리고 독자에게 제공하는 일종의 해석과 같은 것들은 당연히 전적으로 내가 책임져야 할 부분이다. 나는 많은 친척과 친구들이 이 책의 역사적 해석에 다소 저항감을 느끼리라 생각하지만, 그들이 열린 마음으로 이 책을 읽을 것이라 믿으며 아주 고무적인 경험을 하게 되기를 희망한다. 설사 그들이 내 견해에 동의하지 않는다고 하더라도 나는 그들의 우정을 계속해서 소중하게 여길 것이다.

마지막으로 내 아내 대니엘의 관심과 격려, 그리고 무엇보다도 내가 집과 정원에서 해야 하는 더 쓸모 있는 일들 대신 이 프로젝트에 매달려 있는 동안 그녀가 보여준 놀라운 인내심에 진심을 다하여 "고마워danke"라고 말하고 싶다.

자크 R. 파월

옮긴이의 말

"역사를 잊은 민족에게 미래는 없다."

　우리 사회의 적폐와 과거사 청산을 이야기할 때마다 인용되곤 하는 문구이다. 나는 저 문장을 들을 때마다 머릿속이 복잡해진다. 혹시 저 원리가 우리 민족에게만 설득력 있게 들리는 건 아닐까 하는 생각이 지워지지 않기 때문이다.

　같은 역사를 우리는 기억해야 하고 일본은 잊어야 한다. 진실은 피해자에게만 구원이다. 가해자가 끔찍한 범죄의 진실이 밝혀지기를 원하지 않는 건 당연한 일일 것이다.

　일본이 역사를 대하는 태도는 물론 비난받아 마땅하다. 그러나 그것은 순전히 양심과 도덕의 차원에서만 그럴지도 모른다. 그 태도가 과연 어리석은지는 또 다른 문제이다. 일본과 극명하게 대조되는 독일의 역사관은 대단히 존경스럽지만, 독일이 그 역사관 덕분에 지금의 위치에 오를 수 있었다고 말하기는 어렵다. 2016년 기준 일본의 경제력은 세계 4위로 독일보다 오히려 한 단계 더 높고, 이론적으로 아직 군대를 보유할 수도 없는 나라가 군사력마저 전 세계 7번째로 꼽히고 있으니까 말이다.

　물론 국가의 성공이 곧 민족의 성공인 것은 아니다. 미국과 중국은 현재 자타가 공인하는 세계 최강대국이지만, 그 나라들의 대다수 국민의 삶은 다른 선진국 국민이 누리는 삶의 질과 비교도 할 수 없을 만큼 열악하다. 일본도 당당하지 못하다. 평범한 일본 국민이 누리는 삶의 질이 그들보다 경제력이 떨어지는 여러 서유럽 국가에 미치지 못하는 건 잘 알려진 사실이다.

역사를 모르는 국민은 자신의 권리를 쉽게 빼앗기게 마련이다. 독재자는 그래서 역사를 왜곡한다. 하지만 미국과 중국, 그리고 일본 국민이 자국의 높은 경제력에 걸맞은 삶을 누리지 못하는 이유를 전적으로 그들의 역사 인식이 부족한 탓으로 돌릴 수 있을까? 유럽의 선진국 국민들은 아직도 전범을 색출해 죄를 묻는 그들의 역사 인식 덕분에 남들보다 윤택한 삶을 누리고 있는가? 역사를 알면 행복해지고 역사를 모르면 불행해지는가?

만일 '역사'가 '진실'과 동의어라면, 위 질문에 대한 이 책의 대답은 '그렇지 않다'일 것이다. 이 책은 독일을 비롯한 서방 선진국들 역시 과거사를 제대로 청산하지 못했다는 사실을 폭로한다. 물론 일본이나 우리나라에 비할 바는 아니다. 우리가 친일파의 지위와 재산을 보전해주고 지금까지도 사회 최상류층에 머물도록 허락하는 동안, 독일과 프랑스 같은 나라에서는 말단 장교는 물론 나치에 협력한 민간인까지도 눈감아주지 않고 대가를 치르게 한다. 그러나 그 나라들에서조차 전범으로 처벌받는 건 대부분 군복을 입은 자들에 국한되어왔다. 직접적으로 폭력을 휘두른 자들과 그들에게 선동당한 국민에게만 모든 잘못을 돌리는 것이다. 그리고 그 모든 끔찍한 전쟁 범죄를 뒤에서 조종하고 그로부터 가장 큰 이익을 얻은 자들에게는 여전히 아무런 책임도 묻지 않는다.

"cui bono(그 범행으로 누가 이익을 얻었는가)?"

선진국 국민들은 저 질문의 대답을 알고 있을까? 그들이 '잊지 않고 기억하는' 역사는 비록 철저히 '거짓'은 아닐지라도 완전한 '진실'에는 한참 미치지 못한다. 그런 점에서 현대 사회에서 가장 공포스러운 광경은 일본이 역사를 뻔뻔하게 왜곡하는 모습이 아니라, 독일을 비롯한 선진국 국민들과 우리 자신의 역사 인식이 정확하고 올바르다고 확신하는 모습일지도 모른다. "역사를 잊은 민족에게 미래는 없다"는 저 문구가 흔히 알려진 것처럼 단재 신채호 선생이 《조선상고사》에서 처음으로 한 말이 아니라 이 책의 가장 악랄한 주인공 중 한 명인 윈스턴 처칠이 말한 "A nation that forgets its past has no future"의 번역이라는 소름끼치는 사실과 함께.

일본의 역사 왜곡은 분명 역겨울 정도로 뻔뻔하기 이를 데 없다. 그러나 이 책은 미국과 영국, 그리고 독일과 프랑스 등 서방 선진국들이 자행해온 역사 왜곡도 결코 그보다 덜하지 않다는 단서를 제공한다. '진실'을 외면하고 승자가 다시 쓴 '역사'만 기억한 그들 민족은 그럼에도 오랜 세월 크게 번영해왔다. 역사를 그들에게 유리한 방향으로 철저히 왜곡한 덕분에 일말의 죄책감도 없이 당당하게 번영할 수 있었다고 해야 옳을지도 모른다. 물론 대다수 국민이 적극적으로 가담한 범죄였다고 말하기는 어렵다. 그들 또한 피해자이기도 하다. 미국 같은 신흥 강대국뿐 아니라 국가와 민족이 함께 번영한 것처럼 여겨져온 구시대의 선진국들도 그 속내는 대다수 민중이 아닌 소수 특권층을 위한 사회였으니까. 역사는 그 사회구조를 유지하기 위해 왜곡되었다고 해도 과언이 아닐 것이다.

하지만 최근에는 역사의 왜곡도 이제 한계에 도달했다는 징후가 나타나기 시작했다. 비록 도널드 트럼프가 대통령에 당선되는 다소 황당한 결과로 나타나기는 했지만, 미국 국민들이 점점 더 심해져만 가는 빈부 격차의 진짜 이유와 의미에 대해 진지하게 생각하기 시작한 것만은 분명한 것 같다. 반면 영국의 EU 탈퇴는 역사를 잊은 민족에게 미래는 없다는 처칠의 저 뻔뻔한 언명이 저주처럼 되돌아간 것처럼 보일 정도다. 유럽 대륙과 구별되는 대영제국이라는 그들만의 찬란한 역사가 이제 그들의 발목을 잡는 셈이다. 더불어 근현대사와 국제 관계에 대한 영국 국민의 무지도 그런 결정에 크게 한몫했을 것이다. 자유의 여신의 고향 프랑스 시민들조차도 결국에는 자신들의 목을 조르고 말 것이 자명한 극우 성향 정당에 점점 더 기울어가고 있다. 이러한 우경화는 사실상 전 세계적인 현상이다. 미국발 경제 위기에 시달리는 유럽의 선진국 국민들이 자신들이 가해한 역사를 잊고 모든 책임을 근현대사의 가장 큰 피해자들에게 돌리며 벌어지는 일들이다.

그리고 지금 우리 민족은 그동안 우리가 아무런 의심 없이 굳게 믿고 있었던 것들이 얼마나 터무니없는 거짓이었는지를 아주 고통스러운 방식으로 배우고 있다. 믿기지 않을 정도로 유치하고 노골적인 동시에 보통 사람들은 상상조차 하기 어려운 엄청난 규모의 범죄 행위들을 눈앞에 두고, 분노를 넘어서 무력감에 빠져들지 않기가 힘겨울 지경이다.

우리에게 닥친 이 가혹한 현실, 산적한 적폐의 연원이 청산은커녕 거의 손도 대지 못한 과거사에 있음은 분명하다. 일제 강점기의 부역자들이 지금까지도 우리 역사를 사실상 강점해온 탓이다. 이 책은 그들이 그렇게 할 수 있었던 역사적 배경을 설명해준다. 제2차 세계대전이 막을 내리며 미국과 영국이 여러 해방국들의 정부 구성에 개입하면서 자기들이 다루기 쉬운 집단, 즉 침략자들에게 부역하던 집단이 집권하도록 도와주었다는 것이다. 자국의 독립을 위해 목숨 바쳐 싸우던 반파시스트 저항운동 세력을 배제하고, 거대 기업 등 극소수 권력층의 이익에만 봉사하는 수구 세력에게 권력을 쥐어준 결과이다. 프랑스에서 독립을 위해 목숨 바쳐 싸우던 레지스탕스 대신 드골이 집권한 것이나, 상해 임시정부 대신 이승만 정권이 들어서 반민특위를 해산한 일들이 대표적인 예이다.

"cui bono?"

그래서 누가 가장 많은 이익을 얻었는가? 국가와 민족의 번영을 위해 피땀 흘려 일한 우리 선량한 아버지 세대들의 노고는 어디에서 열매를 맺었는가? 이 세상이 점점 더 살기 좋은 곳이 되어가고 있는가? 그 결과로 불과 한 줌도 안 되는 소위 파워엘리트들의 배만 불리고 있다면, 바로 그들이 가장 엄벌을 받아 마땅한 진짜 전범이 아니겠는가? 하켄크로이츠나 욱일승천기를 수놓은 군복을 입은 잔챙이들이 아니라!

이 책은 이것이야말로 우리가 알아야 할 진짜 역사이자 진실이라고 객관적이고 담담한 어조로, 그러나 고통스러운 목소리로 이야기하고 있다. 이제는 어느 한쪽에만 번영을 가져다주는 가짜 역사를 청산하고 진실과 정의를 이야기할 때라는 웅변처럼 들린다. 일본과 독일의 역사 인식을 비교해봐도 알 수 있듯이, 노골적인 거짓말의 반대가 곧 진실인 것은 아니다. 유치찬란한 국정교과서에 반대하기만 하면 저절로 진실의 수호자가 되는 게 아니라는 얘기다. 진실은 감추어져 있을수록 불편하게 마련이며, 그것을 직시하기 위해서는 지적인 능력 이상으로 용기가 필요한 법이다.

세상에 사랑하는 사람들이 악당에게 착취당하는 모습보다 더 고통스러운 광경이 한 가지 있다면, 그것은 사랑하는 사람들이 자신들을 착취하는 악당을 믿고 따르며 사랑하는 모습일 것이다. 오직 극소수 권력층의 이익만을 위한 전쟁에서 가족을 잃은 사람들이 그 부도덕한 전쟁의 대의를 찬양하는 모습, 또는 가난하고 선량한 사람들이 독재자에게 투표하는 것 같은. 오바마 케어 수혜자들이 오바마 케어 폐지를 공언하는 트럼프에게 투표하는 것처럼 말이다. 그래서 문장과 내용 자체는 그리 어렵지 않은 이 책을 우리말로 옮기는 작업이 너무나도 힘들고 고통스러웠다. 다행히 최근에는 점점 더 많은 사람들이 용기 있게 진실을 구하고 있음을 뚜렷이 알 수 있다. 덕분에 이 책을 옮기는 고통을 견뎌낼 수 있었다. 타인의 선량한 의지를 믿었기에 독재자의 터무니없는 거짓말들을 의심할 생각조차 하지 못했던 선량한 그분들께 진실의 작은 파편이나마 전하고 싶은 마음이었다. 여전히 자신의 신념 체계가 왜곡되어 있었음을 인정하지 못하고 더욱 과격하게 저항하는 안쓰러운 모습들도 아직은 그대로이긴 하지만.

번역에 오류가 있다면 그에 대한 책임과 질책은 당연히 전적으로 나에게 돌아와야 할 테지만, 이 책을 옮기는 데 들인 시간과 노력과 성의로 조금이라도 쌓일 것이 있다면 그것은 모두 한평생 타인의 선량한 의지를 믿고 열심히 일해 저 어려운 시절을 뚫고 나오신 내 선량한 아버지 어머니께 온전히 바치고자 한다.

2017년 4월

윤태준

미주

서문: 목적과 방법론

1   'Dirty truths': 퍼렌티의 저서 (1996).
2   Ambrose (1998), p. 66.
3   미국 수정주의 고전들: Williams (1962); Kolko (1968).
4   독일의 최신 수정주의 연구들: Henke; Loth (1994).
5   제3세계의 입장에 대한 관심: Chomsky; Dieterich.
6   객관성에 관한 퍼렌티의 견해: Parenti (1999), pp. xv–xvi.

1장. 서론: 미국과 '위대한 십자군'이라는 신화

1   제2차 세계대전에서 미국의 역할에 관한 할리우드의 '신화 창조': Adams, pp. 4 ff., 11–14, 17.
2   아이젠하워와 루스벨트 인용 관련: Fussell, p. 167.
3   이사야 벌린 인용: Fussell, ibid.
4   미국 군대의 파시스트와 군국주의적 실례들: Fussell, p. 79 ff 179.
5   Adams, pp. 81, 147.
6   Hynes, pp. 114–15; Doenecke and Wilz, pp. 6–7.
7   Fussell, pp. 129 ff., 141, 179; Blum, pp. 67–68; Sherry (1995), pp. 90–91; Mazzeno; "헛소리(bullshit)" 인용: Kolko (1994), pp. 210–11; Hoenicke (2010), p. 116. 영화 〈라이언 일병 구하기〉 관련 코멘트: Zinn (2001), pp. 102, 104.
8   Blum, p. 46; Ponting, p. 175; Cashman, p. 230.
9   '역사의 위대한 인물들' 이론: Edelman, pp. 37–65; Whitelam, p. 9.
10 미국 '다원주의'에 관한 중요한 지적: Mills, p. 242 ff.; Parenti (1978), p. 27 ff.

2장. 미국의 파워엘리트와 파시즘

1   Schmitz (1999) ; Vidal, p. 928 ; Lens, p. 96.

2   Diggins, pp. 335–39 ; Schmitz (1985), pp. 117–38 ; Deschner (1990), p. 59 ; Lacroix-Riz (1996), pp. 168–70, 253 ff.

3   Pauwels (2013), Part One.

4   Higham (1983), passim ; Kolko (1962), pp. 713−28 ; Doares ; Knapp, Link, Schroder, Schwabe, pp. 86−92 ; Grosser, p. 8 ; Jonas, p. 222 ; Simpson (1993), pp. 11, 46 ff. ; Offner (1969), p. 7, n. 23 ; Wilkins, pp. 187−88 ; Schafer, p. 207 ; Bettelheim, p. 94 ; Cray, p. 315n ; Zilg, pp. 213, 304−08, 313−14 ; Pendergrast, p. 218 ff.

5   Pendergrast, p. 221 ; Jones and Ritzmann, pp. 10−12 ; Reymond, pp. 302−05.

6   H. A. Turner , p. 12.

7   H. A.Turner , p. 10. Commentary on Turner in Black (2009), pp. 123−124.

8   Billstein, p. 24 ; Lindner, p. 121 ; Reich (1990), pp. 109, 117, 247 ; Silverstein, passim ; Kolko (1962), p. 725 ; Dobbs (1998a and 1998b) ; Jersak ; Matthias, pp. 134−35 ; Black (2009), pp. 101−102 ; Gassert, pp. 347−348.

9   Black (2001), pp. 76−77, 86−87, 98, 119, 120−21, 164, 198, 222. 라이히 스마르크 환율: Billstein et al., p. 17.

10   Black (2001), pp. 60, 99, 116, 122−23.

11   Higham (1983), introduction, p. xvi.

12   "All in the Family: The Apple Does Not Fall Far from the BUSH" ; Aris and Campbell ; Buchanan and Stacey ; Mikhah and Kofoet.

13   Black (2009), p. 9 ; Losurdo (2006), pp. 219−220, 224−225, and (2007), p. 114 ff. ; Zilg, pp. 94, 304−08, 314 ; Higham (1983), pp. 162, 165 ; Sampson (1973), p. 27 ff. ; Sampson (1975), pp. 81−82 ; Doares ; Warburg, pp. 34−35 ; Deschner (1992), pp. 219−26.

14   Jersak.

15   Billstein et al., p. 25 ; H. A. Turner, p. 23.

16   Overesch (1993), p. 64

17   Higham (1983), p. 163 ; also Berghahn (2004), p. 142 ff.

18   Higham (1983), p.165.

19   Watkins, pp. 222−24, 247−48, 323 ; O'Reilly, pp. 122, 165 ff. ; David Brinkley, p. 17 ; Blum, p. 182 ff. ; Adams, pp. 12, 145 ; Roeder, pp. 45, 84 ; Zinn (1980), p. 406 ; Terkel, p. 564 ; Kuhl, p. 38.

20   Ambrose (1998), p. 146.

21   Hoenicke (2010), p. 152

22   Hoenicke (2010), p. 72 ff.

23   Adams, p. 146. 포드와 듀퐁의 반유대주의: Losurdo (2007), p.114 ff.; Silverstein, p. 12; Dobbs (1998a and 1998b); Higham (1983), pp. 161–62; Hoenicke (2010), p. 73; Amblard, p. 49 ff.; Baldwin, p. 279.

24   Dodd and Dodd, p. 107.

25   Adams, p. 146; Watkins, p. 320; Morse, passim.

26   Morse, pp. 270–88.

27   Hilliard, passim, and document on pp. 216–17; Terkel, pp. 572–73, and Zezima, p. 68.

28   Zunes.

29   Cray, p. 315; Dobbs (1998a and 1998b); Sampson (1975), p. 82; Higham (1983), p. 97; Cashman, pp. 70–72; Black (2001), pp. 132–34.

30   Jersak; Martin (1976), p. 82; Dobbs (1998b); Black (2001), p. 208.

3장. 미국과 공산주의의 위협

1   Parenti (1989), pp. 136–38; Chomsky, pp. 66–67; Aronson, p. 26 ff.; Leibovitz and Finkel, p. 35 ff.

2   Filene, pp. 35–42; Foner, p. 42 ff.

3   Murray; Foner, p. 20 ff.

4   Williams (1967); Aronson, pp. 29–30; Loewen, p. 12 ff.

5   Paterson, Clifford, and Hagan, pp. 289–93.

6   Vidal, p. 926; Barson, pp. 5–8.

7   W. Turner, p. 177.

8   Russo.

9   Zieger, p. 71

10   Backer, p. 162.

11   Thurston, p. 221; Losurdo (2008), pp 138–143; Heale, p. 99; Watkins, pp. 76–107; Greiner, p. 62 ff.; Kutulas, pp. 46–51.

12   Cowley. Watkins, p. 338.에서 재인용

13   Millar (1985), p. 288.

14   인용은 Diggins 책 표지에 인쇄된 《타임스 리터러리 서플먼트Times Literary Supplement》의 논평

15 프랑스의 경우는 다음 연구 참조: Lacroix-Riz (2006 and 2008).

16 Mayer, p. 30 ff.; Dulffer, p. 84; Overy (1997), pp. 34 - 35.

17 Martin (1974), pp. 313 - 14.

18 Schmitz (1985), passim; Schmitz (1999), p. 87 ff.; Leibovitz and Finkel, p. 35; Parenti (1989), p. 141; Kuhnl (1989), pp. 34 - 35; Engelmann, pp. 272 - 74; Chomsky, p. 68.

19 Hoenicke (2010), p. 61.

20 Hitchens, p. 25; Adams, p. 34; Sobel, pp. 87 - 88; Schafer, p. 207.

21 Kershaw, pp. 143 - 44; van der Pijl, p. 86; Parenti (1989), pp. 142 - 43; Harbutt, pp. xi - xii; Higham (1983), pp. 5, 182; Davies, pp. 16, 19; Kuhnl (1989), p. 37; Soete, pp. 102 - 08.

22 Higham (1988), p. 241.

23 유럽의 유화 정책에 관한 세부 사항은 레이보비츠와 핀켈, 그리고 소테[Soete] 의 연구 참조.

24 Horn; Knapp, Link, Schroder, and Schwabe, p. 109.

25 Schmitz (1999), pp. 88 - 89; Simpson (1993), p. 52; Maddux (1977), passim.

26 Meyer, p. 32; Offner (1983).

27 Schmitz (1999), p. 87 ff.; Farnham,pp. 76 - 77; Hass, p. 81; Offner (1969), pp. 146, 234; Offner (1971), pp. 54 - 76; Ambrose (1998), p. 73.

28 Kolko (1976), p. 220.

29 Leibovitz and Finkel, p. 235 ff.; Soete, pp. 249 - 52; Knightley, pp. 225 - 26.

30 Offner (1983), pp. 215 - 16; Paterson, Clifford, and Hagan, p. 329; Hass, pp. 89, 109, 153 ff.; Barson, pp. 19 - 22; Billstein et al., pp. 37 - 44; Volklein, pp. 81 - 88; H. A. Turner, p. 104 ff. 개신교와 가톨릭 정기 간행물 관련 내용: Hoenicke (2010), pp. 66, 71; 무니 인용: Hillgruber (1967), p. 85.

31 Heale, pp. 122 - 25; Cashman, pp. 269 - 71; Soete, pp. 275 - 83.

4장. 유럽의 전쟁과 미국의 경제적 이익

1 Viorst, pp. 37 - 40; Aglion, pp. 118 - 27, 136; David Brinkley, p. 32.

2 Du Boff, p. 72; Oppelland, pp. 16 - 17.

3 Doenecke and Wilz, p. 63; Schafer, p. 207

4 Pauwels (2014), p. 457 ff.

5 Ambrose (1993), p. 3; Hass, p. 70; Fussell, pp. 147 - 48; Historical Statistics, p. 903.

6   MacDonald, pp. 400 – 01, 409; Williams (1962), p. 233; Barber, p. 154; Doenecke and Wilz, pp. 104 – 05.

7   Maddox (1992), p. 76; Blum, pp. 309 – 10; A. J. P. Taylor (1965), pp. 513, 533.

8   Puth, p. 522; Cashman, p. 214; Blum, p. 230; Reynolds, Kimball, and Chubarian, p. 181.

9   Cashman, p. 214.

10 Harbutt, p. 62; Keegan, pp. 97 – 98.

11 Crombois, p. 291 ff.

12 Carroll and Noble, p. 345

13 Schafer, pp. 207 – 08; Berghahn (1993), pp. 85 – 86; Hoenicke (2010), pp. 65 – 66; Hearden, pp. 109 – 10, 126 – 27; Knapp, Link, Schroder, and Schwabe, pp. 119 – 25, 145 – 50; Schafer, p. 207; Hass, pp. 37 – 38.

14 Pommerin (1977), pp. 23 – 27; Junker (1975), pp. 97 – 102; Knapp, Link, Schroder, Schwabe, pp. 137 – 46; Gatzke, pp. 122 – 23; Hass, p. 39 ff.; Carroll and Noble, p. 346.

15 Hearden, p. 110.

16 인용: Hallgarten and Radkau, pp. 337 – 38.

17 Lewis, pp. 222, 270.

18 Black (2001), p. 212.

19 Cashman, p. 56; Carroll and Noble, p. 347.

20 Cashman, pp. 67 – 68.

21 Ambrose (1998), p. 66.

5장. 1941년 가을: 모스크바에서 전세가 뒤집히다

1   Rolf-Dieter Muller, *Der Feind steht im Osten*, published in 2011.

2   Muller, p. 152.

3   Soete, pp. 289 – 290, p. 289, n. 1.

4   Ueberschar (2011b), p. 39.

5   Muller, p. 169.

6   Ueberschar (2011a), p. 95

7   Muller, pp. 209, 225.

8   Ueberschar (2011b), p. 15.

9   Pauwels, op. cit., p. 62; Ueberschar (2011a), pp. 95 – 96; Domenico Losurdo,

Stalin: *Storia e critica di una leggenda nera*, Rome, 2008, p. 29.

10   Muller, p. 243.

11   Overy (1997), p. 87; Ueberschar (2011a), pp. 97 – 98.

12   Ueberschar (2011a), p. 97.

13   Overy (1997), pp. 64 – 65.

14   Furr, p. 343; Losurdo (2008), p. 31; Soete, p. 297.

15   Losurdo (2008), pp. 31 – 32; Wegner, p. 653; Ueberschar (2011a), p. 100.

16   Muller, p. 233.

17   Ueberschar (2011a), pp. 99 – 102, 106 – 107.

18   Ueberschar (2011a), p. 106.

19   Ueberschar (2011a), pp. 107–111; Roberts, p. 111.

20   Hillgruber (1989, p. 81.

21   Ueberschar (2011a), p. 120.

22   Lacroix-Riz (1996), p. 417.

23   Bourgeois, pp. 123, 127.

24   Ueberschar (2011a), pp. 107 – 108.

25   Gatzke, p. 137.

26   Wegner, pp. 654 – 656.

27   Ueberschar (2011a), p. 116.

28   Ponting, p. 130; Ambrose (1998), p. 72.

6장. 일본, 독일과 전쟁하는 미국

1   Overy (1995), p. 254; Overy (1997), pp. 194 – 197; Martin (1974), pp. 459, 475; Ambrose (1998), pp. 76 – 77; Hass, pp. 233 – 234; Hillgruber (1989), p. 78; Sivachev and Yakovlev, p. 165; Dulffer, pp. 138 – 141; Keyssar and Pozner, pp. 151 – 152. Steinhardt is quoted in Mayers, p.131.

2   Levering, p. 156; Hillgruber (1989), pp. 80 – 81; Fohlen, pp. 147 – 48; Gaddis, pp. 22 – 23.

3   David Brinkley, p. 152 ff.

4   Levering, p. 46; Cole, pp. 433 – 434; Parenti (1969), p. 126; Levering, p. 46 – 47; Douglas, p. 86; Koppes and Black, p. 189; Adler and Paterson, p. 1051.

5   Ponting, p. 106; Overy (1997), pp. 194 – 197; Martin (1974), p. 459; Deutscher, p. 512, n. 1; Hillgruber (1989), p. 81; Hass, p. 234; Sivachev and

Yakovlev, p. 165 ; Adams, p. 71.

6 　독일 연방 문서보관소에서 이용 가능한, 독일 육군이 연료에 관해 작성한 '일급 기밀'을 이용한 예르사크의 통계: file RW 19/2694 ; Snell, p. 16 ; Higham (1983), pp. 59 – 61.

7 　See, e.g., Zhilin, pp. 55 56.

8 　See, e.g., Zinn, p. 305 ff.

9 　Hearden, p. 105.

10 　"Anti-Japanese Sentiment." 참조.

11 　Rudmin, op. cit.

12 　녹스 인용: Buchanan.

13 　일본, 독일, 이탈리아가 1940년 9월 27일 베를린에서 맺은 3국조약에 따르면, 세 나라는 그들 중 한 나라가 다른 나라로부터 공격받으면 서로 도와야 하지만, 그들이 먼저 공격한 경우에는 도울 필요가 없었다.

14 　Hillgruber (1989), pp. 75, 82 – 83, Iriye, pp. 149 – 150, 181 – 182.

15 　Stinnett, op. cit., pp. 5 – 6, 9 – 10, 17 – 19, 39 – 43, 60 ff. ; Buchanan.

16 　미국 전함 메인호가 아바나 항구에서 의문의 폭파를 당하자 그 즉시 스페인에게 책임을 물어 스페인 전쟁이 발발했을 때도 미국 국민은 비슷한 방식으로 결집했다. 제2차 세계대전 이후에도 미국인들은 또다시 1964년 통킹 만 사건 같은 조작된 도발을 통해 그들의 정부가 원하고 계획한 전쟁들을 승인하도록 조종되었다.

17 　Stinnett, pp. 152 – 154.

18 　Zinn (1980), p. 401.

7장. 미국에서 벌어진 계급투쟁

1 　통계: Historical Statistics, p. 126 ; Adams, pp. 115 – 16 ; Du Boff, p. 91.

2 　Terkel, p. 9.

3 　Brandes, pp. 253 – 59, 263 ; Adams, p. 118 ; Zinn (1980), p. 416 ; Cashman, pp. 202 – 08.

4 　스팀슨 인용: Sherry (1995), p. 72 ; Overy (1995), p. 198.

5 　Black (2001), p. 345

6 　Farber, p. 223.

7 　Brandes, pp. 259 – 62 ; Cashman, pp. 202 – 03 ; Sherry (1995), p. 73 ; Mills, pp. 100 – 01 ; 통계: David Brinkley, p. 53 ; 트루먼 인용: Brandes, p. 262.

8 　David Brinkley, pp. 53 – 54.

9   Vatter, p. 149; also Sherry (1995), p. 72.

10 Adams, p. 117; Weiher, pp. 98-99; Reynolds, Kimball, and Chubarian, pp. 181-82; Cashman, p. 213; Roeder, p. 65.

11 Mills, pp. 100-01.

12 Zieger, p. 62 ff.; Brecher, p. 221 ff.; Marwick, pp. 246-47; Cashman, pp. 245-47; Cardozier, pp. 150-152; Fohlen, pp. 213-16; Sivachyov and Yazkov, pp. 183-87; Levine et al., pp. 459-63. Zinn quotation: Zinn (1980), pp. 408-09. 1939년~45년 물가상승률은 www.westegg.com/inflation.의 '물가상승률 계산기'로 계산.

13 집단행동에 대해 참조: Parenti (1996), pp. 123-24; 이 주제를 다룬 올슨의 책 3장.

14 Keen, pp. 27, 33, 89.

15 Hoenicke (2010), p. 157 ff.; Steele, especially pp. 233-34.

16 Dick, p. 196; Shull and Wilt, pp. 36, 94-95; Maddox (1992), pp. 186-87; Howell, p. 806; Hoenicke (2010), pp. 236-240.

17 Small (1974); Parenti (1969), p. 125; Koppes and Black (2001), pp. 185 ff., 210, 219; Roeder, pp. 128-29; Barson, pp. 23-32; Adams, p. 139; Levering, p. 73; Adler and Paterson, p. 1051.

18 Levering, pp. 111-12; Parenti (1969), p. 125; Deutscher, pp. 474-75, 477; Hillgruber (1989), p. 124; Small (1974), p. 472.

19 Reynolds, Kimball, and Chubarian, pp. 193-94.

8장. 스탈린을 위한 제2전선, 또는 하늘 위의 제3전선?

1   Deutscher, p. 499; Bagguley, p. 95; Davies, p. 52.

2   Desquesnes, pp. 262, 265.

3   Overy (1995), p. 34.

4   Levering, p. 78; Gaddis, pp. 66-67; Deutscher, pp. 92 and 479, n. 2; Harbutt, p. 39; Lynd, p. 568; Loth (1988), p. 60; Stoler, passim.

5   Sainsbury, p. 37; Maddox (1992), pp. 134-36; Harbutt, p. 46; Gaddis, p. 70; Ambrose (1993), p. 17.

6   Chomsky, pp. 68-69; Ponting, p. 80; Sivachev and Yakovlev, pp. 174, 180-81; Levering, p. 46; Cole, pp. 433-34.

7   Ross, pp. 28-29.

8   Deutscher, p. 499; Bagguley, p. 95; Desquesnes, pp. 262, 265.

9   David O'Keefe, *One Day in August: The Untold Story Behind Canada's Tragedy at Dieppe*.

10   Knightley, pp. 319 – 20.

11   Carroll and Noble, p. 354.

12   Adams, pp. 53–54, 108 – 110; Overy (1995), pp. 101 – 33; Murray and Millet (1996), pp. 106 – 08, 122 – 27, 140; Kolko (1994), pp. 185, 206; Maddox (1992), pp. 259 – 65; Roeder, p. 84; O'Neill, pp. 314 – 15.

13   Bagguley, p. 92; Ponting, pp. 130 – 31.

9장. 스탈린의 소련: 사랑스럽지는 않지만 쓸모 있는 동반자

1   Overy (1995), pp. 63 – 100; Ebert, p. 53; Davies, p. 58.

2   Harbutt, pp. 36 – 37, 50; Gaddis, p. 74.

3   Stoler, pp. 136 – 37.

4   Ponting, p. 130; Ambrose (1998), p. 72.

5   Kimball, pp. 19 – 20.

6   Blasius, pp. 166 – 73; Hillgruber (1989), pp. 85 – 86, 101, 104; Gaddis, p. 73; Maddox (1988), p. 4; Maddox (1992), p. 141; Ambrose (1993), pp. 23 – 24; Sainsbury, pp. 142 – 43.

7   Blasius, pp. 164 – 67.

8   Mayers, p. 138.

9   Gaddis, p. 15.

10   Gaddis, p. 75; Junker (1989), pp. 67 – 68; Ponting, p. 130.

11   Williams (1962), p. 210 ff.; Lynd, p. 571; Harper, p. 81; Harbutt, pp. 43, 54 ff.; Loth (1988), p. 30.

12   Maddox (1988), pp. 6 – 7; Harbutt, p. 55.

10장. 이탈리아의 해방: 치명적인 선례

1   인용: Stoler, p. 137.

2   에티오피아에서 바돌리오의 역할: Del Boca, passim.

3   Kolko (1968), pp. 56 – 57; Lacroix–Riz (1996), pp. 430 – 33; Feldbauer, pp. 132 – 147; Gaja, pp.151 – 60.

4   Caretto and Marolo, pp. 39 ff.; Zezima, pp. 148 – 51; p. 133, n. 6; Kruger,

p.14.

5   Ambrose (1993), p. 25; Lynd, p. 572; Ponting, p. 247; Kolko (1968), p. 52; Kimball, p. 20.

6   Deutscher, p. 518; Harbutt, p. 68. Kolko quotation; Kolko (1968), pp. 50 – 51.

7   Loth (1994), p. 20; Harper, p. 122.

8   Carroll and Noble, p. 354.

9   Stoler, p. 138.

10 Kolko (1968), p. 29; Ross, p. 81; Stoler, pp. 137 – 38.

11장. 1944년의 길었던 여름

1   Kimball, p. 19; Overy (1997), pp. 240 – 44.

2   Kolko (1968), p. 144 ff.

3   그리스 관련: Gaja, pp. 145 – 150.

4   "1944: Charte du Conseil National de la Resistance," www.ldh-france.org/1944-CHARTE-DU-CONSEIL-NATIONAL-DE.

5   Thomson, pp. 233 – 34; Davies, pp. 56 – 57; Kolko (1968), pp. 72 – 73, 77.

6   Harbutt, pp. 76 – 77; Hoge.

7   Grosser, p. 24; Viorst, pp. 115 – 33, 220; Kolko (1968), p. 64 ff.; Aglion, p. 195

8   Rossi; Hoge; Loewenheim, Langley, and Jonas, pp. 344 – 45; Kolko (1968), pp. 82 – 83.

9   Stimson quotation from Rossi, p. 61.

10 Rossi, p. 64; Kolko (1968), p. 77.

11 Viorst, pp. 210 – 11.

12 Overy (1997), pp. 244 – 49.

13 A. J. P. Taylor (1967), p. 299

14 Kolko (1976), p. 228; Harbutt, p. 78.

15 Kolko (1968), pp. 96 – 98.

12장. 붉은 군대의 성공과 얄타회담

1   Leibovitz and Finkel, p. 206; Losurdo (2008), pp. 179 – 180. See also Harper, p.

104, for a relevant remark by Roosevelt.

2   Knightley, pp. 324 – 25 ; Keyssar and Pozner, p. 153.

3   Overy (1997), pp. 256 – 60 ; Kolko (1968), pp. 350 – 52 ; Maddox (1992), pp. 250 – 51 ; Keyssar and Pozner, p. 154.

4   맥아더의 견해: Schwinge, pp. 10 – 11.

5   Bennett, p. 156.

6   Steininger, pp. 20 – 22 ; Kolko (1968), pp. 353 – 55, 인용: p. 355.

7   Harbutt, p. 82 ; Horowitz (1965), p. 35.

8   Stettinius quotation from Parenti (1969), p. 131.

9   Eisenberg (1996), p. 61.

10   Steininger, p. 28 ; Loth (1994), p. 15.

11   Loewenheim, Langley, and Jonas, p. 656.

12   Harbutt, p. 72 ; Loth (1994), p. 18 ; Hoenicke (2010), p. 293 ff. ; Krieger, pp. 36, 40 – 41 ; Paterson, Clifford, and Hagan, p. 409 ; Kolko (1968), pp. 331, 348 – 49 ; Link, pp. 107 – 08 ; Gardner, pp. 250 – 51.

13   Fisch, p. 48.

14   Eisenberg (1982), p. 26 ; Gromyko's comment is from Hoenicke (2010), p. 302.

15   Parenti (1969), p. 135 ; Cochran, p. 42.

16   Parenti (1969), p. 137

17   Weinberg, p. 809 ; Dullfer, p. 29

18   Parenti (1969), p. 139.

19   Gaddis, p. 88 ; Deutscher, pp. 473 – 74 ; Simpson (1993), pp. 118 – 19 ; Maddox (1992), p. 251 ; Paterson, Clifford, and Hagan, p. 413 ; Loth (1994), p. 16 ; Parenti (1969), p. 131.

13장. 드레스덴: 엉클 조에게 보내는 메시지

1   Knightley, p. 313.

2   F. Taylor, pp. 354, 443 – 448 ; Bergander, chapter 12, and especially pp. 210 ff., 218 – 219, 229 ; "Luftangriffe auf Dresden", p. 9 ; Irving, pp. 224 – 27.

3   Sherry (1987), p. 260 ; 비슷한 견해: Irving, p. 231.

4   General Spaatz의 코멘트: Hansen, p. 243.

5   Overy (1995), pp. 127 – 33.

6   F. Taylor, p. 416.

7   F. Taylor, pp. 321 – 322.

8   Groehler, p. 414; Hansen, p. 245; "Luftangriffe auf Dresden"; F. Taylor, pp. 152 – 154, 358 – 359.

9   Spoo, pp. 367 – 70.

10   F. Taylor, p. 190; Groehler, pp. 400 – 401. 제2차 세계대전 중 연합군의 폭격에 관한 최신의 연구를 수행한 영국인 저자는 얄타에 관한 연구를 언급하며, 소비에트는 "분명히 자신들이 곧 점령할 영토에서 영국과 미국 공군이 자기 영토에서 멀리 떨어지기를 원했다"고 지적한다. Grayling, p. 176 참조.

11   McKee, pp. 264 – 265; Groehler, pp. 400 – 402.

12   Davis, p. 96.

13   F. Taylor, pp. 185 – 186, 376; Grayling, p. 71; Irving. pp. 96 – 99.

14   Hansen, p. 241.

15   Harris. p. 242.

16   McKee, p. 46, 105.

17   Groehler, p. 404.

18   Groehler, p. 404.

19   실제로는 항상 그렇지 못했다고 하더라도, 미국은 이론적으로는 '정밀 폭격'을 선호했다.

20   F. Taylor, p. 318; Irving, p. 147.

21   F. Taylor, p. 319

22   Irving, p. 148.

23   인용: Groehler, p. 404. Grayling, p. 260도 참조.

24   Broadfoot, p. 269.

25   F. Taylor, pp. 361, 363 – 65.

26   Dahms, p. 187.

27   Schaffer, p. 330

28   Parenti (1989), pp. 146 – 47; Simpson (1988), pp. 55 – 56; Loth (1994), p. 14; Millar (1985), p. 284; Horowitz (1965), pp. 51 – 52, n. 3; Leffner (1992), p. 5.

29   Simpson (1988), pp. 55 – 56; Leffner (1992), pp. 5 – 6; Williams (1962), pp. 230 – 31; Dieterich, pp. 122 – 24. The JCS-report is quoted in Poole, p. 12.

14장. 스탈린을 어떻게 다룰까?: 루스벨트의 '온건노선'에서 트루먼의 '강경노선'으로

1   Henke, pp. 669 – 72.

2   Knightley, p. 327.

3   Eisenberg (1996), p. 72; Sivachev and Yakovlev, pp. 195 – 96.

4   Maddox (1992), p. 255; Shtemenko, pp. 388, 390; Henke, p. 673.

5   Henke, p. 714 ff.; Harbutt, p. 102; Gaddis, pp. 208 - 10.

6   Offner (1991), pp. 49 - 60; McCullough, p. 355.

15장. 반소비에트 십자군?

1   Bruhn, pp. 17 - 18.

2   Higham (1983), p. 98; Liebig.

3   Bruhn, pp. 17 - 19; Lacroix-Riz (1996), p. 438; McCormick, p. 37; Heideking
     and Mauch, pp. 12 ff., 28 ff.; Engelmann, pp. 268 - 70; see also Carl
     Goerdeler's "Geheime Denkschrift" of March 26, 1943, reproduced in Kuhnl
     (1980), pp. 446 - 48; Higham (1983), p. 98; Liebig.

4   Schwinge, p. 4.

5   Smith (1974); Smith (1977), p. 54 ff.; Harbutt, pp. 102 - 3; Kolko (1968), p.
     505; Hillgruber (1989), p. 147; Bacque, pp. 139 - 40; Pommerin (1995), p.
     17; "No Canadian Scandal"; Loth (1988), p. 89; Altmann, p. 24; Kraus, p.
     16; Zhilin., p. 95.

6   Yeldell, pp. 23 - 25; Simpson (1988); Zezima, pp. 155 - 5; Grose, pp. 22 - 25;
     Adams, p. 147; Ponting, pp. 288 - 93; Terkel, pp. 465 - 69; Lacroix-Riz (1996),
     pp. 438 - 40, 453 - 55; Lee; Milano and Brogan; Lichtblau, pp. 33 - 34.

7   Bruhn, p. 19; Leibovitz and Finkel, p. 41; Aronson, pp. 33 - 35; Terkel, pp.
     124, 127, 477; Smith (1974), p. 20; Roeder, p. 174, n. 21; Gaja, p. 99.

8   Matthias, p. 113; also Drechsler, pp. 119 - 20.

9   Terkel, pp. 44 - 45; similar comments in Terkel, pp. 303, 478.

10   Gaja, pp. 77 - 89; Waters, p. 280 ff.; Matthias, pp. 345 - 46; Heartfield, pp.
     152, 397.

11   Ambrose (1998), pp. 122, 172; Blumenson, pp. 269 - 70; Gaja, p. 106.

12   Buhite and Hamel, p. 372.

13   Buhite and Hamel, p. 372.

14   Smith (1977), p. 49; Gaja, pp. 161 - 165; Lacroix-Riz (1996), p. 438; Simpson
     (1988), pp. 92 - 93; Simpson (1993), p. 199 ff., 236 ff.; Alperovitz (1985), pp.
     25 - 33; Heideking and Mauch, p. 142 ff.; Kolko (1968), p. 375 ff.; Parenti
     (1969), p. 132, n.; Badia, pp. 215 - 16; Shtemenko, pp. 283 - 84; Lichtblau,
     pp. 14 - 21, 24 - 29.

15   Gellermann, pp. 112, 119.

16장. 독일의 항복(들)

1   Germany Surrenders 1945, pp. 2 – 3.

2   Kraus, pp. 4 – 5, 12; Germany Surrenders 1945, p. 6; Henke, pp. 687, 965 – 67; Keyssar and Pozner, p. 233.

3   Henke, pp. 967 – 68.

4   Kolko (1968), p. 387; Germany Surrenders 1945, p. 8.

5   Germany Surrenders 1945, pp. 8 – 9.

6   Kolko (1968), p. 388.

7   Albrecht.

17장. 미국의 걱정과 자신감

1   Du Boff, p. 153.

2   Leffner (1992), p. 2; McCormick, p. 48; Adams, p. 6; Levering, p. 96.

3   Lapham quotation: Terkel, p. 6.

4   Puth, p. 521; Adams, p. 6; Paterson, Clifford, and Hagan, p. 421.

5   Du Boff, p. 91.

6   Feagin and Riddell, p. 53; David Brinkley, p. 54.

7   Martel, p. 98; Adams, p. 132; Gaddis, pp. 21, 189; Williams (1962), p. 232 ff.; Loth (1988), p. 23; Dieterich, pp. 120 – 21.

8   Kolko (1976), p. 235.

9   Garraty, pp. 231 – 32.

10   Mills, pp. 100 – 01, 212 – 13.

11   Acheson as quoted in Williams (1962), pp. 202 – 03.

12   Carroll and Noble, pp. 354 – 55.

13   Adams, p. 30; Gaddis, p. 20.

14   Chomsky, pp. 10, 34; Kolko (1976), pp. 221 – 25; Zinn (1980), pp. 404 – 05.

15   Davies, p. 81; Loth (1988), pp. 24 – 25; Gaddis, pp. 22 – 23.

16   Zinn (1980), p. 404.

17   Davies, pp. 81 – 82; McCormick, pp. 52 – 53; Barber, pp. 156 – 57; Blum, pp. 307 – 08; Dippel, pp. 101 – 02; George and Sabelli, p. 21 ff.; Williams (1962), p. 203 ff.; Dieterich, pp. 89 – 90.

18   Gaja, pp. 30 – 33.

19   Delanty, p. 121.

20   Irons, p. 75 ; Levering, pp. 156 - 59 ; Gaddis, pp. 185, 187 - 88 ; Loth, (1988),
      pp. 26, 64.
21   Adler and Paterson, pp. 1050 - 52 ; Gaddis, pp. 52 - 53 ; Parenti (1969), p.
      126 ; Doenecke, passim ; Heale, pp. 119, 124 ; Gaja, pp. 47 - 48.
22   Vidal, pp. 929, 1097 ; Hitler and "Rosenfeld" : Hoenicke (1997), p. 78 ;
      Matthias, pp. 133 - 34 ; Zezima, pp. 35 - 38.
23   Isenberg.
24   Terkel, p. 570. Gaja, p. 18.
25   Gaja, p. 18.

18장. 원자외교, 그리고 냉전의 시작

1   Deutscher, p. 519 ; Parenti (1969), pp. 136 - 38.
2   Horowitz (1965), p. 278 ; Christopher Lasch in introduction to Alperovitz (1985),
      pp. 19 - 20.
3   McCullough, pp. 376 - 377 ; Williams (1962), p. 250 ; also McCormick, p. 45.
4   Bernstein, p. 32 ; Parenti (1969), p. 126.
5   Dullfer, p. 155.
6   Alperovitz (1985), p. 223 ; Gaja, pp. 38 - 39.
7   Alperovitz (1985), pp. 28, 156.
8   Alperovitz (1985), p. 24.
9   Fraser
10   Zezima, p. 127
11   Horowitz (1967), p. 53, n.
12   Levine et al., p. 469 ; Slusser, p. 121
13   Cashman, p. 369.
14   이 신화 창조 과정에 할리우드가 참여한 내용: Mitchell ; 미국 학교의 히로시
      마와 나가사키에 대한 교육 내용: Elder
15   Alperovitz (1985), pp. 26 - 27 ; McCormick, p. 46.
16   Terkel, p. 535.
17   Kohls
18   Ambrose (1993), p. 49 ; Paterson, Clifford, and Hagan, p. 457 ; Slusser, p. 121 ;
      Sherry (1987), p. 339. Gaja, p. 45: "히로시마와 나가사키를 폭격한 진짜 이유
      는 일본이 오직 맥아더에게만 항복했다는 것을 분명히 하기 위해서였다."
19   Paterson, Clifford, and Hagan, p. 458.

20 Alperovitz (1985), pp. 248 −64; Alperovitz (1970), p. 14; Horowitz (1967), p. 56
    ff.; Gaja, pp 109, 114. New York Herald Tribune 인용: Alperovitz (1985), p.
    252, n.
21 Kolko (1976), p. 355.
22 Hanhimaki, pp. 354 −55.
23 Gaja, pp. 107 −109; Horowitz (1965), pp. 95, 255, 270 −71; Holloway, p.
    147; Alperovitz (1985), pp. 266 −68.

19장. 유용한 새 적

1   Marwick, pp. 247 −48.
2   Eiler, pp. 436 −37; Irons, pp. 77 −78; Levine et al., pp. 470 −77; Fones-
    Wolf, pp. 15, 20; Oshinsky, pp. 124 −27; Zieger, pp. 87, 92, 97 −99.
3   Filene, p. 164.
4   Alan Brinkley, passim; Hamby, pp. 7 −9, 16 −17, 19; Blum, pp. 231, 262,
    247 −49; Barber, p. 165.
5   Hopkins, Wallerstein et al., pp. 119 −20.
6   Griffith, passim, especially pp. 391, 396, 399.
7   Bruhn, pp. 22 −24.
8   Fones-Wolf, pp. 26, 37; Irons, pp. 72 −89; Sherry (1995), p. 48.
9   Zinn (1980), pp. 417, 420, 422 ff.; Zieger, p. 108 ff.; Sivachyov and Yazkov,
    pp. 205 −09.
10 Kleinfeld, p. 54.
11 Rosenbaum, p. 25.
12 Claessens and Claessens, pp. 210 −12; Parenti (1997), p. 58.
13 Parenti (1996), pp. 44 −45.
14 Bruhn, pp. 23 −25.
15 Kolko (1976), pp. 316 −23; O'Connor, pp. 150 −58; Chomsky, pp. 47, 106,
    111; Galbraith, pp. 231 −32; Vidal, pp. 794, 927; Paterson, pp. 203 −212;
    Baran and Sweezy, p. 212.
16 Adams, p. 75.
17 Klare, p.12; Chossudovsky, pp. 99 −100; "Military Budget of the United
    States."
18 Cockburn, p. 736; Greider; Chomsky, pp. 87, 112.
19 Zepezauer and Naiman, pp. 13 −15; Adams, p. 117 −18.

20 새뮤얼슨의 '공공재public goods'와 같은 경제 개념에 대한 비판: Linder and Sensat.

21 Vidal, p. 794; Bruhn, passim.

20장. 나치와 미국 기업들의 이익 1

1 나치즘과 파시즘의 '갱스터 이론': Hoenicke (2010), pp. 88 - 89, 143, 167, 233 - 240; Arato and Gebhardt, p. 34.

2 Pingel, pp. 784 - 97; Simpson (1993), pp. 13, 85 ff., 269 - 71; Eisenberg(1996), p. 130 ff.; Kolko (1968), p. 513.

3 Simpson (1993), p 13.

4 Hayes, pp. 361 - 63, 377 - 79; Borkin; "Holocaust-Uberlebende klagen"; Ponting, pp. 282 - 83. 닭 도둑 비유: Borkin, p. 195

5 Schmelzer, passim.

6 Simpson (1993), passim, 특히 pp. 290 - 310.

7 "Big fish": Steininger, p. 130.

8 Gimbel (1990c), p. 349.

9 Gimbel (1990b), p. 448; Gimbel (1990c); Gimbel (1993), pp. 175 - 96; monographs by Bower, Hunt, and Jacobsen.

10 Simpson (1993), pp. 150 - 53, 217 ff.; Berghahn (1993), p. 88; Gimbel (1990b).

11 Borkin, p. 58 ff.; Jonas, p. 222; Junker (1975), p. 104; Kolko (1962), pp. 721 - 25; Sampson (1973), pp. 33 - 38; Simpson (1993), pp. 96 - 97; Snell, pp. 15 - 16; Sobel, p. 89; Wilkins and Hill, p. 320.

12 Pendergrast, pp. 218, 226 ff.; "Fanta boooo"; Lindner, p. 118; Reymond, p. 311.

13 Black (2001), pp. 205, 360 ff., 371 ff.; Black (2009), pp. 127 - 60.

14 Hofer and Reginbogin, p. 589; von Hassell and MacRae, pp. 223; Sutton, p. 53 - 54; Tooze, p. 128; Jeffreys. pp. 196 - 199; 인용: Black (2009), pp. 107 - 08.

15 Helms, p. 113; Higham (1983), p. 93 ff.; Greiner, pp. 110 - 12.

16 Higham (1983), p. 112.

17 Helms, p. 113; Silverstein, pp. 12 - 13; Greiner, pp. 112 - 14; Kitman.

18 Billstein et al., p. 25; Neliba; Kugler (1997a), pp. 40 - 41; Kugler (1997b), p. 69; Helms, p. 113.

19 Snell, pp. 14 - 15; Kugler (1997a), pp. 53, 67; Kugler (1997b), p. 89; Wilkins

and Hill, p. 320; '기술 개발의 선구자pioneers of technological development'
인용: Lindner, p. 104.

20 Dobbs (1998a and 1998b).

21 Helms, p.114; Dobbs (1998a and 1998b).

22 Helms, pp. 14 – 15; 트랜스라디오에 대해서는 Higham (1983), pp. 104 – 105.

23 Black , pp. 339, 376, 392 – 395.

24 Kugler (1997a), p. 65; see also Billstein, pp. 34 – 36.

25 Silverstein, pp. 15 – 16; Lindner, p. 121.

26 적국 자산 관리인의 역할: Lindner.

27 Black (2001), pp. 234 – 37.

28 Black (2001), pp. 376, 400-02, 405, 415.

29 Kugler (1997a), pp. 52, 61 ff., 67; Kugler (1997b), p. 85.

30 Silverstein, pp. 12, 14; Helms, p. 115; Reich (1990), pp. 121, 123;
    "Dokumentation uber Zwangsarbeit bei Ford." '적국 기업들의' 전시 수익,
    Lindner, pp. 124 – 27.

31 Billstein, p. 116; Silverstein, pp. 15 – 16; Greiner, p. 114.

32 Billstein, p. 73; Kugler (1997a), pp. 55, 67; Kugler (1997b), p. 85.

33 Black (2001), pp. 212, 253, 297 – 99.

34 Black (2001), pp 59 – 60, 76 – 77.

35 뤼셀스하임 시립 문서보관소의 A. Neugebauer가 2000년 2월 4일 저자에게 보
    낸 메시지; Lindner, pp. 126 – 127.

36 Silverstein.

37 Helms, p. 115 ; Higham (1983), pp. 158 – 159.

38 Black (2001), pp. 212, 253, 297 – 99.

39 인용: "Hitlers beflissene Hehler."

40 LeBor, p. 206; Trepp (1998), pp. 71 – 80; Higham (1983), pp. 1 – 19; Sampson
    (1973) p. 47; "VS-Banken collaboreerden met nazis"; Clarke.

41 Liebig; "Hitlers beflissene Hehler"; Steinacher, pp. 190 – 93. Higham (1983),
    p. 72. Higham (1983), pp. 1 – 19 챕터 전체가 BIS를 다루고 있음. 맥키트릭에
    관해서는: "Hitler's American banker," see Chargueraud's book. Documentary
    Banking with Hitler.

21장. 나치와 미국 기업들의 이익 2

1   그러나 자본주의 체제는 비교적 높은 수준의 임금이 유리할 때도 있다는 것을

인정한다. 예를 들어 급격한 임금 인상(그리고 사 측의 다른 양보들)은 잠재적인 혁명적 상황의 뇌관을 제거하고, 그럼으로써 시스템이 계속 기능하게 해주어 계속된 수익 창출을 가능하게 만들기도 한다.

2   Engelmann, pp. 263 - 64; Recker, passim; Kugler (1997b), pp. 71, 86.

3   Lindner, p. 118; Pendergrast, p. 228; Reymond, p. 311; Friedman.

4   Fings, p. 107.

5   Ford-Konzern wegen Zwangsarbeit verklagt"; Silverstein, p. 14; Billstein, pp. 53 ff., 135 ff.; Lueken; Simpson (1993), pp. 96 - 97; Kugler (1997a), p. 57; Kugler (1997b), p. 72 ff., 인용: p. 76.

6   제너럴모터스가 지원한 애국적 포스터들은 워싱턴 DC의 국립문서보관소 스틸 사진 부서에서 볼 수 있다.

7   Higham (1983), preface, pp. xv, xxi.

8   Higham (1983), pp. 44 - 46.

9   Black (2001), pp. 333 ff., 348.

10   Higham (1983), pp. 112 - 15 (quotation from p. 112); Sampson (1973), p. 40; Bower, pp. 78 - 79. 알링턴 국립묘지의 벤 무덤과 그가 미국 정부로부터 받은 훈장 사진은 "그곳에 잠든 영웅과 개척자들"에게 헌정된 웹사이트 www.arlingtoncemetery.com/sbehn에서 볼 수 있다.

11   Billstein, pp. 98 - 100, 118; Helms pp. 115 - 16; Reich (1990), pp. 124 - 25, 133; Wilkins and Hill, pp. 344 - 46.

12   Neugebauer, pp. 170 - 71; Billstein, pp. 77 - 79.

13   Black (2001), pp. 406 - 09.

14   Silverstein, p. 16; Snell, p. 16; Higham (1983), pp. 160, 177; Sampson(1973), p. 47; Reich (1990), p. 123; Link, p. 100; Billstein, pp. 73 - 75.

15   Eisenberg (1996), p. 142.

16   Zhilin, p. 10.

17   Higham (1983), p. 212 ff.; Eisenberg (1982), p. 29; Eisenberg (1993), pp. 63 - 64; Eisenberg (1996), pp. 119 - 21; Link, pp. 100 - 06; Berghahn (1993), p. 88; Stone, pp. 21 - 24; Simpson (1993); Greiner, pp. 262 - 66; Billstein et al., pp. 96 - 97; Gaja, pp. 66 - 67. 인용: Eisenberg (1996), p. 144.

18   Minnear, p. 110 ff.; Chomsky, p. 249.

22장. 미국과 소련, 그리고 독일의 운명

1   Steininger, p. 143; Fisch, pp. 37 - 38.

2   Loth (1994), pp. 10, 14-15, 19, 22-27; Loth (1995); Eisenberg (1996), p. 303.

3   Eisenberg (1996)

4   Chomsky, p. 40; McCormick, p. 68; Kühnl (1973), p. 129; Hardach, pp. 20-21; Kahler and Link, p. 202.

5   Gatzke, p. 168; Altmann, p. 199.

6   Black (2001), p. 424.

7   Neugebauer, pp. 177-78.

8   Black (2001), pp. 418-19.

9   Reich (1990), p. 116; Eisenberg (1996), pp. 86-87; Chomsky, p. 46.

10   Eisenberg (1996), pp. 12, 233; Leffner (1992), p. 234; McCormick, p. 61; Dieterich, p. 123; Chomsky, p. 47.

11   Leffner (1992), p. 230; Kolko (1968), pp. 515, 572; Eisenberg (1996), p. 317.

12   Henke, pp. 714 ff., 731 ff., 761, 770; Gimbel (1986), p. 437 ff.; Jonscher and Schilling, pp. 267-68; Kolko (1968), p. 572; Weinberg, p. 830; Gardner, p. 241; "Carl Zeiss"; Cohen.

13   Simpson (1988), pp. 30-31; Bower, p. 110; "Das Totengold der Juden."

14   Henke, p. 742 ff.; Gimbel (1986), p. 438 ff.; Jonscher and Schilling, pp. 267-68; Brunzel, pp. 99-100; Bower, pp. 118, 137-40; Cohen.

15   Schäfer, pp. 211-12; Kühnl (1971), p. 122 ff.

16   Dieterich, p. 70; Mayer, p. 34.

17   Black (2001), p. 420.

18   Eisenberg (1996), pp. 274, 335-36; Kolko (1968), pp. 507-11.

19   Steininger, pp. 117-18; Kolko and Kolko, pp. 125-26; Kühnl (1971), p. 71; Kühnl (1973), pp. 138-39; Altmann, p. 58 ff.; Stuby, pp. 91-101.

20   Reich (1990), p. 135; Altmann, p. 73 ff.; Simpson (1993), pp. 247-48; Eisenberg (1983), passim; Eisenberg (1993), pp. 62-63, 73-74; Eisenberg (1996), p. 157; Neugebauer, pp. 179-81, 185-86.

21   Eisenberg (1983), p. 286.

22   Hearden, pp. 89-90; Gaja, p. 17.

23   Eisenberg (1996), pp. 269-76, 334-42; Pfeifer, pp. 40-42; Ruhl, pp. 404, 426-27; Reich (1990), p. 185.

24   Leffner (1991), pp. 231-32, 234; Leffner (1992), p. 8; Chomsky, p. 47.

25   Eisenberg (1983), p. 287 ff.; Eisenberg (1993); Eisenberg (1996), pp. 124-30, 344-45; Steininger, pp. 101-13; Boehling, pp. 281-306; Schäfer, pp. 212-13; Kolko (1968), pp. 507-09; Kühnl (1971), p. 72; Altmann, p. 76 ff.;

Simpson (1993), p. 248; Knapp, Link, Schröder, and Schwabe, pp. 164–65; Ruhl, pp. 404–05.

26 Neugebauer, pp. 174–75, 177, 180.

27 Billstein, pp. 119–21; Silverstein, p. 16.

28 Simpson (1993), pp. 185–88; Greiner, pp. 195–97.

29 참전용사 인용: Terkel, p. 381.

30 Hoenicke (2010), pp. 334–35.

31 Schäfer, pp. 212–13; Tetens, pp. 236, 241–42.

32 Zorn의 연구 참조

33 Deschner (1990), passim; Lacroix-Riz (1996), pp. 428 ff., 445 ff., 457–60, 463–64, 495–99 ff.; Caretto and Marolo, p. 109 ff.; "Pope Cracks Joke over New Auto."

34 Chomsky, p. 47; Leffner (1992), p. 8; Altmann, p. 198; Livingston, pp. 11–16.

35 Gimbel (1975), p. 278; Eisenberg (1983), p. 303.

36 Hoenicke (2010), p. 345.

37 Kolko (1968), pp. 573–75; Loth (1994), p. 37; Hardach, pp. 21–22; Fisch, p. 74; Paterson, Clifford, and Hagan, p. 449; Williams (1962), pp. 259–60; Backer, pp. 162–63; Overesch (1979), pp. 128–30.

38 클레이 장군의 소비에트 배상금 지불 거부: Gimbel (1975); 배상금과 독일 분단 문제 전반에 대해서는 Kuklick 참조.

39 Eisenberg (1996), p. 322.

40 Hardach, p. 46; Hopkins, Wallerstein, et al., pp. 15–16; Leffner (1992), p. 232 ff.; Paterson, Clifford, and Hagan, pp. 452, 455.

41 Gaddis, p. 260; Williams (1962), pp. 208–09; Ambrose (1997).

42 Eisenberg (1996), pp. 314, 389, 436; Loth (1994), p. 21; Backer, p. 162.

43 Loth (1994), p. 23; Simpson (1988), pp. 55–56.

44 Backer, p. 16.

45 Fisch, pp. 200–01.

46 Loth (1988), p. 70; Loth (1994), p. 15; Backer, p. 162, Linz, p. 21; Millar(1985), pp. 284–85; Ponting, p. 295; Zhilin, p. 6.

47 Gimbel (1990a), p. 296; Gimbel (1993), pp. 182, 186, 192–94.

1   Zinn (1980), pp. 124 –46, 514; Loewen, p. 110 ff.; Schafer, p. 205; Delanty,
    p. 119; Zezima, p. 61.

2   Zinn (1980), p. 398.

3   로런스 인용: Zinn (1980), p. 416.

4   Millar (1985), p. 289.

5   Parenti (1997), pp. 49, 56; see also Bernal, p. 1176; Gaja, p. 102.

6   군비 경쟁의 비용과 결과: Bruhn, passim; see also Dowd, pp. 114, 289.

7   트루먼 인용: Matthias, pp. 125 –26.

8   Parenti (1997), p. 58.

9   후쿠야마에 대한 비판적 논평: Gray, pp. 119 –21.

10 "National Debt of the United States."

11 Sampson (1973), p. 46.

12 Zepezauer and Naiman, pp. 69 –70.

13 과세 자료: Zepezauer and Naiman, pp. 69 –70. 1989년 미국에 3,000만 명
    이상의 빈민층: www.census.gov/search-results.html?page =1 &stateGeo =no
    ne&searchtype =web&q =poverty +statistics +1989. 미국의 공식 빈민층 비
    율: www.census.gov/hhes/www/poverty/data/census/1960/cphl162.html.

참고문헌

For a complete list of sources, visit http://tinyurl.com/mythbiblio

Michael C. C. Adams, *The Best War Ever: America and World War II*, Baltimore and London, 1994.

Les K. Adler and Thomas G. Paterson, "Red Fascism: The Merger of Nazi Germany and Soviet Russia in the American Image of Totalitarianism, 1930's – 1950's," *American Historical Review*, Vol. LXXV, No. 4, April 1970, pp. 1047 – 64.

Gar Alperovitz, *Cold War Essays*, Garden City, NY, 1970.

___, *Atomic Diplomacy: Hiroshima and Potsdam. The Use of the Atomic Bomb and the American Confrontation with Soviet Power*, new edition, Harmondsworth, Middlesex, 1985 (original edition 1965).

___, *The Decision to Use the Atomic Bomb and the Architecture of an American Myth*, New York, 1995.

Stephen E. Ambrose, *Rise to Globalism: American Foreign Policy Since 1938*, 7th, revised edition, New York, 1993.

___, "When the Americans Came Back to Europe," *The International Herald Tribune*, May 28, 1997.

___, *Americans at War*, New York, 1998.

John H. Backer, "From Morgenthau Plan to Marshall Plan," in Robert Wolfe (ed.), *Americans as Proconsuls: United States Military Governments in Germany and Japan, 1944–1952*, Carbondale and Edwardsville, IL, 1984, pp. 155 – 65.

John Bagguley, "The World War and the Cold War," in David Horowitz (ed.), *Containment and Revolution*, Boston, 1967, pp. 76 – 124.

Neil Baldwin, *Henry Ford and the Jews: The Mass Production of Hate*, New York, 2001.

William J. Barber, *Designs within Disorder: Franklin D. Roosevelt, the Economists, and the Shaping of American Economic Policy, 1933–1945*, Cambridge, 1996.

Michael Barson, *"Better Dead than Red!": A Nostalgic Look at the Golden Years of Russiaphobia, Red-Baiting, and Other Commie Madness*, New York, 1992.

Edward M. Bennett, *Franklin D. Roosevelt and the Search for Victory: American-Soviet Relations, 1939–1945*, Wilmington, DE, 1990.

Volker Berghahn, "Resisting the Pax Americana? West German Industry and the United States, 1945 – 55," in Michael Ermarth (ed.), *America and the Shaping of German Society, 1945–1955*, Providence and Oxford, 1993, pp. 85 – 100.

___, "Writing the History of Business in the Third Reich: Past Achievements and Future Directions", in Francis R. Nicosia and Jonathan Huener (eds.), *Business and Industry in Nazi Germany*, New York and Oxford, 2004, pp. 129 – 48.

Barton J. Bernstein (ed.), *Politics and Policies of the Truman Administration*, Chicago, 1970.

Reinhold Billstein, Karola Fings, Anita Kugler, and Nicholas Levis, *Working for the Enemy: Ford, General Motors, and Forced Labor during the Second World War*, New York and Oxford, 2000.

Edwin Black, *IBM and the Holocaust: The Strategic Alliance between Nazi Germany and America's Most Powerful Corporation*, London, 2001.

Edwin Black, *Nazi Nexus: America's Corporate Connections to Hitler's Holocaust*, Washington, DC, 2009.

John Morton Blum, *V Was for Victory: Politics and American Culture During World War II*, New York and London, 1976.

Rebecca Boehling, "US Military Occupation, Grass Roots Democracy, and Local German Government," in Jeffry M. Diefendorf, Axel Frohn, and Hermann-Josef Rupieper (eds.), *American Policy and the Reconstruction of West Germany*, 1945 – 1955, Cambridge, 1993, pp. 281 – 306.

Joseph Borkin, *The Crime and Punishment of I.G. Farben*, New York, 1978.

Stuart D. Brandes, *Warhogs: A History of War Profits in America*, Lexington, KY, 1997.

David Brinkley, *Washington Goes to War*, New York and Toronto, 1989.

Russell D. Buhite and Wm. Christopher Hamel, "War or Peace: The Question of an American Preventive War against the Soviet Union, 1945 – 1955," *Diplomatic History*, Vol. 14, No. 3, Summer 1990, pp. 367 – 84.

V. R. Cardozier, *The Mobilization of the United States in World War II: How the Government, Military and Industry Prepared for War*, Jefferson, NC, and London, 1995.

Peter N. Carroll and David W. Noble, *The Free and the Unfree: A New History of the United States*, 2nd edition, New York, 1988.

Sean Dennis Cashman, *America, Roosevelt, and World War II*, New York and London, 1989.

Ron Chernow, *The House of Morgan: An American Banking Dynasty and the Rise of Modern Finance*, New York, 1990.

Wayne S. Cole, *Roosevelt and the Isolationists, 1932 –45*, Lincoln, NE, 1983.

James V. Compton, "The Swastika and the Eagle," in Arnold A. Offner (ed.), *America and the Origins of World War II, 1933–1941*, New York, 1971, pp. 159 –83.

Ed Cray, *Chrome Colossus: General Motors and its Times*, New York, 1980.

Richard G. Davis, "'Operation Thunderclap': The US Army Air Forces and the Bombing of Berlin," *Journal of Strategic Studies*, Vol. 14, No 1, March 1991, pp. 90 –111.

Bernard F. Dick, *The Star-Spangled Screen: The American World War II Film*, Lexington, KY, 1985.

Jeffry M. Diefendorf, Axel Frohn, and Hermann-Josef Rupieper (eds.), *American Policy and the Reconstruction of Germany, 1945–1955*, Cambridge, 1993.

John P. Diggins, *Mussolini and Fascism: The View from America*, Princeton, NJ, 1972.

Bill Doares, "The Hidden History of World War II, Part I: Corporate America and the Rise of Hitler," *Workers' World*, New York, May 4, 1995.

Michael Dobbs, "US Automakers Fight Claims of Aiding Nazis," *The International Herald Tribune*, December 3, 1998 (1998a).

___, "Ford and GM Scrutinized for Alleged Nazi Collaboration," *The Washington Post*, December 12, 1998 (1998b).

William E. Dodd, Jr., and Martha Dodd (eds.), *Ambassador Dodd's Diary 1933– 1938*, New York, 1941.

Justus D. Doenecke, "Rehearsal for Cold War: United States Anti-Interventionists and the Soviet-Union, 1939 – 1941," *International Journal of Politics, Culture and Society*, Vol. 7, No. 3, 1994, pp. 375 –92.

Justus D. Doenecke and John E. Wilz, *From Isolation to War 1931–1941*, 2nd edition, Arlington Heights, IL, 1991.

Roy Douglas, *The World War 1939–1943: The Cartoonists' Vision*, London and New York, 1990.

Doug Dowd, *Blues for America: A Critique, A Lament, and Some Memories*, New York, 1997.

Richard B. Du Boff, *Accumulation and Power: An Economic History of the United States*, Armonk, NY, and London, 1989.

Murray Edelman, *Constructing the Political Spectacle*, Chicago and London, 1988.

Keith E. Eiler, *Mobilizing America: Robert P. Patterson and the War Effort 1940–1945*, Ithaca, NY, and London, 1997.

Carolyn Woods Eisenberg, "U.S. Policy in Post-war Germany: The Conservative Restoration," *Science and Society*, Vol. XLVI, No. 1, Spring 1982, pp. 24–38.

___, "Working-Class Politics and the Cold War: American Intervention in the German Labor Movement, 1945–49," *Diplomatic History*, Vol.7, No. 4, Fall 1983, pp. 283–306.

___, "The Limits of Democracy: US Policy and the Rights of German Labor, 1945–1949," in Michael Ermarth (ed.), *America and the Shaping of German Society, 1945–1955*, Providence, RI, and Oxford, 1993, pp. 60–81.

___, *Drawing the Line: The American Decision to divide Germany*, 1944–1949, Cambridge, 1996.

Michael Ermarth (ed.), *America and the Shaping of German Society, 1945–1955*, Providence, RI, and Oxford, 1993.

"Fanta boooo," *Ciao!* October 12, 2008, www.ciao.co.uk/Fanta_Orange__ Review_5794341.

David Farber, *Sloan Rules: Alfred P. Sloan and the Triumph of General Motors*, Chicago and London, 2002.

Joe R. Feagin and Kelly Riddell, "The State, Capitalism, and World War II: The US Case," *Armed Forces and Society*, Vol. 17, No. 1, Fall 1990, pp. 53–79.

Peter G. Filene, *American Views of Soviet Russia 1917–1965*, Homewood, IL, 1968.

Philip Sheldon Foner, *History of the Labor Movement in the United States. Volume VIII: Postwar Struggles, 1918–1920*, New York, 1988.

Elizabeth A. Fones-Wolf, *Selling Free Enterprise: The Business Assault on Labor and Liberalism, 1945–60*, Urbana, IL, and Chicago, 1994.

John S. Friedman, "Kodak's Nazi Connections," *The Nation*, March 26, 2001.

Grover Furr, *Khrushchev Lied: The Evidence That Every 'Revelation' of Stalin's (and Beria's) 'Crimes' in Nikita Khrushchev's Infamous 'Secret Speech' to the 20th Party Congress of the Communist Party of the Communist Party of the Soviet Union on February 25, 1956, is Probably False*, Kettering/Ohio, 2010.

Paul Fussell, *Wartime: Understanding and Behavior in the Second World War*, New York and Oxford, 1989.

John Lewis Gaddis, *The United States and the Origins of the Cold War 1941–1947*, New York and London, 1972.

Lloyd C. Gardner, *Architects of Illusion: Men and Ideas in American Foreign Policy 1941–1949*, Chicago, 1970.

John A. Garraty, *Unemployment in History: Economic Thought and Public Policy*, New York, 1978.

Hans W. Gatzke, *Germany and the United States: A "Special Relationship"?*, Cambridge, MA, and London, 1980.

Dieter Georgi, "The Bombings of Dresden," *Harvard Magazine*, Vol. 87, No. 4, March-April 1985, pp. 56 – 64.

Germany Surrenders 1945, Washington, DC, 1976.

J. Arch Getty, Gabor Rittersporn, and Victor Zemskov, "Victims of the Soviet Penal System in the Pre-War Years: A First Approach on the Basis of Archival Evidence," *American Historical Review*, Vol. 98, October 1993, pp. 1017 – 49.

John Gimbel, "The American Reparations Stop in Germany: An Essay on the Political Uses of History," *The Historian*, Vol. 37, No. 2, February 1975, pp. 276 – 96.

___, "U.S. Policy and German Scientists: The Early Cold War," *Political Science Quarterly*, 1986, No. 3, pp. 433 – 51.

—___, "The American Exploitation of German Technical Know-How after World War II," *Political Science Quarterly*, Vol. 105, No. 2, Summer 1990, pp. 295 – 309 (1990a).

___, "German Scientists, United States Denazification Policy, and the 'Paperclip' Conspiracy," *The International History Review*, Vol. XII, No. 3, August 1990, pp. 441 – 65 (1990b).

___, "Project Paperclip: German Scientists, American Policy, and the Cold War," *Diplomatic History*, Vol. 14, No. 3, Summer 1990, pp. 343 – 65 (1990c).

___, "Science, Technology, and Reparations in Postwar Germany," in Jeffry M. Diefendorf, Axel Frohn, and Hermann-Josef Rupieper (eds.), *American Policy and the Reconstruction of Germany, 1945–1955*, Cambridge, 1993, pp. 175 – 96.

John Gray, *False Dawn: The Delusions of Global Capitalism*, London, 1998.

A. C. Grayling, *Among the Dead Cities: Was the Allied Bombing of Civilians in WW II a Necessity or a Crime?*, London, 2006.

William Greider, *Fortress America: The American Military and the Consequences of Peace*, New York, 1998.

Robert Griffith, "The Selling of America: The Advertising Council and American Politics, 1942 – 1960," *Business History Review*, Vol. LVII, Autumn 1983, pp. 388 – 413.

Peter Grose, *Operation Rollback: America's Secret War Behind the Iron Curtain*, Boston and New York, 2000.

Alfred Grosser, *The Western Alliance: European-American Relations Since 1945*, New York, 1982.

Alonzo L. Hamby, *Beyond the New Deal: Harry S. Truman and American Liberalism*, New York and London, 1973.

Jussi Hanhimaki, "'Containment' in a Borderland: The United States and Finland, 1948–49," *Diplomatic History*, Vol. 18, No. 3, summer 1994, pp. 353–74.

Randall Hansen, *Fire and Fury: the Allied Bombing of Germany, 1942–45*, Toronto, 2008.

Fraser J. Harbutt, *The Iron Curtain: Churchill, America, and the Origins of the Cold War*, New York and Oxford, 1986.

John Lamberton Harper, *American Visions of Europe: Franklin D. Roosevelt, George F. Kennan, and Dean G. Acheson*, Cambridge and New York, 1994.

Peter Hayes, *Industry and Ideology: IG Farben in the Nazi Era*, Cambridge, 1987.

M. J. Heale, *American Anticommunism: Combating the Enemy Within 1830–1970*, Baltimore and London, 1990.

Patrick J. Hearden, *Roosevelt Confronts Hitler: America's Entry into World War II*, Dekalb, IL, 1987.

James Heartfield, *An Unpatriotic History of the Second World War*, Winchester and Washington, 2012.

Charles Higham, *Trading with the Enemy: An Exposé of The Nazi-American Money Plot 1933–1949*, New York, 1983.

Robert L. Hilliard, *Surviving the Americans: The Continued Struggle of the Jews after Liberation*, New York, 1997.

Historical Statistics of the United States: Colonial Times to 1970. Part 2, Washington, 1975.

Christopher Hitchens, "Imagining Hitler," *Vanity Fair*, No. 462, February 1999, pp. 22–27.

Michaela Hoenicke Moore, *Know Your Enemy: The American Debate on Nazism, 1933–1945*, Cambridge, 2010.

David Holloway, "Fear and Competition: The Soviet Response to America's Atomic Monopoly," in Thomas G. Paterson and Robert J. McMahon (eds.), *The Origins of the Cold War*, 3rd edition, Lexington, MA, and Toronto, 1991, pp. 137–47.

David Horowitz (ed.), *The Free World Colossus: A Critique of American Foreign Policy in the Cold War*, London, 1965.

___, *From Yalta to Vietnam: American Foreign Policy in the Cold War*, Harmondsworth, Middlesex, 1967.

Thomas Howell, "The Writers' War Board: U.S. Domestic Propaganda in World War II," *The Historian*, Vol. 59, No. 4, Summer 1997, pp. 795–813.

Linda Hunt, *Secret Agenda: The United States Government, Nazi Scientists, and Project Paperclip, 1945 to 1990*, New York, 1991.

Samuel Hynes, *The Soldiers' Tale: Bearing Witness to Modern War*, New York, 1997.

Akira Iriye, *The Origins of the Second World War in Asia and in the Pacific*, London and New York, 1987.

Peter H. Irons, "American Business and the Origins of McCarthyism: The Cold War Crusade of the American Chamber of Commerce," in Robert Griffith and Athan Theoharis (eds.), *The Specter: Original Essays on the Cold War and the Origins of McCarthyism*, New York, 1974, pp. 72–89.

Noah Isenberg, "Double Enmity," *The Nation*, January 1, 2001.

John W. Jeffries, *Wartime America: The World War II Home Front*, Chicago, 1996.

T. Christopher Jespersen, *American Images of China 1931–1949*, Stanford, CA, 1996.

Manfred Jonas, *The United States and Germany: A Diplomatic History*, Ithaca, NY, and London, 1984.

Miles Kahler and Werner Link, *Europe and America: A Return to History*, New York, 1996.

John Keegan, *The Battle for History: Re-Fighting World War Two*, Toronto, 1995.

Ian Kershaw, *Making Friends with Hitler: Lord Londonderry, the Nazis and the Road to World War II*, New York, 2004.

Helene Keyssar and Vladimir Pozner, *Remembering War: A U.S.-Soviet Dialogue*, New York and Oxford, 1990.

Warren F. Kimball, "FDR and Allied Grand Strategy, 1944-1945: The Juggler's Last Act," in Charles F. Brower (ed.), *World War II in Europe: The Final Year*, New York, 1998, pp. 1538.

Gerald R. Kleinfeld, "The Genesis of American Policy Toward the GDR: Some Working Hypotheses," in Reiner Pommerin (ed.), *The American Impact on Postwar Germany*, Providence, RI, and Oxford, 1995, pp. 53–64.

Gabriel Kolko, "American Business and Germany, 1930–1941," *The Western Political Quarterly*, Vol. XV, No. 4, December 1962, pp. 713–28.

___, *The Politics of War: The World and United States Foreign Policy, 1943–1945*, New York, 1968.

___, *Main Currents in Modern American History*, New York, 1976.

___, *Century of War: Politics, Conflicts, and Society Since 1914*, New York, 1994.

Joyce and Gabriel Kolko, *The Limits of Power: The World and United States Foreign Policy, 1945–1954*, New York, 1972.

Clayton R. Koppes and Gregory D. Black, *Hollywood Goes to War: How Politics, Profits, and Propaganda Shaped World War II Movies*, New York and London, 1987.

Stefan Kühl, *The Nazi Connection: Eugenics, American Racism, and German National*

Socialism, New York, 1994.

Judy Kutulas, *The Long War: The Intellectual People's Front and Anti-Stalinism, 1930–1940*, Durham, NC, and London, 1995.

Melvyn P. Leffler, "The American Drive for Security: Marshall Plan, Revival of Germany, and NATO," in Thomas G. Paterson and Robert J. McMahon, *The Origins of the Cold War*, 3rd edition, Lexington, MA, and Toronto, 1991, pp. 229 – 40.

___, *A Preponderance of Power: National Security, the Truman Administration and the Cold War*, Stanford, 1992.

Clement Leibovitz and Alvin Finkel, *In Our Time: The Chamberlain-Hitler Collusion*, New York, 1998.

Sidney Lens, *Permanent War: The Militarization of America*, New York, 1987.

Ralph B. Levering, *American Opinion and the Russian Alliance, 1939–1945*, Chapel Hill, NC, 1976.

David Lanier Lewis, *The Public Image of Henry Ford: An American Folk Hero and his Company*, Detroit, 1976.

Eric Lichtblau, *The Nazis Next Door; How America Became A Safe Haven For Hitler's Men*, Boston and New York, 2014.

Marc Linder, in collaboration with Julius Sensat, Jr., *The Anti-Samuelson. Macroeconomics: Basic Problems of the Capitalist Economy*, 2 volumes, New York, 1977.

Richard R. Lingeman, *Don't You Know There's a War on?: The American Home Front, 1941–1945*, New York, 1970.

Susan J. Linz (ed.), *The Impact of World War II on the Soviet Union*, Towota, NJ, 1985.

James W. Loewen, *Lies My Teacher Told Me: Everything Your American History Textbook Got Wrong*, New York, 1995.

Wilfried Loth, *The Division of the World 1941–1955*, London, 1988.

Callum A. MacDonald, "The United States, Appeasement and the Open Door," in Wolfgang J. Mommsen and Lothar Kettenacker (eds.), *The Fascist Challenge and the Policy of Appeasement*, London, 1983, pp. 400 – 12.

Robert James Maddox, *From War to Cold War: The Education of Harry S. Truman*, Boulder, CO, 1988.

___, *The United States and World War II*, Boulder, CO, 1992.

Thomas R. Maddux, "Watching Stalin Maneuver Between Hitler and the West: American Diplomats and Soviet Diplomacy, 1934 – 1939," *Diplomatic History*, Vol. 1, No. 2, Spring 1977, pp. 140 – 54.

___, *Years of Estrangement: American Relations with the Soviet Union, 1933–1941*, Tallahassee, FL, 1980.

Charles S. Maier, "Why the Allies Did It," *Harvard Magazine*, Vol. 87, No. 4, March–April 1985.

Eduard Mark, "October or Thermidor? Interpretations of Stalinism and the Perception of Soviet Foreign Policy in the United States, 1927 – 1947," *American Historical Review*, Vol. 94 , No. 4, October 1989, pp. 937 – 62.

Leon Martel, *Lend-Lease, Loans, and the Coming of the Cold War: A Study of the Implementation of Foreign Policy*, Boulder, CO, 1979.

Arthur Marwick, *Class: Image and Reality in Britain, France and the USA since 1930*, New York, 1980.

David Mayers, *The Ambassadors and America's Soviet Policy*, New York and Oxford, 1995.

Laurence W. Mazzeno, "Getting the Word to Willie and Joe," *Military Review*, Vol. LXVII, No. 8, August 1987, pp. 69 – 82.

Thomas J. McCormick, *America's Half-Century: United States Foreign Policy in the Cold War*, Baltimore and London, 1989.

Alexander McKee, *Dresden 1945: The Devil's Tinderbox*, London, 1982.

Henry Cord Meyer, *Five Images of Germany: Half a Century of American Views on German History*, Washington, 1960.

James V. Milano and Patrick Brogan, *Soldiers, Spies and the Rat Line: America's Undeclared War Against the Soviets*, Washington and London, 1995.

James R. Millar, "Conclusion: Impact and Aftermath of World War II," in Susan J. Linz(ed.), *The Impact of World War II on the Soviet Union*, Towota, NJ, 1985, pp. 283 – 91.

___, *The Soviet Economic Experiment*, Urbana, IL, 1990.

C. Wright Mills, *The Power Elite*, New York, 1956.

Robert K. Murray, *Red Scare: A Study of National Hysteria, 1919 – 1920*, New York, 1964.

Williamson Murray and Allan R. Millet (eds.), *Military Innovation in the Interwar Years*, Cambridge, 1996.

Derek Nelson, *The Posters That Won The War*, Osceola, WI, 1991.

"No Canadian Scandal," letter published in *The Globe and Mail*, Toronto, October 4, 1997.

David W. Noble, David A. Horowitz, and Peter N. Carroll, *Twentieth Century Limited: A History of Recent America*, Boston, 1980.

Arnold A. Offner, *American Appeasement: United States Foreign Policy and Germany, 1933–1938*, Cambridge, MA, 1969.

___, "American Appeasement, 1933–1938," in Arnold Offner (ed.), *America and the Origins of World War II, 1933–1941*, Boston, 1971, pp. 54–76.

___, "The United States and National Socialist Germany," in Wolfgang J. Mommsen and Lothar Kettenacker (eds.), *The Fascist Challenge and the Policy of Appeasement*, London, 1983, pp. 413–27.

___, "Harry S Truman as Parochial Nationalist," in Thomas G. Paterson and Robert J. McMahon (eds.), *The Origins of the Cold War*, 3rd edition, Lexington, MA, and Toronto, 1991, pp. 49–60.

David O'Keefe, *One Day in August: The Untold Story behind Canada's Tragedy at Dieppe*, Toronto, 2013.

Mancur Olson, *The Logic of Collective Action: Public Goods and the Theory of Interest Groups*, Cambridge, MA, and London, 1965.

William L. O'Neill, *A Democracy at War: America's Fight at Home and Abroad in World War II*, New York, 1993.

Torsten Oppelland, "Der lange Weg in den Krieg (1900–1918)," in Klaus Larres and Torsten Oppelland (ed.), *Deutschland und die USA im 20. Jahrhundert: Geschichte der politischen Beziehungen*, Darmstadt, 1997, pp. 1–30.

Richard Overy, *Why the Allies Won*, London, 1995.

___, *Russia's War*, London, 1997.

Michael Parenti, *The Anti-Communist Impulse*, New York, 1969.

___, *Power and the Powerless*, New York, 1978.

___, *The Sword and the Dollar: Imperialism, Revolution, and the Arms Race*, New York, 1989.

___, *Against Empire*, San Francisco, 1995 (1995a).

___, *Democracy for the Few*, 6th edition, New York, 1995 (1995b).

___, *Dirty Truths: Reflections on Politics, Media, Ideology, Conspiracy, Ethnic Life and Class Power*, San Francisco, 1996.

___, *Blackshirts and Reds: Rational Fascism and the Overthrow of Communism*, San Francisco, 1997.

___, *History as Mystery*, San Francisco, 1999.

Thomas G. Paterson, "Exaggerations of the Soviet Threat," in Thomas G. Paterson and Robert J. McMahon (eds.), *The Origins of the Cold War*, 3rd edition, Lexington, MA, and Toronto, 1991, pp. 203–12.

Thomas G. Paterson, J. Garry Clifford, and Kenneth J. Hagan, *American Foreign Policy:*

A History / 1900 to Present, Lexington, MA, and Toronto, 1991.

Jacques R. Pauwels, "Hitler's Failed Blitzkrieg against the Soviet Union. The 'Battle of Moscow' and Stalingrad: Turning Point of World War II," *Global Research*, December 6, 2011, *globalresearch.ca/index.php?context=va&aid=28059*.

___, *Big business avec Hitler*, Brussels, 2013.

___, *De Groote Klassenoorlog 1914–1918*, Berchem, 2014.

Mark Pendergrast, *For God, Country, and Coca-Cola: The Unauthorized History of the Great American Soft Drink and the Company That Makes It*, New York, 1993.

Clive Ponting, *Armageddon: The Second World War*, London, 1995.

Walter S. Poole, "From Conciliation to Containment: The Joint Chiefs of Staff and the Coming of the Cold War, 1945–1946," *Military Affairs*, Vol. XLII, No. 1, February 1978, pp. 12–15.

Robert C. Puth, *American Economic History*, 2nd edition, Fort Worth, TX, 1988.

Simon Reich, *The Fruits of Fascism: Postwar Prosperity in Historical Perspective*, Ithaca, NY, and London, 1990.

___, "The Ford Motor Company and the Third Reich," *Dimensions: A Journal of Holocaust Studies*, Vol. 13, No. 2, December 1999, pp. 15–17.

Simon Reich and Lawrence Dowler, *Research Findings About Ford-Werke Under the Nazi Regime*, Dearborn, MI, 2001.

David Reynolds, *Rich Relations: The American Occupation of Britain, 1942–1945*, New York, 1995.

David Reynolds, Warren F. Kimball, and A. O. Chubarian (eds.), *Allies at War: The Soviet, American, and British Experience, 1939–1945*, New York, 1994.

Geoffrey Roberts, *Stalin's Wars from World War to Cold War, 1939–1953*, New Haven, CT, and London, 2006.

George H. Roeder, Jr., *The Censored War: American Visual Experience during World War Two*, New Haven, CT, and London, 1993.

Steven T. Ross, *American War Plans 1941–1945: The Test of Battle*, London and Portland, OR, 1997.

Mario Rossi, "United States Military Authorities and Free France, 1942–1944," *The Journal of Military History*, Vol. 61, No. 1, January 1997, pp. 49–64.

Floyd Rudmin, "Secret War Plans and the Malady of American Militarism," *Counterpunch*, 13:1, February 17–19, 2006, pp. 4–6, www.counterpunch. org/2006/02/17/secret-war-plans-and-the-malady-of-american-militarism.

Keith Sainsbury, *Churchill and Roosevelt at War: The War They Fought and the Peace They Hoped to Make*, New York, 1994.

Anthony Sampson, *The Sovereign State of ITT*, New York, 1973.

___, *The Seven Sisters: The Great Oil Companies and the World They Made*, New York, 1975.

Michael Sayers and Albert E. Kahn, *The Plot against the Peace: A Warning to the Nation!*, New York, 1945.

Ronald Schaffer, "American Military Ethics in World War II: The Bombing of The German Civilians," *The Journal of Military History*, Vol. 67, No. 2, September 1980, pp. 318 – 34.

David F. Schmitz, "'A Fine Young Revolution': The United States and the Fascist Revolution in Italy, 1919 – 1925," *Radical History Review*, No. 33, September 1985, pp. 117 – 38.

___, *Thank God They're on Our Side: The United States and Right-Wing Dictatorships, 1921–1965*, Chapel Hill, NC, and London, 1999.

Michael S. Sherry, *The Rise of American Air Power: The Creation of Armageddon*, New Haven, CT, and London, 1987.

___, *In the Shadow of War: The United States Since the 1930s*, New Haven, CT, and London, 1995.

Michael S. Shull and David E. Wilt, *Doing Their Bit: Wartime American Animated Short Films, 1939–1945*, Jefferson, NC, and London, 1987.

Ken Silverstein, "Ford and the Führer," *The Nation*, January 24, 2000, pp. 11 – 16.

Christopher Simpson, *Blowback: The First Full Account of America's Recruitment of Nazis, and Its Disastrous Effect on our Domestic and Foreign Policy*, New York, 1988.

___, *The Splendid Blond Beast: Money, Law, and Genocide in the Twentieth Century*, New York, 1993.

Nikolai V. Sivachev and Nikolai N. Yakovlev, *Russia and the United States*, Chicago and London, 1979.

N. Sivachyov and E. Yazkov, *History of the USA Since World War I*, Moscow, 1976.

Robert M. Slusser, "Soviet Policy and the Division of Germany, 1941 – 1945," in Susan J. Linz (ed.), *The Impact of World War II on the Soviet Union*, Towota, NJ, 1985, pp. 107 – 25.

Melvin Small, "How We Learned to Love the Russians: American Media and the Soviet Union During World War II," *The Historian*, Vol. 36, May 1974, pp. 455 – 78.

___, "The 'Lessons' of the Past: Second Thoughts about World War II," in Norman K. Risjord (ed.), *Insights on American History*. Vol. II, San Diego, 1988.

Arthur L. Smith, Jr., *Churchill and the German Army (1945): Some Speculations on the Origins of the Cold War, Center for the Study of Armament and Disarmament,*

California State University, Los Angeles, 1974.

___, *Churchill's German Army: Wartime Strategy and Cold War Politics, 1943–1947*, Beverly Hills, CA, 1977.

Bradford Snell, "GM and the Nazis," *Ramparts*, Vol. 12, No. 11, June 1974, pp. 14–16.

Robert Sobel, *ITT: The Management of Opportunity*, New York, 1982.

Richard W. Steele, "'The Greatest Gangster Movie Ever Filmed': Prelude to War," *Prologue: The Journal of the National Archives*, Vol. 11, No. 4, Winter 1979, pp. 221–35.

Alexander Stephan, *"Communazis": FBI Surveillance of German Emigré Writers*, New Haven, CT, and London, 2000.

Robert B. Stinnett, *Day of Deceit: The Truth about FDR and Pearl Harbor*, New York, 2000.

Mark A. Stoler, "The 'Second Front' and American Fear of Soviet Expansion, 1941–1943," *Military Affairs*, Vol. XXXIX, No. 3, October 1975, pp. 136–41.

Anthony C. Sutton, *Wall Street and the Rise of Hitler*, Seal Beach, CA, 1976.

Frederick Taylor, *Dresden: Tuesday, February 13, 1945*, New York, 2005.

Studs Terkel, *"The Good War": An Oral History of World War Two*, New York, 1984.

T. H. Tetens, *The New Germany and the Old Nazis*, London, 1962.

Robert W. Thurston, *Life and Terror in Stalin's Russia 1934–1941*, New Haven, CT, and London, 1996.

Tooze, Adam. *The Wages of Destruction: The Making and Breaking of the Nazi Economy*, London, 2006.

Henry Ashby Turner, Jr., *General Motors and the Nazis: The Struggle for Control of Opel, Europe's Biggest Carmaker*, New Haven, CT, and London, 2005.

William W. Turner, *Hoover's FBI*, New York, 1993.

Harold G. Vatter, *The U.S. Economy in World War II*, New York, 1985.

Milton Viorst, *Hostile Allies: FDR and Charles de Gaulle*, New York and London, 1965.

Agostino von Hassell and Sigrid McRae, *Alliance of Enemies: The Untold Story of the Secret American and German Collaboration to End World War II*, New York, 2006.

Mary-Alice Waters, "1945: When US Troops Said 'No!': A Hidden Chapter in the Fight Against War," *New International: A Magazine of Marxist Politics and Theory*, No. 7, 1991, pp. 279–300.

T. H. Watkins, *The Great Depression: America in the 1930s*, Boston, 1993.

Kenneth E. Weiher, *America's Search for Economic Stability: Monetary and Fiscal Policy Since 1913*, New York, 1992.

Gerhard L. Weinberg, *A World at Arms: A Global History of World War II*, Cambridge, 1994.

Mira Wilkins, *The Maturing of Multinational Enterprise: American Business Abroad from 1914 to 1970*, Cambridge, MA, and London, 1974.

Mira Wilkins and Frank Ernest Hill, *American Business Abroad: Ford on Six Continents*, Detroit, 1964.

William Appleman Williams, *The Tragedy of American Diplomacy*, revised edition, New York, 1962.

___, "American Intervention in Russia: 1917 – 20," in David Horowitz (ed.), *Containment and Revolution*, Boston, 1967, pp. 26 – 75.

___, "Empire as a Way of Life," *Radical History Review*, No. 50, Spring 1991, pp. 71 – 102.

Allan M. Winkler, *The Politics of Propaganda: The Office of War Information 1942– 1945*, New Haven and London, 1978.

Neil A. Wynn, "The 'Good War': The Second World War and Postwar American Society," *The Journal of Contemporary History*, Vol. 31, No. 3, July 1996, pp. 463 – 82.

Wyvetra B. Yeldell, *Publications of the US Army Center of Military History*, Washington, DC, 1997.

Mark Zepezauer and Arthur Naiman, *Take the Rich Off Welfare*, Tucson, AZ, 1996.

Michael Zezima, *Saving Private Power: The Hidden History of the "Good War,"* New York, 2000.

Robert H. Zieger, *American Workers, American Unions*, 2nd edition, Baltimore and London, 1994.

Gerard Colby Zilg, *Du Pont: Behind the Nylon Curtain*, Englewood Cliffs, NJ, 1974.

Howard Zinn, *A People's History of the United States*, s.l., 1980.

___, *Howard Zinn on War*, New York and London, 2001.

찾아보기